Macro-economische ontwikkelingen en bedrijfsomgeving

A.J. Marijs

W. Hulleman

Zevende druk

Noordhoff Uitgevers Groningen

Ontwerp omslag: G2K Groningen/Amsterdam
Omslagillustratie: TheNounProject.com

Eventuele op- en aanmerkingen over deze of andere uitgaven kunt u richten aan:
Noordhoff Uitgevers bv, Afdeling Hoger Onderwijs, Antwoordnummer 13,
9700 VB Groningen, e-mail: info@noordhoff.nl

Met betrekking tot sommige teksten en/of illustratiemateriaal is het de uitgever, ondanks
zorgvuldige inspanningen daartoe, niet gelukt eventuele rechthebbende(n) te achter-
halen. Mocht u van mening zijn (auteurs)rechten te kunnen doen gelden op teksten
en/of illustratiemateriaal in deze uitgave dan verzoeken wij u contact op te nemen met
de uitgever.

*Aan de totstandkoming van deze uitgave is de uiterste zorg besteed. Voor informatie
die desondanks onvolledig of onjuist is opgenomen, aanvaarden auteur(s), redactie en
uitgever geen aansprakelijkheid. Voor eventuele verbeteringen van de opgenomen
gegevens houden zij zich aanbevolen.*

ISBN 978-90-01-87679-1
NUR 781

Woord vooraf

Wat moeten studenten die zich voorbereiden op een kaderfunctie in het bedrijfsleven of bij de overheid weten van macro-economie? Met deze vraag is iedere docent algemene economie in het hoger onderwijs intensief bezig, op elke opleiding waar het vak macro-economie tot het curriculum behoort. Dit boek weerspiegelt een tweeledig antwoord op deze vraag.

In de eerste plaats dient het lesprogramma inzicht te bieden in macro-economische ontwikkelingen, zodat afgestudeerden deze ontwikkelingen zelfstandig kunnen blijven volgen uit dagbladen en eenvoudige vaktijdschriften. Daartoe is het nodig de macro-economische begrippen en de oorzakelijke relaties daartussen te kennen. In dit boek komen dan ook de onderwerpen voor die tot de basiskennis van het vak economie behoren, zoals productie, bestedingen en inkomensverdeling. Ook besteden we veel aandacht aan de relaties tussen deze begrippen, onder andere met behulp van de economische kringloop en het model dat het Centraal Planbureau gebruikt voor de verklaring van macro-economische verschijnselen. Daarbij gaat het om de verklaring van consumptie en investeringen, om de analyse van import en export, en om een verklaring voor de conjunctuurbeweging. We besteden uitvoerig aandacht aan de inflatie en de rente tijdens het verloop van de conjunctuur en aan de efficiëntie van het overheidsbeleid met betrekking tot inflatie en groei.

In de tweede plaats is het vak algemene economie een belangrijk element van de bedrijfsomgeving. De invloed van bepaalde macro-economische variabelen op de resultaten van Nederlandse ondernemingen is groot. Managers behoren te weten op welke wijze deze grootheden van invloed zijn op de onderneming waar zij werken. Het gaat daarbij met name om de invloed van de conjunctuur, de dollarkoers, de energieprijzen, de lonen en de rente. Maar ook de overheidsinvloed en ontwikkelingen in de inkomensverdeling kunnen de winstgevendheid van een onderneming beïnvloeden. Deze variabelen bepalen voor een deel de kosten en opbrengsten van Nederlandse ondernemingen. Aangezien deze invloeden per bedrijfstak verschillen, krijgt daarnaast de structuur van de Nederlandse economie aandacht: de indeling in sectoren en bedrijfstakken, de exportoriëntatie en de technische ontwikkeling.

Belangrijke trends tekenen zich af in de visie op onderwijs. Steeds meer opleidingen kiezen als uitgangspunt: 'werkend leren en lerend werken'. Hogescholen moeten hun studenten realistische praktijk- en ondernemingscontexten aanbieden, het liefst in de vorm van stages en realistische beroepstaken. Studenten volgen individuele trajecten via *blended learning*, waarbij zij begeleiding op maat ontvangen. Tegelijkertijd is het samenwerkend leren van essentieel belang, omdat studenten in hun toekomstige beroepen ook moeten kunnen samenwerken.

Docenten moeten in deze visie in staat zijn de leerstof op heldere wijze met behulp van diverse media te presenteren. Zij moeten dit vaak doen voor diverse inhoudsgebieden, naast hun taken als coach, mentor, begeleider van stages en afstudeertrajecten, examinator en tentaminator, en hun coördinerende taken. Van auteurs wordt daarom verwacht dat zij zorgen voor motiverende teksten, zelftoetsen, sheets, tentamenvragen en ander materiaal waarmee studenten zelfstandig aan de slag kunnen.

Dit zijn interessante uitdagingen, waarop het onderwijsmateriaal moet worden afgestemd, omdat het niet goed mogelijk is de nieuwe onderwijsvisie met behulp van verouderde leerboeken te realiseren. Zo zullen onderwijsmethoden in toenemende mate relaties met andere kennisgebieden moeten aangeven, om studenten in staat te stellen beroepsvragen op geïntegreerde wijze op te lossen. Tevens zullen zij op het eigen vakgebied juist die informatie moeten verschaffen waar de praktijk behoefte aan heeft, zonder de disciplinaire samenhang te verliezen. Wij menen dat dit boek een ferme stap zet op deze weg vol voetangels en klemmen.

Dat konden en kunnen wij niet zonder diegenen met wie wij in de afgelopen jaren zo constructief in gesprek zijn geweest over het meest gewenste onderwijsleerproces. Wij danken ieder die ons in de afgelopen jaren heeft gesteund met kritiek en andere waardevolle opmerkingen.

Zwolle, Hattem, voorjaar 2016
A.J. Marijs
W. Hulleman

Inhoud

Inleiding

Dit boek is bedoeld als een beschrijving van de macro-economische component van de bedrijfsomgeving. Toekomstige managers kunnen aan de hand van dit boek de macro-economische ontwikkelingen uit dagbladen en eenvoudige vaktijdschriften bijhouden. Met deze kennis gewapend kunnen zij externe risico's inschatten en maatregelen nemen om negatieve effecten op de resultaten te voorkomen.

In de hoofdstukken 2 tot en met 6 staan de basisfuncties centraal die in elke economie worden uitgeoefend. Het gaat daarbij om het produceren van goederen en diensten, en het besteden en het verdelen van het inkomen.

In de hoofdstukken 7 tot en met 9 gaat het om economische groei. Het voorspellen van de groei van allerlei macro-economische variabelen in de komende jaren is belangrijk voor het plannen van inkomsten en uitgaven van overheid en bedrijven. Stijging en daling van de groei van het bruto binnenlands product geven inzicht in de conjunctuur. De conjunctuur beïnvloedt de inflatie. De inflatie speelt een belangrijke rol in het rentebeleid van de centrale bank.

De hoofdstukken 10 en 11 staan in het teken van de langetermijngroei en de structuur van de economie. Op lange termijn groeit de economie als gevolg van de groei van de productiefactoren. Arbeid, kapitaal en natuur worden in ondernemingen aangewend voor de productie. Ondernemingen zijn ingedeeld in bedrijfstakken. Een land specialiseert zich in producten waarin het concurrentievoordelen heeft. Daarbij speelt in ontwikkelde economieën kennis een belangrijke rol.

De slothoofdstukken 12 en 13 geven weer hoe de variabelen conjunctuur, wisselkoersen, rente, olieprijzen en lonen invloed uitoefenen op de resultaten van ondernemingen. Verschillende kenmerken van ondernemingen leiden ertoe dat zij in verschillende mate door deze variabelen worden getroffen. De mogelijkheden van bedrijven om op deze uitdagingen te reageren komen aan de orde. Zij kunnen een beleid voeren dat ze minder gevoelig maakt voor de ontwikkelingen in de macro-economische variabelen.

De tekst van het boek wordt afgewisseld door casussen en tussenvragen. De antwoorden op de tussenvragen zijn achter in het boek opgenomen.

De macro-economische kernbegrippen die een belangrijke rol spelen in de tekst, zijn aan het eind van elk hoofdstuk in een kernbegrippenlijst vermeld. Ook is achter in het boek een lijst met afkortingen opgenomen.

1

Algemene economie en bedrijfsomgeving

Mensen kiezen voortdurend welke behoeften zij willen bevredigen met behulp van de beschikbare middelen. Dat is economisch handelen.
Algemene economie is een belangrijk element van de bedrijfsomgeving. Ondernemingen ervaren de invloed van consumptie, wisselkoersen, rente, inflatie, grondstofkosten, lonen, overheidsinvloed en veel andere algemeen economische variabelen. Meestal is de groei van deze variabelen belangrijker dan de absolute waarde ervan.

In dit hoofdstuk staan de volgende vragen centraal:
- Wat is economisch handelen en welke wetenschap bestudeert dit verschijnsel?
- Wat is de relatie tussen de bedrijfsomgeving en algemene economie?

De sleutel tot succes

Voor het management van een luchtvaartonderneming zijn de economische omstandigheden waaronder zij moet opereren van doorslaggevend belang. Kennis van die (externe) omstandigheden kan de sleutel tot succes zijn. De ondernemingsleiding ziet zich bijvoorbeeld voor de volgende vragen gesteld: Hoeveel dalen de toeristische uitgaven als de conjunctuur inzakt? Wat gebeurt er met de olieprijzen? Zullen de ticketprijzen van Amerikaanse concurrenten sterk dalen als de dollarkoers daalt? Zijn de loonkosten van piloten nog op te brengen of moeten we nieuwe, grotere vliegtuigen kopen? Zullen we nog investeren in nieuwe machines als de rente stijgt en het lenen van geld daardoor duurder wordt? De ondernemingsleiding verzekert zich van zo veel mogelijk kennis op deze terreinen om de verschijnselen en ontwikkelingen te kunnen begrijpen die invloed hebben op de prestaties van de onderneming. Zij vraagt zich ook af of er maatregelen mogelijk zijn om de negatieve gevolgen te ontlopen.

1.1 Economisch handelen en algemene economie

Welvaart

Middelen

Mensen hebben behoefte aan zaken als voedsel, kleding, warmte, onderdak, veiligheid en ontplooiing. Deze behoeften kunnen deels bevredigd worden met behulp van goederen en diensten. Het beschikken over goederen en diensten voor de bevrediging van behoeften noemen we welvaart. Er bestaat een voortdurende spanning tussen de behoeften, die we als oneindig ervaren, en de middelen, die beperkt zijn. Mensen moeten steeds kiezen welke middelen ze zullen gebruiken voor de behoeftebevrediging. De goederen en diensten worden geproduceerd met behulp van middelen, zoals grondstoffen, machines en arbeid. Deze middelen kunnen voor heel verschillende doeleinden gebruikt worden. Zo kan arbeid ingezet worden voor de productie van voedingsmiddelen, consumentenelektronica, onderwijs, veiligheid (politie en justitie) enzovoort. Ook grondstoffen en machines zijn vaak voor heel verschillende producten te gebruiken. Men zegt ook wel dat de middelen alternatief aanwendbaar of schaars zijn.

Schaarste

Economisch handelen

Economisch handelen

Het streven naar maximale welvaart met behulp van schaarse middelen noemen we economisch handelen. Economisch handelen vindt men overal in de samenleving terug. We zullen daarvan enkele voorbeelden geven. Consumenten verwerven een inkomen doordat één of meer gezinsleden gaan werken. Een onderneming koopt producten in, maakt daarmee andere producten en verkoopt deze weer. Een bankmedewerker koopt voor een cliënt aandelen in. Een ambtenaar maakt stedenbouwkundige plannen ten behoeve van een nieuwe stadswijk. Een commercieel medewerker van een onderneming verwerft een grote order in het buitenland.

Het economisch handelen speelt zich af in en tussen diverse organisaties. In deze voorbeelden is er sprake van consumenten die contacten onderhouden met bedrijven, van een overheidsinstelling die contacten onderhoudt met bedrijven en van bedrijven die transacties verrichten met ondernemingen in het buitenland.

Economische wetenschap

De economische wetenschap bestudeert het economisch handelen. Dit is zo complex dat de economische wetenschap in verschillende onderdelen uiteenvalt. Een globaal onderscheid kan men maken tussen de vakken die het interne proces in ondernemingen bestuderen, zoals financiering, kosten en opbrengsten en externe verslaggeving, en de vakken die de relatie met de omgeving of de omgeving zelf bestuderen, zoals commerciële economie en algemene economie.

Medewerkers van ondernemingen kunnen de problemen die zich aan hen voordoen zelden oplossen met de kennis uit slechts een van deze vakken. Meestal is een probleem van zowel interne als externe aard. We zullen dit toelichten aan de hand van casus 1.1.

Economische wetenschap

CASUS 1.1

Een afzetdaling en de economische deelgebieden

Een commercieel medewerker merkt dat de afzet van een product minder groeit dan verwacht. De oorzaken daarvan kunnen velerlei zijn. Het kan zijn dat concurrenten producten op de markt brengen die een betere prijs-kwaliteitverhouding hebben. Zijn de kosten misschien te hoog geworden doordat de onderneming inefficiënt produceert? Dit is een bedrijfseconomisch, een bedrijfsorganisatorisch of misschien wel een technisch probleem. Misschien hebben concurrenten hun reclame-inspanningen opgevoerd of hun distributieapparaat verbeterd. Deze aspecten bestudeert de commerciële economie. Wellicht is het product conjunctuurgevoelig en is de economie in de belangrijkste afzet-gebieden in een neergang geraakt. Soms komt het voor dat afnemers hun bestedingspatroon plotseling veranderen en is de afzet daar de dupe van. Het kan ook zijn dat het product door wisselkoersveranderingen plotseling te duur geworden is voor afnemers in bepaalde landen. Deze onderdelen van het probleem zijn algemeen-economisch van aard.

Al deze factoren kunnen een rol spelen en het is zelfs mogelijk dat ze alle tegelijkertijd invloed op de afzet uitoefenen. De commercieel medewerker wil graag maatregelen nemen om de kwade kansen te keren. Daarvoor zal hij inzicht in de oorzaken van de afzetdaling moeten hebben.

TUSSENVRAAG 1.1

Wat zou de onderneming uit casus 1.1 kunnen doen aan een kostenstijging die het gevolg is van een loonstijging?

Economisch handelen in een land kan men op verschillende niveaus bestuderen. Zo is het mogelijk om het keuzeprobleem van alle bedrijven en gezinnen in een land te bestuderen. Ook kan men het economisch handelen analyseren van een groep bedrijven en gezinnen die eenzelfde soort producten maken of kopen, of zelfs van een enkel bedrijf of gezin. Verder zijn de relaties tussen landen belangrijk voor het economisch proces in een land.

Algemene economie

Al deze onderwerpen behoren tot het vak algemene economie. We onderscheiden de volgende vier onderdelen:

Algemene economie

1 meso- en micro-economie
2 macro-economie
3 monetaire economie
4 internationale economische betrekkingen

Meso- en micro-economie

Ad 1 Meso- en micro-economie
De onderdelen meso- en micro-economie bestuderen de kenmerken van markten en bedrijfstakken waarmee ondernemingen te maken hebben, de vraag naar goederen en het aanbod ervan, en de veranderingen die plaatsvinden in vraag en aanbod als de prijzen veranderen.

Macro-economie

Ad 2 Macro-economie
Het onderdeel macro-economie geeft een beschrijving en analyse van allerlei verschijnselen voor een heel land. Het gaat bijvoorbeeld over de totale consumptie, de investeringen van alle bedrijven, en de import en export van de bedrijven en de overheid van dat land.

Monetaire economie

Ad 3 Monetaire economie
De monetaire economie houdt zich bezig met het verschijnsel geld en de rol van banken in de economie. De omvang van de kredietverlening en de hoogte van de rente zijn variabelen die men vanuit de monetaire economie tracht te verklaren. Verder komt de taak van de monetaire autoriteiten aan de orde.

Internationale economische betrekkingen

Ad 4 Internationale economische betrekkingen
Het onderdeel internationale economische betrekkingen (IEB) bestudeert de buitenlandse handel van landen, de internationale kapitaalstromen en de monetaire betrekkingen tussen landen.

1.2 Bedrijfsomgeving

Om de invloed van algemeen-economische variabelen op ondernemingen te kunnen bestuderen, is het van belang een indruk te krijgen van de bedrijfsomgeving. Dit is het onderwerp van subparagraaf 1.2.1.
Subparagraaf 1.2.2 is gewijd aan een globaal overzicht van het verband tussen de algemeen-economische omgeving en bedrijfseconomische variabelen.

1.2.1 Bedrijfsomgeving en ondernemingsresultaten
Met bedrijfsomgeving bedoelen we alle ontwikkelingen in de omgeving van een onderneming die invloed hebben op de resultaten van een bedrijf. De invloed kan betrekking hebben op inkopen, verkopen, marktontwikkeling, concurrentie, personeelsbeleid, enzovoort.

De omgevingsfactoren die invloed op de resultaten van een onderneming uitoefenen, worden meestal op een bepaalde wijze in kaart gebracht. Het criterium daarvoor is de mate waarin de onderneming de omgeving kan beïnvloeden. Daarbij kan men onderscheid maken tussen de directe omgevingsfactoren, de indirecte omgeving van de onderneming en de macro-omgevingsfactoren (zie figuur 1.1).

TUSSENVRAAG 1.2
Ga in het kort na welke factoren tot de directe, de indirecte en de macro-omgeving van een grote onderneming in de levensmiddelendetailhandel behoren.

Directe omgevingsfactoren

De directe omgeving bestaat uit de marktpartijen van de onderneming op haar in- en verkoopmarkten. Het gaat daarbij om verschillende schakels in de bedrijfskolom, zoals de toeleveranciers, de distributieschakels en de uiteindelijke afnemers. Ondernemers staan in voortdurend contact met deze partijen. Zij verzamelen doorlopend gegevens om een zo gunstig mogelijke prijs-kwaliteitverhouding van hun grondstoffen en halffabricaten te kunnen realiseren. Zij verzamelen steeds informatie over logistieke mogelijkheden om de leveringsbetrouwbaarheid van hun producten te kunnen verbeteren. De verkoopafdeling probeert voortdurend de beste informatie over afzetmarkten te verwerven om de resultaten van reclamecampagnes te verbeteren. Veel afdelingen zijn betrokken bij de directe omgeving en zijn gedwongen energie te steken in de bestudering van de ontwikkelingen in de directe omgeving. Alleen dan kan de onderneming de directe omgeving op een voor haar gunstige wijze beïnvloeden.

Directe omgevingsfactoren

Marktpartijen

FIGUUR 1.1 De bedrijfsomgeving

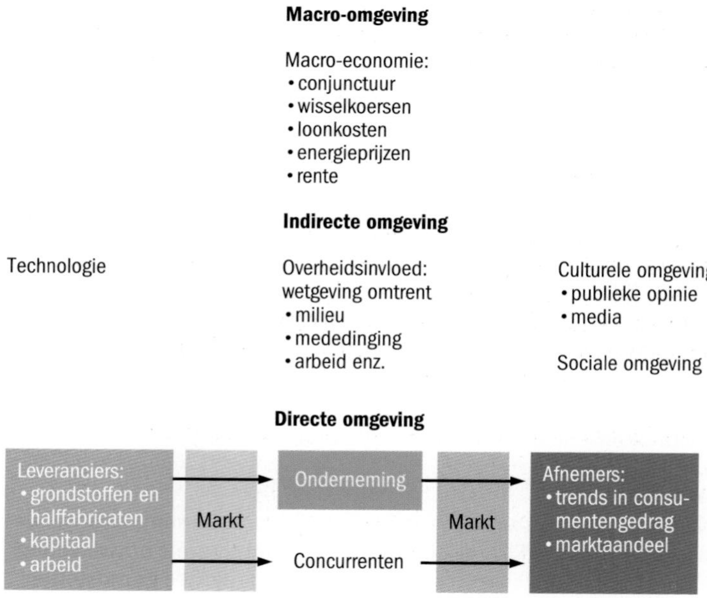

Macro-omgeving

Macro-economie:
- conjunctuur
- wisselkoersen
- loonkosten
- energieprijzen
- rente

Indirecte omgeving

Technologie

Overheidsinvloed:
wetgeving omtrent
- milieu
- mededinging
- arbeid enz.

Culturele omgeving:
- publieke opinie
- media

Sociale omgeving

Directe omgeving

Leveranciers:
- grondstoffen en halffabricaten
- kapitaal
- arbeid

Markt

Onderneming

Concurrenten

Markt

Afnemers:
- trends in consumentengedrag
- marktaandeel

Indirecte omgevingsfactoren

In de tweede plaats is de indirecte omgeving van de onderneming te onderkennen. Deze bestaat uit werknemers- en werkgeversorganisaties, de overheid en culturele omgevingsfactoren, zoals de publieke opinie en de media. De indirecte omgeving van de onderneming behoeft meestal geen dagelijkse bemoeienis van veel afdelingen in de organisatie. De onderneming is vertegenwoordigd in één of meer werkgeversorganisaties, die op hun beurt de belangen van de bedrijfstak bij de overheid en de werknemersorganisaties behartigen. De onderneming heeft een geringe invloed op de indirecte omgeving, maar omgekeerd kan de invloed van de indirecte omgeving op de onderneming heel groot zijn.

Indirecte omgevingsfactoren

Geringe invloed

Publieke opinie

Ondernemingen moeten bijvoorbeeld steeds meer rekening houden met de publieke opinie. Dit is een taak voor de publicrelationsafdeling of -functionaris. Deze moet zeer voorzichtig manoeuvreren met de emoties van het publiek, die door de media versterkt of verzwakt kunnen worden. Veel ondernemingen hebben richtlijnen opgesteld voor situaties waarin de publieke opinie een rol kan spelen, zoals milieucalamiteiten en zaken die de productveiligheid betreffen. Zulke voorvallen kunnen grote invloed op de onderneming uitoefenen, terwijl de invloed van de onderneming op de publieke opinie vaak gering is.

Sociale omgeving

Uiteraard is de *sociale omgeving* van een bedrijf van belang. De arbeidsmarkt bijvoorbeeld wordt door diverse sociale factoren beïnvloed. Veel bedrijven hebben moeite arbeidskrachten te vinden. Lange tijd is dit geweten aan de gebrekkige aansluiting van vraag en aanbod op de arbeidsmarkt. De scholing en de mentaliteit van de beroepsbevolking zouden tekortschieten en onvoldoende tegemoetkomen aan de wensen van de werkgevers. Uit onderzoek is gebleken dat ook de arbeidsomstandigheden binnen bedrijven een belangrijke rol kunnen spelen in het succes van bedrijven op de arbeidsmarkt. Verbetering van arbeidsomstandigheden en bedrijfsimago kan daaraan een bijdrage verlenen.

TUSSENVRAAG 1.3
Zou je bij een sollicitatie op de arbeidsomstandigheden in een bedrijf letten? En op de omloopsnelheid van producten?

Technologie

De invloed van *technologie* is van belang in de concurrentiestrijd. Nieuwe producten volgen elkaar steeds sneller op. Productlevenscycli van enkele maanden zijn geen uitzondering meer op industriële markten.
Het belang en de risico's van technologische ontwikkeling worden steeds groter.
Voor ondernemingen die zelf aan technologische ontwikkeling doen door middel van onderzoek en ontwikkeling, behoort de technologie tot de directe bedrijfsomgeving. Voor ondernemingen die dat niet doen en voor technische ontwikkeling van andere ondernemingen afhankelijk zijn, behoort de technologische ontwikkeling tot de indirecte omgeving.

Macro-omgeving

Macro-omgeving

In de derde plaats is er de ruime omgeving van de onderneming, ook wel de macro-omgeving genoemd. Deze bestaat uit de conjuncturele ontwikkeling, de ontwikkeling van wisselkoersen en prijzen van belangrijke grondstoffen, en demografische ontwikkelingen. Deze factoren kunnen op individuele ondernemingen grote invloed uitoefenen, terwijl individuele ondernemingen er op hun beurt geen enkele invloed op uit kunnen oefenen. Deze factoren zijn vrijwel geheel onbeheersbaar. Een conjuncturele inzinking of een daling van de wisselkoers van een belangrijk exportland kan ondernemers nachtmerries bezorgen vanwege de desastreuze invloed op de resultaten. Toch kunnen ondernemers deze variabelen niet beïnvloeden.

Geen enkele invloed

Het is dan ook noodzakelijk dat managers een beeld hebben van de invloed van macro-economische variabelen op opbrengsten, kosten en winst. Daarmee kunnen zij meer inzicht krijgen in de concurrentiepositie van de onderneming waar zij werkzaam zijn.

1.2.2   Algemeen-economische en bedrijfseconomische variabelen

De aspecten van de bedrijfsomgeving die in het vak algemene economie aan de orde worden gesteld, oefenen grote invloed uit op de resultaten van ondernemingen. Dat kunnen we duidelijk maken met behulp van figuur 1.2.

FIGUUR 1.2 De invloed van algemeen-economische variabelen op de resultaten van bedrijven

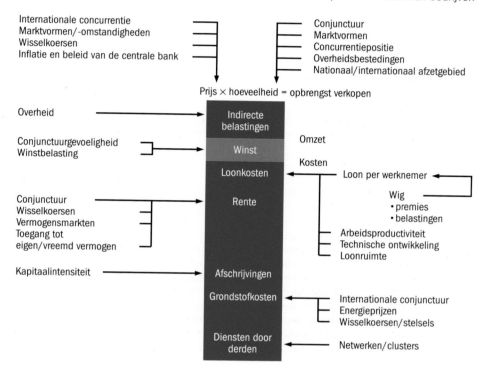

Veel van de variabelen in figuur 1.2 komen in dit boek diepgaand aan de orde. De bedoeling van figuur 1.2 is om een indruk te krijgen van de veelzijdigheid van de invloed van algemeen-economische variabelen op ondernemingen.

In figuur 1.2 zijn de verschillende onderdelen van de resultatenrekening in verband gebracht met algemeen-economische variabelen. Enkele van deze variabelen, zoals de nationale en internationale conjunctuur, de loonsom, de overheidsinvloed, de kapitaalintensiteit en de arbeidsproductiviteit, worden behandeld bij het onderdeel macro-economie.
In tabel 1.1 is de invloed weergegeven van diverse macro-economische variabelen op verschillende bedrijfstakken.

**Resultaten-
rekening**

Een theoretische behandeling van wisselkoersen, wisselkoersstelsels, rentevorming, vermogensmarkten, monetair beleid van de centrale bank en dergelijke, vindt meestal plaats bij het onderdeel monetaire economie dan wel internationale economische betrekkingen. Enige kennis daarvan is voor managers die in een steeds internationaler gerichte omgeving moeten opereren, onontbeerlijk.

TABEL 1.1 De invloed van macro-economische variabelen op diverse sectoren

Factor	Auto-sector	Bouw	Detail-handel	Groot-handel	Horeca	Industrie	Transport & logistiek	Zakelijke dienstverlening
Rente	...	..	..	..	...	..	..	.
Kapitaal-intensiteit	..	...	.	.	.	...		.
Vermogen en vertrouwen	...	...	...	..	.	..	..	..
Grondstof-prijzen	..	...	..	...	.	...	...	.
Wissel-koersen	.	.	.	...	.	...	...	.
Wereldhandel	.	.	...	.	...	...	...	.
Conjunctuur	...	.	..	...	...	...	../...	...

Invloed:
... hoog
.. matig
. laag

Bron: ING, *Dutch economic outlook*, december 2008, p. 11 (iets aangepast)

Naast macro-economische, monetaire en internationale variabelen bevat figuur 1.2 variabelen die micro- en meso-economisch van aard zijn. Daartoe behoren de marktvormen en marktomstandigheden, de concurrentiepositie van bedrijven en de technische ontwikkeling. Ook de relaties met toeleveranciers en afnemers, en met name de vraag of deze relaties door netwerken en/of clusters kunnen worden beschreven, behoren tot de meso-economie. De concurrentiekracht en de winstgevendheid van bedrijven hangen af van dit soort variabelen.

Veranderingen in de omgeving

Managers mogen bedrijfseconomische problemen niet oplossen alsof zich vrijwel geen veranderingen in de omgeving voltrekken. Toch gebeurt dit soms. In dat geval beschouwen zij omgevingsvariabelen als onveranderlijke gegevens. De kosten, de afzet en de rente worden dan bijvoorbeeld bij interne rendementsberekeningen voor heel lange periodes stabiel verondersteld. Het behoeft geen betoog dat een dergelijke handelwijze de realiteit te sterk vereenvoudigt. In werkelijkheid treden enorme fluctuaties in deze variabelen op. Het is dan ook een verrijking als managers kunnen omgaan met

Voorspellingen van omgevings-variabelen

Beleid

voorspellingen van omgevingsvariabelen en inzien dat deze een risico voor de onderneming kunnen opleveren. Juist het voeren van een beleid om minder gevoelig te zijn voor schommelingen in de conjunctuur, valuta, grondstofkosten, lonen en rente, is voor veel bedrijven van essentieel belang. In veel gevallen kunnen bedrijven immers kiezen welke relatie zij hebben tot toeleveranciers en afnemers, in welke valuta zij leningen zullen afsluiten, waar zij zich zullen vestigen, hoe zij hun productassortiment minder conjunctuurgevoelig kunnen maken, enzovoort.
In casus 1.2 komt de gevoeligheid van een luchtvaartonderneming voor macro-economische variabelen aan de orde.

CASUS 1.2

Luchtvaart

Een luchtvaartonderneming vliegt met veertien vliegtuigen met voornamelijk Duitse toeristen op de populaire vakantiebestemmingen in heel de wereld. Daarnaast vervoert de onderneming vracht. Elk jaar vlak voor de zomermaanden laat de onderneming zeven vliegtuigen ombouwen ten behoeve van personenvervoer. In de herfst worden de vliegtuigen weer omgebouwd voor vrachtvervoer.

Vraag

De vraag naar vakanties blijkt heel afhankelijk te zijn van de conjunctuur en het consumentenvertrouwen. Consumenten bezuinigen tijdens een economische neergang sterk op buitenlandse vakanties, en zeker op vliegvakanties. De onderneming heeft tot nu toe de vliegtuigen behoorlijk kunnen bezetten omdat zij contracten afsluit met reisbureaus. Een groot probleem voor reisbureaus is echter dat de consumenten pas in april/mei hun vakantiebestemming kiezen, terwijl de vliegbestemmingen al in februari/maart moeten worden gepland. Voor het verkrijgen van landingsrechten en toestemming om door het luchtruim van andere landen te vliegen, is een ruime voorbereidingstijd vereist.

De bestemmingen die consumenten kiezen, zijn nogal dollargevoelig. Als de dollar laag is ten opzichte van de euro, kiezen zij meer bestemmingen in dollargebieden of gebieden met een munt die is gekoppeld aan de dollar, zoals de VS, Canada en Latijns-Amerika. Ook voor het overige is de dollarkoers van belang voor opbrengsten en kosten. Een lage dollar is voor de onderneming enerzijds nadelig, omdat Amerikaanse concurrenten dan goedkoper kunnen vliegen. Aan de andere kant dalen dan de kosten van toestellen en ook van grondstoffen als olie.

De vraag naar vrachtvervoer is vooral van de conjunctuur afhankelijk. De conjunctuur is de afwisseling van hoge en lage groei van de productie in een land. Bij een hoge groei bestellen klanten veel goederen in het buitenland. Een deel daarvan wordt ingevlogen.

Kosten

Circa 15 procent van de kosten van de onderneming bestaat uit energiekosten. De leiding volgt de olieprijzen met argusogen. Vanwege de hevige concurrentie in de sector is het namelijk niet mogelijk de olieprijsstijgingen volledig door te berekenen in de ticketprijzen. Na ongeveer vier maanden kan de onderneming de helft van de gestegen kosten doorberekenen. Elke dollar prijsstijging per gallon kost de onderneming ongeveer €1,5 miljoen op jaarbasis.

Gelukkig heft de overheid tot nu toe geen indirecte belastingen op de kerosine. Dat zou de doodsteek voor de onderneming zijn, zeker als andere overheden niet hetzelfde beleid volgen. De onderneming volgt nauwgezet de discussies over dit onderwerp en lobbyt met de andere luchtvaartondernemingen in Brussel om te voorkomen dat belasting op het energieverbruik wordt geheven.

De loonkosten in de luchtvaartsector zijn hoog. De president-directeur spreekt weleens gekscherend van de meest verdienende buschauffeurs ter wereld als de salarissen van piloten ter sprake komen. Aangezien in andere delen van de wereld de salarissen een stuk lager liggen, streeft de onderneming naar een jaarlijkse arbeidsproductiviteitsverhoging die ruim boven het gemiddelde in de sector ligt.

De vliegtuigen zijn alle volledig eigendom van de onderneming, maar natuurlijk wel voor een deel gefinancierd met vreemd vermogen. Over het vreemd vermogen is uiteraard rente verschuldigd. De president-directeur is tegen leasen, omdat er dan weer tussenschakels zijn die een deel van de marge nemen.

In de luchtvaartsector zijn de winstmarges toch al flinterdun, als gevolg van de vele maatschappijen die in sommige landen al tientallen jaren kunstmatig in leven worden gehouden door overheden. Bovendien zijn de maatschappijen uit het Midden-Oosten sterk in opmars. Zij eisen een deel van de markt op. Investeringen in nieuwe vliegtuigen zijn alleen mogelijk in periodes waarin de winstmarge redelijk is.

Gevoeligheid voor macro-economische variabelen

Deze luchtvaartonderneming blijkt zeer *gevoelig* te zijn voor de belangrijkste macro-economische variabelen: de conjunctuur, de wisselkoers van de dollar, de olieprijzen, de loonkosten en de rente.

Toeristische uitgaven zijn heel conjunctuur-gevoelig. Een toename van het inkomen wordt naar verhouding voor een groot deel besteed aan toeristische uitgaven. De kapitaalintensiteit van de onderneming is groot. De kosten die daarmee gepaard gaan, zoals rente en afschrijvingen, zal de onderneming zowel in goede als in slechte tijden moeten opbrengen.

Luchtvaartmaatschappijen kunnen hun kosten nauwelijks neerwaarts aanpassen. Een terugval in de vraag zal snel tot uiting komen in 'lege stoelen'. De kosten blijven constant, de opbrengsten dalen. Er zijn dan onderbezettingsverliezen.

De wisselkoers van de dollar heeft invloed op de opbrengsten door de bestemmingskeuze van de consumenten en door de concurrentie van Amerikaanse ondernemingen. Een lage dollarkoers heeft tot gevolg dat klanten weinig euro's hoeven te betalen als ze met Amerikaanse maatschappijen vliegen.

De maatschappij zal haar ticketprijzen dan ook moeten verlagen, anders lopen de klanten weg.

De olieprijzen zijn genoteerd in dollars, zodat ook een deel van de kosten afhankelijk is van de dollarkoers. Dat geldt ook voor de aanschaf van nieuwe toestellen, die alle uit de VS komen.

De onderneming is gevoelig voor de loonontwikkelingen vanwege de hoge lonen van de piloten in vergelijking met die in het buitenland.

De onderneming is kapitaalintensief door de dure vliegtuigen die ze in bezit heeft. De rentegevoeligheid is dan ook groot. Door de kleine marges kan een rentestijging gemakkelijk tot verlies leiden.

Doorberekenen van de kosten

Het *doorberekenen* van kostenstijgingen is moeilijk. De marktpositie is zwak, omdat de onderneming een zeer geringe marktmacht heeft. Het is een kleine onderneming te midden van enkele zeer grote en veel kleine in Europa. Het is dus moeilijk de klantenbinding te handhaven. Als de onderneming de kosten doorberekent en de ticketprijzen verhoogt, zullen de klanten bij andere maatschappijen boeken of andere vakanties nemen zonder te vliegen.

De internationalisering in de luchtvaart is groot. Er zijn grote buitenlandse concurrenten. Hoe verder de liberalisering van de luchtvaartsector voortschrijdt, des te meer buitenlandse concurrenten er komen.

De bezettingsgraad is in tijden van neergang een voortdurende bron van zorg. De onderneming is er tot nu toe in geslaagd de bezetting hoog te houden door de contracten met de reisbureaus, maar een plotselinge verandering van de consumentenvoorkeuren in de zomermaanden kan een sterke neerwaartse druk op de bezettingsgraad geven. De conclusie is dat de onderneming een speelbal is van macro-economische variabelen.

1.3 Absolute en relatieve gegevens

Het werken met cijfermatige gegevens is voor economen onmisbaar. Deze gegevens kunnen in absolute vorm voorkomen, als getallen, maar ook in relatieve vorm, als procentuele veranderingen. We zullen dit uitleggen aan de hand van een willekeurige waarde, volume en prijs.

De begrippen volume, prijs en waarde staan met elkaar in verband. Zoals bekend bestaat de omzet van een bedrijf in een bepaalde periode uit de afzet vermenigvuldigd met de prijs. De omzet is een variabele die een waarde weergeeft en de afzet is een variabele die een volume of een hoeveelheid weergeeft.

Niet alleen de absolute bedragen van hoeveelheid, prijs en waarde staan met elkaar in verband, ook de veranderingen in elk van de variabelen blijken in een bepaalde relatie tot elkaar te staan. We zullen dat toelichten aan de hand van voorbeeld 1.1.

VOORBEELD 1.1

Stel dat voor een bepaald bedrijf de gegevens van de volgende tabel gelden.

Hoeveelheid, prijs en waarde

	Hoeveelheid (in tonnen)	Prijs (in euro's per ton)	Waarde (in euro's)
Periode 0	1.000	20	20.000
Periode 1	1.050	22	23.100
Mutaties in procenten ten opzichte van periode 0	5	10	15,5

Het product van prijs en hoeveelheid geeft de waarde in een periode. Zowel de hoeveelheid als de prijs is gestegen in periode 1 ten opzichte van periode 0. Van elk van de variabelen is de procentuele mutatie berekend door de toename te delen door het bedrag in periode 0 en deze uitkomst met 100 te vermenigvuldigen. Zo komt men aan een procentuele verandering van de waarde in periode 1 ten opzichte van periode 0 van 15,5. Men kan ook op een andere (globalere) manier tot deze waardeverandering komen, namelijk door de procentuele veranderingen in hoeveelheid en prijs bij elkaar op te tellen.

In het algemeen geldt voor de relatieve verandering van een variabele die het *product* is van twee andere, dat deze verandering bij benadering gelijk is aan de som van de mutatie in de samenstellende variabelen.
Een variabele kan ook het quotiënt zijn van twee andere; de prijs is bijvoorbeeld de waarde gedeeld door de hoeveelheid (20.000/1.000 = 20, zie de tabel). In dit geval mag de verandering van de waarde (15,5 procent) gecorrigeerd worden voor de verandering in de hoeveelheid (5 procent). Er resulteert een prijsverandering van 10,5 procent.
De waardeverandering die wordt gevonden door de procentuele mutaties van de hoeveelheid en de prijs op te tellen, is 15 procent. Dit is een afwijking van 0,5 procent van de zuiver berekende verandering van 15,5 procent. Deze afwijking is de discountfactor. Naarmate de procentuele veranderingen in prijs en hoeveelheid kleiner zijn, is de onzuiverheid ook kleiner. Deze kan men dan verwaarlozen.

De waardestijging van een variabele noemt men de *nominale* stijging. In het voorbeeld is de nominale stijging 15 procent. De volumeverandering noemt men de *reële* stijging van de variabele, in het voorbeeld 5 procent. De nominale verandering is dus gelijk aan de reële verandering plus de prijsstijging.

Nominale en reële stijging

Ook voor algemeen economische variabelen is het belangrijk de volume- en de prijsverandering van elkaar te onderscheiden. Zo bestaat de waarde van de consumptie uit het volume maal de prijzen.

Om de verandering van de waarde ten opzichte van een voorafgaand jaar te bepalen kan men de volume- en prijsveranderingen bij elkaar optellen (zie ook casus 1.3).

CASUS 1.3

CBS: detailhandel zet opnieuw meer om

In oktober heeft de detailhandel 2,3 procent meer omgezet dan een jaar eerder, meldt het CBS. De stijging is deels te danken aan een gunstigere samenstelling van de verkoopdagen. Het volume (de verkopen) lag 2,8 procent hoger, terwijl de prijzen 0,5 procent lager waren dan een jaar eerder. Zowel de winkels in food als die in non-food realiseerden meer omzet.

Omzetontwikkeling detailhandel

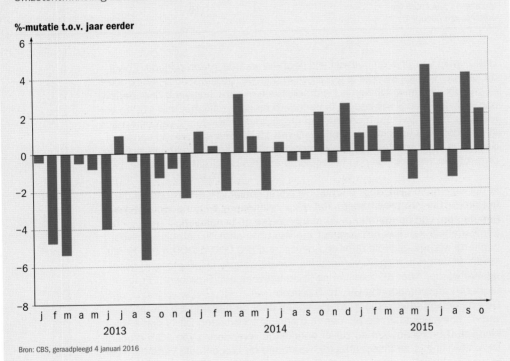

%-mutatie t.o.v. jaar eerder

Bron: CBS, geraadpleegd 4 januari 2016

Voor vrijwel alle economische variabelen is het van belang volume en prijsveranderingen van elkaar te onderscheiden. We zullen dit toelichten aan de hand van enkele vergelijkingen die voor zowel de bedrijfseconomie als de algemene economie essentieel zijn.

Arbeids-productiviteit

De productie van een onderneming is gelijk aan het aantal werknemers vermenigvuldigd met de productie per werknemer (de arbeidsproductiviteit). In een heel land is de productie (het bruto binnenlands product of bbp) gelijk aan het totaal aantal werknemers vermenigvuldigd met de arbeidsproductiviteit. De groei van het bbp is dus de som van de groei van het aantal werknemers en de toename van de arbeidsproductiviteit. Het verband tussen productie, werknemers en arbeidsproductiviteit wordt weergegeven in vergelijking [1.1]:

$$bbp = Av \times ap \qquad\qquad [1.1]$$

waarin:
bbp = het bruto binnenlands product
Av = de vraag naar arbeidskrachten, het aantal werknemers of de totale werkgelegenheid
ap = arbeidsproductiviteit, de productie per eenheid arbeid per tijdseenheid

De veranderingen staan als volgt met elkaar in verband:

$$g_{bbp} = g_{Av} + g_{ap} \qquad\qquad [1.2]$$

De g voor een variabele duidt op de relatieve groei van deze variabele, dus de groei in procenten. Als de vraag naar werknemers toeneemt met 2 procent en de arbeidsproductiviteit toeneemt met 1 procent, zal het bbp stijgen met 3 procent.
Een toename van de productie in een onderneming of in een land kan twee oorzaken hebben: een toename van het aantal werkenden of een toename van de arbeidsproductiviteit.

Een tweede verband tussen belangrijke variabelen betreft het loon. De totale loonsom is belangrijk voor zowel een individuele onderneming als de economie van een heel land. De loonsom kan toenemen door een toename van het loon per werknemer of door een toename van de vraag naar arbeid. Dit wordt geïllustreerd in voorbeeld 1.2.

VOORBEELD 1.2
Stel dat voor een bepaald jaar de gegevens over de lonen geschat worden zoals weergegeven in de volgende tabel.

Volume en prijsmutaties van het looninkomen (voorbeeld)

	(1) 2015 in prijzen 2015	(2) Volumemutatie	(3) 2016 in prijzen 2015	(4) Prijsmutatie	(5) 2016 in prijzen 2016
Loonsom	200	2%	204	5%	214,2

De eerste kolom geeft de waarde aan van de loonsom in 2015. Uit kolom 2 is af te lezen dat in 2016 de werkgelegenheid met 2 procent stijgt. De totale loonsom zou 204 bedragen als de loonsom per werknemer stabiel zou zijn gebleven. Dan zou de prijsmutatie nul bedragen; het loon per werknemer in 2016 zou gelijk zijn aan het loon per werknemer in 2015. Vandaar dat boven kolom 3 staat '2016 in prijzen van 2015'. Telt men bij de volumemutatie de prijsmutatie (kolom 4), dan krijgt men de loonsom in 2016 (kolom 5). Het loon per werknemer is gestegen met 5 procent.

De loonsom is het product van het aantal werknemers en het loon per werknemer. De stijging van de loonsom is dan ongeveer gelijk aan de procentuele volume- en prijsmutatie bij elkaar opgeteld, namelijk 2 procent + 5 procent = 7 procent van 200 = 14. Bij kleine veranderingen van prijzen en hoeveelheden mogen de percentages van de veranderingen bij elkaar gevoegd worden om de waardeverandering te bepalen. De onzuiverheid is hier 0,2; dit is 0,1 procent van 200, een verwaarloosbaar verschil.

Verband tussen loonsom, loon per werknemer en het aantal werknemers

Het verband tussen loonsom, loon per werknemer en het aantal werknemers is weergegeven in vergelijking [1.3]:

$$L = L_{wn} \times A_v \tag{1.3}$$

waarin:
L = de totale loonsom
L_{wn} = de loonsom per werknemer
A_v = de hoeveelheid werknemers

De relatie tussen de veranderingen is dan als volgt weer te geven (vergelijking [1.4]):

$$g_L = g_{Lwn} + g_{Av} \tag{1.4}$$

TUSSENVRAAG 1.4
De waarde van de consumptie stijgt in een bepaald jaar met 4 procent. Het Centraal Planbureau wijst erop dat de stijging grotendeels is veroorzaakt door een inflatiepercentage van 3. Kun je dit uitleggen?

Loonkosten per eenheid product

Het derde verband betreft de loonkosten per eenheid product. In elk product dat met behulp van de productiefactor arbeid is geproduceerd, zit een bedrag aan loon. Dit bedrag kan toenemen door een stijging van het loon per werknemer, maar als de arbeidsproductiviteit stijgt, zal het loon per eenheid product weer dalen. In de vorm van een vergelijking [1.5]:

$$Lk_{p.e.p.} = L_{wn}/ap \tag{1.5}$$

waarin:
$Lk_{p.e.p.}$ = loonkosten per eenheid product
L_{wn} = loon per werknemer
ap = arbeidsproductiviteit

Stel dat een werknemer €100 verdient en vijftig producten maakt, dan zijn de loonkosten per eenheid product €2.

De veranderingen staan ook in verband met elkaar (vergelijking [1.6]):

$$g_{Lkp.e.p.} = g_{Lwn} - g_{ap}$$ [1.6]

Stijgt het loon per werknemer met 3 procent en de arbeidsproductiviteit met 1 procent, dan nemen de loonkosten per eenheid product toe met 2 procent. Ondernemers zullen een stijging van de lonen dus altijd trachten te compenseren door een arbeidsproductiviteitsstijging om de winstgevendheid op peil te houden. Op macroniveau geldt dat ook: een loonstijging die uitgaat boven de arbeidsproductiviteitstoename, gaat ten koste van de winstgevendheid van het bedrijfsleven.

Samenvatting

Economisch handelen leidt tot welvaart. Mensen kiezen voortdurend welke middelen ze zullen inzetten om de gewenste goederen en diensten te kunnen maken. De economische wetenschap bestudeert het economisch handelen op het niveau van landen, ondernemingen en individuen. Daaruit vloeien de onderdelen macro-economie, meso- en micro-economie, internationale economische betrekkingen en monetaire economie voort.

Economische variabelen als de conjunctuur, inflatie, loonkosten, grondstofkosten en rente behoren tot de macro-omgeving van bedrijven. Deze variabelen beïnvloeden de winstgevendheid van ondernemingen zonder dat de ondernemingen zelf invloed op deze variabelen kunnen uitoefenen. Ondernemingen moeten wel een beleid voeren om de negatieve gevolgen van macro-economische ontwikkelingen te pareren. Behalve de macro-omgeving bestaan ook een indirecte en een directe omgeving. Deze kunnen ondernemingen beter beïnvloeden.

Macro-economische variabelen hebben meestal een absolute waarde en deze is onderhevig aan veranderingen, meestal uitgedrukt in procentuele groei. De verandering in variabelen die bestaan uit het product van twee andere, is gelijk aan de som van de veranderingen in de twee andere variabelen. De groei van de productie is de groei van werkgelegenheid en arbeidsproductiviteit bij elkaar opgeteld. De groei van de loonsom is gelijk aan de som van de groei van de loonsom per werknemer en van het aantal werknemers. De loonkosten per eenheid product stijgen met het loon per werknemer, gecorrigeerd voor de arbeidsproductiviteitstoename.

Kernbegrippenlijst

Bedrijfsomgeving	De externe omgeving van een onderneming die invloed heeft op de resultaten van de onderneming. Onderscheiden worden: • directe omgeving • indirecte omgeving • macro-omgeving
Economisch handelen	Het streven naar maximale welvaart met behulp van schaarse middelen.
Macro-economie	Onderdeel van de economische wetenschap waarin de bestudering van de verbanden tussen geaggregeerde grootheden vooropstaat. Voorbeelden van zulke variabelen zijn: bruto binnenlands product, werkgelegenheid, consumptie, investeringen en inflatie.
Schaarste	Spanning tussen beperkte middelen en oneindige behoeften.
Welvaart	Het beschikken over schaarse goederen en diensten voor de bevrediging van behoeften.

2
Produceren

2.1   **Welvaart en welzijn**
2.2   **Toegevoegde waarde**

Het bruto binnenlands product (bbp) per hoofd van de bevolking is een maatstaf voor de welvaart. Consumenten overal ter wereld hebben de beschikking over producten. Dit noemen we welvaart. Het welzijn heeft met meer factoren te maken dan alleen het bbp per hoofd.
Produceren is het toevoegen van waarde aan producten. De verkoop van producten op markten maakt het mogelijk de belanghebbenden te belonen voor hun inzet bij de productie. De belanghebbenden zijn de leveranciers van grondstoffen en halffabricaten, de werknemers, eigenaren van het vermogen en ook de overheid.

In dit hoofdstuk staan de volgende vragen centraal:
- Hoe kunnen we welvaart meten en vergelijken?
- Wat is het verband tussen welvaart en welzijn?
- Hoe dragen ondernemingen en de overheid bij aan de welvaart?

Produceren en welvaart

Unilever NV maakt allerlei soorten toiletartikelen voor haar-, mond- en huidverzorging, zoals zeep, tandpasta's en cosmetica. Ook is de onderneming werkzaam op het terrein van de voedings- en genotmiddelen: ze maakt ijs en dranken, margarines en bakkerijproducten. Verder is de onderneming een belangrijke speler op de internationale markt voor schoonmaakmiddelen. De onderneming verkoopt deze artikelen aan groot- en detailhandelsbedrijven overal ter wereld. Hoewel de welvaart heel verschillend is, blijken mensen in alle landen behoefte te hebben aan deze producten en ervoor te willen betalen. De opbrengsten zijn dan ook ruimschoots voldoende om alle kosten te dekken. De onderneming koopt grondstoffen in, zoals plantaardige olie, suiker, water, fijnchemicaliën en alle overige ingrediënten die de onderneming niet zelf fabriceert. Het verschil tussen opbrengsten en inkopen – de toegevoegde waarde – is voldoende om de werknemers loon en de kapitaalverschaffers rente en winst te verschaffen. Bovendien blijft er nog geld over om de versleten machines en gebouwen te vervangen.

2.1 Welvaart en welzijn

Subparagraaf 2.1.1 gaat over welvaart en welvaartsverschillen. Mensen zijn welvarend als ze over veel goederen en diensten kunnen beschikken om hun behoeften te bevredigen. Er bestaan grote verschillen in welvaart tussen landen. Maar ook binnen landen heeft niet ieder de beschikking over dezelfde hoeveelheid producten.

Subparagraaf 2.1.2 gaat over welzijn. Het gaat daarbij om de verschillen en overeenkomsten tussen welvaart en welzijn. Welvaart zegt niet alles over het welzijn van mensen. Voor het welzijn is een internationale maatstaf ontwikkeld: de human development index.

2.1.1 Welvaartsverschillen

Bruto binnenlands product

De behoeftebevrediging met behulp van goederen en diensten noemt men welvaart. Goederen en diensten uit de vrije natuur zijn zonder bewerking niet geschikt voor de behoeftebevrediging. Er moet eerst waarde aan worden toegevoegd. Dat noemen we productie. De totale productie binnen de landsgrenzen is het bruto binnenlands product (bbp). Het bbp is de belangrijkste maatstaf om de welvaart van landen te vergelijken.

Welvaartsverschillen tussen landen

Het bbp per hoofd van de bevolking gebruikt men vaak als maatstaf voor de hoogte van de welvaart. Deze variabele kan men berekenen door het bbp van een land te delen door het aantal inwoners. Het bbp per hoofd van de bevolking geeft de waarde aan van de producten die elke inwoner ter beschikking staan. Het is dus als het ware het inkomen waarmee mensen producten kunnen kopen. Inkomens van verschillende landen kan men alleen vergelijken door ze in één munt uit te drukken. In tabel 2.1 is het bbp per hoofd van de bevolking van een aantal landen weergegeven in dollars.

Welvaartsverschillen tussen landen

Bbp per hoofd van de bevolking

In het ene land kan men meer met een dollar kopen dan in een ander land. Vakantiegangers merken dat ze met hun geld in Tsjechië of Indonesië meer kunnen kopen dan in Zwitserland of Japan. De koopkracht van een dollar verschilt van land tot land. We moeten de inkomens dus ook nog corrigeren voor deze verschillen in koopkracht. Door deze correctie krijgen we de koopkrachtpariteit (kkp).

Om het bbp van landen te kunnen vergelijken, moet men dus:
- het bbp per hoofd van de bevolking bepalen
- het bbp omzetten in één munt, bijvoorbeeld de dollar
- corrigeren voor de verschillen in koopkracht van de munt per land

Meestal vergelijkt men de welvaart van een land met het bbp per hoofd in de VS. Nederland is een welvarend land in vergelijking met veel andere landen in de wereld, maar toch ligt de koopkracht van de gemiddelde Nederlander meer dan 10 procent onder die van de gemiddelde Amerikaan.
In tabel 2.1 is het inkomen in de Europese Unie (EU) op 100 gesteld. Een Amerikaan heeft gemiddeld 35 procent meer te besteden dan de gemiddelde inwoner van de EU.
Een groep landen heeft een koopkracht van rond de 60 procent van het bbp in de EU. In tabel 2.1 zijn als voorbeelden daarvan enkele Oost-Europese landen opgenomen, zoals Estland, Litouwen en Polen. Landen met een welvaart per hoofd van de bevolking van tussen de 20 en 50 procent zijn Brazilië en Turkije. Inwoners van veel landen in Afrika hebben een koopkracht van slechts enkele procenten van het gemiddelde inkomen in de EU. Het gezinsinkomen in arme landen is vaak minder dan het zakgeld van kinderen in de rijke landen.

TABEL 2.1 Bbp per hoofd van de bevolking in koopkrachtpariteit (2014)

	Bbp in $ per hoofd in kkp	% EU	Jaarlijkse groei bbp 2000–2014, in %
Wereld	14.957	41	2,6
Zwitserland	57.253	158	2,0
Hongkong	55.084	152	..
Ierland	48.755	134	2,4
Nederland	47.663	131	1,1
Oostenrijk	46.223	127	1,5
Duitsland	45,802	126	1,1
Denemarken	44.916	124	0,6
Canada	44.057	121	1,9
België	42.578	117	1,5
Verenigd Koninkrijk	39.762	108	1,4
Frankrijk	38.848	107	1,1
Italië	34.706	96	–0,1
Spanje	33.211	91	1,2
Slovenië	29.963	82	1,9
Portugal	28.392	78	0,1
Estland	26.946	74	3,1
Litouwen	26.742	74	3,9
Griekenland	25.877	71	–0,4
Polen	24.745	68	4,0
Turkije	19.200	53	4,5

TABEL 2.1 Bbp per hoofd van de bevolking in koopkrachtpariteit (2014) (vervolg)

	Bbp in $ per hoofd in kkp	% EU	Jaarlijkse groei bbp 2000–2014, in %
Brazilië	15.838	44	3,6
China	13.206	36	10,3
Ethiopië	1.500	4	9,6
Mali	1.599	4	4,5
Japan	36.426	100	0,7
Verenigde Staten	54.630	150	1,7
EU	36.626	100	1,0[a]

a = eurogebied

Bron: Wereldbank, *World development indicators*, 2015

TUSSENVRAAG 2.1

In hoeveel jaar verdubbelt het Nederlandse bbp? En het Chinese?

Welvaartsgroei

Welvaartsgroei

De meeste landen streven naar groei van het bbp. De groei van het bbp is *de* maatstaf voor economische groei. Door middel van economische groei kunnen landen voorzien in de toenemende behoeften die een gevolg zijn van de bevolkingsgroei. Maar niet alleen nieuwe wereldburgers hebben behoefte aan allerlei producten. Veel economen nemen aan dat de behoeften van mensen oneindig groot zijn, veel groter dan ze met de beschikbare middelen kunnen bevredigen. Dit geldt des te meer voor mensen in arme landen. De onbevredigde behoeften van mensen in landen met een lage welvaart die de rijkdom in andere landen zien, zijn groot. Landen met een lage welvaart kunnen hun achterstand inlopen door middel van een hoge groei. Dat is gebeurd met een land als Ierland, en dat kan ook met landen in Oost-Europa gebeuren.

In casus 2.1 zijn de belangrijkste oorzaken van welvaartsverschillen tussen landen gegeven.

TUSSENVRAAG 2.2

Met het bbp per hoofd van de bevolking in Afrikaanse landen, en zelfs in Turkije en Brazilië, kan men in Nederland de basisbehoeften nauwelijks bevredigen. Kan dat in andere landen wel? Welke oorzaken zijn daarvoor aan te wijzen?

Welvaartsverschillen binnen landen

Welvaarts-verschillen binnen landen

Niet alleen tussen landen, maar ook binnen landen kunnen grote welvaartsverschillen bestaan. In veel rijke landen zijn er groepen mensen die hun basisbehoeften nauwelijks kunnen bevredigen. In de VS treft men bijvoorbeeld sterk verpauperde stadswijken aan, waar de mensen moeite hebben met het verkrijgen van de elementairste producten als voedsel en een woning.
De mate waarin de bevolking van een land sterke inkomensverschillen accepteert, is afhankelijk van plaatselijke zedelijke normen en waarden. Toch heeft de internationale gemeenschap vastgelegd welke behoeften elk mens ten minste moet kunnen bevredigen om van een menswaardig bestaan te

CASUS 2.1

Oorzaken van welvaartsverschillen

Het bbp per hoofd van de bevolking verschilt van land tot land. Veel Nederlanders kijken met enige jaloezie naar Amerikanen, die zo'n 10 procent meer te besteden hebben. Zij vragen zich af hoe deze verschillen kunnen ontstaan en waarom Nederlanders niet meer te besteden hebben.

De verschillen in bestedingsmogelijkheden kunnen drie oorzaken hebben: de arbeidsproductiviteit per gewerkt uur, het aantal arbeidsuren per werkende en het aandeel van de werkenden in de totale bevolking. In de tabel zijn van enkele landen gegevens over deze variabelen opgenomen.

Oorzaken van verschillen in welvaart tussen landen (2013)

	Totale bevolking (× 1 mln)	Werkenden (× 1 mln)	Bbp/persoon ($ kkp)	Bbp/gewerkt uur ($ kkp)	Gewerkte uren (gemiddeld per jaar)
Duitsland	80	41	44.999	65	1.362
Frankrijk	64	26	39.236	66	1.474
Nederland	17	9	47.967	64	1.421
Groot-Brittannië	63	32	39.125	46	1.669
Verenigde Staten	314	155	52.592	60	1.788
Japan	128	66	36.620	40	1.734

Bron: OECD, *Statistics*, geraadpleegd 6 januari 2016

Het bbp per gewerkt uur is een maatstaf voor de arbeidsproductiviteit. Nederland loopt daarbij niet achter bij de andere landen in de tabel – integendeel, de arbeidsproductiviteit per gewerkt uur in Nederland is hoog. Vergeleken met de VS lopen ook de andere Europese landen, uitgezonderd Engeland, goed in de pas. De arbeidsproductiviteit is dus niet de oorzaak van de achterlopende welvaart ten opzichte van de VS. Het aantal werkenden op de totale bevolking is ongeveer 50 procent. In de meeste landen is het percentage wat hoger, in Frankrijk iets lager, ongeveer 45 procent. Het aandeel werkenden in de totale bevolking kan dus ook niet de oorzaak zijn voor het welvaartsverschil tussen Nederland en de VS.

Nu moeten we alleen nog kijken naar het aantal gewerkte uren per werkende.

Gemiddeld blijken werkenden in de VS meer uren te werken dan in Europa, en zeker dan in Nederland. Nederland heeft het grootste aantal deeltijdwerkers van alle OESO-landen. Dat verklaart de lagere welvaart per hoofd van de bevolking. Deels is deze lagere welvaart ongewild: veel mensen zouden meer willen werken, maar er is geen werk voorhanden. Maar voor het grootste deel weerspiegelt de lagere welvaart in Nederland de voorkeuren van werkenden.
Nederlanders hebben meer vrije tijd dan Amerikanen; zij prefereren meer vrije tijd boven een hoger inkomen. Veel mensen willen parttime werken, en bovendien zullen weinig Nederlanders tevreden zijn met de twee weken vakantie waarmee Amerikanen wel genoegen nemen.

kunnen spreken. Normen daarvoor zijn te vinden in de Universele Verklaring van de Rechten van de Mens. Het gaat daarbij onder andere om het recht op voeding, kleding, onderdak, onderwijs en medische voorzieningen. Desondanks bestaan ook in rijke landen grote verschillen in de feitelijke verwezenlijking van de rechten van de mens.

Universele Verklaring van de Rechten van de Mens

Een maatstaf voor de gelijkheid van de inkomensverdeling is het aandeel van de armste en de rijkste mensen in het totale inkomen. In tabel 2.2 staan gegevens over de inkomensverdeling in enkele landen.

TABEL 2.2 Aandeel van inkomen of consumptie in enkele landen

	Jaar	Armste 10 procent	Armste 20 procent	Rijkste 20 procent	Rijkste 10 procent
Nederland	2012	3,4	8,9	37,1	22,6
Duitsland	2011	3,4	8,4	38,6	23,7
Verenigde Staten	2013	1,7	5,1	46,4	30,2
Zweden	2012	3,2	8,7	36,2	21,5
Chili	2013	1,7	4,6	56,7	41,5
Brazilië	2013	1,0	3,3	57,4	41,8

Bron: Wereldbank, *World Development Indicators*, tabel 2.9, geraadpleegd 6 januari 2016

Een volledig gelijke inkomensverdeling zou inhouden dat de armste 10 procent evenals de rijkste 10 procent van de bevolking 10 procent van het inkomen verdient. De inkomensverdelingen in Brazilië en Chili horen tot de ongelijkste ter wereld: de armste 10 procent van de bevolking verdient slechts ongeveer 1 procent van het inkomen en de rijkste 10 procent verdient meer dan 40 procent van het inkomen. Zweden, Nederland en Duitsland hebben daarentegen een veel gelijkere inkomensverdeling. Opvallend zijn ook de grote verschillen in de VS, waar de rijkste 10 procent over circa 30 procent van het inkomen beschikt, en de armste 10 procent maar over 1,7 procent van het inkomen.

**Inkomens-
verdeling**

De inkomensverdeling is van invloed op de hoogte van de welvaart. Een belangrijke oorzaak voor verschillen in inkomens is het verschil in arbeidsproductiviteit. Mensen die veel bijdragen aan de productie, willen ook veel ontvangen. Anders zijn zij niet bereid zo'n hoge productie te leveren. Een zeer gelijke inkomensverdeling, die de verschillen in arbeidsproductiviteit niet weerspiegelt, is dan ook nadelig voor de welvaart. Als het inkomen niet in verhouding staat tot de geleverde arbeidsproductiviteit, gaan veel productieve vermogens verloren.

Welvaart

Een heel ongelijke inkomensverdeling kan ook tot productiviteitsverlies leiden. In dat geval hebben de armste groepen van de bevolking onvoldoende mogelijkheden om gebruik te maken van elementaire voorzieningen als gezonde voeding, onderwijs en gezondheidszorg. Hun welstand is te laag om minimaal in de economie te kunnen functioneren.

Vaak gaan grote inkomensverschillen gepaard met laaggeletterdheid in de lagere inkomensgroepen. Laaggeletterden blijven behoren tot de kansarmen, en hun kinderen hebben ook een grote kans daartoe te behoren. Daardoor kan de productiefactor arbeid niet optimaal worden ingezet.

De conclusie kan zijn dat zowel een te gelijke als een heel ongelijke inkomensverdeling nadelige gevolgen heeft voor de hoogte van de welvaart.

TUSSENVRAAG 2.3

Hoe (in)stabiel zal een samenleving zijn met een relatief ongelijke inkomensverdeling?

2.1.2   Welzijn

Welvaart en welzijn hebben veel met elkaar te maken. Welvaart hebben we omschreven als de hoeveelheid goederen en diensten die ter beschikking staan. Welzijn duidt meer op het welbevinden en de geluksbeleving van mensen in een samenleving. Voor een gelukkig leven is een zekere materiële behoeftebevrediging noodzakelijk, maar niet voldoende. Het geluk van mensen hangt ook af van de bevrediging van immateriële behoeften, zoals deelname aan onderwijs en een gezond leven.

De Verenigde Naties heeft een maatstaf ontwikkeld om het welzijn van de bevolking te meten. Deze maatstaf is de *human development index* (HDI). De HDI varieert van 0 (minimaal welzijn) tot 1 (maximaal welzijn). De HDI is samengesteld uit de volgende elementen:

* een lang en gezond leven – de levensverwachting bij de geboorte
* kennis, gemeten als de deelname aan het lager, voortgezet en hoger onderwijs
* een redelijke levensstandaard – het inkomen per hoofd van de bevolking

Een lang en gezond leven draagt bij aan het welzijn van mensen. De levensverwachting van mensen zegt iets over de kwaliteit van de medische voorzieningen in een land. Hoe beter de medische voorzieningen in een land zijn, des te hoger is de kwaliteit van het leven.

Deelname aan onderwijs biedt mensen de mogelijkheid om te komen tot individuele ontplooiing. Zij kunnen daardoor een actieve bijdrage leveren aan de cultuur en de economie van een land.

In tabel 2.3 zijn de scores van enkele landen uit diverse werelddelen weergegeven.

TABEL 2.3 HDI-scores van enkele landen (2014)

Rang	Land	HDI-score
1	Noorwegen	0,944
2	Australië	0,935
3	Zwitserland	0,930
4	Denemarken	0,923
5	Nederland	0,922
6	Ierland	0,916
6	Duitsland	0,916
8	Verenigde Staten	0,915
9	Nieuw-Zeeland	0,913
9	Canada	0,913
14	Verenigd Koninkrijk	0,907
14	Zweden	0,907
16	IJsland	0,899
19	Luxemburg	0,892
20	Japan	0,891
21	België	0,890
22	Frankrijk	0,888

Welzijn

Geluk

Human development index

2

TABEL 2.3 HDI-scores van enkele landen (2014) (vervolg)

Rang	Land	HDI-score
23	Oostenrijk	0,885
24	Finland	0,883
26	Spanje	0,876
27	Italië	0,873
29	Griekenland	0,865
90	China	0,727
188	Niger	0,348

Bron: UNDP.org, geraadpleegd 6 januari 2016

CASUS 2.2

Verschillen in HDI tussen regio's

Van de 188 landen waarvoor de Human Development Index (HDI) is opgesteld, zijn er 49 in de hoogste categorie te vinden. Dit zijn landen met een HDI van 0,8 of meer. Vijftig landen behoren tot de hogere middengroep (HDI van 0,7 tot 0,8). Daaronder zijn 37 landen te vinden met een HDI-score van 0,5 tot 0,7. Dit zijn de landen behorend tot de lagere middengroep. Deze landen zijn vooral te vinden in Azië, Latijns-Amerika en Oost-Europa. 43 landen zijn laagontwikkeld, met een HDI kleiner dan 0,5. Deze liggen grotendeels in Afrika en Azië.

Verschillen in HDI per regio

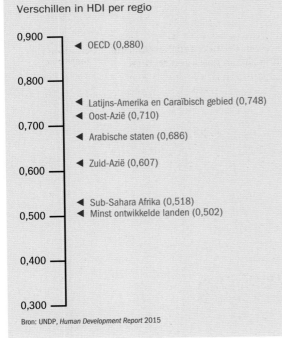

Bron: UNDP, *Human Development Report* 2015

De hoogste score heeft Noorwegen, de laagste Zimbabwe. Landen die een hoge positie innemen op de ranglijst van het bbp, scoren ook hoog op de HDI. Toch veranderen de posities. Zwitserland en Luxemburg, die behoren tot de landen met het hoogste bbp per hoofd, scoren lager op de HDI-ranglijst. In het algemeen hangen de grote verschillen in HDI-scores in de wereld samen met het ontwikkelingsniveau van de economie, zoals in casus 2.2 wordt toegelicht.

TUSSENVRAAG 2.4

Zou het doel van het menselijk handelen meer gelegen zijn in een zo hoog mogelijke welvaart of in geluk?

2.2 Toegevoegde waarde

Het bbp is de som van alle productieve activiteiten die binnen bepaalde landsgrenzen plaatshebben. Productie bestaat uit het toevoegen van waarde, zodat producten geschikter zijn voor het gebruik. De productie kunnen we op drie manieren meten. We onderscheiden het meten van:

Toevoegen van waarde

Productie

1 de productie
2 de inkomens
3 de bestedingen

Het bbp van Nederland kunnen we meten door alle toegevoegde waarde van ondernemingen en overheden binnen de grenzen op te tellen. Dit is de productiebenadering van het bepalen van de productie.

Productie-benadering

Produceren kan niet zonder arbeid, kapitaal en natuur. De eigenaren ontvangen daarvoor een beloning. De productie kunnen we dus ook meten door de beloningen die de productiefactoren ontvangen, op te tellen. Als we de productie op deze wijze meten, spreken we van de inkomensbenadering. Het inkomen dat mensen ontvangen, besteden zij aan goederen en diensten. De totale bestedingen zijn daarom ook gelijk aan de productie. Het sommeren van de bestedingen om de productie van een land te bepalen, staat bekend als de bestedingsbenadering.

Inkomens-benadering

Bestedings-benadering

De eerste twee manieren om het bbp te meten, zullen in deze paragraaf aan de orde komen; de laatste komt aan de orde in hoofdstuk 4. In figuur 2.1 zijn de drie manieren om de productie te meten schematisch weergegeven.

FIGUUR 2.1 Het meten van de productie

Ondernemingen produceren, waardoor zij waarde toevoegen aan producten (1). Gezinnen stellen productiefactoren aan ondernemingen ter beschikking, waarvoor zij een inkomen ontvangen (2). De gezinnen besteden hun inkomen weer bij ondernemingen (3).

Productie- en inkomensbenadering

Productie- en inkomens- benadering

Ondernemingen maken producten. De waarde van de productie komt tot stand bij de verkoop van de producten. Dat levert een opbrengstenstroom op. Met de opbrengsten kopen bedrijven grondstoffen in, huren ze arbeid en kopen ze kapitaalgoederen, en betalen ze aan de overheid de belasting op de toegevoegde waarde. Zo verdelen ze de opbrengsten over de verschillende belanghebbenden bij het productieproces. In tabel 2.4 is deze verdeling weergegeven voor de productie van de gehele Nederlandse economie in 2014.

TABEL 2.4 Productie in Nederland in 2014 (× €1 mld)

Opbrengst verkopen (productiewaarde)	1.324
Inkopen	661 -
Bruto binnenlands product tegen marktprijzen	663
Kostprijsverhogende belastingen	68
-/- kostprijsverlagende subsidies	_____ -
Bruto binnenlands product tegen factorkosten	595
Afschrijvingen	110 -
Netto binnenlands product tegen factorkosten waarvan:	485
Lonen	329
Rente en winst	156

Bron: CBS, *Nationale rekeningen 2014*, pag. 15

Inkopen

Uit de opbrengst van de verkopen kan een onderneming in de eerste plaats de inkopen betalen. De waarde van de grondstoffen en halffabricaten die ondernemingen kopen, is in andere ondernemingen toegevoegd. Wat resulteert is het bruto binnenlands product tegen marktprijzen (bbp_{mp}). De overheid heft belastingen op de toegevoegde waarde (btw en accijnzen). Door deze belastingen op te leggen, verhoogt de overheid de kosten van de producten. Ondernemingen berekenen deze kosten door in hun verkoopprijzen. Vandaar de toevoeging: 'tegen marktprijzen' (tabel 2.4). Ondernemingen dragen de kostprijsverhogende belastingen af aan de overheid. Aan de andere kant verleent de overheid kostprijsverlagende subsidies aan ondernemingen, bijvoorbeeld aan spoorwegen, zwembaden en openbare bibliotheken. Als we het bbp_{mp} verminderen met deze post, resulteert het bruto binnenlands product tegen factorkosten (bbp_{fk}). We spreken van factorkosten omdat deze post de kosten van de productiefactoren weerspiegelt. In de eerste plaats gaat het daarbij om de afschrijvingen. Dit zijn reserveringen voor de slijtage van de machines en gebouwen. Ondernemingen kunnen de afschrijvingen gebruiken om versleten machines en gebouwen te vervangen.

Kostprijs- verhogende belastingen

Kostprijsverla- gende subsidies

Afschrijvingen

Als we het bbp_{fk} verminderen met de afschrijvingen, resulteert het netto binnenlands product tegen factorkosten (nbp_{fk}). Daaruit kunnen de lonen, de rente en de winst worden betaald. De lonen bestaan uit lonen en salarissen, en de sociale premies die werkgevers en werknemers daarover afdragen.

Ondernemingen betalen rente over het geleende vermogen aan de kapitaalverschaffers. Ze betalen winst aan eigenaren van de onderneming.
De winst is het verschil tussen de opbrengsten uit de verkopen van producten en de kosten van het productieproces. Vanuit ondernemingen gezien is
er een groot verschil tussen loon en rente enerzijds, en winst anderzijds.
Loon en rente zijn in de regel vooraf contractueel vastgelegde vergoedingen.
Als een bedrijf eenmaal een hoeveelheid arbeid heeft aangetrokken, een bedrag bij banken heeft geleend of een terrein heeft gepacht, is het verplicht de
daarbij afgesproken beloning te betalen.
Bij winstuitkeringen ligt dat anders. Verschaffers van risicodragend vermogen moeten maar afwachten of daadwerkelijk winst is gemaakt. De winst
kan veranderen als gevolg van fluctuaties in opbrengsten en kosten. Als de
opbrengsten van een bedrijf om welke reden dan ook afnemen, zal de winst
bij gelijkblijvende kosten ook dalen. Winst heeft dan ook het karakter van
een restpost, die opbrengsten en kosten uiteindelijk aan elkaar gelijkmaakt.
Winst wordt daarom wel gezien als een vergoeding voor de productiefactor
ondernemerschap. Hoe beter een bedrijf in staat is productiefactoren te
combineren, des te hoger is de beloning voor het ondernemersrisico.

**Ondernemer-
schap**

Wanneer je tabel 2.4 van boven naar beneden leest, volg je de productiebenadering van het bbp; van beneden naar boven volg je de inkomensbenadering.
Winst is een restpost. Daarom is de productie gelijk aan de beloning van de
productiefactoren. Het bbp gemeten volgens de productiebenadering moet
dus altijd gelijk zijn aan het bbp gemeten volgens de inkomensbenadering.
Behalve het begrip bbp is het begrip bruto nationaal inkomen (bni) van belang om de totale productie en het totale inkomen aan te duiden. Er is een
onderscheid tussen beide begrippen. Het binnenlands product is afkomstig
van productiefactoren die binnen de grenzen van een land produceren. Het
nationaal inkomen is het inkomen dat voortvloeit uit de productiefactoren
die in het bezit zijn van ingezetenen. Een buitenlandse onderneming heeft
bijvoorbeeld een vestiging in Nederland. De productie van deze vestiging
hoort bij het bbp. Als deze vestiging de winst naar het moederbedrijf in het
buitenland overmaakt, moet dat bedrag van het bbp worden afgetrokken om
het bni te kunnen bepalen. Anderzijds tellen we de rente die een bank uit
het buitenland naar een Nederlandse eigenaar overmaakt, wel bij het bni. In
figuur 2.2 is dit schematisch voorgesteld.

Winst restpost

**Bruto nationaal
inkomen**

FIGUUR 2.2 Berekening van het bni uit het bbp

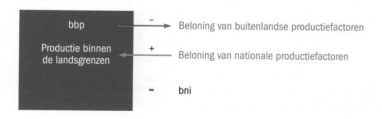

Waardesysteem

2

Waardetoevoeging in bedrijfskolommen

Een product doorloopt meestal een aantal opeenvolgende bedrijfstakken voor het geschikt is voor consumptie. De opeenvolgende bedrijfstakken van oerproducent tot consument noem je een bedrijfskolom. Elke bedrijfstak voegt waarde toe aan een product en verkoopt het dan aan de volgende schakel. Het geheel van waardetoevoeging in een bepaalde bedrijfskolom noem je een waardesysteem. De prijs van het eindproduct is gelijk aan de toegevoegde waarde in de hele bedrijfskolom.

In tabel 2.5 is het waardesysteem weergegeven van een hoeveelheid papier die het productieproces in een bedrijfskolom doorloopt. De uiteindelijke prijs bedraagt 300. Elke bedrijfstak krijgt er een deel van door het product te verkopen aan de volgende schakel in de bedrijfskolom.

TABEL 2.5 Het waardesysteem van papier

Bosbouw Inkopen	0
btw_{mp}	100 +
Waarde	100
Pulpindustrie Inkopen	100
btw_{mp}	75 +
Waarde	175
Papierindustrie Inkopen	175
btw_{mp}	75 +
Waarde	250
Kantoorboekhandel Inkopen	250
btw_{mp}	50 +
Waarde	300

Toegevoegde waarde en de resultatenrekening

Toegevoegde waarde en de resultatenrekening

Ondernemingen maken een resultatenrekening om inzicht te geven in de opbrengsten, de kosten en de winst. In tabel 2.6 is de resultatenrekening weergegeven, en daaruit een opstelling van de toegevoegde waarde toegevoegd.

De resultatenrekening toont de omzet (900) en de kosten van het productieproces (825), waaruit een winst (75) volgt.

Uit de resultatenrekening is de hoogte van de toegevoegde waarde af te leiden. Daarbij doet zich het probleem voor dat ondernemingen de omzet weergeven zonder de indirecte belastingen en accijnzen te vermelden. Ondernemingen houden deze posten buiten de jaarrekening. In tabel 2.6 zijn deze daarom cursief toegevoegd.

TABEL 2.6 Resultatenrekening en toegevoegde waarde

Resultatenrekening			Toegevoegde waarde		
Opbrengst verkopen		1.000	Productiewaarde		1.000
Indirecte belastingen		100 -	Inkopen		300
Omzet		900	btw_{mp}		700
			Indirecte belastingen		100 -
Kosten van grond- en hulpstoffen	300				
Afschrijvingen	125		btw_{fk}		600
Loonkosten	275	-	Afschrijvingen		125
		700	ntw_{fk}		475 -
			waarvan:		
Bedrijfsresultaat		200	Loon	275	
Rentebetalingen		125 -	Rente	125	
		-	Winst	75	
Nettowinst		75			

De opbrengst van de verkopen is gelijk aan de productiewaarde. Dan volgen vanzelf de toegevoegde waardebegrippen, zoals het binnenlands product in tabel 2.4.

TUSSENVRAAG 2.5
Zou een verliesgevende onderneming een bijdrage leveren aan de toegevoegde waarde van een land?

Productie en waardetoevoeging overheid

De overheid is actief betrokken bij de productie van allerlei goederen en diensten, zoals de aanleg van wegen, dijken en pijpleidingen, het maken van stedenbouwkundige plannen, overheidsgebouwen, scholing, een deel van de gezondheidszorg, de rechtspraak en de ordehandhaving. Al deze diensten zijn nuttig en de samenleving kan er niet zonder.

Productie van de overheid

De overheid produceert en voegt waarde toe aan producten. Zij koopt daartoe goederen en diensten van bedrijven en neemt werknemers in dienst om waarde toe te voegen. De overheid heeft bijvoorbeeld een belangrijke taak met betrekking tot de veiligheid van de samenleving. Daartoe behoren het voorkomen van misdrijven en het berechten van verdachten. Hiervoor zet zij middelen en mensen in: veiligheid moet worden geproduceerd. Daarvoor koopt de overheid uniformen en politieauto's, gebouwen, computers en papier. Ook neemt zij mensen in dienst met een bepaalde scholing en opleiding om bijvoorbeeld politietaken uit te voeren.

Overheid voegt waarde toe

Het feitelijke dienstverleningsproces vindt plaats in een combinatie van deze elementen, bijvoorbeeld als agenten in politieauto's bepaalde routes rijden. De preventieve werking die daarvan uitgaat, maakt de samenleving veiliger: potentiële misdadigers worden afgeschrikt. De politie levert op zo'n moment veiligheid. Veiligheid is een collectief goed: een voorziening die de overheid produceert en aan de bevolking ter beschikking stelt.

Veiligheid

**Overheids-
bestedingen**

De overheid stelt bijna al haar diensten gratis ter beschikking van de bevolking. Zij oefent dus zelf vraag uit naar haar producten: zij verricht de bestedingen. Daarom spreekt men van overheidsbestedingen. De productiekosten betaalt ze uit de belastingen. Indirect betaalt de bevolking wel voor de overheidsvoorzieningen. De overheidsbestedingen en de productiekosten zijn aan elkaar gelijk.

Het berekenen van de toegevoegde waarde van de overheidsproductie is niet op dezelfde wijze mogelijk als bij bedrijven, omdat de overheid de producten niet op markten verkoopt.

Volgens internationale afspraken is de toegevoegde waarde van de overheid gelijk aan de door de overheid betaalde lonen en salarissen van het overheidspersoneel.

Als de overheid voor €45 miljard bij bedrijven aan producten koopt en €65 miljard aan ambtenarensalarissen betaalt, bedragen de overheidsbestedingen – ofwel de vraag naar collectieve voorzieningen – €110 miljard. De waarde van de goederen en diensten die de overheid heeft geproduceerd, bedraagt eveneens €110 miljard. De waarde die de overheid zelf aan deze goederen heeft toegevoegd, stellen we gelijk aan de ambtenarensalarissen. De toegevoegde waarde van de overheid bevat geen rente- en winstbestanddelen. De toegevoegde waarde van de overheid bedraagt dus €65 miljard.

Samenvatting

Welvaart bestaat eruit dat mensen de beschikking hebben over goederen en diensten. De welvaart kan men meten door middel van het bruto binnenlands product (bbp) in koopkrachtpariteit (kkp) per hoofd van de bevolking. Er bestaan grote inkomensverschillen tussen landen in de wereld. De armste landen hebben dertig keer minder welvaart dan het gemiddelde in de EU. In veel landen die een lage welvaart hebben, groeit het bbp per hoofd wel sneller dan in de rijke landen. Zij zijn dus met een inhaalslag bezig.

De oorzaken voor verschillen in welvaart zijn gelegen in het aandeel van de bevolking dat tot de werkenden behoort, de arbeidsproductiviteit per uur en het aantal gewerkte uren per jaar.

Niet alleen tussen landen, maar ook *binnen* landen zijn belangrijke verschillen in welvaart te onderkennen. Dat is te meten aan de hand van het aandeel in de welvaart van de armste 10 of 20 procent van de bevolking.

Het welzijn is een ruimer begrip dan de welvaart. Het omvat naast het bbp ook de scholing en de gezondheidstoestand van de bevolking. De UNDP meet het welzijn door middel van de human development index (HDI).

Produceren is het toevoegen van waarde aan producten. De productie kan men meten door de waardetoevoeging te meten, door de inkomens op te tellen of door de bestedingen te sommeren. Het bbp tegen marktprijzen verminderd met de indirecte belastingen gecorrigeerd voor de kostprijsverlagende subsidies, levert het bbp tegen factorkosten. Vermindert men het bbp tegen factorkosten met de afschrijvingen, dan ontstaat het netto binnenlands product tegen factorkosten (nbp_{fk}). Het laatste bedrag is bestemd voor de beloning van de productiefactoren arbeid, kapitaal en natuur: loon, rente en winst.

De toegevoegde waarde is uit de resultatenrekening van bedrijven af te leiden door de winst, rente en lonen te vermeerderen met de afschrijvingen en de indirecte belastingen.

De overheid voegt waarde toe door allerlei diensten aan de bevolking te leveren. De burgers betalen daar indirect voor door middel van belastingen. De toegevoegde waarde van de overheid is volgens afspraak gelijk aan de salarissen van het overheidspersoneel.

Kernbegrippenlijst

Afschrijving	De kosten van het gebruik van vaste kapitaalgoederen in een periode.
Binnenlands product	De productie van goederen en diensten binnen de landsgrenzen. Men maakt onderscheid tussen bruto en netto binnenlands product tegen factorkosten en marktprijzen. De volgende begrippen worden gehanteerd: • *netto binnenlands product tegen marktprijzen*: de som van loon, winst, rente en pacht, inclusief het verschil tussen indirecte belastingen en kostprijsverlagende subsidies • *netto binnenlands product tegen factorkosten*: de som van loon, winst, rente en pacht • *bruto binnenlands product tegen marktprijzen*: de som van loon, winst, rente, pacht, afschrijvingen en het verschil tussen indirecte belastingen en kostprijsverlagende subsidies • *bruto binnenlands product tegen factorkosten*: de som van loon, winst, rente en afschrijvingen
Economische groei	Groei van de productie in een economie, veelal afgemeten aan de groei van het bruto nationaal product (per hoofd van de bevolking).
Intermediaire leveringen	Leveringen tussen bedrijven onderling van producten die nog een bewerking moeten ondergaan.
Kostprijsverhogende belastingen	Indirecte belastingen, voornamelijk bestaande uit btw en accijnzen.
Nationaal inkomen	De som van de beloningen van de productiefactoren die eigendom zijn van de ingezetenen van een bepaald land.
Overheidsconsumptie	Uitgaven van de overheid aan salarissen en aan goederen en diensten, ten behoeve van het in stand houden van de collectieve voorzieningen.
Productie	Waarde toevoegen aan producten door de inzet van arbeid, natuur en kapitaal.
Toevoegen van waarde	Verhogen van de gebruikswaarde van een product door de inzet van productiefactoren.
Welvaart	De behoeftebevrediging door middel van schaarse goederen en diensten.
Welzijn	De mate van geluksbeleving.

3
Productiefactoren

3.1   **Kapitaal**
3.2   **Arbeid**
3.3   **Natuur**

Mensen kunnen producten alleen gebruiken als er waarde aan is toegevoegd. Producten worden omgevormd, verplaatst en verkocht. Daarvoor zijn
productiefactoren nodig: kapitaal, arbeid en natuur.

In dit hoofdstuk staan de volgende vragen centraal:
- Welke functie vervullen de productiefactoren in het productieproces?
- Welke beloning ontvangt de productiefactor arbeid?

De productiefactoren van een luchtvaartmaatschappij

Een luchtvaartonderneming vliegt op bestemmingen in de gehele wereld. Daarvoor heeft de onderneming 135 vliegtuigen, en de nodige gebouwen en machines ten behoeve van het technisch onderhoud. Dit alles vergt een behoorlijk vermogen, waarover de onderneming rente betaalt aan de vermogensverschaffers.

De onderneming neemt personeel in dienst voor alle mogelijke functies die te vervullen zijn, zoals piloten, stewardessen, kantoorpersoneel ten behoeve van de administratie en de boekingen, en technisch personeel voor het onderhoud. Het personeel ontvangt een beloning voor de inzet van de arbeid. Ten slotte gebruikt de maatschappij grondstoffen als kerosine en voedingsmiddelen. Deze producten zijn van natuurlijke oorsprong. Daarmee legt de onderneming beslag op de natuurlijke omgeving.

Dat geldt ook voor de belasting van het milieu die met de bedrijfsactiviteiten gepaard gaat.

3.1 Kapitaal

Kapitaalgoederenvoorraad

De productiefactor kapitaal ofwel de kapitaalgoederenvoorraad bestaat uit alle goederen die in het productieproces worden gebruikt of verbruikt. In casus 3.1 wordt daarvan een voorbeeld gegeven.

CASUS 3.1

Meubelen

In een economie opereren enkele ondernemingen die elk een aandeel hebben in de productie van grenenhouten meubelen. Er zijn een bosbouwonderneming, een houtzagerij, een meubelfabriek en een meubeldetailhandel. Voor de productie van meubelen is de inzet vereist van houtvesters, meubelmakers, verkopers en alle soorten beroepen die er verder mee te maken hebben. De mensen die deze beroepen uitoefenen, bewerken het hout van de bomen, zodat bruikbare producten ontstaan. Zij beschikken daartoe over verschillende soorten machines, zoals zagen, transportmateriaal, draaibanken, mallen en computers, en ook over verschillende soorten gebouwen. Om deze machines aan te drijven, is elektriciteit nodig. Kortom, de werknemers maken gebruik van kapitaalgoederen. Door het combineren van de productiefactoren voegen zij waarde toe aan producten. Zo ontstaan meubels, die zij aan klanten kunnen leveren.

Duurzame kapitaalgoederen

Duurzame kapitaalgoederen gaan langer dan één periode mee. Er is een aantal soorten duurzame kapitaalgoederen. Voor het productieproces zijn bedrijfsgebouwen nodig. Fabriekshallen, kantoren en winkels zijn de plaatsen waar de productie plaatsheeft. Ook woningen behoren in de statistieken van het CBS tot de kapitaalgoederenvoorraad, omdat zij gedurende een zeer lange periode de behoefte aan woongenot kunnen bevredigen. Behalve gebouwen behoren machines, werktuigen en transportmiddelen tot de duurzame kapitaalgoederen.

Ten slotte is voor het productieproces een uitgebreid stelsel van grond-, weg- en waterbouwkundige werken nodig. Wegen, rivieren, kanalen en pijpleidingen zijn onontbeerlijk voor het transport van goederen. Dijken zijn nodig voor de bescherming van het land tegen water. Ondernemingen en de overheid gebruiken deze kapitaalgoederen in het productieproces en daardoor zijn ze aan slijtage onderhevig. Ze moeten regelmatig worden vervangen. Daartoe moeten zogenoemde vervangingsinvesteringen gepleegd worden.

Vervangings-investeringen

Vlottende kapitaalgoederen worden verwerkt in het eindproduct. De houtzagerij in casus 3.1 beschikt over een hoeveelheid grondstoffen: de bomen die verwerkt moeten worden tot planken en balken. Deze laatste noemen we halffabricaten. Ze hebben al een bewerking ondergaan, maar zijn nog niet geschikt voor consumptie. Ze moeten in een verder productieproces in de meubelfabriek nog tot meubels gevormd worden.
De grondstoffen en halffabricaten zijn onderdelen van de kapitaalgoederenvoorraad die verwerkt worden in het eindproduct. Ze worden getransformeerd tot producten met een hogere toegevoegde waarde.

Vlottende kapitaalgoederen

Grondstoffen

Bedrijven maken in hun productieproces meestal ook gebruik van hulpstoffen als energie. Deze hebben als gemeenschappelijk kenmerk dat ze tijdens het productieproces verbruikt worden. Als de meubelfabriek bijvoorbeeld elektriciteit zou inkopen en verbruiken, is daarvan in het eindproduct niets meer terug te vinden.
Behalve over voorraden grond- en hulpstoffen en halffabricaten kunnen bedrijven ook beschikken over voorraden eindproduct. Een van de redenen voor het aanhouden van voorraden is een seizoenspatroon in de verkopen, terwijl de onderneming erbij gebaat is de productie gelijkmatig over het jaar te spreiden.
De afzet van meubelen heeft bijvoorbeeld een piek in het voorjaar. Het kan voor het meubelbedrijf voordelig zijn de productie gelijkmatig over het jaar te spreiden, omdat anders in het voorjaar de productiecapaciteit veel groter zou moeten zijn dan in de rest van het jaar. Dat zou gepaard gaan met extra kosten van machines en gebouwen, die de rest van het jaar overbodig zijn.

Hulpstoffen

Als we alle kapitaalgoederen van ondernemingen en de overheid optellen, krijgen we de kapitaalgoederenvoorraad van een heel land. In tabel 3.1 is de Nederlandse kapitaalgoederenvoorraad eind 2014 weergegeven.

TABEL 3.1 Kapitaalgoederenvoorraad in Nederland, ultimo 2014 (€ mld)

	Totaal	Marktsector
Woningen	877	180
Bedrijfsgebouwen	375	226
Grond-, weg- en waterbouwkundige werken	361	95
Vervoermiddelen	56	47
Computers	13	9
Machines en installaties	176	154
Overige materiële vaste activa	43	33
Immateriële activa	114	27
Totaal	2.015	771

Bron: CBS, *Statline*

De woningen vertegenwoordigen een groot deel van alle kapitaalgoederen. Woningen zijn in bezit van woningbouwcorporaties of gezinnen. Strikt genomen zijn goederen in het bezit van gezinnen geen kapitaalgoederen, maar omdat ze jarenlang bijdragen aan het woongenot, rekent het CBS ze tot de kapitaalgoederenvoorraad.

Een deel van de kapitaalgoederenvoorraad, zoals wegen, dijken en waterbouwkundige werken, is in bezit van de overheid. De overheid produceert er infrastructuur en veiligheid mee. De rest is in bezit van ondernemingen in de marktsector. Zij bezaten in 2014 ter waarde van €771 miljard aan kapitaalgoederen.

Kapitaal-coëfficiënt

Met behulp van kapitaalgoederen kunnen ondernemingen producten maken. De kapitaalcoëfficiënt geeft weer hoeveel kapitaalgoederen nodig zijn voor het vervaardigen van een eenheid product. In 2014 werd met de kapitaalgoederenvoorraad van €2.015 miljard een bruto binnenlands product vervaardigd €597 miljard. De kapitaalcoëfficiënt bedroeg dus 3,4. Een kapitaalcoëfficiënt van 3,4 wil zeggen dat €3,4 miljard aan kapitaal nodig is voor het produceren van €1 miljard aan eindproduct. Uiteraard kan men met de kapitaalgoederenvoorraad meerdere jaren produceren. Uiteindelijk levert de €3,4 miljard een veel hoger bedrag aan toegevoegde waarde op. In de loop van de jaren kan de kapitaalgoederenvoorraad op peil blijven door vervangingsinvesteringen en groeien door netto-investeringen.

De ondernemingen in de marktsector produceerden in 2014 ter waarde van €412 miljard. De kapitaalcoëfficiënt bedroeg dus ongeveer 1,9.

Productie-capaciteit

De productiecapaciteit is de maximale hoeveelheid goederen en diensten die men in een economie kan produceren. De productiecapaciteit is mede afhankelijk van de kapitaalgoederenvoorraad. Hoe meer kapitaalgoederen

TABEL 3.2 Kapitaalcoëfficiënten per sector, 2014

	Kapitaalgoederenvoorraad × €1 mln	bbpfk × €1 mln	Kapitaalcoëfficiënt
Landbouw, bosbouw en visserij	52.455	10.943	4,8
Delfstoffenwinning	39.575	16.877	2,3
Industrie	155.498	72.199	2,2
Energie- en waterleidingbedrijven	69.951	10.642	6,6
Bouwnijverheid	22.277	28.846	0,8
Handel, vervoer en horeca	153.426	120.603	1,3
Informatie en communicatie	31.520	28.001	1,1
Financiële dienstverlening	43.094	46.694	0,9
Verhuur van en handel in onroerend goed	947.385	34.085	27,8
Zakelijke dienstverlening	48.891	81.321	0,6
Overheid en zorg	438.640	132.622	3,3
Cultuur, recreatie, overige diensten	12.794	15.884	0,8
Totaal	2.015.434	596.655	3,4

Bron: CBS, *Nationale Rekeningen 2014*, pag. 58

er zijn, des te groter kan de productie zijn. Voor de kapitaalcoëfficiënt geldt het omgekeerde: hoe lager de kapitaalcoëfficiënt, des te meer kan men produceren met de beschikbare kapitaalgoederenvoorraad.
In tabel 3.2 zijn de kapitaalcoëfficiënten per sector berekend.

De onroerendgoedsector heeft een hoge kapitaalcoëfficiënt. Dat komt vooral doordat woningen en andere gebouwen duur zijn in aanschaf, maar daarna lange tijd toegevoegde waarde opleveren. Ook de agrarische sector en de energie- en waterleidingbedrijven maken gebruik van grote investeringen in grond en installaties.
De bouw en de zakelijke en financiële dienstverlening hebben voor de productie naar verhouding weinig kapitaalgoederen nodig. De andere sectoren nemen een tussenpositie in.

Voor de economische groei op lange termijn moet de kapitaalgoederenvoorraad toenemen. Dat kan door middel van investeringen. In hoofdstuk 4 wijden we een paragraaf aan investeringen. Hier kunnen we al constateren dat ondernemingen in sectoren met een lage kapitaalcoëfficiënt de productie zonder grote investeringen kunnen uitbreiden, en dat sectoren met een hoge coëfficiënt voor een productie-uitbreiding fors zullen moeten investeren.

3.2 Arbeid

In deze paragraaf staan de volgende onderwerpen centraal:
- aanbod van en vraag naar arbeid (subparagraaf 3.2.1)
- de beloning van arbeid (subparagraaf 3.2.2)

3.2.1 Arbeid: aanbod en vraag

Het aanbod van de productiefactor arbeid is afhankelijk van de omvang van de bevolking. Nederland heeft ongeveer 17 miljoen inwoners. Uiteraard bieden niet alle inwoners van een land zich aan op de arbeidsmarkt. Voor de arbeidsmarkt zijn vooral de mensen in de leeftijd tussen 15 en 75 jaar van belang. De mensen in deze leeftijdscategorie duidt men aan als de potentiële beroepsbevolking. Ook van de potentiële beroepsbevolking biedt niet iedereen zich aan op de arbeidsmarkt. Studenten en mensen die zich volledig wijden aan zorgtaken in gezinsverband, zijn niet beschikbaar voor de arbeidsmarkt. In figuur 3.1 is de bevolking in 2014 naar deze begrippen ingedeeld.

Het eigenlijke aanbod van arbeid is de beroepsbevolking, het deel van de potentiële beroepsbevolking dat zich aanbiedt op de arbeidsmarkt. Het maakt niet uit voor hoeveel uur per week zij willen werken. De beroepsbevolking bestaat dus uit de werkenden met een arbeidstaak en de werklozen die hun arbeid aanbieden. Van deze 8,9 miljoen personen werken ongeveer 8,2 miljoen. Mensen die geen werk zoeken, behoren niet tot de beroepsbevolking. Dat geldt bijvoorbeeld voor studenten die niet werken, voor mensen die zich volledig aan zorgtaken wijden en voor gepensioneerden en arbeidsongeschikten.

Ongeveer 0,5 miljoen mensen buiten de beroepsbevolking hebben wel werk, zodat het totaal aantal werkenden uitkomt op 8,7 miljoen mensen. Ongeveer 0,7 miljoen leden van de beroepsbevolking zijn werkloos.

Arbeid

Potentiële beroepsbevolking

Beroepsbevolking

FIGUUR 3.1 Bevolking en de productiefactor arbeid 2014 (× 1.000)

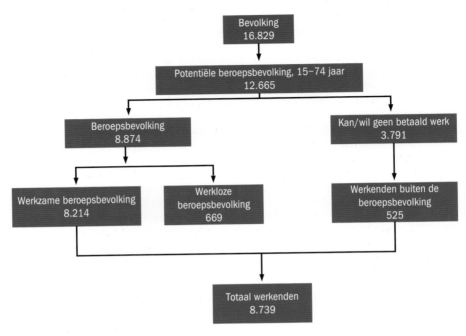

Bron: CBS Statline

Participatiegraad

In internationale vergelijkingen van de inzet van de productiefactor arbeid speelt de participatiegraad een belangrijke rol. De participatiegraad geeft weer welk deel van de potentiële beroepsbevolking deelneemt aan het arbeidsproces. Daarbij maakt men onderscheid tussen de netto- en de bruto-participatiegraad. De nettoparticipatiegraad is het aandeel van de werkenden ten opzichte van de potentiële beroepsbevolking. De brutoparticipatiegraad is het aantal werkenden en werklozen bij elkaar opgeteld als aandeel van de beroepsgeschikte bevolking. Uit tabel 3.3 blijkt dat de participatiegraad van Nederland zeer hoog is vergeleken met andere landen, zelfs hoger dan die in de VS.

TABEL 3.3 Nettoparticipatiegraad, 2014 (15–64 jaar)

	Nettoparticipatiegraad	Mannen	Vrouwen
Nederland	73	78	68
België	62	66	58
Duitsland	74	78	70
Verenigde Staten	68	74	63
Japan	73	82	64
OECD totaal	66	74	58

Bron: OECD, *Employment Outlook 2015*

Het totaal aantal werkenden van 8,7 miljoen mensen bezet circa 7 miljoen banen. De werkgelegenheid in personen is groter dan het aantal banen, ofwel de werkgelegenheid in arbeidsjaren. De werkgelegenheid in arbeidsjaren brengt tot uitdrukking hoeveel volledige banen er zijn.

Aangezien er veel parttimefuncties bestaan, werken meer personen dan er arbeidsjaren zijn. Dit komt tot uiting in de deeltijdfactor van 0,798. Elke werkende bezet gemiddeld ongeveer 0,8 baan. Voor 100 banen zijn dus 125 personen nodig.

Deeltijdfactor

Voor internationale vergelijkingen kan men te rade gaan bij het aandeel van de parttimers in de totale werkgelegenheid. Dit aandeel is in Nederland het hoogst, zelfs bijna tweeënhalf keer zo hoog als in de hele EU. In hoofdstuk 2 hebben we gezien dat het aantal gewerkte uren per werknemer in de VS ongeveer 30 procent hoger is dan in Nederland. Voor een deel is dat te verklaren uit het grotere aandeel van parttimers in Nederland. Ongeveer drie kwart van de vrouwen op de arbeidsmarkt is parttimer.

De Nederlandse beroepsbevolking groeit het laatste decennium met ongeveer 50.000 personen per jaar. De potentiële beroepsbevolking groeit doordat meer jongeren instromen dan er ouderen en arbeidsongeschikten uit de potentiële beroepsbevolking verdwijnen. Verder is de omvang afhankelijk van internationale arbeidsmigratie.

TUSSENVRAAG 3.1
Wat zouden de voor- en nadelen van deeltijdarbeid zijn?

Uit casus 3.2 blijkt dat de arbeidsparticipatie van mannen hoger is dan die van vrouwen, en dat de participatie sterk afneemt naarmate de leeftijd toeneemt.

Iemand is werkloos als hij of zij tussen de 15 en 75 jaar oud is, werk zoekt en geen baan heeft. Het werkloosheidspercentage – het aandeel van de werklozen ten opzichte van werkenden en werklozen samen – bedroeg in Nederland in 2014 7,4 procent van de beroepsbevolking (660.000 personen). De werkloosheid blijkt sterk te schommelen met de conjunctuur, zoals blijkt uit figuur 3.2. In een hoogconjunctuur is de groei van het bbp hoog en zijn veel werknemers nodig. Dan daalt de werkloosheid. In een laagconjunctuur is het omgekeerde het geval: het bbp groeit nauwelijks, waardoor de werkloosheid toeneemt.

Werkloosheid

In 1983, 1993, 2003, 2009 en 2012 was de groei van het bbp op een dieptepunt. De groei van de productie was in deze jaren laag. De werkloosheid is ongeveer een jaar na zo'n dieptepunt op haar hoogst (1983/1984, 1994, 2005, 2014). Ondernemingen zien hun productie dalen als de conjunctuur inzakt, maar ontslaan in het begin nauwelijks werknemers. Dat gebeurt pas als ze met slechte resultaten te maken hebben.

De werkloosheid is verschillend verdeeld over de groepen werknemers op de arbeidsmarkt. In tabel 3.4 is dat onderscheid in beeld gebracht.

CASUS 3.2

Arbeidsparticipatie naar leeftijd en geslacht

De brutoarbeidsparticipatie geeft aan hoeveel procent van de bevolking van 15 tot 75 jaar werkzaam of werkloos is. De relatief lage participatie van jongeren hangt samen met het grote aantal onderwijsvolgenden. De participatie van personen die ouder zijn dan 60 jaar, neemt sterk af. Deze terugval heeft voor een belangrijk deel te maken met pensionering, al stijgt de laatste jaren de gemiddelde pensioenleeftijd. De arbeidsparticipatie van vrouwen blijft vanaf een leeftijd van 30 jaar achter bij die van mannen, omdat een deel van hen ophoudt met werken wanneer er kinderen komen.

Brutoarbeidsparticipatie naar leeftijd en geslacht, 2014

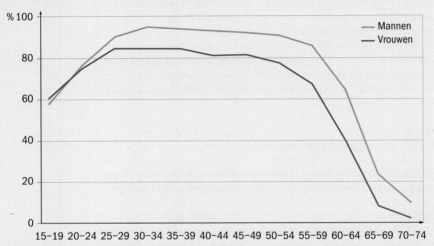

Bron: CBS, geraadpleegd 7 januari 2015

FIGUUR 3.2 Werkloosheid in Nederland als percentage van de beroepsbevolking, 1970–2015

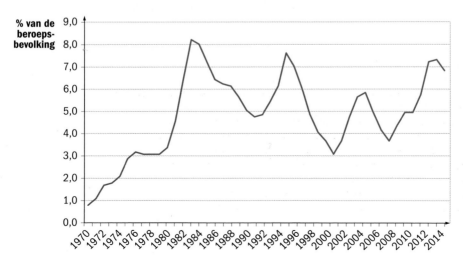

Bron: CPB, *MEV 2016*

TABEL 3.4 Werkloosheid in Nederland en de EU (2014)

	Nederland	EU
Totaal	7,4	10,2
Vrouwen	7,6	11,4
Mannen	6,9	11,1
Langetermijnwerkloosheid	3,0	5,1
Werkloosheid 15-24 jaar	11,7	22,7
Werkgelegenheid onder laagopgeleiden	58,7	51,8
Werkgelegenheid onder hoogopgeleiden	86,8	82,1

Bron: *Eurostat*, 7 januari 2016

De werkloosheid in Nederland is in 2014 lager dan in de hele EU. De werkloosheid onder mannen en vrouwen is nagenoeg gelijk, maar vrouwen zijn minder vertegenwoordigd in de beroepsbevolking en hebben meer deeltijdbanen.

De werkloosheid op lange termijn betreft de werknemers die langer dan een jaar werkloos zijn. Het is normaal dat in een periode waarin de bestedingen en de productie traag groeien, de werkgelegenheid afneemt en de werkloosheid toeneemt. Tijdelijke werkloosheid als gevolg van lage bestedingen is veel minder schadelijk dan langdurige werkloosheid. Bij een opleving van de economie komen deze tijdelijk werklozen meestal snel weer aan het werk. Langdurig werklozen lopen een grote kans nooit meer in het arbeidsproces te worden opgenomen, omdat hun kennis en vaardigheden snel verouderen. Dat schaadt het economisch groeipotentieel op lange termijn. Uit tabel 3.4 blijkt dat de langetermijnwerkloosheid in Nederland naar verhouding geringer is dan in de hele EU.

Werkloosheid op lange termijn

De werkloosheid onder jongeren is hoger dan de werkloosheid onder de totale beroepsbevolking. De werkgelegenheid onder lager opgeleiden is lager dan onder hoger geschoolde mensen. Hoe langer deze groepen buiten het arbeidsproces blijven, des te groter is de kans op langdurige uitval.

TUSSENVRAAG 3.2
Welke maatregelen zou de overheid kunnen nemen om de werkloosheid onder laagopgeleiden te verminderen?

Tegenover het aanbod van arbeid, dat voornamelijk wordt bepaald door de beroepsgeschikte bevolking en de participatiegraad, staat de vraag naar arbeid vanuit het bedrijfsleven en de overheid. De arbeidsvraag (de totale werkgelegenheid), het bbp en de arbeidsproductiviteit hangen met elkaar samen. De arbeidsproductiviteit is de productie per werknemer per jaar. De arbeidsproductiviteit vermenigvuldigd met de werkgelegenheid resulteert in de omvang van de productie (zie vergelijking 3.1). Stel dat 10 werknemers elk 75 producten maken, dan is de totale productie 750.

Arbeidsvraag en bbp

Men kan het verband tussen de drie variabelen als volgt weergeven.

$$bbp = ap \times A_v \qquad\qquad [3.1]$$

waarin:

bbp = bruto binnenlands product
ap = arbeidsproductiviteit
A_v = arbeidsvraag of werkgelegenheid

In Nederland bedraagt het bbp in 2014 €663 miljard en de werkgelegenheid in arbeidsjaren 6.725.000 mensen. De arbeidsproductiviteit bedraagt dus ongeveer €100.000 per jaar.
We kunnen vergelijking [3.1] ook schrijven als:

$$g_{bbp} = g_{ap} + g_{Av}$$

[3.2]

waarin:

g_{bbp} = de procentuele groei van de productie
g_{ap} = de procentuele groei van de arbeidsproductiviteit
g_{Av} = de procentuele groei van de werkgelegenheid

Een groei van het bbp kan dus voortvloeien uit een groei van de werkgelegenheid of van de arbeidsproductiviteit. Als de werkgelegenheid met 2 procent toeneemt en de arbeidsproductiviteit met 1 procent, dan stijgt het bbp met 3 procent.
Voor een stijging van de werkgelegenheid is een groei van het bbp gunstig en een groei van de arbeidsproductiviteit juist ongunstig. Als de arbeidsproductiviteit toeneemt met 1 procent en het bbp met 3 procent, zal de werkgelegenheid toenemen met 2 procent. In tabel 3.5 is voor een aantal jaren het verband uit vergelijking [3.2] weergegeven.

TABEL 3.5 Bbp, werkgelegenheid en arbeidsproductiviteit (groei in %)

	2014	2015	2016
Bbp	1,0	2,0	2,1
Werkgelegenheid in arbeidsjaren	−0,6	1,1	1,1
Arbeidsproductiviteit	1,6	0,9	1,0

Bron: CPB

De Nederlandse beroepsbevolking stijgt de komende jaren nauwelijks in omvang. Het aantal gepensioneerden neemt snel toe. De groei stuit dus op grenzen van beschikbaarheid van mensen voor de arbeidsmarkt. Voor de groei op lange termijn is een groei van de arbeidsproductiviteit nodig.

Uit casus 3.3 blijkt dat de gemiddelde leeftijd van de beroepsbevolking elke drie jaar met ongeveer een jaar toeneemt. Tegelijkertijd stijgt de arbeidsparticipatie van mensen van 55 jaar en ouder, van een zeer laag percentage van 36 in 1990 tot een percentage van meer dan 63 in 2013.

CASUS 3.3

Voor het eerst meer werkzame vijftigers dan dertigers

De gemiddelde leeftijd van de werkzame beroepsbevolking is in 2013 verder opgelopen tot 41,7 jaar. Voor het eerst zijn meer vijftigers dan dertigers werkzaam. De landbouw, de overheid en het onderwijs tellen naar verhouding de meeste vijftigers.

Werkloze beroepsbevolking alsmaar ouder
Tussen 1990 en 2013 is de gemiddelde leeftijd van de werkzame beroepsbevolking gestegen van 36,2 naar 41,7 jaar. De vergrijzing is een gevolg van de veroudering van de gehele bevolking, maar vooral ook van de flink toegenomen arbeidsparticipatie van ouderen. Zo werkte in 1990 slechts 35 procent van de 50- tot 65-jarigen. In 2013 was dat bijna 63 procent.

Forse stijging werkzame vijftigers ten opzichte van dertigers
In 1990 waren voor iedere 100 dertigers 42 vijftigers werkzaam. In 2013 was dit gestegen tot 103 werkzame vijftigers op 100 dertigers. Daarmee zijn er voor het eerst meer vijftigers dan dertigers in de werkzame beroepsbevolking.

Gemiddelde leeftijd werkzame beroepsbevolking en nettoarbeidsparticipatie bevolking van 50 tot 65 jaar

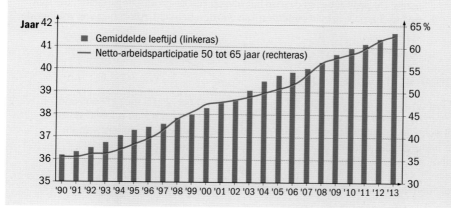

In figuur 3.3 zijn de vraag en het aanbod op de arbeidsmarkt samen in beeld gebracht.

TUSSENVRAAG 3.3
Het aanbod van arbeid is mede afhankelijk van de vraag naar arbeid. Hoe zou dat kunnen?

In perioden van hoge werkloosheid zijn meestal ook niet alle kapitaalgoederen in het productieproces ingeschakeld. Gebouwen staan leeg en machines staan stil. Dit is bijvoorbeeld te merken aan de vele kantoorpanden die leegstaan in een slechte economische situatie. Er is dan sprake van overcapaciteit. De productiefactoren zijn onderbezet. Kapitaal en arbeid kunnen meer produceren dan de vraag naar goederen en diensten op dat moment.

Overcapaciteit

Vraag en aanbod op de arbeidsmarkt

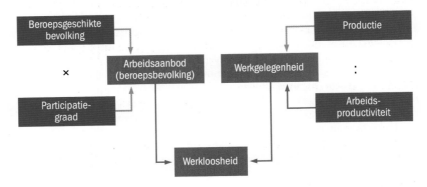

Er zijn ook perioden waarin de vraag naar goederen en diensten heel hoog is. Men spreekt dan van een hoogconjunctuur. In zulke tijden is de hele productiefactor arbeid ingeschakeld in het arbeidsproces en zijn er heel weinig werklozen. De productie ligt dan op het niveau van de productiecapaciteit die met de beschikbare arbeidskrachten kan worden behaald. Als er nog wel voldoende

CASUS 3.4

Arbeidsmarkt in vogelvlucht

Het aantal banen van werknemers en zelfstandigen nam het derde kwartaal van 2015 toe met 33 duizend tot bijna 10 miljoen. In vergelijking met een jaar eerder zijn er 138 duizend banen bijgekomen. De werkloosheid is in november 2015 met 10 duizend afgenomen en kwam uit op 606 duizend personen. Dat is 6,8 procent van de beroepsbevolking.

Werkloosheid en banen van werknemers, gecorrigeerd voor seizoensinvloeden

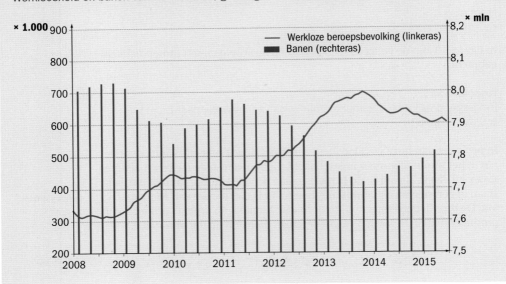

kapitaalgoederen zijn, kunnen ondernemers de productie nog iets uitbreiden door werknemers te laten overwerken. Het verschil tussen productie en capaciteit wordt wel aangeduid met output gap. Bij een negatieve output gap zijn de productiefactoren onderbezet, bij een positieve output gap zijn ze overbezet. Het aantal banen schommelt sterk met de economische situatie, zoals blijkt uit casus 3.4.

Output gap

3.2.2   Beloning van arbeid

In deze subparagraaf komen de volgende onderwerpen aan de orde:
- de oorzaken die leiden tot een loonstijging
- de loonkosten als kostenpost voor ondernemingen
- de arbeidskosten en de concurrentiepositie van ondernemingen
- de verdeling van de toegevoegde waarde over de productiefactoren

Oorzaken van een loonstijging

De prijs van arbeid is het loon per werknemer. Het loon is een belangrijke kostenpost voor ondernemingen. Ongeveer 80 procent van de toegevoegde waarde bestaat uit arbeidskosten. Ondernemers houden de arbeidskosten dan ook nauwlettend in het oog. Hun concurrentiepositie is afhankelijk van de arbeidskostenstijging.

Arbeidskosten

Concurrentie-positie

Voor ondernemers is de loonsom per werknemer de beste maatstaf voor de prijs van arbeid. De loonsom per werknemer bevat het brutoloon van de werknemer en de sociale lasten die de werkgever daarboven moet afdragen aan de overheid. Men spreekt ook wel van loonkosten per werknemer. De loonvorming is voor een belangrijk deel afhankelijk van vraag en aanbod op de arbeidsmarkt (zie figuur 3.3). Bij hoge werkloosheid in een bedrijfstak hebben de werknemers weinig marktmacht en zullen de loonstijgingen gering zijn. Als de arbeidsmarkt krap is, zullen de werknemersorganisaties een behoorlijke loonstijging kunnen afdwingen.

Loonkosten per werknemer

FIGUUR 3.4 Loonsom per werknemer marktsector

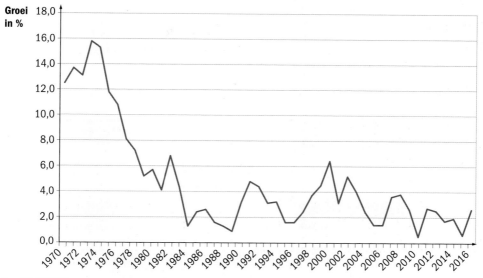

Bron: CPB, *MEV 2016*

In figuur 3.4 is de stijging van de loonsom per werknemer van 1970 tot 2016 weergegeven. De jaarlijkse stijgingen schommelen tussen de 16 en 1 procent. De grote stijgingen in de jaren zeventig waren het gevolg en de oorzaak van een hoge inflatie. Opmerkelijk is dat de dalingen van de groei in de lonen zich voordoen in de jaren rondom de dieptepunten in de groei van het bbp (1973, 1983, 1993, 2006, 2010 en 2015). Wat dat betreft, is het patroon hetzelfde als bij de werkloosheid.

Stijging van de prijzen

Werkgevers en werknemers komen soms een compensatie overeen voor de stijging van de prijzen van consumptiegoederen (stijging van de consumentenprijsindex). Het doorberekenen van gestegen prijzen in de lonen voorkomt dat de koopkracht van de lonen daalt. Daarnaast onderhandelen de partijen meestal over de extra productie die met hun arbeid gepaard gaat. Prijscompensatie en arbeidsproductiviteitsstijging samen noemt men de loonruimte.

Loonruimte

De brutolonen staan verder nog onder opwaartse druk door enkele andere factoren die betrekking hebben op de structuur van de beroepsbevolking, zoals de stijging van het gemiddelde opleidingsniveau en de leeftijd van de beroepsbevolking. Vaak is de loonhoogte gekoppeld aan de hoogte van de opleiding en de leeftijd. Als de gemiddelde hoogte van zowel de opleiding als de leeftijd van de beroepsbevolking toeneemt, veroorzaakt dit een stijging van de gemiddelde loonsom per werknemer.

Opleidingsniveau
Leeftijd

TUSSENVRAAG 3.4
Hoe zouden de lonen in Nederland zich ontwikkelen gezien de demografische en conjuncturele ontwikkelingen en de ontwikkelingen in de concurrentiepositie ten opzichte van het buitenland?

Belastingen en sociale premies

Ten slotte heeft de overheid invloed op de loonvorming door middel van de belastingen en sociale premies. Het beleid dat de overheid voert met betrekking tot de uitkeringen en pensioenen, kan daarmee invloed uitoefenen op de loonvorming.

In figuur 3.5 zijn de factoren weergegeven waardoor de loonsom per werknemer kan veranderen. Tussen haakjes staat een mogelijke ontwikkeling in de bepalende variabele. Bij de pijlen staat met een + (positieve invloed) de relatie met de loonsom per werknemer aangegeven. Zo heeft een verkrapping van de arbeidsmarkt opwaartse druk op de lonen tot gevolg.

FIGUUR 3.5 Oorzaken van veranderingen in de loonsom per werknemer

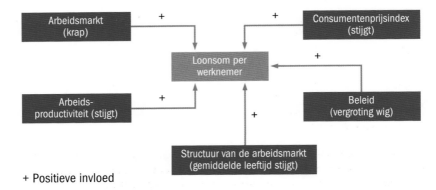

+ Positieve invloed

Loon en loonkosten

Voor individuele werknemers en voor bedrijven hebben de belasting- en premieheffing grote gevolgen. Individuele werknemers zullen kijken naar het
nettoloon – het bedrag dat beschikbaar is voor consumptie en besparingen.
Ondernemers gaan bij de beoordeling van de kosten van de productiefactor
arbeid uit van de loonkosten – het bedrag dat ze per werknemer betalen.
Het verschil tussen loonkosten en nettoloon bestaat uit de werkgevers- en
werknemerspremies en de directe belastingen. Dit verschil wordt wel aangeduid als de *wig* (zie figuur 3.6). Een hoge wig is voor werkgevers een belemmering voor het inschakelen van werknemers. De arbeidsproductiviteit van extra
werknemers moet wel heel hoog zijn om op te wegen tegen de hoge loonkosten. Werkgevers zullen tijdens een economische opleving dan ook aarzelen
met het aanpassen van het werknemersbestand en proberen aan de toegenomen vraag te voldoen met de bestaande werknemers. Een hoge wig belemmert zo de aanpassing van de arbeidsmarkt aan fluctuaties in de bestedingen.

Loonkosten

Nettoloon

Wig

FIGUUR 3.6 Loonkosten en de wig

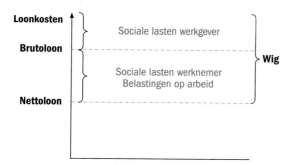

De belastingen en premies die van de loonkosten worden geheven, worden
ook wel aangeduid als het bruto-nettotraject. In tabel 3.6 is het bruto-nettotraject van het modaal inkomen voor 2014 weergegeven.
Het modale loon is het meest voorkomende loon van een werknemer van
wie het inkomen net onder de maximum premiegrens van de zorgverzeke-
ringswet ligt.

**Bruto-
nettotraject**

TABEL 3.6 Bruto-nettotraject modaal inkomen
in de marktsector, 2014 (in €)

Loonkosten	43.452
Werkgeverswig	7.452 –
Bruto-inkomen	36.000
Werknemerswig	7.776 –
Netto-inkomen	28.224

Bron: CBS, *Nationale Rekeningen 2014*, bijlage 12.1

Het netto-inkomen bedraagt dus slechts 65 procent van de loonkosten voor
een modaal inkomen. Daarnaast betalen consumenten nog belasting over
de toegevoegde waarde over de aankoop van de meeste producten.

Een toename van het beroep op de sociale zekerheid zal een vergroting van de wig tot gevolg hebben. In principe kan dat leiden tot een stijging van de loonkosten en/of een daling van het nettoloon. In het eerste geval zullen bedrijven voor hogere loonkosten komen te staan. Een verhoging van de loonkosten heeft een vermindering van de vraag naar arbeid tot gevolg. Als ondernemers meer moeten betalen, zullen ze minder snel werknemers aannemen. Het beroep op de sociale uitkeringen neemt nog extra toe. Daarmee kan de economie in een vicieuze cirkel terechtkomen van steeds hogere loonkosten en steeds meer uitkeringen.

Arbeidskosten per eenheid product

Kostprijs

Arbeidskosten per eenheid product

Voor de concurrentiepositie van een onderneming is niet de loonsom per werknemer, maar zijn de arbeidskosten per eenheid product van belang. De arbeidskosten per eenheid product zijn gelijk aan de loonsom per werknemer gedeeld door de arbeidsproductiviteit. Als een werknemer €70.000 per jaar kost en 3.500 producten maakt, bedragen de arbeidskosten p.e.p. €20.

Arbeidskosten p.e.p.

De ontwikkeling van de arbeidskosten p.e.p. hangt af van de groei van de loonsom per werknemer en de arbeidsproductiviteit. Veranderingen in beide variabelen zullen een verandering in de arbeidskosten p.e.p. tot gevolg hebben. In vergelijking [3.3] is deze verandering weergegeven als functie van de loonsom per werknemer en de arbeidsproductiviteit.

$$g_{Ap.e.p.} = g_{Lwn} - g_{ap} \hspace{3cm} [3.3]$$

waarin:
$g_{Ap.e.p.}$ = de procentuele verandering in de arbeidskosten per eenheid product
g_{Lwn} = de procentuele verandering in de loonsom per werknemer
g_{ap} = de procentuele verandering in de arbeidsproductiviteit

Volgens vergelijking [3.3] stijgen de arbeidskosten per eenheid product door een toename van het loon per werknemer en dalen ze door een toename van de arbeidsproductiviteit.

VOORBEELD 3.1
Een getallenvoorbeeld kan een en ander verhelderen. Stel dat de volgende gegevens gelden:
- de totale loonsom = €350 miljard
- de arbeidsproductiviteit = 10.000 producten per werknemer per periode
- de vraag naar arbeid = 5 miljoen

De gemiddelde loonsom per werknemer bedraagt €70.000, namelijk €350 miljard : 5 miljoen. De loonkosten per eenheid product zijn te berekenen door de gemiddelde loonkosten per werknemer te delen door de productie per werknemer (ap). De arbeidskosten p.e.p. bedragen €70.000 : 10.000 = €7. Volgens vergelijking [3.3] zullen een stijging van de loonsom met 10 procent en een stijging van de arbeidsproductiviteit met 5 procent een stijging van de arbeidskosten p.e.p. met ongeveer 5 procent tot gevolg hebben. Als we de loonsom per werknemer verhogen met 10 procent tot €77.000 en de arbeidsproductiviteit verhogen met 5 procent tot 10.500, zullen de arbeidskosten p.e.p. €7,33 bedragen, een toename van circa 5 procent.

In figuur 3.7 zijn de variabelen uit vergelijking [3.3] voor de jaren 2009-2016 weergegeven.

FIGUUR 3.7 Arbeidskosten per eenheid product, Nederland, 2009–2016 (in %)

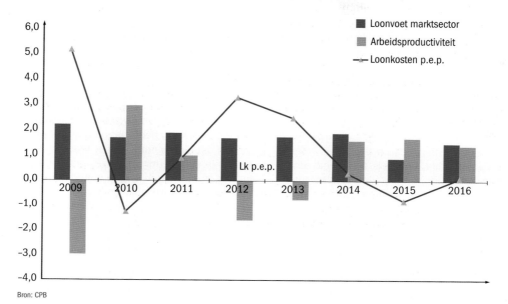

Bron: CPB

De arbeidsproductiviteit kan toenemen door de inzet van betere machines en efficiëntere werkmethodes, maar is ook onderhevig aan de conjunctuur. Als de vraag naar goederen en diensten aantrekt na een periode van slapte in de economie, zullen ondernemers aanvankelijk nog geen extra werknemers aanstellen. Ze produceren de extra vraag met dezelfde mensen. Aan het begin van een opleving neemt de arbeidsproductiviteit sterk toe. Dat is te zien in figuur 3.5 in de jaren 2010 en 2014/15. In 2010 steeg de arbeidsproductiviteit met 3 procent door de toegenomen vraag naar goederen en diensten. In 2009 en in 2012/13 nam de arbeidsproductiviteit af door een daling van de vraag.

In casus 3.5 komt het verband tussen de drie genoemde variabelen naar voren. Er wordt in deze casus een voorkeur uitgesproken voor toename van de arbeidsproductiviteit boven loonmatiging. Uiteindelijk is loonmatiging niets anders dan een daling van de welvaart en is arbeidsproductiviteit juist een bron van welvaart.

TUSSENVRAAG 3.5
Verklaar de daling van de arbeidsproductiviteit in 2012.

Arbeidskosten en concurrentiepositie

We zullen het belang van de arbeidskosten per eenheid product voor indivi-· duele ondernemers toelichten. Ondernemers streven naar winst. De bepalende factoren voor winst zijn de opbrengsten en de kosten.

CASUS 3.5

Afscheid van loonmatiging lost vele problemen op

Wim Boonstra, *chief economist* bij Rabobank: 'Ons land kent een lange traditie van loonmatiging. Deze was erop gericht om de loonkosten per eenheid product minder te laten toenemen dan die bij onze handelspartners. (...)

Dit beleid heeft ons land in de loop der tijd geen windeieren gelegd, getuige onze krachtige exportpositie, al heeft het wel aan kracht ingeboet toen steeds meer landen het Nederlandse voorbeeld volgden. Verder is loonmatiging een beleid met bijwerkingen, want de binnenlandse bestedingen worden erdoor gedrukt. En het is een beleid dat zwakkere bedrijven beschermt. Want lage loonkosten per eenheid product kun je ook bereiken met een hogere arbeidsproductiviteit. Die kan omhoog via innovatie, waardoor minder arbeidsintensief kan worden gewerkt. In een context van vergrijzing en krimp van de beroepsbevolking zijn sowieso minder mensen beschikbaar en zal schaarse arbeid ook nog eens duur worden.

In de *Macro Economische Verkenning* (MEV), die rond Prinsjesdag is gepubliceerd, pleit het Centraal Planbureau (CPB) voor versnelling van de loonstijging. Dit markeert een opmerkelijke ommezwaai in de beleidsaanbevelingen van het CPB, waarbij het een logische consequentie heeft getrokken uit de huidige eurocrisis. Onze concurrentiepositie is te goed geworden.

(...)

Internationale organisaties zoals het IMF roepen overschotlanden zoals Nederland en Duitsland bij voortduring op om hun economieën te stimuleren. Onze overheid staat hier huiverig tegenover. Terecht, want als land hebben we wel een overschot (op de lopende rekening van de betalingsbalans), maar de overheid heeft dat niet. In Duitsland is dat niet anders. Verder moet iedere vorm van stimulering vanuit de overheidsbegroting in de toekomst weer ongedaan worden gemaakt, via bezuinigingen, lastenverzwaring en/of inflatie. Dus trekt het CPB de logische conclusie dat een hogere loonstijging een beter alternatief is. Het stimuleert de binnenlandse bestedingen, dus zal het mkb blij zijn. Het maakt de convergentie binnen de eurozone eenvoudiger, dus nemen de onevenwichtigheden sneller af. En wellicht versterkt het op langere termijn de structuur van onze economie als het de innovatie aanwakkert. Ten koste van de zwakkere bedrijven, dat wel.'

Bron: Het Financieele Dagblad, 20 oktober 2011

De winst p.e.p. bestaat uit het verschil tussen de opbrengsten p.e.p. (dat wil zeggen de verkoopprijs) en de kosten p.e.p. De kosten p.e.p. bestaan uit allerlei soorten kosten, zoals in figuur 3.8 tot uitdrukking is gebracht.

Een individuele ondernemer kan door een lager kostenniveau in vergelijking met zijn concurrenten proberen een hogere winstmarge te bereiken. Wat de loonkosten betreft, kan een ondernemer streven naar een lagere loonsom of een hogere arbeidsproductiviteit. De loonvorming wordt meestal op bedrijfstakniveau door cao-onderhandelingen bepaald, waardoor concurrenten dezelfde gemiddelde loonsom per werknemer betalen.

De arbeidsproductiviteit behoort veel meer tot de invloedssfeer van bedrijven. Een verhoging van de arbeidsproductiviteit boven die van concurrenten levert een voordeel op. De ondernemer die een hogere arbeidsproductiviteit in zijn productieproces kan bereiken, heeft lagere kosten p.e.p.

FIGUUR 3.8 Winst, opbrengst en kosten per eenheid product

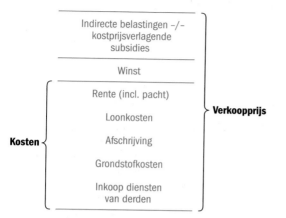

De ondernemer kan dit voordeel op twee manieren benutten. In de eerste plaats is het mogelijk de verkoopprijzen op het niveau van de concurrenten te houden en zodoende een hogere winst p.e.p., dus een hogere winstmarge te realiseren. In de tweede plaats kan een ondernemer de verkoopprijzen laten dalen ten opzichte van die van de concurrenten zonder dat zijn winstmarge afneemt. Dat zal leiden tot een toename van de afzet in vergelijking met de andere ondernemers. Hij realiseert dan een groter marktaandeel. We geven hiervan een cijfervoorbeeld (voorbeeld 3.2).

VOORBEELD 3.2

Stel dat in een bedrijfstak de gemiddelde loonkosten per werknemer €100.000 bedragen. In bedrijf A bedraagt de arbeidsproductiviteit 10.000 producten per werknemer per periode, terwijl deze voor de overige producenten in de bedrijfstak 9.000 producten bedraagt. In bedrijf A bedragen de loonkosten p.e.p. €10, terwijl de overige ondernemingen ongeveer €12,50 per eenheid betalen. Ondernemer A heeft bij dezelfde prijsstelling als zijn concurrenten een hogere winst p.e.p. van €2,50. Als ondernemer A de prijs van zijn product laat dalen, zal zijn afzet toenemen en kan hij een groter marktaandeel bereiken.
Dit is schematisch samengevat in figuur 3.9.

FIGUUR 3.9 Invloed van een hogere arbeidsproductiviteit op winstmarge en marktaandeel

TUSSENVRAAG 3.6

Wat gebeurt er met de winstmarge als de grondstofkosten p.e.p. stijgen en de prijs gelijk blijft aan die van de concurrenten?

Arbeidsinkomensquote

De arbeids- en de kapitaalinkomensquote geven de verdeling weer van de toegevoegde waarde over de productiefactoren arbeid en kapitaal.

De arbeidsinkomensquote (AIQ) geeft aan welk deel van de netto toegevoegde waarde als beloning aan de productiefactor arbeid toevalt.

Het overige deel van de toegevoegde waarde, de kapitaalinkomensquote (KIQ), is bestemd voor rente en winst.

Hoe dichter de AIQ de 100 procent nadert, des te minder beloning overblijft voor de eigenaren van kapitaal. In het algemeen gaat men ervan uit dat een AIQ van ongeveer 80 procent redelijk is voor ondernemers. Zij kunnen dan met een redelijke winst de investeringen financieren. Het investeringsniveau is dan voldoende om het groeivermogen van de economie te handhaven. Matiging van de AIQ is dus van belang voor de economische groei.

Arbeids-inkomensquote

Kapitaal-inkomensquote

De vergelijking voor de AIQ luidt:

$$AIQ = L/nbp \qquad\qquad [3.4]$$

waarin:
L   = de totale loonsom
nbp = het netto binnenlands product

De totale loonsom is gelijk aan het loon per werknemer vermenigvuldigd met het aantal werknemers, ofwel de vraag naar arbeid. Het nbp is gelijk aan de gemiddelde prijs vermenigvuldigd met het aantal producten, ofwel het reële nbp. Vergelijking [3.4] kan dus ook worden geschreven als:

$$AIQ = Lwn \times Av / P \times NBP_r \qquad\qquad [3.5]$$

waarin:
Lwn = loon per werknemer
Av   = de arbeidsvraag
P   = het prijspeil van de toegevoegde waarde
NBP_r = de reële productie

Als we de reële productie delen door de arbeidsvraag (het aantal werknemers) resulteert de arbeidsproductiviteit. Teller en noemer van vergelijking [3.2] kunnen we delen door de arbeidsvraag Av. Dan ontstaat:

$$AIQ = Lwn \times Av/Av / P \times NBP_r/Av \qquad\qquad [3.6]$$

ofwel:

$$AIQ = Lwn / P \times Ap \qquad\qquad [3.6]$$

waarin:
Ap = arbeidsproductiviteit

De procentuele verandering van de AIQ kan nu als volgt worden benaderd:

Procentuele
verandering van
de AIQ

$$g_{AIQ} = g_{Lwn} - g_p - g_{ap}$$ [3.7]

waarin:
g_{AIQ} = de procentuele verandering van de AIQ
g_{Lwn} = de procentuele verandering van het loon per werknemer
g_p = de procentuele verandering van de prijzen van de toegevoegde
waarde
g_{ap} = de procentuele verandering van de arbeidsproductiviteit

Stel dat in een bepaald jaar de lonen gemiddeld met 6 procent stijgen, de
prijsstijging 3 procent bedraagt en de arbeidsproductiviteit stijgt met 2 procent. De AIQ zal dan bij benadering met 1 procent toenemen.
In vergelijking [3.7] staat dat ondernemers een groter deel van de toegevoegde waarde aan loon moeten betalen als het loon per werknemer toeneemt.
Maar als ondernemers in staat zijn de prijzen van de producten te verhogen,
stijgen de opbrengsten. Bij gelijkblijvende kosten neemt in dat geval de toegevoegde waarde toe en zal het aandeel van het loon in de toegevoegde
waarde (de AIQ) dalen. Ook een stijging van de arbeidsproductiviteit leidt
tot een lagere AIQ. Als werknemers meer producten maken, neemt de toegevoegde waarde toe. Bij eenzelfde beloning neemt dan het aandeel van het
loon in de toegevoegde waarde af en het aandeel van de winst toe.

In figuur 3.10 zijn de arbeids- en de kapitaalinkomensquote gedurende lange tijd weergegeven. Beloning van arbeid en winst hebben een tegengesteld
verloop: als de AIQ op een hoogtepunt is, is de KIQ laag, en omgekeerd.

FIGUUR 3.10 AIQ en KIQ, Nederland, 1987–2016

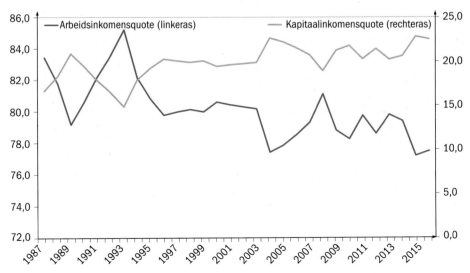

Bron: CPB

3.3 Natuur

De productiefactor natuur is om verschillende redenen van belang voor de behoeftebevrediging en voor de productie.

Grondstoffen

De natuur is leverancier van grondstoffen. Belangrijke grondstoffen zijn ertsen van metalen als ijzer, aluminium, koper en edelmetalen.

Ook energiedragers als kolen, olie en gas spelen een belangrijke rol bij de productie. Nederland is een energierijk land dankzij de aanwezigheid van aardgas. Dit is een relatief schone en goedkope energiebron. Daardoor zijn in Nederland veel energie-intensieve ondernemingen, zoals de chemie en de aardolie-industrie. Voor het overige is Nederland arm aan mineralen en andere grondstoffen.

Ligging

De ligging van een land ten opzichte van andere landen bepaalt een groot deel van de natuurlijke transportmogelijkheden. Deze zijn essentieel voor de internationale handel. Nederland heeft door zijn ligging aan drukbevaren zeeën en rivieren een sterke transportsector kunnen opbouwen. Centrale punten daarin zijn de haven van Rotterdam en de luchthaven Schiphol.

Klimaat

Het klimaat en de bodemgesteldheid bepalen de mogelijkheden voor de landbouwsector. Het milde klimaat en de vruchtbaarheid van de bodem hebben van Nederland een van de belangrijkste exporteurs van agrarische producten gemaakt.

Recreatie

De natuur biedt mogelijkheden tot recreatie. Voor recreatie zijn een geschikt klimaat en voldoende ruimte per persoon nodig. Vooral aan de laatste voorwaarde wordt vanwege de grote bevolkingsdichtheid in Nederland nauwelijks voldaan. Dit is een reden waarom de uitgaven aan vakanties in het buitenland hoger zijn dan de uitgaven van buitenlanders aan vakanties in Nederland.

Water
Lucht

De natuur is verder van belang voor het vervullen van de behoefte aan water en aan lucht. In deze zin is de natuur een bestaansvoorwaarde. Het leven is onmogelijk zonder water en voldoende schone lucht.

Ten slotte is de natuur van belang voor het opnemen en afbreken van afvalstoffen die vrijkomen bij de productie.

Milieubelasting als grens aan de economische groei

Onder invloed van de alarmerende situatie waarin het milieu verkeert, zijn de laatste tijd fundamentele veranderingen opgetreden in de manier van denken over het milieu.

Tot nu toe was de belangrijkste economische vraag: hoe zijn de natuurlijke mogelijkheden zo efficiënt mogelijk te benutten, zonder rekening te houden met de gevolgen op lange termijn. In deze opvatting is natuur in principe een vrij goed – een goed dat men voor allerlei doelen kan gebruiken zonder dat het opraakt.

Steeds meer worden we ons ervan bewust dat het milieu een schaars goed is. Menselijke activiteiten van productie en consumptie beschadigen het milieu zozeer dat het op lange termijn niet meer in staat is de noodzakelijke goederen en diensten te leveren en een acceptabele kwaliteit van het bestaan te garanderen. De toestand van het milieu op lange termijn bepaalt echter voor een groot deel zowel de kwaliteit van het bestaan als de mogelijkheden voor toekomstige productie. Als we in de toekomst gebruik willen maken van het milieu, zullen we normen moeten ontwikkelen voor het huidige gebruik.

Duurzame economische groei

Duurzaam nationaal inkomen

Het CBS gaat daarbij uit van het begrippen *duurzame economische groei* en duurzaam nationaal inkomen. Dat zijn economische groei en een nationaal inkomen waarbij de functies die het milieu moet uitoefenen, ook op lange termijn in stand blijven.

Voor het overbruggen van het verschil tussen feitelijk nationaal inkomen en duurzaam nationaal inkomen moeten bepaalde kosten worden gemaakt, die samenhangen met de volgende drie maatregelen:

1 Technische ontwikkeling die het mogelijk maakt bepaalde stoffen niet te gebruiken of uit het milieu te houden. Daarbij kan men ook denken aan het ontwikkelen van alternatieve hulpbronnen voor uitputbare hulpbronnen, zoals energiedragers en metalen.

2 Verschuiving van milieubelastende naar milieuvriendelijke activiteiten. Het maken van vliegreizen en het eten van vlees zijn bijvoorbeeld zeer milieubelastend in vergelijking met het gebruik van andere vervoermiddelen respectievelijk voedingsmiddelen. Verschuiving in gebruikspatronen brengt kosten met zich mee; de gebruikers kunnen hun eerste voorkeuren niet bevredigen.

3 Vermindering van de bevolking als de maatregelen onder 1 en 2 ontoereikend zijn. De wijze waarop dat zijn beslag moet krijgen, laten we in dit kader buiten beschouwing.

Behalve overheden zijn ook ondernemingen actief op het gebied van duurzaamheid. Een toenemend aantal ondernemingen heeft duurzame economische groei in het ondernemingsbeleid opgenomen. Dit betreft niet alleen de productiefactor natuur, maar ook kapitaal en arbeid. Verantwoord omgaan met de productiefactoren heeft een steeds belangrijkere plaats gekregen op de agenda van ondernemingen. Dat staat bekend als duurzaam ondernemen, waarin *people*, *planet* en *profit* de richtsnoeren vormen voor het ondernemingsbeleid.

Duurzaam ondernemen

Duurzaam ondernemen is winstgevend ondernemen (profit) zonder schade toe te brengen aan de maatschappij (people) en het milieu (planet), nu en in de toekomst. *Profit* biedt de uitgangspunten voor de beloning van de productiefactor kapitaal en de continuïteit van de onderneming. *Planet* geeft uitdrukking aan de bescherming van het milieu tegen directe schade van het productieproces en aan de zorg voor toekomstige hulpbronnen. *People* betreft de omgang met werknemers en de relatie tussen de onderneming en de samenleving.

In casus 3.6 is de invulling van duurzaam ondernemen voor de onderneming Unilever weergegeven.

CASUS 3.6

Duurzaam ondernemen: Unilever

Het is ons doel duurzaam leven tot gemeengoed te maken. We ontwikkelen nieuwe manieren van werken die zorgen voor groei van zowel onze onderneming als lokale gemeenschappen. We voorzien in een steeds toenemende behoefte aan duurzamere producten en werken aan een betere toekomst voor iedereen. Het Unilever Sustainable Living Plan helpt ons de omvang van ons bedrijf te verdubbelen en tegelijkertijd onze milieu-impact te verkleinen en onze positieve maatschappelijke invloed te vergroten. Daarnaast werken we samen in partnerships waardoor we kunnen helpen op mondiaal niveau dingen te veranderen: ontbossing en klimaatverandering, water, sanitaire voorzieningen en hygiëne, en duurzame landbouw en kleinschalige boeren.

De wereld verandert

De klimaatverandering laat zich voelen. Temperaturen stijgen, watertekorten komen vaker voor en voedsel wordt steeds schaarser. Bevolkingen groeien snel, waardoor basishygiëne en sanitaire voorzieningen een nog grotere uitdaging vormen en de hulpbronnen op deze planeet nog meer onder druk komen te staan.

Bij Unilever zien we hoe mensen overal ter wereld al de gevolgen ondervinden van deze veranderingen. En die veranderingen stellen ook ons voor nieuwe uitdagingen, naarmate goederenprijzen fluctueren, markten onstabiel worden en grondstoffen moeilijker te betrekken zijn.

Er is geen sprake meer van 'business as usual'. De oude economische systemen voldoen niet langer.

Wij maken producten die door miljoenen consumenten worden gebruikt en dat biedt ons een enorme kans om verandering tot stand te brengen; daarom werken we aan de ontwikkeling van een nieuw, duurzaam bedrijfsmodel. Een model waarbij:

- werknemersrechten en -kansen worden verbeterd en vrouwen een eerlijke behandeling krijgen
- de gezondheid en het welzijn van mensen prioriteit is
- alle landbouwgrondstoffen worden betrokken uit duurzame bronnen
- het milieu wordt beschermd ten behoeve van toekomstige generaties

Unilever Sustainable Living Plan

In 2010 hebben we het Unilever Sustainable Living Plan gelanceerd, dat ons zal helpen de omvang van ons bedrijf te verdubbelen en tegelijkertijd onze milieu-impact te verkleinen en onze positieve maatschappelijke invloed te vergroten. We hebben drie belangrijke doelen geformuleerd. Tegen 2020 zullen we:

- de gezondheid en het welzijn verbeteren van meer dan een miljard mensen
- de milieu-impact van onze producten halveren
- de levensstandaard verhogen van miljoenen mensen die in onze totale waardeketen werken

Door duurzaamheid te laten doordringen tot in alle vezels van ons bedrijf, zorgt het Plan voor nieuwe kansen en voor groei, want:

- steeds meer mensen kiezen voor merken met een missie, zoals Dove en Lifebuoy
- naarmate behoeften van consumenten veranderen, richten we ons op innovaties, zoals wasmiddelen waarvoor minder water nodig is
- we maken onze distributieketen stabieler door samen te werken met kleinschalige boeren om landbouwmethodes te verbeteren en levensstandaarden te verhogen

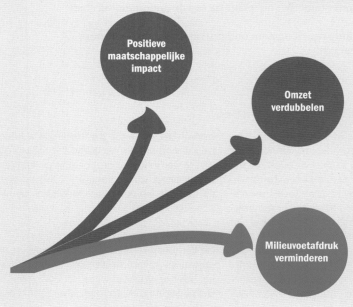

Duurzaam leven bevorderen

Met onze merken stimuleren we mensen ook slimmer in te kopen en thuis duurzame acties te ondernemen.

Echte verandering

Ook partnerships bieden ons de mogelijkheid op wereldwijde schaal verandering teweeg te brengen. We pakken samen met anderen drie grote kwesties aan:

- ontbossing en klimaatverandering tegengaan
- sanitaire voorzieningen, hygiëne en toegang tot veilig drinkwater verbeteren
- duurzame landbouw en de ontwikkeling van kleinschalige boeren ondersteunen

We bevinden ons op een keerpunt in de geschiedenis, een punt waar verandering bittere noodzaak is in het belang van al het leven op deze planeet.

De wereld heeft een nieuw bedrijfsmodel nodig, waarin duurzaamheid centraal staat. Alleen de bedrijven die dit onderkennen, zullen overleven. Alleen zij die duurzaam groeien, zullen tot volle bloei komen.

Nooit was er een beter moment om te werken aan een betere toekomst.

Bron: Unilever, www.unilever.nl/sustainable-living-2015, geraadpleegd 8 januari 2015

TUSSENVRAAG 3.7

In welke opzichten is groei van het milieu mogelijk?

Samenvatting

Voor de productie van goederen en diensten zijn de productiefactoren kapitaal, arbeid en natuur nodig.

De productiefactor kapitaal bestaat uit duurzame kapitaalgoederen, vlottende kapitaalgoederen en hulpstoffen. Met behulp van de kapitaalcoëfficiënt kan men bepalen hoeveel kapitaalgoederen nodig zijn voor een eenheid productie. De kapitaalcoëfficiënt in Nederland bedraagt ongeveer 3,8.

Het aanbod van arbeid is afhankelijk van de omvang van de bevolking en met name van de potentiële beroepsbevolking die bestaat uit de mensen tussen 15 en 65 jaar. Het deel dat zich aanmeldt op de arbeidsmarkt is de beroepsbevolking, ongeveer de helft van de totale bevolking. De participatiegraad is het deel van de potentiële beroepsbevolking dat deelneemt aan het arbeidsproces. In Nederland is dat ongeveer 75 procent, in internationaal opzicht is dit een hoog getal.

De werkloosheid is het deel van de beroepsbevolking dat geen werk heeft en direct een baan kan aanvaarden. De werkloosheid neemt toe ongeveer een jaar na een dieptepunt van de conjunctuur, en daalt weer bij een economische opleving.

De vraag naar arbeid is afhankelijk van productie en arbeidsproductiviteit. De productie is de werkgelegenheid maal de arbeidsproductiviteit. De productie kan groeien door een toename van de werkgelegenheid of door een verhoging van de productie per werknemer.

De beloning van de arbeid is afhankelijk van een aantal factoren, zoals de krapte op de arbeidsmarkt, de arbeidsproductiviteit en de inflatie. Werknemers gaan bij de beoordeling van de loonhoogte uit van het nettoloon, terwijl werkgevers zich bij de prijs van arbeid oriënteren op de loonkosten. Het verschil is al snel zo'n 40 procent.

Voor de concurrentiepositie van het bedrijfsleven zijn de loonkosten per eenheid product van belang. Deze zijn lager naarmate de arbeidsproductiviteit hoger is. Een onderneming kan lage loonkosten per eenheid product gebruiken voor een hogere winstmarge en/of een groter marktaandeel.

De arbeidsinkomensquote geeft weer hoeveel van de toegevoegde waarde de productiefactor arbeid toekomt. Een te hoge quote brengt de investeringen in gevaar.

De productiefactor natuur voorziet in allerlei functies: zij is bron voor recreatie, water en lucht, en ook bron van grondstoffen en buffer voor afval. Al deze functies concurreren met elkaar en de natuur kan ze niet meer alle vervullen op zodanige wijze dat ze in de toekomst ook houdbaar zijn. De productie is niet duurzaam.

Kernbegrippenlijst

Arbeidsinkomensquote	Het aandeel van de loonkosten in de (netto of bruto) toegevoegde waarde.
Arbeidsproductiviteit	Productie per werkende per tijdseenheid.
Beroepsbevolking	Werkenden en niet-werkenden die een baan zoeken.
Brutoparticipatiegraad	De som van werkenden en de werklozen als aandeel in de participatiegraad.
Duurzaam ondernemen	Winstgevend ondernemen zonder schade toe te brengen aan de samenleving of de aarde.
Duurzame economische groei	Groei waarbij de productiefactor natuur ook op lange termijn in staat is de noodzakelijke functies uit te oefenen.
Kapitaalcoëfficiënt	De kapitaalgoederenvoorraad die benodigd is voor 1 euro productie.
Kapitaalgoederen	Goederen die in het productieproces worden gebruikt of verbruikt, te weten: • vaste of duurzame kapitaalgoederen, die langer dan een periode meegaan • vlottende kapitaalgoederen, die in een productieperiode verbruikt worden
Loonkosten	Totaal van kosten die gepaard gaan met de inzet van de productiefactor arbeid.
Loonruimte	De som van inflatie en arbeidsproductiviteit.
Nettoparticipatiegraad	De werkenden gedeeld door de potentiële beroepsbevolking.
Output gap	Verschil tussen productie en productiecapaciteit.
Participatiegraad	Het deel van de beroepsgeschikte bevolking dat deelneemt aan het arbeidsproces.
P/A-verhouding	Het aantal personen dat benodigd is voor één arbeidsjaar.
Potentiële beroepsbevolking	Mensen in de leeftijd tussen 15 en 64 jaar.

3

Productiecapaciteit	De maximale hoeveelheid goederen en diensten die in een economie kunnen worden geproduceerd met behulp van de beschikbare productiefactoren.
Vraag naar arbeid	De totale werkgelegenheid.
Werkloosheid	Het verschil tussen het aanbod van arbeid en de vraag naar arbeid, waarbij: • kortetermijnwerkloosheid korter dan een jaar duurt • langetermijnwerkloosheid langer dan een jaar duurt
Werkloze beroepsbevolking	Mensen tussen 15 en 64 jaar die op zoek zijn naar werk.
Wig	De som van belastingen en werkgevers- en werknemerspremies als percentage van de loonkosten.

3

4
Bestedingen

4

Bedrijven, gezinnen, de overheid en het buitenland verrichten elk hun eigen bestedingen en doen daarmee een beroep op de productiecapaciteit van Nederland. De bestedingen zijn de consumptie, investeringen, overheidsbestedingen, export en import. De omvang en de veranderingen van deze variabelen staan in dit hoofdstuk centraal.

In dit hoofdstuk staan de volgende vragen centraal:
- Welke bestedingen verrichten de verschillende sectoren?
- Waarom doen ze dat?
- Waarom groeien de bestedingen?

Productenpakket van Philips

Philips maakt producten voor consumenten, de overheid en bedrijven. We doen een greep uit de verschillende goederen uit het productenpakket van Philips.
Voor de consumentenmarkt maakt de onderneming lampen, batterijen, elektrische tandenborstels, scheerapparaten, stofzuigers, strijkijzers en allerlei andere huishoudelijke apparaten.
Voor de bedrijvenmarkt maakt Philips armaturen voor verlichting, autolampen, autora-diosystemen, auto-elektronica, chips, röntgenapparatuur, professionele tv-systemen, bedrijfscommunicatiesystemen, software op cd, enzovoort.
De overheid neemt systemen af voor communicatie, beveiliging en medische toepassingen.
Niet alleen binnenlandse, maar ook buitenlandse consumenten, ondernemingen en overheden kopen de producten van Philips.

4

4.1 Vraagzijde van de economie

Bedrijven en de overheid produceren om in behoeften te voorzien, zoals we in hoofdstuk 2 hebben gezien. Gezinnen, bedrijven, de overheid en het buitenland nemen deze goederen en diensten af. Zij doen bestedingen.

Bestedingen

Bedrijven en de overheid kopen producten om te kunnen produceren, de consumenten kopen producten om hun behoeften te bevredigen, en daarnaast vinden producten hun weg naar het buitenland.
Gezinnen, bedrijven, de overheid en het buitenland hebben elk hun eigen specifieke kenmerken. Consumenten gedragen zich anders dan de overheid. Zij kopen andere producten en de groei van de consumentenbestedingen hangt af van heel andere aspecten dan de groei van de overheidsbestedin-

Sector

gen. Hetzelfde geldt voor de sectoren bedrijven en het buitenland. Elke sector heeft eigen marktkenmerken. Men spreekt dan ook vaak van consumentenmarkten, zakelijke markten, de markt voor overheidsopdrachten en de buitenlandse markten.

TUSSENVRAAG 4.1
Welke overeenkomsten en verschillen zouden er zijn tussen de buitenlandse en de binnenlandse markten?

In tabel 4.1 zijn de verschillende onderdelen van de vraag weergegeven.

TABEL 4.1 De vraagzijde van de economie, 2014

	Waarde in 2014 (× €1 miljard)	Percentage
Intermediair verbruik	661	37
Finale bestedingen	1.136	63
waarvan:		
• Uitvoer	549	30
• Consumptieve bestedingen	296	16
• Overheidsconsumptie	171	10
• Bruto-investeringen	120	7
Totale vraag	1.797	100

Bron: CBS, *Nationale Rekeningen 2014*

Het intermediair verbruik is in tabel 4.1 de grootste post. Het gaat hierbij om de producten die bedrijven van elkaar kopen om te kunnen produceren, de zogenoemde onderlinge leveringen van bedrijven. De vraag van bedrijven naar verbruiksgoederen is voor veel andere ondernemingen een belangrijke bron voor hun afzet. Ondernemingen kopen en verkopen grondstoffen, half-fabricaten, energie en allerlei soorten diensten aan elkaar. De vraag naar diensten is de laatste jaren sterk toegenomen. Het betreft diensten van heel uiteenlopende bedrijfstakken, zoals reclamebureaus, economische advies-bureaus en accountantsdiensten, maar ook van autoservicebedrijven (lea-sen van auto's), vervoersbedrijven, cateraars, uitzendbureaus, schoonmaak-bedrijven en dergelijke. Ondernemingen besteden de productie van deze diensten steeds meer uit aan gespecialiseerde ondernemingen. Onderne-mingen die vroeger een eigen vervoersafdeling hadden met vrachtwagens en chauffeurs, besteden het vervoer in toenemende mate uit aan vervoers-ondernemingen. Hetzelfde geldt voor ondernemingen die vroeger een cate-ring- en een schoonmaakafdeling hadden.

Intermediair verbruik

De vraag vanuit het buitenland, de consumptie van gezinnen, de overheids-consumptie en de investeringen duidt men wel aan als finale bestedingen. Het gaat daarbij om producten die geen verdere bewerking meer behoeven en gereed zijn voor gebruik bij consumptie of productie. De uitvoer en de gezinsconsumptie vormen samen het leeuwendeel van de vraag, ongeveer 45 procent.
In de volgende paragrafen zullen we iets dieper ingaan op de bestedingen.

Finale bestedingen

4.2 Consumptie

In deze paragraaf staat de consumptie centraal. Daarbij zullen we ons met name richten op het macro-economische consumptiepatroon en de facto-ren die de groei van de consumptie bepalen.

Consumptiepatroon

De bestedingen van gezinnen noemen we consumptie. We noemen produc-ten pas consumptiegoederen als ze daadwerkelijk door de gezinnen gekocht zijn. Een meubel bijvoorbeeld dat nog in de winkel staat in afwachting van een koper, behoort nog tot de vlottende kapitaalgoederen (voorraden). Pas als het door een gezin gekocht is, spreken we van consumptie.

Met 'gezinnen' worden niet alleen gezinnen bedoeld zoals in het normale spraakgebruik: enkele personen met een familiair relatiepatroon. In het economisch spraakgebruik bestaat de sector gezinnen uit alle ingezetenen (inwoners) van een land. De belangrijkste economische functie van gezin-nen is – behalve het ter beschikking stellen van productiefactoren – het be-steden van inkomen aan consumptiegoederen.

Gezinnen

TUSSENVRAAG 4.2
Men spreekt ook wel van huishoudens in plaats van gezinnen. Wat zou men met 'huishouden' bedoelen?

Gezinnen stellen een pakket goederen en diensten samen ter bevrediging van hun behoeften. Dit is het consumptiepatroon. Er bestaan grote verschil-len in consumptiepatronen. Gezinnen kunnen hun behoeften met heel ver-

Consumptie-patroon

schillende producten bevredigen. Voedingsgewoonten leiden in het ene gezin tot de consumptie van veel groente en fruit, in het andere gezin tot veelvuldige bezoeken aan snackbars, en in weer andere gezinnen tot eten in restaurants. Sommige gezinnen besteden veel geld aan duurzame consumptiegoederen, terwijl andere de voorkeur geven aan reizen.

Het sommeren van al deze bestedingen van individuele gezinnen levert een macro-economisch consumptiepatroon op. In tabel 4.2 zijn de macro-economische consumptiepatronen voor verschillende jaren weergegeven.

TABEL 4.2 Consumptiepatroon (% van de totale bestedingen van huishoudens)

	1970	1980	1990	2000	2010	2013
Goederen, waarvan	65,5	59,3	56,1	49,8	45,4	43,7
• voedings- en genotmiddelen	24,5	19,5	17,6	14,1	14,6	14,9
• duurzame consumptiegoederen	28,4	25,8	24,4	21,8	17,0	14,8
• energie	2,8	4,5	3,9	3,9	4,5	4,7
Diensten, waarvan	34,5	40,7	43,9	50,2	54,6	56,3
• huisvesting	9,7	10,3	13,2	14,9	17,6	18,6
• horeca	5,6	5,4	5,3	5,5	4,8	4,8
• medische diensten en welzijnszorg	3,7	6,3	5,0	4,3	5,4	6,4
Consumptie	100	100	100	100	100	100

Bron: CBS, *Nationale rekeningen 1969-2005*, p. 132 en Statline

Tot de voedings- en genotmiddelen rekent men producten als aardappelen, groente en fruit, meelproducten, zuivel, vlees, dranken en tabak.

De duurzame consumptiegoederen bestaan uit producten als geluidsdragers en computers, meubelen, vervoermiddelen, woningtextiel, producten van glas, porselein en aardewerk, witgoed (wasmachines, koelkasten, wasdrogers, vaatwassers) en bruingoed (stofzuigers, keukenapparatuur).

Tot de overige goederen en diensten behoren voornamelijk diensten als gezondheidszorg, huren en kosten van het woningbezit, verwarming, verlichting en water, dienstverlening van banken en verzekeringsbedrijven, hotels en restaurants, en sport en recreatie.

Verschuivingen in consumptie

In tabel 4.2 vallen de verschuivingen in de consumptie op. Het aandeel van voedings- en genotmiddelen vertoont een gestage daling en is in veertig jaar tot ongeveer twee derde teruggevallen.

Het aandeel van de duurzame consumptiegoederen steeg tot 1970 tot bijna 30 procent, om daarna weer ongeveer te halveren. De markten voor duurzame consumptiegoederen zijn verzadigd. Ondernemingen kunnen alleen nog producten verkopen ter vervanging van versleten goederen.

De diensten stegen van een derde tot meer dan de helft van de totale gezinsuitgaven. Deze categorie bestaat voor een groot deel uit huisvestingsdiensten.

Steeds meer diensten

Naarmate de welvaart toeneemt, consumeren gezinnen steeds meer diensten in verhouding tot goederen. Daarvoor is een aantal oorzaken te noemen. Door de stijging van de inkomens en de toename van de vrije tijd is de behoefte aan grotere woningen, vervoer en recreatie sterk toegenomen. Ook de vraag naar medische verzorging stijgt voortdurend, omdat een verouderende bevolking een steeds groter beroep op de medische sector doet.

Een dalend aandeel van een bepaald product in de totale bestedingen betekent overigens nog niet dat ook de afzet is afgenomen. De consumptieve bestedingen zijn in de afgelopen vijftig jaar zo sterk toegenomen dat ook bij een dalend aandeel het gebruik toegenomen kan zijn.

Het aandeel van voedings- en genotmiddelen is weliswaar afgenomen, toch geven mensen in euro's meer uit aan voedings- en genotmiddelen dan vijftig jaar geleden, ook als voor de inflatie wordt gecorrigeerd.

De verschuivingen in de consumptiepatronen hebben grote gevolgen voor de bedrijfstakken die de verschillende goederencategorieën produceren. Sommige bedrijfstakken produceren voor groeimarkten, andere voor verzadigde markten. Op groeimarkten kunnen ondernemingen meestal zeer bevredigende winsten behalen, omdat de concurrentie er niet zo hevig is. Ondernemingen kunnen hun afzet vergroten zonder een toename van het marktaandeel.

Op verzadigde markten is het veel moeilijker om winstgevend te zijn. Ondernemingen proberen hun afzet te handhaven of te vergroten ten koste van andere ondernemingen. Vaak moeten zij daarvoor hun prijzen laten dalen, waardoor de winstgevendheid sterk onder druk staat.

TUSSENVRAAG 4.3
Waarom proberen producenten van duurzame consumptiegoederen regelmatig technologische doorbraken te bereiken? Welke goederen hebben de afgelopen decennia kunnen profiteren van een grote initiële vraag?

Consumptiegroei
Ondernemingen zijn altijd heel nieuwsgierig naar de groei van de consumptie in het komende jaar. De groei van de consumptie is afhankelijk van de factoren die worden genoemd in figuur 4.1. De meeste invloed heeft de inkomensontwikkeling, maar ook de mate van inkomensnivellering, de vermogenstoename en de renteontwikkeling zijn factoren van betekenis.

FIGUUR 4.1 Bepalende factoren van de consumptie

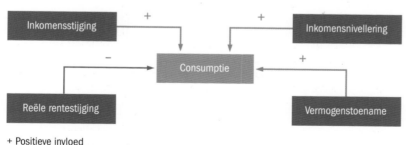

+ Positieve invloed
– Negatieve invloed

Consumenten ontvangen een inkomen. Een inkomensstijging wordt grotendeels uitgegeven aan bestedingen. Een deel van de inkomenstoename is bestemd voor een stijging van de prijzen. De prijzen van consumptiegoederen kunnen van jaar tot jaar stijgen; dit is inflatie. De toename van het inkomen

Inkomen

Koopkracht

in een jaar zegt daarom weinig over de toename van de hoeveelheid producten die mensen in dat jaar kunnen kopen. Daarvoor is het begrip koopkracht belangrijk. De verandering van het inkomen gecorrigeerd voor de inflatie is de verandering van de koopkracht (zie vergelijking [4.1]).

$$\% \Delta \text{ koopkracht} = \% \Delta \text{ inkomen} - \% \Delta \text{ prijzen} \qquad [4.1]$$

Reëel

Bij een stijging van het inkomen met 4 procent en een inflatie van 3 procent stijgt de koopkracht dus met 1 procent. De stijging van de koopkracht noemt men ook wel de reële stijging van het inkomen, dat wil zeggen: de toename van het aantal producten dat consumenten kunnen kopen. Het inkomen (zonder correctie voor de prijsstijging) wordt ook wel aangeduid als het no-

Nominaal

minale inkomen. In het algemeen geldt voor variabelen dat een reële stijging gelijk is aan de nominale toename verminderd met de prijsstijging.

In figuur 4.2 zijn de reële groei van de consumptie en van het bbp gedurende een reeks van jaren in beeld gebracht. Stijging en daling van de variabelen volgen elkaar op de voet.

FIGUUR 4.2 Groei van de consumptie en van het bbp (1970–2016)

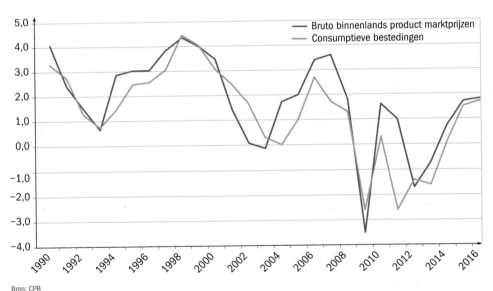

Bron: CPB

Een belangrijke variabele die de stemming van consumenten weergeeft, is de index van het consumentenvertrouwen. In casus 4.1 speelt deze index een rol.

Inkomensgroep

De mate waarin de afzet van een product profiteert van een inkomensstijging, is verder afhankelijk van de *inkomensgroep* waar zich de stijging heeft voorgedaan.

CASUS 4.1

Consumenten minder positief

De stemming onder consumenten is in december wat minder positief dan in november. Het consumentenvertrouwen daalde 3 punten en komt uit op 6, meldt CBS. De verslechtering komt vooral doordat consumenten minder positief oordelen over het economisch klimaat. De koopbereidheid verandert niet. Het consumentenvertrouwen is sinds maart 2015 bijna onafgebroken positief. Met 6 ligt het consumentenvertrouwen in december boven het gemiddelde over de afgelopen twintig jaar (–8). Het vertrouwen bereikte in april 2000 de hoogste stand ooit (27). Het dieptepunt werd bereikt in februari 2013 (–44).

Consumentenvertrouwen, seizoengecorrigeerd Nederland, 2012–2016

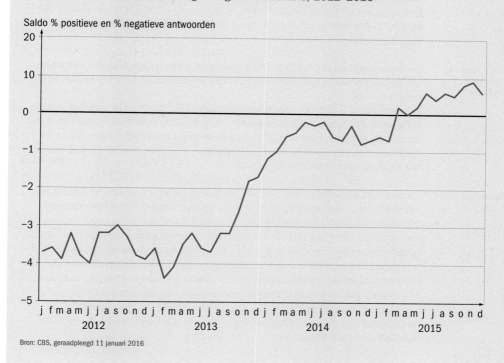

Saldo % positieve en % negatieve antwoorden

Bron: CBS, geraadpleegd 11 januari 2016

Door een toename van het inkomen neemt in het algemeen de afzet van een product toe. Het ligt er echter wel aan in welke inkomensgroep de groei van het inkomen zich voordoet. Om dit te begrijpen is inzicht nodig in het begrip marginale consumptiequote.

De marginale consumptiequote geeft weer hoeveel van een extra euro inkomen wordt geconsumeerd. Als consumenten 75 eurocent van een extra euro inkomen uitgeven, is de marginale consumptiequote dus 0,75. De marginale consumptiequote is voor hoge inkomens beduidend lager dan voor lage inkomens. In dit verband is het onderscheid tussen loon-, uitkerings- en overig inkomen van belang.

Marginale consumptiequote

Bij een stijging van het looninkomen met €1 zal de consumptie met 72 eurocent stijgen. De marginale consumptiequote is dus 72 procent of 0,72. Een stijging van het uitkeringsinkomen met €1 heeft een groei van de consumptie met 95 eurocent tot gevolg. Een toename van het kapitaalinkomen met €1 leidt tot een toename van de consumptie met slechts 40 eurocent. Voor ondernemingen met een inkomensgevoelige afzet is het dus heel belangrijk om te weten voor welke inkomensgroep hun verkopen bestemd zijn. Mensen met lage inkomens consumeren een groot deel van hun inkomenstoename. Ondernemingen die massagoederen in lage en middensegmenten op de markt brengen, kunnen behoorlijk profiteren van een inkomenstoename in de lage-inkomensgroepen.

Lage-inkomens-groepen

TUSSENVRAAG 4.4

Een regering probeert de economie te stimuleren door modale inkomens met 0,75 procent te laten toenemen, en tweemaal modaal met 5 procent. Wat is je oordeel daarover?

Reële rente en vermogens-toename

De consumptiegroei is afhankelijk van twee andere factoren, die een tamelijk kleine invloed op de consumptie uitoefenen: de reële rente en het vermogen.

De reële rente is het verschil tussen de nominale rente en de inflatie. Als de reële rente toeneemt, zal de consumptie dalen. De reden daarvoor is dat het lenen van geld duurder wordt. Het consumptief krediet zal afnemen, en daarmee ook de consumptieve bestedingen. Het gaat daarbij vooral om auto's en duurzame consumptiegoederen.

Lenen van geld

Vermogen

Consumenten hebben een vermogen, dat zij beleggen in spaarrekeningen, aandelen, woningen en dergelijke. Een waardestijging van het vermogen, bijvoorbeeld door een stijging van de koersen van aandelen, leidt tot een toename van de consumptie. Gezinnen kunnen waardestijgingen van woningen opnemen door de hypotheek te verhogen en de daarmee verkregen middelen aan te wenden voor consumptie. Een vermogenstoename van €1 leidt tot een consumptiestijging van 8 eurocent. Consumenten geven dus ongeveer 8 procent van de vermogenstoename uit aan consumptie.

In tabel 4.3 zijn de ontwikkelingen van de consumptie weergegeven zoals het CPB deze publiceert.

TABEL 4.3 Aspecten van de particuliere consumptie, 2014–2016

	2014	2014	2015	2016
	Waarde in mld euro	Volumemutaties per jaar in %		
Consumptie				
Vaste lasten (a)	79	–1,1	0,7	1,2
Overige consumptie	217	0,4	2,0	2,1
Totale consumptie	296	0,0	1,6	1,9

TABEL 4.3 Aspecten van de particuliere consumptie, 2014–2016 (vervolg)

	2014	2014	2015	2016
	Waarde in mld euro	Volumemutaties per jaar in %		
Reëel beschikbaar gezinsinkomen				
Arbeidsinkomen	163	1,5	2,1	3,0
Uitkeringsinkomen	80	0,4	–1,2	–2,2
Overig (b)	56	2,5	2,9	3,4
Totaal reëel beschikbaar inkomen	299	1,3	1,4	1,7

		% beschikbaar gezinsinkomen (c)		
Besparingen				
Individueel	3	0,8	0,6	0,5
Collectief (d)	24	7,4	6,6	7,0

(a) Aardgas, woningdiensten en niet-verzekerde zorg

(b) Rente- en dividendbaten, toegerekend inkomen uit eigen woning en niet-uitgekeerd beleggingsinkomen van levensverzekeringsmaatschappijen

(c) Inclusief collectieve besparingen

(d) Saldo pensioenpremies en pensioenuitkeringen

Bron: CPB, *MEV 2016*, p. 38

Uit tabel 4.3 zijn ontwikkelingen af te lezen over consumptie en inkomen in 2014.

De eerste kolom geeft de bedragen weer in miljarden euro's. De volgende kolommen geven de mutaties weer voor enkele jaren. De totale consumptie bedroeg in 2014 dus €296 miljard. In 2014 bleef de consumptie gelijk aan 2013 (een groei van 0 procent). De vaste lasten daalden en de overige consumptie groeide wat.

Tabel 4.3 geeft ook informatie over het reëel beschikbare inkomen. In 2014 bedroeg het inkomen €299 miljard. Er bleef dus maar €3 miljard over voor het verrichten van besparingen, ongeveer 1 procent van het beschikbare inkomen. De collectieve spaarquote – bedragen die mensen sparen ten behoeve van hun pensioen – is veel groter en bedraagt circa 7 procent van het inkomen.

4.3 Investeringen

In deze paragraaf komen de verschillende soorten investeringen en de oorzaken van de groei van de investeringen aan de orde.

Soorten investeringen

Produceren zonder kapitaalgoederen is onmogelijk. Er is geen productieproces denkbaar zonder de inzet van grondstoffen, machines en gebouwen. Ondernemingen en de overheid zorgen er steeds voor dat hun kapitaalgoederenvoorraad op een voldoende hoog niveau blijft voor de gewenste pro-

Investeren

ductieomvang. Zij moeten daarvoor regelmatig nieuwe machines en gebouwen aanschaffen. Het aanschaffen van kapitaalgoederen noemen we investeren. In casus 4.2 wordt tot uitdrukking gebracht dat productie en investeringen met elkaar samenhangen.

CASUS 4.2

Investeringen

Met het klimaatakkoord in de hand zullen bedrijven sneller en meer investeren in schonere energie

door Bert van Dijk

'De gevolgen van deze overeenkomst zullen worden gevoeld in banken, aandelenbeurzen, bestuurskamers en onderzoekscentra. De hele wereld beseft dat we nu beginnen aan een ongeëvenaard project om de mondiale economie koolstofarm te maken', aldus Paul Polman, bestuursvoorzitter van Unilever, in een reactie op het klimaatakkoord op de website van het bedrijf. Volgens hem zal dat besef alleen al duizenden miljarden dollars vrijmaken en 'de immense creativiteit en innovatie van de private sector' stimuleren. (...)
'Beleggingen zullen nu naar een koolstofarme wereld stromen', aldus Andrew Formica, be-

stuursvoorzitter van Henderson Global Investors, dat ruim €110 miljard onder beheer heeft. 'Deze deal zal nog eens vele miljarden toevoegen aan de miljarden die al belegd worden met het oog op een duurzame toekomst.' (...)
'De noodzaak voor de financiële markten om de transitie naar schone energie te financieren creëert ongeëvenaarde mogelijkheden voor groei, op een schaal die we niet hebben gezien sinds de industriële revolutie', aldus Hobley.
'We hebben de mogelijkheid een nieuwe economie te bouwen en het bedrijfsleven is klaar om daaraan bij te dragen', laat ook Richard Branson, bestuursvoorzitter van Virgin Group, weten. 'Het "Parijseffect" zorgt ervoor dat de economie van de toekomst wordt aangedreven door schone energie.'

Bron: Het Financieele Dagblad, *14 december 2015*

In figuur 4.3 zijn de investeringen in Nederland gedurende een aantal jaren weergegeven. Over het algemeen stijgen de investeringen, maar er zijn ook jaren waarin ze dalen. Deze jaren weerspiegelen de neergang in de economische groei, dus de geringe stijging van het bbp.

De investeringen bedragen ongeveer 15 procent van het bbp; dat is eigenlijk te laag voor het behoud van de toekomstige welvaart. Een land moet ongeveer een vijfde deel van de productie bestemmen voor de productie in de toekomst. Als het bbp sterk groeit, blijken de investeringen naar verhouding een groter aandeel van het bbp in te nemen. In zo'n periode zijn de ondernemers optimistisch over hun afzet en zullen ze hun productiecapaciteit willen vergroten. Dit optimisme leidt tot extra productie, en zal een positieve impuls aan de conjunctuur geven.

De investeringen van ondernemingen vormen de grootste post in figuur 4.3. Het CPB rekent ook de woningbouw tot de investeringen. Veel woningen zijn van ondernemingen zoals woningbouwcorporaties, maar veel andere woningen zijn eigendom van consumenten. Het CPB rekent ze tot de investeringen, omdat ze gedurende lange tijd woongenot opleveren. De investeringen van de overheid betreffen uitgaven aan infrastructuur, overheidsgebouwen en dergelijke.

FIGUUR 4.3 Investeringen in Nederland 1980–2015

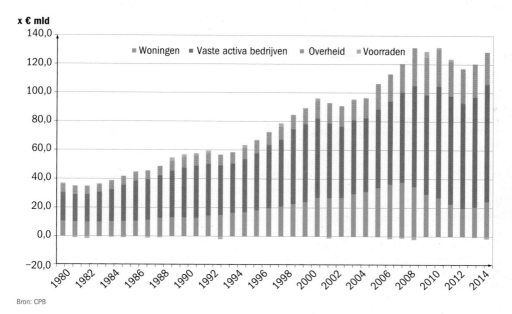

Bron: CPB

De investeringen van bedrijven zijn nog nader onder te verdelen. We onderscheiden drie redenen om te investeren:
1 vervangingsinvesteringen
2 uitbreidingsinvesteringen
3 voorraadinvesteringen

In figuur 4.4 is het onderscheid tussen deze drie soorten investeringen schematisch samengevat.

FIGUUR 4.4 Investeringen

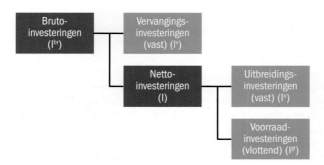

Ad 1 Vervangingsinvesteringen
In de eerste plaats moeten ondernemingen hun oude machines vervangen als deze een aantal jaren in gebruik zijn geweest. Bedrijven plegen in dit ge-

**Vervangings-
investeringen**

val *vervangingsinvesteringen* (I^v): het aanschaffen van kapitaalgoederen wegens slijtage. Omdat tijdens het productieproces machines aan slijtage onderhevig zijn, maken ondernemingen kosten, die zij verwerken in de prijs van de verkopen. Uit de verkoopopbrengsten moeten ondernemingen nieuwe machines kunnen kopen, anders zouden zij alleen met de bestaande machines kunnen produceren en de productie moeten staken als de machines versleten zijn. Vervangingsinvesteringen zijn dus nodig om de productiecapaciteit in stand te houden.

Afschrijvingen

Een bedrijf dient tijdens de levensduur van de kapitaalgoederen af te schrijven. De afschrijvingen brengen de kosten van het gebruik van deze kapitaalgoederen tot uitdrukking. Uit de afschrijvingen financieren de ondernemingen de vervangingsinvesteringen.

Ad 2 Uitbreidingsinvesteringen

**Uitbreidings-
investeringen**

Een tweede reden om te investeren is het uitbreiden van de kapitaalgoederenvoorraad. Anders dan vervangingsinvesteringen zijn *uitbreidingsinvesteringen* (I^u) erop gericht de productiecapaciteit te vergroten. Bedrijven die in een bepaalde periode uitbreidingsinvesteringen verrichten, vergroten daarmee de kapitaalgoederenvoorraad die aan het begin van de periode aanwezig was. Als een onderneming bijvoorbeeld een permanente vergroting van de afzet verwacht, zal zij haar productiecapaciteit willen vergroten. Dat is mogelijk door meer mensen in dienst te nemen en meer machines te gebruiken. Ze koopt dan extra machines. De financiering hiervan is echter een probleem. Het zou onjuist zijn voor de financiering van deze bedrijfsmiddelen de prijs te verhogen van de consumptiegoederen die nog met behulp van de andere machines gemaakt zijn. Voor de financiering zal het bedrijf dan ook via de kapitaalmarkt (de banken) een beroep kunnen doen op de sector gezinnen. In de praktijk komt het echter vaak voor dat ondernemingen uitbreidingsinvesteringen uit eigen middelen kunnen betalen. In het Nederlandse bedrijfsleven is dit meer regel dan uitzondering geworden. Ze hebben dan in voorafgaande periodes een deel van de winst ingehouden en niet aan de aandeelhouders uitgekeerd. Op het eerste gezicht lijkt het er dan op dat niet de totale winst wordt uitgekeerd aan de aandeelhouders, die de eigenaren van de onderneming zijn. De aandeelhouders merken echter dat de waarde van de onderneming stijgt, waardoor ook zij van de ingehouden winsten profiteren.

In de loop van de periode waarin de uitbreidingsinvesteringen gebruikt worden, brengt het bedrijf door middel van afschrijvingen de kosten ervan weer tot uitdrukking in de verkoopprijs van de geproduceerde consumptiegoederen.

Ad 3 Voorraadinvesteringen

Voorraden

In de derde plaats kunnen ondernemingen wijzigingen in de voorraden aanbrengen als ze verwachten dat de afzet toeneemt. Dan kopen bedrijven vaak extra voorraden grondstoffen in of laten ze hun voorraden eindproduct oplopen, zodat de hoeveelheid vlottende kapitaalgoederen toeneemt. Zoals we gezien hebben, is het aanhouden van voorraden erop gericht schommelingen in de afzet te kunnen opvangen. Bij een permanent hogere afzet hoort ook een hoger niveau van de (gemiddelde) voorraad eindproduct. Als een bedrijf bijvoorbeeld de gemiddelde voorraad van een niveau van €20 miljoen wil verhogen tot een niveau van €22 miljoen, zal het een eenmalige investering moeten plegen van €2 miljoen. In de vlottende kapitaalgoederenvoorraad is dan meer vermogen vastgelegd; het behoeft geen betoog dat de kosten als gevolg daarvan eveneens zijn gestegen. De onderneming zal bijvoorbeeld meer rente moeten betalen. In dat geval is sprake van geplande investeringen in een voorraadmutatie, kortheidshalve *voorraadinvestering* genoemd.

Naast *geplande* voorraadinvesteringen bestaan ook *gedwongen voorraadinvesteringen*. Normaal geldt dat de productie gelijk is aan de vraag, maar het komt nogal eens voor dat bedrijven de groei van hun afzet te hoog hebben ingeschat. De verwachtingen die zij aan het begin van een periode hadden, blijken achteraf niet uit te komen. Als ze hun productie hebben afgestemd op te hoog gestemde verwachtingen, zullen ze een deel van hun productie niet kunnen afzetten. Het lijkt er dan op dat de productie in de economie hoger is dan de bestedingen. Maar dat is slechts schijn, want de ondernemingen moeten nu zelf de bestedingen verrichten die hun afnemers niet willen doen. Zij zijn gedwongen te investeren in de producten die ze niet kunnen afzetten. Door de voorraadinvesteringen zijn achteraf, nadat het economisch proces zich heeft voltrokken, de bestedingen altijd even hoog als de productie en het inkomen. De ondernemingen hebben kosten moeten maken voor deze goederen en diensten, waartegenover geen opbrengstenstroom blijkt te staan. Zij kunnen hiervoor lenen van de andere sectoren, vooral van de gezinnen.

Voorraadinvestering

Gedwongen voorraadinvesteringen

Bestedingen = productie

4

TUSSENVRAAG 4.5
Wat gebeurt er in de volgende periode als ondernemingen in een bepaalde periode gedwongen voorraadinvesteringen moeten verrichten?

Het is nu mogelijk een onderscheid aan te brengen tussen bruto- en netto-investeringen. De bruto-investeringen bestaan uit de netto-investeringen en de vervangingsinvesteringen. De netto-investeringen bestaan uit de uitbreidingsinvesteringen in vaste activa en voorraadmutaties.

Bruto- en netto-investeringen

Als bedrijven nieuwe machines kopen, zijn meestal veranderingen aangebracht ten opzichte van de bestaande kapitaalgoederen. Vaak leiden deze aanpassingen ertoe dat per machine minder arbeidskrachten nodig zijn, wat tot uiting komt in een toename van de arbeidsproductiviteit, dat wil zeggen: een hogere productie per werknemer per tijdseenheid. Er is in dat geval sprake van technische ontwikkeling. De aanschaf van dit soort kapitaalgoederen noemen we diepte-investeringen.

Diepte-investeringen

Als geen sprake is van arbeidsbesparende technische ontwikkeling en de nieuwe machines evenveel producten per werknemer per tijdseenheid voortbrengen als de oude machines, spreken we van breedte-investeringen. De soorten investeringen, hun oorzaken en de financiële bronnen zijn samengevat in tabel 4.4.

Breedte-investeringen

TABEL 4.4 Investeringen

Soort	Reden	Financiering
Vervangingsinvesteringen	Slijtage van kapitaalgoederen	Uit de afschrijvingen
Uitbreidingsinvesteringen (vaste activa)	Uitbreiding van de kapitaalgoederenvoorraad	Reserves of leningen
Voorraadinvesteringen • Gepland • Gedwongen	Verwachte afzettoename Onverwachte afzetdaling	Reserves of leningen Reserves of leningen

Groei van de investeringen

Economische onderzoeksbureaus verklaren de ontwikkeling van de investeringen vaak uit de volgende variabelen:

- de afzetverwachtingen
- de bezettingsgraad
- de winst
- de rente

Deze variabelen zijn weergegeven in figuur 4.5, met hun invloed op de investeringen.

FIGUUR 4.5 Groei van de investeringen

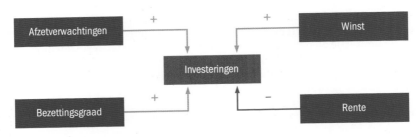

+ Positieve invloed
– Negatieve invloed

Afzet-verwachtingen

Ondernemingen plegen netto-investeringen met het oog op het uitbreiden van de productie. De toekomstige productie hangt af van de toekomstige afzet. Bedrijven hebben *afzetverwachtingen* over de hoeveelheid producten die ze in een bepaalde periode kunnen verkopen. Vaak baseren ze deze verwachtingen op schattingen van de groei van het bbp in binnen- en buitenland. Naarmate de afzetverwachtingen hoger zijn, zullen bedrijven meer investeren.

Bezettingsgraad

De *bezettingsgraad* geeft aan voor hoeveel procent van de bedrijfstijd de machines en andere kapitaalgoederen werkelijk in bedrijf zijn. Bij een hoge bezettingsgraad produceren de machines al zo veel mogelijk. De bedrijven kunnen de productie dan alleen nog verhogen door een uitbreiding van de kapitaalgoederenvoorraad.

Rente

Het verband tussen de investeringen en de *rente* is negatief. Als de rente stijgt, zullen de investeringen dalen. Bedrijven investeren om te kunnen produceren. De verkoop van producten levert winst op, die zij zien als het rendement van de investering: het interne rendement.

Een onderneming zou het bedrag van de investering ook met minder risico op de kapitaalmarkt kunnen beleggen, zodat ze rente-inkomsten zou hebben. Het beleggen op de kapitaalmarkt is een alternatief voor een investering. Als de rente op de kapitaalmarkt stijgt, zullen ondernemingen veel investeringsprojecten met een laag intern rendement uitstellen.

Winst

Hoe hoger de winsten zijn, des te gemakkelijker kunnen bedrijven investeringen uit eigen middelen financieren. Bovendien hebben bedrijven met een hoge *winst* een betere toegang tot markten van vreemd vermogen, waardoor ze gemakkelijker leningen kunnen sluiten.

TUSSENVRAAG 4.6

Waarom zouden de investeringen in een hoogconjunctuur veel minder afhankelijk zijn van de rente dan in een laagconjunctuur?

In figuur 4.6 zijn de ontwikkelingen in de investeringen van bedrijven afgezet tegen de groei van het bbp.

FIGUUR 4.6 Investeringen en bbp in Nederland, 1970–2016 (groei in %)

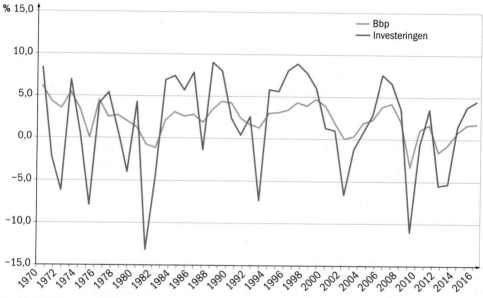

Bron: CPB, *MEV 2016*

Opvallend in figuur 4.6 is dat de grafiek van de investeringen veel grotere uitslagen kent dan het bbp. Ook zijn de omslagen in de investeringen iets eerder dan die van de conjunctuur. Dat duidt erop dat de investeringen een oorzaak zijn van de ontwikkelingen in de conjunctuur. Soms geven ze de productie een forse impuls en soms remmen ze de investeringen af.

4.4 Overheidsbestedingen

De overheid geeft ongeveer €265 miljard uit (2016). Hiervan is ongeveer €85 miljard bestemd voor socialezekerheidsuitgaven. De overheid heft premies van gezinnen met inkomens. Zij betaalt daaruit de uitkeringen aan de gezinnen die zijn aangewezen op het socialezekerheidsstelsel. Men noemt deze overheidsuitgaven overdrachtsuitgaven.

Ongeveer €180 miljard is bestemd voor de overheidsbestedingen. De overheidsbestedingen dienen voor de productie van veiligheid, scholing, infrastructuur en openbaar bestuur. De overheid neemt daarvoor overheidspersoneel in dienst, dat ze beloont met een inkomen. Dit inkomen is te zien als

**Overheids-
uitgaven**

**Overheids-
bestedingen**

Beloning

een beloning voor de productiefactor arbeid, afkomstig van de overheid. Dit kunnen we weergeven met het symbool nbp_{ov}.

De overheid koopt allerlei producten van het bedrijfsleven die nodig zijn voor de vervaardiging van overheidsdiensten. Producten die korter dan een jaar meegaan, zoals kantoormaterialen, zijn de materiële overheidsconsumptie (C_{ov}).

Materiële overheidsconsumptie

Overheidsinvesteringen

Ook de overheid investeert. Men spreekt dan van overheidsinvesteringen. In het algemeen gaat het daarbij om producten die langer dan een jaar meegaan. Het aanleggen van wegen en het bouwen van bruggen en overheidsgebouwen zijn voorbeelden van overheidsinvesteringen. In feite koopt de overheid deze investeringsgoederen van het bedrijfsleven: aannemers voeren de genoemde werken uit.

Aangezien de overheid, evenals het bedrijfsleven, moet afschrijven op haar kapitaalgoederenvoorraad en op gezette tijden vervangingsinvesteringen moet plegen, maakt ze onderscheid tussen bruto-investeringen en netto-investeringen. De laatste variabele geven we weer met I_{ov}.

De totale overheidsbestedingen geven we weer met de variabele O, zodat geldt [4.2]:

$$O = nbp_{ov} + C_{ov} + I_{ov}. \tag{4.2}$$

In figuur 4.7 zijn de overheidsuitgaven schematisch weergegeven.

FIGUUR 4.7 Overheidsuitgaven

Groei van de overheidsbestedingen

De groei van de overheidsbestedingen is afhankelijk van de normen voor het overheidstekort en de schuldquote.

De inkomsten van de overheid zijn afhankelijk van de groei van het bbp, zoals is weergegeven in figuur 4.8. De belasting is afhankelijk van het inkomen van mensen, en de inkomensgroei hangt nauw samen met de groei van het bbp. De belastinginkomsten zijn door de belasting op de toegevoegde waarde (btw) ook afhankelijk van de bestedingen.

De opbrengst van deze belasting neemt ook toe als het bbp groeit, omdat mensen dan meer besteden. De overheidsinkomsten zijn dus sterk afhankelijk van de schommelingen in de conjunctuur.

Tekortnorm

De uitgaven zijn stabieler dan de inkomsten. Het gevolg is een overheidstekort in tijden waarin het bbp nauwelijks groeit. Dit tekort mag volgens internationale verdragen niet groter zijn dan 3 procent van het bbp, en de overheidsbegroting moet over een lange periode gemeten ongeveer in evenwicht zijn. De overheid zal dan ook in de praktijk altijd de uitgaven beperken als het slecht gaat met de economie en deze weer iets laten vieren als het goed gaat.

Een andere beperking van de overheidsuitgaven is de schuldquote van de **Schuldquote**
overheid. Dit is de schuld als percentage van het bbp. Deze mag voor landen
die deelnemen aan de euro niet hoger zijn dan 60 procent. Als het bbp toeneemt, neemt de schuldquote dus af; als de schuld groter wordt, neemt de
schuldquote toe.

In figuur 4.8 zijn de variabelen samengevat die invloed uitoefenen op overheidstekort en schuldquote.

FIGUUR 4.8 Overheidstekort en schuldquote

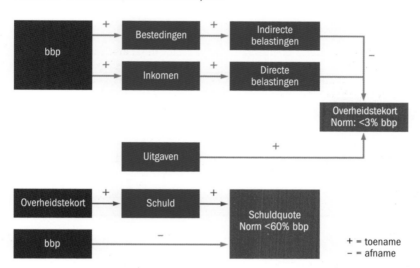

4.5 Export en import

Het buitenland – buitenlandse overheden, ondernemingen en gezinnen –
doet een groot beroep op de Nederlandse productie. In de grensoverschrijdende handel bestaat een onderscheid tussen export (subparagraaf 4.5.1) en
import (subparagraaf 4.5.2).

4.5.1 Export
In deze paragraaf staan de verschillende exportproducten en de groei van de
export centraal.

Productgroepen
Veel goederen en diensten vinden hun weg naar buitenlandse afnemers. De
export leidt tot een geldstroom naar Nederlandse exporteurs.
De uitvoer heeft in 2014 een omvang bereikt van €581 miljard, ongeveer 30
procent van de totale vraag (zie tabel 4.1). Dit komt overeen met ongeveer 80
procent van het bbp. In tabel 4.5 is de uitvoer onderverdeeld naar de verschillende productgroepen.

TABEL 4.5 Uitvoer naar productgroepen in 2014

	Waarde (× €1 mld)	Percentage van de totale export
Goederen	433	75
waarvan:		
• Voeding en levende dieren	66	11
• Grond- en brandstoffen	93	16
• Chemische producten	76	13
• Fabricaten	38	7
• Machines en vervoermaterieel	115	20
• Diversen	45	8
Diensten	148	25
waarvan:		
• Industrie en bouw	10	1
• Transport	32	6
• Zakelijke diensten	56	10
• Telecommunicatie en overige diensten	37	6
• Consumptie door niet-ingezetenen	10	1
• Overheid en cultuur	3	1
Totaal	581	100

Bron: CBS, Statline

De export bestaat voor 75 procent uit goederen. Het aandeel van landbouw-producten en voedingsmiddelen is opvallend groot voor een geïndustriali-seerd land als Nederland. Een efficiënt samenspel van arbeid, kapitaal en natuur leidt tot een combinatie van hoge kwaliteit en lage prijzen. Agrari-sche producten worden meestal in de directe buurlanden afgezet. Deze pro-ducten zijn naar verhouding volumineus ten opzichte van de waarde die ze vertegenwoordigen. De transportkosten zijn dan ook vrij hoog, zodat export naar verder weg gelegen landen minder winstgevend is.

TUSSENVRAAG 4.7
Welk nadeel zou verbonden kunnen zijn aan het grote aandeel van agrari-sche goederen in de export?

Grondstoffen, brandstoffen en chemieproducten nemen eveneens een groot deel van de export in beslag. In Nederland zijn raffinaderijen van de meeste grote oliemaatschappijen gevestigd. De haven van Rotterdam is, met haar industriële omgeving en transportmogelijkheden naar het achterland, een ideale vestigingsplaats voor deze industrie. Hetzelfde geldt voor de chemi-sche industrie.
De fabricaten, machines en vervoermaterieel omvatten veelsoortige be-drijfstakken als de basismetaal-, de transportmiddelen- en de elektrotechni-sche industrie. Vaak zijn de ondernemingen in deze bedrijfstakken zo groot dat de Nederlandse markt eenvoudigweg te klein is. Grootschalige productie is nodig om een kostenniveau te bereiken dat laag genoeg is voor de inter-

nationale concurrentie. Veel bedrijven zijn geïntegreerd met de netwerken van grote Duitse industrieën, zoals de auto-industrie.
Onder de categorie 'Diversen' vallen textiel, hout, papier, schoeisel en dergelijke.

De regionale spreiding van de Nederlandse export is tamelijk eenzijdig. De export naar Duitsland, België en Frankrijk omvat meer dan de helft van de totale export. Dit heeft ongetwijfeld te maken met de hoge transportkosten van de meeste goederen die Nederland exporteert.
Bedrijfstakken in de dienstverlening exporteren weinig, afgezien van de transportsector en de financiële sector. Dienstverlening is vaak regionaal of lokaal georiënteerd, omdat afnemers naar de leverancier moeten komen. Supermarkten bijvoorbeeld moeten zich in de nabijheid van klanten vestigen. Supermarktketens kunnen alleen in het buitenland actief zijn door zich ter plaatse te vestigen. Sommige banken realiseren meer dan de helft van de omzet in het buitenland door middel van vestigingen in het buitenland. Iets dergelijks geldt voor veel dienstverlenende ondernemingen.

Groei van de export

De ontwikkelingen in de export worden bepaald door twee groepen oorzaken: de wereldconjunctuur en de concurrentiepositie van het bedrijfsleven. De belangrijkste exportgebieden zijn de overige geïndustrialiseerde landen. De Nederlandse export is gericht op de omringende Europese landen, en ook op de VS en Azië. De conjunctuur in deze regio's en ook de wisselkoersen van de dollar en bijvoorbeeld de Japanse yen hebben invloed op de export. Het aantrekken van de conjunctuur in de VS, gepaard met een hoge dollarkoers, kan de export een flinke impuls geven, waardoor de productie, de werkgelegenheid en de bestedingen kunnen toenemen. De economie van de VS functioneert in het begin van een opleving van de economische groei vaak als aanjager van de Europese, en daarmee ook de Nederlandse economie. *Conjunctuur* *Wisselkoersen*

De concurrentiepositie van het Nederlandse bedrijfsleven is het geheel van de factoren die de afzetkansen van Nederlandse bedrijven op de buitenlandse markten bepalen. Het gaat daarbij om de kwaliteit van producten, levertijden, in welke hoeveelheden producten geleverd kunnen worden, de prijzen, de wisselkoersen, enzovoort. *Concurrentie-* *positie*
Nederlandse bedrijven concurreren met buitenlandse ondernemingen. De afzet van producten op de Duitse markt ondervindt bijvoorbeeld concurrentie van Franse, Italiaanse, Amerikaanse en Duitse bedrijven.
In figuur 4.9 zijn de factoren samengevat die de export bepalen.

Innovatieve activiteiten leiden tot een verhoging van de arbeidsproductiviteit. De arbeidsproductiviteitsontwikkeling en de loonontwikkelingen bepalen samen de loonkostenontwikkeling per eenheid product. Als de arbeidsproductiviteit stijgt met 2 procent en het loon per werknemer neemt toe met 3 procent, dan stijgen de arbeidskosten per eenheid product met 1 procent. Die laatste variabele bepaalt uiteindelijk de prijsvorming van de exportproducten. De concurrenten in andere regio's kennen een eigen ontwikkeling van de loonkosten p.e.p. en de prijzen. *Arbeidskosten* *per eenheid* *product*
Uiteindelijk zullen afnemers de verschillende prijzen en producten vergelijken en een keuze maken. Dat bepaalt de concurrentiepositie van Nederlandse ondernemers op exportmarkten.

FIGUUR 4.9 Factoren die de export bepalen

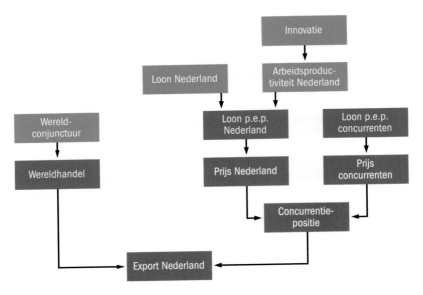

Bepalen van de concurrentiepositie

Bij het bepalen van de concurrentiepositie vergelijkt het CPB de ontwikkeling van de arbeidskosten, de prijzen en de marktaandelen van het Nederlandse bedrijfsleven met die van buitenlandse concurrenten.
Het CPB analyseert deze variabelen per eenheid product. Het Nederlandse bedrijfsleven zet als het ware één product af op de buitenlandse markt en concurreert daarmee met een buitenlands product. Het CPB vergelijkt de ontwikkelingen in opbrengsten en kosten van beide producten met elkaar, zoals weergegeven in figuur 4.10.

FIGUUR 4.10 Prijs- en kostenconcurrentiepositie

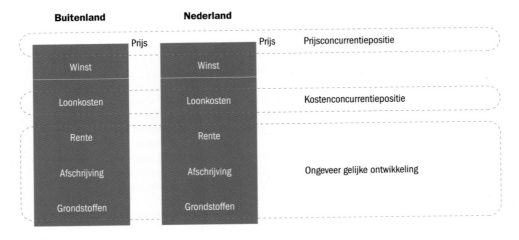

De prijsconcurrentiepositie is het verschil tussen de ontwikkeling van de prijzen van buitenlandse producten en de prijzen van Nederlandse producten. De prijsconcurrentiepositie heeft gevolgen voor het marktaandeel. Als Nederlandse ondernemers hun prijzen minder laten toenemen dan buitenlandse ondernemers, zullen ze marktaandeel winnen. Het CPB geeft de verandering van het marktaandeel aan met het begrip marktprestatie.

Prijsconcurren-tiepositie

Marktprestatie

De kostenconcurrentiepositie is het verschil tussen de ontwikkeling van de loonkosten per eenheid product in het buitenland en in Nederland. Bij het vergelijken van de kosten gaat het CPB ervan uit dat alleen de loonkostenverschillen van belang zijn voor de kostenconcurrentiepositie, omdat de veranderingen in de overige kosten voor Nederland en het buitenland ongeveer gelijk zijn.

Kostenconcur-rentiepositie

De winstmarge kan men bepalen uit het verschil tussen de prijs en de kosten per eenheid product.

Winstmarge

Het CPB publiceert de gegevens die betrekking hebben op de concurrentiepositie in de *MEV*. We zullen deze variabelen systematisch rangschikken in tabel 4.6 en vervolgens illustreren met een getallenvoorbeeld in tabel 4.7. Daarna zullen we de variabelen nader toelichten.

Ook zonder in details te treden over de definities en de totstandkoming van de variabelen uit de kolommen 2 en 3 van tabel 4.6, is wel duidelijk dat deze informatie verschaffen over kosten, prijzen en hoeveelheden van Nederlandse ondernemingen en hun buitenlandse concurrenten op de exportmarkten. Het Centraal Planbureau vergelijkt deze variabelen met elkaar. Uit de kosten- en prijsconcurrentiepositie trekt het CPB conclusies over het marktaandeel (zie tabel 4.7).

TABEL 4.6 Variabelen betreffende de concurrentiepositie van Nederlandse ondernemingen

Informatie over	Buitenlandse concurrenten	Nederlandse bedrijven	Te berekenen
1	2	3	4
Kosten	Arbeidskosten p.e.p. buitenland (in €)	Arbeidskosten p.e.p. Nederland (in €)	Kostenconcurrentiepositie (2 – 3)
Prijzen	Relevante wereldhandelsprijs	Prijspeil goederenuitvoer	Prijsconcurrentiepositie (2 – 3)
Marktaandeel	Relevant wereldhandelsvolume	Uitvoer Nederland	Marktaandeel (3 – 2)
Winstmarge		Prijspeil -/- kosten (p.e.p.)	Winstmarge

Variabelen in de kolommen 2 en 3 staan deels vermeld in de *MEV* (tabel Kerngegevens).

Casus 4.3 gaat over de export en import van goederen.

CASUS 4.3

Export blijft groeien

Het volume van de goederenexport was in oktober van dit jaar 3,7 procent groter dan in oktober 2014, meldt het CBS. De stijging is wat groter dan in de voorgaande maand, toen de export met 1,5 procent groeide. In oktober groeide vooral de export van aardolie- en chemische producten. Volgens de CBS Exportradar verschillen de omstandigheden voor de export in november en december niet zo veel van die in oktober. Het importvolume was in oktober 8,4 procent groter dan een jaar eerder. In september was de stijging 5,9 procent.

Export goederen (volume, werkdaggecorrigeerd)

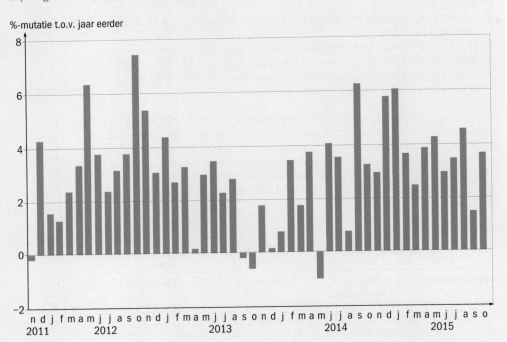

Meer export van aardolie- en chemische producten

Nederlandse bedrijven exporteerden in oktober vooral meer aardolie- en chemische producten. Zowel de uitvoer van Nederlands product als de wederuitvoer groeide. Daarentegen kromp de export van machines. Vorige week publiceerde CBS over de productie van de industrie in oktober. Daaruit bleek dat de productie van machines in oktober ook lager was dan een jaar eerder, net als in de twee maanden daarvoor.

Omstandigheden voor export in december even gunstig als in oktober

Volgens de CBS Exportradar zijn de omstandigheden voor de export in december per saldo even gunstig als in oktober. De condities worden in sterke mate bepaald door de ontwikkelingen op de belangrijkste afzetmarkten voor Nederlandse export, Duitsland en de eurozone, en door de ontwikkeling van de Nederlandse concurrentiepositie. In de radar van december was de ontwikkeling van de wisselkoersen ten opzichte van een jaar geleden aanzienlijk gunstiger dan in de radar van oktober. Daarentegen presteerde de Duitse industrie slechter en was het vertrouwen van de Duitse en de Europese producenten in december minder dan in oktober.

Bron: CBS, Conjunctuurbericht, 14 december 2015

TABEL 4.7 Invoer en uitvoer van goederen (exclusief energie), 2006–2015

	2014	2014	2015	2016
	Mld euro	Mutaties per jaar in %		
Invoervolume	474	4,0	4,1	5,7
Invoerprijs		-2,3	-2,0	1,7
w.v. goederen exclusief energie	275	-1,2	2,6	1,6
energie	79	-9,6	-22,0	3,1
diensten	121	0,1	1,0	1,0
Uitvoervolume	549	4,0	3,7	5,1
w.v. binnenslands geproduceerde uitvoer	166	2,5	3,7	5,3
wederuitvoer	195	6,5	4,0	6,6
energie	72	-3,0	-0,9	3,0
diensten	117	7,5	6,2	3,4
Relevant wereldhandelsvolume		3,9	2,8	5,4
Handelsprestatie (a)		0,2	1,0	-0,3
Marktprestatie (b)		-1,4	1,0	-0,1
Uitvoerprijs goederen en diensten exclusief energie		-0,7	1,6	1,1
Concurrentenprijs		-1,3	7,5	0,7
Prijsconcurrentiepositie (c)		-0,6	5,9	-0,5
		% bbp		
Saldo lopende rekening		10,6	10,9	10,7

(a) Totale uitvoer van goederen en diensten minus relevant wereldhandelsvolume

(b) Binnenslands geproduceerde goederenuitvoer minus relevant wereldhandelsvolume

(c) Concurrentenprijs minus uitvoerprijs binnenslands geproduceerde goederen

Bron: CPB, *MEV 2016*, p. 43

De invoer is voor een deel afhankelijk van de export. Dat geldt bijvoorbeeld voor de uitvoer van goederen die worden gemaakt met onderdelen uit andere landen. Maar het geldt in nog sterkere mate voor de wederuitvoer.
De export is gesplitst in de binnenlands geproduceerde uitvoer en de wederuitvoer.
De binnenlands geproduceerde uitvoer bestaat uit producten die in fabrieken in Nederland zijn gemaakt. De wederuitvoer bestaat uit producten die worden ingevoerd en na enkele bewerkingen weer worden uitgevoerd. De producten worden geëtiketteerd, omgepakt en klaargemaakt voor transport. Het gaat daarbij vooral om producten van grote elektronicaconcerns die Nederland gebruiken als uitvalsbasis voor hun Europese handel. Het betreft grotendeels computers en kantoormachines, maar ook kleding en textiel.

Juist deze wederuitvoer is de laatste decennia gestegen tot meer dan de helft van de totale goederenexport. Dat weerspiegelt de Nederlandse specialisatie in handel en vervoer.

De binnenlands geproduceerde uitvoer blijft sterk achter bij het relevante wereldhandelsvolume. Dat uit zich in een sterk dalende marktprestatie van de Nederlandse industrieproducten. Het marktaandeel daalt. De Nederlandse goederenproductie is niet meer concurrerend ten opzichte van de buitenlandse. Dat wordt gedeeltelijk opgevangen door een stijgende wederuitvoer.

4.5.2 Import

De import is, evenals de export, omvangrijk. In de eerste plaats is er behoefte aan producten die Nederland zelf niet kan voortbrengen. Daarbij valt te denken aan aardolie, ertsen en agrarische grondstoffen als koffie, thee, cacao en tropische vruchten.

In de tweede plaats zijn er producten waarbij andere landen kostenvoordelen hebben, bijvoorbeeld omdat het klimaat beter is of omdat de loonkosten lager zijn. Dat laatste geldt voor veel arbeidsintensieve consumentenproducten.

Ten derde geldt voor veel industriële producten de zogenoemde intra-industriële handel. Veel Nederlandse auto's worden bijvoorbeeld verkocht in Duitsland, en ook het omgekeerde komt voor: Duitse auto's worden verkocht in Nederland. Dit is het gevolg van voorkeuren van afnemers, die nu eenmaal in een bepaalde auto willen rijden.

Tot de importen behoort ten slotte ook de wederuitvoer. Een groot deel van de machines en het vervoermaterieel wordt in Nederland ingevoerd met het doel ze weer naar andere Europese landen uit te voeren.

In tabel 4.8 zijn de importen naar productgroepen weergegeven.

TABEL 4.8 Importen naar productgroepen, 2014

Productgroep	Bedrag (× €1 mld)
Voedingswaren en levende dieren	36
Dranken en tabak	4
Niet-eetbare grondstoffen (behalve brandstoffen)	13
Minerale brandstoffen, smeermiddelen en dergelijke producten	83
Dierlijke en plantaardige oliën en vetten	4
Chemische producten	53
Fabricaten	37
Machines en vervoermateriaal	109
Niet elders genoemde goederen	43
Totaal	382

Bron: CBS, Statline

Samenvatting

De vraagzijde van de economie bestaat uit de bestedingen. Allereerst kopen ondernemingen bij elkaar producten die zij verwerken in het productieproces, de intermediaire leveringen.

De consumptie van gezinnen bestaan uit alle producten die behoeften bevredigen; deze vormen het consumptiepatroon. Deze producten bestaan uit goederen en diensten. In een rijke samenleving nemen de diensten meer dan de helft van alle consumptieve uitgaven in beslag. De groei van de consumptie is vooral afhankelijk van de inkomensontwikkeling en daarnaast nog van de vermogenstoename, de inkomensverdeling en de rente.

Investeringen zijn nodig om de productiecapaciteit in stand te houden en uit te breiden. Ondernemingen doen uitgaven aan gebouwen, machines en voorraden. Zij kunnen de investeringen betalen uit afschrijvingen, ingehouden winsten en leningen. De groei van de investeringen is afhankelijk van de afzetverwachtingen, die op hun beurt weer veel te maken hebben met de economische groei. Daarnaast oefenen de bezettingsgraad, de winstgevendheid en de rente invloed uit op de investeringen.

De overheidsbestedingen zijn de basis voor de diensten die de overheid aan de bevolking ter beschikking stelt. Ze bestaan uit de salarissen van het overheidspersoneel, de aankopen die de overheid bij het bedrijfsleven doet, de materiële consumptie en de investeringen die de overheid verricht.

De groei van de overheidsuitgaven is begrensd door de normen voor het overheidstekort en de staatsschuld.

De export bestaat uit de binnenlands geproduceerde goederen en diensten, die naar verhouding afnemen, en de wederuitvoer: goederen en diensten die worden ingevoerd en na een kleine bewerking weer worden geëxporteerd. De wederuitvoer neemt een steeds groter aandeel van de export in beslag. De groei van de export is afhankelijk van de wereldconjunctuur en van de concurrentiepositie van het bedrijfsleven. Die laatste factor wordt voornamelijk bepaald door de prijsontwikkeling in relatie tot die in het buitenland. De prijzen zijn weer afhankelijk van de loonkosten per eenheid product, waarop de arbeidsproductiviteit van grote invloed is. De arbeidsproductiviteit is een gevolg van het innovatieve vermogen van de ondernemingen in een land.

Het resultaat van het internationale concurrentieproces zijn de prijsconcurrentiepositie, de marktprestatie en de winstgevendheid van het bedrijfsleven.

Kernbegrippenlijst

Bestedingen	Uitgaven aan goederen en diensten. We onderscheiden consumptie, investeringen, overheidsbestedingen, export en import.
Concurrentiepositie	Het geheel van factoren dat de kansen van ondernemers op markten bepaalt.
Consumptie	Bestedingen van gezinnen aan goederen en diensten.
Export	Uitvoer van goederen en diensten naar het buitenland.
Finale bestedingen	Het gaat daarbij om producten die geen verdere bewerking meer behoeven en gereed zijn voor gebruik bij consumptie of productie.
Financieringstekort	Verschil tussen uitgaven en ontvangsten van de overheid.
Import	Invoer van goederen en diensten uit het buitenland.
Intermediair verbruik	Vraag van bedrijven naar goederen en diensten die in het productieproces worden verbruikt.
Investeringen	Aanschaf van vaste en vlottende kapitaalgoederen, inclusief voorraadvorming. De volgende begrippen worden gebruikt: • *breedte-investeringen*: investeringen die niet gepaard gaan met een verhoging van de arbeidsproductiviteit • *bruto-investeringen*: alle in een bepaalde periode aange- schafte investeringsgoederen • *netto-investeringen*: bruto-investeringen minus afschrij- vingen • *diepte-investeringen*: investeringen die gepaard gaan met een hogere arbeidsproductiviteit • *vervangingsinvesteringen*: aanschaf van kapitaalgoederen ter vervanging van versleten kapitaalgoederen • *voorraadinvesteringen*: deel van de netto-investeringen dat uit vlottende kapitaalgoederen bestaat
Kostenconcurrentiepositie	De ontwikkeling van de arbeidskosten per eenheid product in het buitenland, gecorrigeerd voor de arbeidskosten per eenheid product in het binnenland.

4

Macro-economisch consumptiepatroon	De som van de bestedingen aan verschillende productcategorieën.
Marginale consumptiequote	Extra consumptie van een extra euro inkomen.
Nominaal	De waarde van een bepaalde variabele in een bepaalde periode, meestal vergeleken met een voorafgaande periode.
Overheidsbestedingen	Uitgaven van de overheid aan ambtenarensalarissen en materiaal, zowel materiaal dat langer dan een jaar meegaat (overheidsinvesteringen) als materiaal dat korter dan een jaar meegaat (materiële overheidsconsumptie).
Prijsconcurrentiepositie	De ontwikkeling van de prijzen van buitenlandse concurrenten gecorrigeerd voor de ontwikkeling van de binnenlandse prijzen.
Reëel	Het volume van een bepaalde variabele in een bepaalde periode, meestal vergeleken met een voorafgaande periode.

4

5

Inkomensverdeling

5.1	**Inkomensverdeling: feiten en oorzaken**
5.2	**Het sociale systeem**

De inkomensverdeling gaat over de verdeling van het bruto-, het besteed-baar en het gestandaardiseerd inkomen over de huishoudens. De oorzaken van de inkomensverdeling zijn onder andere de verschillen in arbeidspro-ductiviteit en de herverdelende invloed van de overheid.

De inrichting van het systeem van sociale zekerheid geeft antwoord op de vraag wie recht heeft op een uitkering, waarom dat zo is en hoe hoog de uit-kering is. De gevolgen van het sociale systeem voor het economisch proces zijn aanmerkelijk. Dat komt door de omvang van de wig tussen bruto- en nettoloon.

De centrale vraag in dit hoofdstuk is:
- Hoe is het inkomen verdeeld over de bevolking?

Marktsegment en inkomensverdeling

Ondernemingen vervaardigen meestal producten in bepaalde prijssegmenten. Ze zijn gespecialiseerd in de lagere, midden- of hogere prijsklassen. De verschillende productgroepen zijn afgestemd op de diverse inkomensgroepen. Ondernemingen zijn dan ook geïnteresseerd in de inkomensverdeling in een land of in hun afzetgebied. Nederland staat bekend als een land met een tamelijk gelijke inkomensverdeling, waar de verschillen tussen zeer lage en de hoge inkomensgroepen klein zijn in vergelijking met het buitenland. De afzet van producten in de hogere segmenten zal daarom weinig aantrekkelijk zijn. Anderzijds is er een grote groep inkomens in de buurt van het gemiddelde. De grote middenklassen zullen de producten in de middensegmenten vrij massaal afnemen. Voor ondernemingen is de inkomensverdeling dus van belang voor de assortimentskeuze.

5.1 Inkomensverdeling: feiten en oorzaken

In subparagraaf 5.1.1 behandelen we de inkomensverdeling in Nederland. Het gaat daarbij om de inkomens van huishoudens. In subparagraaf 5.1.2 staan de oorzaken van de inkomensverschillen centraal.

5.1.1 Huishoudensinkomens

In Nederland genieten ongeveer 13 miljoen mensen een inkomen. Zij maken deel uit van 7,5 miljoen huishoudens. Huishoudens hadden in 2014 een gemiddeld besteedbaar inkomen van €34.200. Gemiddeld telt een meerpersoonshuishouden 1,7 inkomens. In veel huishoudens hebben meer dan één persoon dus een inkomen.

We kunnen op verschillende manieren onderscheid aanbrengen in de inkomens. In de eerste plaats is er het verschil tussen actieve en inactieve inkomens. Het beschikbaar stellen van productiefactoren leidt tot een beloning: er is sprake van prestatie en tegenprestatie. Tegenover arbeid staat loon, en de inzet van kapitaal levert rente en winst op. Juist vanwege het aspect van prestatie en tegenprestatie noemen we de inkomens die voortvloeien uit deze bronnen actieve of primaire inkomens. Het betreft twee derde deel van alle inkomens. Alle primaire inkomens bij elkaar opgeteld vormen het bbp. In een samenleving is niet iedereen in staat productiefactoren ter beschikking te stellen om daaruit een inkomen te verwerven. Mensen die een pensioen-, een AOW-, een WIA- (WAO-) of een werkloosheidsuitkering ontvangen, leveren daarvoor geen directe tegenprestatie. Dit zijn inkomens van inactieven – ongeveer een derde deel van alle inkomens. Deze inkomens worden voornamelijk gefinancierd uit belastingen en premies die de overheid heft.

Actieve of primaire inkomens

Inactieve inkomens

In de tweede plaats maken we onderscheid tussen bruto- en besteedbare inkomens. Dit onderscheid heeft te maken met het overheidsingrijpen in de inkomens door middel van belasting- en premieheffing. De bruto-inkomens zijn de inkomens voor belasting- en premieheffing. Nadat de overheid belasting en premies van de bruto-inkomens heeft geheven, resteren besteedbare inkomens.

Secundaire inkomensverdeling

De verdeling van de besteedbare inkomens noemen we de *secundaire inkomensverdeling*. We kunnen de secundaire inkomensverdeling dan ook zien als de inkomensverdeling die resulteert na ingrijpen van de overheid in de primaire inkomensverdeling. De secundaire inkomens zijn de besteedbare inkomens waaruit gezinnen hun aankopen kunnen verrichten.

Naast de primaire en secundaire inkomensverdeling is ook sprake van een *tertiaire inkomensverdeling*. Via subsidies, btw en accijnzen heeft de overheid invloed op de prijzen van goederen en diensten. Bevolkingsgroepen die veel gebruikmaken van gesubsidieerde diensten, ontvangen daardoor als het ware een extra inkomen. De hoge inkomensgroepen maken veel gebruik van scholing en cultuur. Zij kunnen met hetzelfde besteedbare inkomen dus meer afnemen dan zonder subsidies mogelijk zou zijn. De lagere inkomensgroepen maken meer gebruik van openbaar vervoer, gesubsidieerde gezondheidszorg en maatschappelijke dienstverlening. De lagere inkomens kunnen daarvan meer genieten dan zonder de subsidies mogelijk zou zijn. De balans van de subsidiestromen naar hoge en lage inkomensgroepen is daardoor vrijwel in evenwicht. De tertiaire inkomensverdeling verandert per saldo weinig aan de inkomensongelijkheid. Ze heeft een licht nivellerende werking.

Tertiaire inkomensverdeling

Er zijn grote verschillen tussen de inkomens. De inkomens naar hoogte bijeen gegroepeerd, duidt men aan als de inkomensverdeling. In figuur 5.1 is de inkomensverdeling van huishoudens weergegeven.

Inkomensverdeling

FIGUUR 5.1 Frequentieverdeling van het bruto-, besteedbaar en gestandaardiseerd huishoudensinkomen in 2014

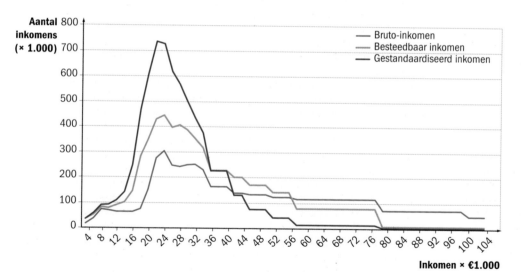

Bron: CBS, Statline

Op de horizontale as van figuur 5.1 is de hoogte van het inkomen weergegeven; op de verticale as is het aantal inkomens per klassenbreedte van €2.000 te zien. Tussen de €6.000 en €8.000 zijn er dus ongeveer 65.000 bruto, 91.000 besteedbare en 111.000 gestandaardiseerde huishoudensinkomens. Zo zijn alle inkomens in figuur 5.1 naar hoogte gerangschikt.

TUSSENVRAAG 5.1

Hoe zou het CBS aan de gegevens van figuur 5.1 komen?

Huishoudens bestaan meestal uit meer dan één persoon, en vaak zijn er meer personen in een huishouden met een inkomen. Soms zijn er twee inkomens uit arbeid, maar het komt ook voor dat uitkeringsinkomens samengaan met arbeidsinkomen. Deze inkomensbestanddelen bij elkaar genomen, vormen het **brutohuishoudensinkomen**. Als de belastingen en premies zijn verrekend, resteert het besteedbare inkomen of netto-inkomen. Dit netto-inkomen is dus het inkomen waarover een huishouden vrij kan beschikken nadat alle verschuldigde belastingen en premies zijn betaald.

Brutohuishoudensinkomen

Besteedbare inkomen

In de allerlaagste groepen tot zo'n €6.000 komen veel studerenden voor. De inkomens rond de €15.000 bestaan goeddeels uit de sociale minima van eenpersoonshuishoudens; de inkomens rond de €20.000 betreffen ook gezinnen die leven van uitkeringen, maar dan gaat het om meerpersoonshuishoudens.

Langzamerhand neemt ook het aantal actieve inkomens toe. Eerst zijn er de huishoudens van jongeren die aan het begin van hun carrière staan. Vervolgens komen de lagere inkomens van mensen die ongeschoolde arbeid verrichten. Daarna zijn er de huishoudens die op de top van hun inkomen zitten en hoge posities op de arbeidsmarkt innemen. Ten slotte zijn er de topinkomens in de markt- en de overheidssector.

De besteedbare huishoudensinkomens zijn gelijker verdeeld dan de bruto-inkomens. De koopkracht van huishoudens is dus veel gelijker dan de verdeling van de bruto-inkomens suggereert. We kunnen nog verder gaan met de inkomensverdeling door te corrigeren voor het aantal personen per huishouden. Dan krijg je het gestandaardiseerde inkomen.

Gestandaardiseerde inkomen

In figuur 5.1 lijkt er een groot verschil te zijn tussen de hoge en de lage inkomens. Het maakt nogal wat uit of een huishouden €15.000 per jaar te besteden heeft of €30.000. Maar het verschil wordt al snel kleiner als we bedenken dat de huishoudens met lage inkomens veelal uit één persoon bestaan, terwijl de hogere inkomens gemiddeld uit meer personen bestaan. Gezinnen met hoge inkomens hebben vaak kinderen in de studeerbare leeftijd, die een hevige aanslag op het budget doen. Als meer personen van een inkomen moeten rondkomen, hebben zij uiteraard minder te besteden. Een gezin van vier personen heeft maar een kwart van het inkomen per persoon. In vergelijking met een eenpersoonshuishouding is de koopkracht per persoon dus veel kleiner.

Aan de andere kant gebruikt een vierpersoonshuishouding een aantal zaken gemeenschappelijk, die een eenpersoonshuishouding afzonderlijk moet aanschaffen. Het gaat daarbij om de kosten van huisvesting, verwarming, autogebruik en meer van dergelijke vaste kosten. Als de inkomens gecorrigeerd worden voor het aantal individuen per huishouden, krijgen we een realistisch beeld van de bestedingsmogelijkheden per individu, dus van de individuele welvaart. Het CBS houdt bij de berekening van het gestandaardiseerde inkomen rekening met deze vaste kosten. Het CBS rekent de eerste volwassene in een gezin als een eenheid. De volgende volwassene is 0,38 van deze eenheid. Kinderen worden, afhankelijk van de leeftijd, voor ongeveer 0,3 meegeteld. Deelt men het besteedbaar inkomen door de zo berekende correctiefactor, dan ontstaat een maatstaf voor de koopkracht per individu, het zogenoemde gestandaardiseerde inkomen. Het inkomen van het gezin van vier personen bestaande uit twee volwassenen en twee kinderen, wordt dus gedeeld door 1,98 – en niet door 4 – om het gestandaardiseerde inkomen te berekenen.

In figuur 5.1 is goed te zien dat door de standaardisering van de inkomens een sterke nivellering ontstaat. Hoe meer inkomens geconcentreerd zijn in een bepaald interval, des te meer de inkomens zijn genivelleerd. In het interval tussen de €10.000 en de €24.000 zijn veel meer besteedbare dan bruto-inkomens. En in hetzelfde interval zijn meer gestandaardiseerde inkomens aanwezig dan besteedbare.

We kunnen de inkomensverdeling ook weergeven door middel van de zogenoemde Lorenzcurve. In figuur 5.2 is deze weergegeven.

Lorenzcurve

FIGUUR 5.2 Lorenzcurve van huishoudensinkomens in Nederland in 2014

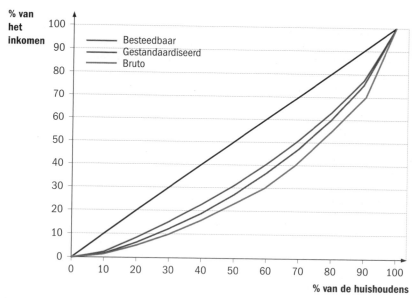

Bron: CBS, Statline

De Lorenzcurve maakt gebruik van de inkomens die naar hoogte zijn gerangschikt. De inkomens staan op de horizontale as in decielen. Bij 10% staan de 10 procent (755.000) laagste inkomens. Bij 20% staan de 20 procent (1.510.000) laagste inkomens, enzovoort.

De 10% laagste inkomens verdienen 1,6 procent van het totale bruto-inkomen in Nederland. Dat is af te lezen op de verticale as, waarop het inkomen is weergegeven. De eerste 20 procent laagste inkomens verdienen bij elkaar opgeteld 5 procent van het bruto-inkomen. Dat is af te lezen door bij 20% op de horizontale as naar boven te gaan tot de lijn die de brutohuishoudensinkomens weergeeft, en dan naar links om op de verticale as het aandeel van die 20 procent laagste inkomens in het totale inkomen af te lezen.

De lagere inkomens hebben geen evenredig aandeel in het inkomen. De hogere inkomens verdienen een meer dan evenredig deel. De hoogste 10 procent verdient 26 procent van het totale bruto-inkomen in Nederland.

Als elke inkomensgroep een evenredig deel zou verdienen, zou de 10 procent laagste inkomens ook 10 procent van het inkomen moeten verdienen, de laagste 20 procent zou dan 20 procent verdienen, enzovoort. Dan zou de Lorenzcurve samenvallen met de diagonaal. Hoe gelijker de inkomensverdeling, des te dichter de Lorenzkromme bij de diagonaal ligt. Hoe ongelijker de inkomensverdeling, des te verder de curve van de diagonaal af ligt.

Uit figuur 5.2 is ook duidelijk dat de bruto-inkomensverdeling het ongelijkst is. Het besteedbaar inkomen is gelijker, omdat het belasting- en premiestelsel inkomen overhevelt van hogere naar lagere inkomens. Het gestandaardiseerde inkomen is weer gelijker verdeeld, omdat er in de hogere inkomens meer personen per huishouden zijn.

Het beoordelen van de inkomensverschillen is tamelijk lastig. De figuren 5.1 en 5.2 bieden een beeld van de inkomensverdeling op een bepaald moment. Dat levert een nogal statisch beeld op. Mensen vergelijken hun inkomen niet alleen met dat van anderen, maar ook met hun vroegere inkomen en het inkomen dat zij nog hopen te verdienen. Dit is het *life time-inkomen*.

Life time-inkomen

Er verandert veel in de inkomens in de loop van de tijd. Zo is het aantal tweeverdieners de afgelopen jaren behoorlijk gestegen, door een toename van het aantal vrouwen met een betaalde baan. Het besteedbaar huishoudensinkomen is in deze gezinnen aanmerkelijk toegenomen.

Het inkomen verandert ook sterk in de loop van een leven. Dat geldt vooral voor actieve mannen, zoals blijkt uit figuur 5.3. Het inkomen tijdens een studie en aan het begin van een carrière is meestal vrij laag, om in de loop van de tijd sterk toe te nemen. Aan het einde van een werkzaam leven neemt het inkomen weer enigszins af, om tijdens de pensionering sterk te dalen. Veel mensen uit de laagste inkomensgroepen zijn na een tiental jaren in de hoogste groepen te vinden. Het omgekeerde geldt voor mensen die over enige tijd de pensioengerechtigde leeftijd bereiken of door echtscheiding op een veel lager inkomen zijn aangewezen. Aan de inkomensverdeling op een bepaald moment kan men dan ook geen conclusies trekken over de inkomenspositie in de loop van de tijd. In figuur 5.3 is het inkomen naar leeftijd weergegeven.

FIGUUR 5.3 Gemiddeld persoonlijk inkomen per leeftijdsklasse, 2014

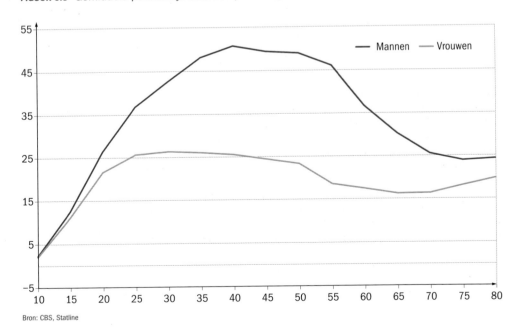

Bron: CBS, Statline

Ten slotte past nog een kanttekening bij het overdragen van primair inkomen door middel van premies en uitkeringen aan anderen. Vrijwel iedereen is in de loop van het leven gedurende kortere of langere tijd aangewezen op een uitkering. Dat geldt voor pensioenuitkeringen, zeker ook voor de AOW, en veel mensen ontvangen gedurende hun leven weleens een ziekte- en werkloosheidsuitkering. De inkomensoverdrachten hebben dus grotendeels betrekking op dezelfde persoon in verschillende levensfasen. Het betalen van premies heeft niet voor niets een verzekeringskarakter waarmee grote inkomensrisico's worden afgedekt. Twee derde van de premies die iemand in zijn werkzame leven betaalt, ontvangt hij weer in een ander deel van zijn leven als uitkering. Slechts een derde deel van deze premies komt bij andere mensen terecht als een vorm van herverdeling van het inkomen van mensen met een hoog naar mensen met een laag inkomen.

In casus 5.1 wordt een daling van het inkomen in verband gebracht met andere factoren die het geluk bepalen.

CASUS 5.1

Minder rijk; wel gelukkig

Tussen 2010 en 2013 is de koopkracht vier jaren op rij gedaald, bij elkaar opgeteld gemiddeld zo"n 4 procent. Dat hebben we allemaal in onze portemonnee gevoeld, de een wat meer dan de ander. Maar op ons geluksgevoel heeft het weinig effect gehad. Nederland komt er over het algemeen goed vanaf als het om het meten van geluk gaat. Van alle kinderen in de wereld zijn de Nederlandse het gelukkigst, blijkt uit onderzoek van Unicef. Maar liefst 95 procent van de Nederlandse kinderen zegt tevreden te zijn over hun leven. In de gelukslijstjes van de

Organisation for Economic Cooperation and Development (OECD) en de Verenigde Naties eindigt Nederland respectievelijk op de achtste en de vierde plaats. De OECD baseert haar ranglijst op basis van werkgelegenheid, gezondheid, inkomen, milieu en scholing. Op drie punten blinkt Nederland uit: gezondheid, de balans tussen werk en privé, en de algehele tevredenheid over het leven.

Bron: Metro, 7 oktober 2014

Tot het primaire inkomen behoren naast het loon ook rente en winst. Rente en winst komen voort uit vermogen. Alleen degenen die een vermogen hebben, kunnen dit beleggen of investeren in ondernemingen. Daaruit vloeien de opbrengsten voort in de vorm van rente en winst. Ook uit het vermogen zelf kunnen consumenten bestedingen verrichten. Vermogens spelen dus een belangrijke rol bij de huidige en toekomstige welvaart van mensen.

Vermogen

5.1.2   Oorzaken van verschillen in primaire inkomens

Inkomensverschillen komen niet uit de lucht vallen. Ze vinden hun oorzaken gedeeltelijk in het economisch proces, en beïnvloeden het economisch handelen ook weer diepgaand. Om dit in te zien moeten we de oorzaken van de inkomensverschillen bestuderen.

TUSSENVRAAG 5.2
Hoe groot zou het verschil tussen uitkering en loon moeten zijn om de prikkel tot arbeid te handhaven?

In deze subparagraaf behandelen we de oorzaken van de inkomensverschillen tussen actieven. De inkomensverdeling tussen inactieven komt aan de orde in paragraaf 5.2.

Productiviteitsverschillen en schaarsteverhoudingen

Arbeids-
productiviteit

De belangrijkste verklaring voor loonverschillen is het verschil in arbeidsproductiviteit. In hoofdstuk 2 hebben we gezien dat de productie per hoofd van de bevolking bepalend is voor de welvaart van een land. De welvaart hangt sterk samen met de arbeidsproductiviteit.
De welvaartsverschillen tussen landen zijn grotendeels terug te voeren op verschillen in de arbeidsproductiviteit. Dat geldt niet alleen tussen landen, maar ook binnen landen. Werknemers die een grote bijdrage leveren aan het productieproces, ontvangen een hoge beloning.

Schaarstever-
schillen op de
arbeidsmarkt

De inkomensverdeling hangt ook samen met schaarsteverschillen op de arbeidsmarkt. Bij een hoge vraag en een klein aanbod stijgen de prijzen van goederen en diensten. Hetzelfde gebeurt op de arbeidsmarkt. Als het moeilijk is om voor bepaalde soorten werk geschikte werknemers te vinden, stijgen de lonen.
Schaarste en arbeidsproductiviteit hangen meestal nauw met elkaar samen. 'Schaarse' mensen dragen, als ze toch gevonden worden, meestal flink bij aan het productieproces. Hun arbeidsproductiviteit is hoog. Dat kan tot uiting komen in de beloning, waardoor de prestatie (de arbeid) en de tegenprestatie (het loon) met elkaar in overeenstemming zijn. In deelsegmenten waar de vraag naar arbeid hoog is in vergelijking met het aanbod, zullen de lonen hoog zijn; in segmenten waar het omgekeerde het geval is, zullen de lonen laag zijn.

Opleidingsniveau
Mensen met een hoge opleiding hebben meer kans op een hoog inkomen dan mensen met een lage opleiding. Het lijkt onterecht om mensen met bepaalde begaafdheden, die zij zelf voor niets hebben gekregen, hoger te belonen dan anderen. Anderzijds gaat het volgen van een opleiding gepaard met kosten. Studiekosten als collegegelden en uitgaven aan literatuur kunnen behoorlijk oplopen. Maar een nog veel hogere kostenpost is de studietijd zelf. Studenten zouden deze ook kunnen inzetten ten behoeve van betaalde arbeid. Studeren gaat dus met hoge kosten gepaard. Door te studeren bouwt men aan kennis die later op de arbeidsmarkt weer terugverdiend moet worden. Studeren is het opbouwen van menselijk kapitaal (*human capital*). Studie is in deze gedachtegang een investering in de toekomst. Bovendien komen studenten die succesvol hun studie afronden, in de hogere klassen van de samenleving terecht, waardoor hun baanzekerheid toeneemt (zie ook casus 5.2).

CASUS 5.2

Identiteitscrisis bij de middenklasse

Door Marco Visser

V&D, Dolcis, Invito en Manfield verloren hun trouwe klantenkring. Wordt de middenklasse onvoorspelbaar?

Wat wil de Nederlander die zich niet arm of rijk voelt? V&D worstelde ermee, net als de drogisten van DA en de schoenenwinkels Dolcis, Invito en Manfield. Zij verloren hun klanten uit de middenklasse, een groep die ook met zichzelf worstelt. De onzekerheid in het midden is groot, over het inkomen en de banen die dreigen te verdwijnen. Is er een verband tussen de spanningen in de middengroep en de faillissementen van zoveel vertrouwde winkelketens uit het middensegment in de afgelopen jaren?
(...)
Voor een deel van de middengroep is het leven de afgelopen jaren onzekerder geworden.

De lonen stijgen nauwelijks en door digitalisering verdwijnen banen. Medewerkers van de Rabobank weten er alles van. De komende jaren moeten negenduizend medewerkers hun spullen pakken, terwijl vanaf 2013 al tienduizend banen zijn verdwenen. Daaronder ook veel werknemers uit de middenklasse. Een tweede onzekerheid is de opmars van flexwerk ten koste van vaste banen.
De hogere middengroep heeft over het algemeen weinig te klagen, stelt Engbersen. 'Dat zijn de hoogopgeleiden die niet meer naar winkels als V&D gaan, maar naar de Bijenkorf. Het deel van de middengroep dat onder druk staat, zijn vooral de lager opgeleiden onder de middengroepen, de mensen met een mbo-diploma. Zij kiezen voor Action en andere goedkopere winkels.'

Bron: Trouw, 9 januari 2016

Nu zijn de resultaten van een studie niet alleen te meten in geldelijke opbrengsten en kosten. Kennis verwerven heeft diepgaande culturele wortels. In veel kringen vertegenwoordigt studeren op zichzelf al een grote waarde. Door te studeren verkrijgt men toegang tot kennis die in de loop der eeuwen is opgebouwd. Een studie biedt ontplooiingsmogelijkheden en intellectuele genoegens, die leiden tot een psychisch inkomen.

Na de jaren vijftig van de twintigste eeuw zijn de beloningsverschillen tussen laag- en hoogopgeleiden sterk afgenomen. Tegelijkertijd is het aantal mensen met een opleiding sterk toegenomen. Dat is een aanwijzing voor een afname van de schaarste- en productiviteitsverschillen tussen geschoolde en ongeschoolde arbeid over een langere periode gemeten. De laatste tijd nemen de productiviteitsverschillen weer toe, zoals ook blijkt uit casus 5.2.

Leeftijd

Het inkomen neemt vaak toe naarmate mensen ouder worden. De beloning aan het begin van een carrière is betrekkelijk laag, om vervolgens toe te nemen tot ongeveer de vijftigjarige leeftijd, en daarna ongeveer stabiel te blijven (zie figuur 5.3). De verklaring daarvoor kan zijn dat mensen in de loop van hun carrière allerlei ervaring opdoen, die hen tot een hogere arbeidsproductiviteit in staat stelt.

Het is echter onwaarschijnlijk dat de arbeidsproductiviteit tot op hoge leeftijd zo hoog blijft als die van werknemers in de jongere leeftijdscategorieën. De loonverschillen tussen werknemers van verschillende leeftijd zijn dan ook niet geheel te verklaren uit productiviteitsverschillen. Dit klemt te meer in beroepen waarin arbeiders recente scholing nodig hebben, waarover jongere werknemers wel beschikken en oudere in mindere mate. Dan is de arbeidsproductiviteit van jongeren zelfs hoger dan van ouderen, en zijn de inkomensverschillen in het geheel niet te verklaren uit de productiviteitsverschillen. Dat verklaart ook de gretigheid van werkgevers om oudere werknemers te ontslaan en de aarzeling om ze bij sollicitaties aan te nemen.

TUSSENVRAAG 5.3
Welke gevolgen heeft het ontslaan van oudere werknemers voor de I/A-verhouding (zie paragraaf 5.2) en voor de participatiegraad? Welke oplossing is er voor de negatieve gevolgen van het ontslaan van oudere werknemers?

Macht
Machtsfactoren spelen eveneens een rol op de arbeidsmarkt. Doordat sommige partijen op de arbeidsmarkt over marktmacht beschikken, kunnen ze betere resultaten bereiken dan alleen door de werking van de markt tot stand zouden komen. De marktmacht op de arbeidsmarkt is door de overheid veelal gesanctioneerd. De vakbonden zijn de wettelijke vertegenwoordigers van de werknemers in de loononderhandelingen. Zij sluiten met de wettelijke vertegenwoordigers van de werkgevers zogenoemde collectieve arbeidsovereenkomsten af, waarin zij onder andere loonafspraken maken. Cao-afspraken gelden ook voor niet-leden.
Verder zijn er wettelijke regelingen die een sterk opwaartse invloed uitoefenen op de lonen van bepaalde beroepsgroepen, zoals medisch specialisten en accountants.
Door monopolievorming aan beide zijden van de arbeidsmarkt is het marktmechanisme, waardoor lonen door vraag en aanbod tot stand komen, ernstig ondergraven. Lonen hebben daardoor een zekere starheid naar beneden. Loondalingen komen slechts zeer zelden voor, en ook stijgingen zijn beperkt. Door de inflexibiliteit van de lonen kunnen langdurige en hardnekkige overschotten en tekorten op de arbeidsmarkt blijven bestaan.

Discriminatie: geslacht en huidskleur
Discriminatie op de arbeidsmarkt komt voor als werkgevers mensen op bepaalde kenmerken beoordelen die niets met de vereisten van doen hebben. Soms hebben mensen minder kans op een baan of op gelijke beloning vanwege discriminatie.
Het is rationeel om te veronderstellen dat werknemers met een gelijke productiviteit ook hetzelfde inkomen verwerven. Toch is dat niet het geval. Vrouwen verdienen gemiddeld minder dan mannen. Voor een deel is dit eenvoudig te verklaren: vrouwen hebben gemiddeld kleinere banen, en bovendien hebben zij gemiddeld genomen een lagere opleiding dan mannen. Voor een ander deel (10 à 15 procent van het beloningsverschil) is geen verklaring te geven; dit berust op discriminatie. Discriminatie kan bijvoorbeeld de volgende reden hebben. In het algemeen is het ziekteverzuim onder vrouwen iets hoger dan onder mannen. Maar dat wil niet zeggen dat dit ook geldt voor elke afzonderlijke sollicitant. Wellicht verlangen werkgevers een soort risicopremie voor het aannemen van vrouwen als genoegdoening voor het hogere ziekterisico.
Bij het aannemen van personeel hebben werkgevers een voorkeur voor blanke jonge mannen. Andere bevolkingsgroepen hebben daardoor minder kansen op de arbeidsmarkt en de daarbij behorende beloning.

TUSSENVRAAG 5.4
Welke economische gevolgen heeft discriminatie op de arbeidsmarkt?

5.2 Het sociale systeem

In deze paragraaf komen aan de orde: enkele feiten en cijfers over de secundaire inkomensverdeling (subparagraaf 5.2.1), de soorten uitkeringen (subparagraaf 5.2.2) en de gevolgen van de secundaire inkomensverdeling op het economisch proces (subparagraaf 5.2.3).

5.2.1   Feiten en cijfers

In veel verhandelingen over de secundaire inkomensverdeling komt naar voren dat het totale bedrag van de uitkeringen in Nederland veel te hoog is en een te hoge last vormt voor de werkenden. Een dergelijke uitspraak kan bijvoorbeeld gebaseerd zijn op een vergelijking met andere landen. In tabel 5.1 zijn de uitgaven aan sociale zekerheid als percentage van het bbp weergegeven.

TABEL 5.1 Sociale uitkeringen, betaald door de overheid (% bbp, 2014)

Nederland	11,7
België	17,3
Denemarken	17,8
Duitsland	15,5
Groot-Brittannië	14,1
Zweden	13,9
EU	16,5

Bron: Eurostat, geraadpleegd 12 januari 2016

In tabel 5.1 zijn de netto-uitkeringen gegeven. Nederland is wat de sociale uitgaven betreft vergelijkbaar met Engeland en de VS. De andere Europese landen blijken alle substantieel hogere uitgaven te hebben.

De uitgaven aan de sociale zekerheid als percentage van het bbp zijn in de jaren zeventig en tachtig van de twintigste eeuw sterk opgelopen van 11 tot 19 procent. Door een toename van de werkloosheid en het beroep op de WIA (WAO) en de bijstand, en ook door de koppeling van veel uitkeringen aan de loonontwikkeling, waren de sociale uitkeringen zowel in aantal als in hoogte toegenomen. In de periode daarna is weer een scherpe daling ingezet, tot 11,7 procent van het bbp. Dat is opmerkelijk, gezien de grote toename van het aantal uitkeringen in dezelfde periode van ongeveer 2 miljoen tot ongeveer 4 miljoen. De hoogte van de inactieve inkomens in vergelijking met de actieve is dan ook sterk afgenomen.
In 2014 was het besteedbare gezinsinkomen €258 miljard. Daarvan was €65 miljard, dus 25 procent, uitkeringsinkomen. Het aandeel van de uitkeringsinkomens was 37 procent van de inkomens.

De verhouding van inactieven tot actieven (de I/A-ratio) is een belangrijke maatstaf voor het beoordelen van het sociale systeem in een land. Een I/A-ratio van 100 betekent dat honderd inactieve inkomens afhankelijk zijn van honderd actieve inkomens. Een hoge I/A-ratio betekent dat weinig actieve inkomens de inactieve inkomens moeten opbrengen.

I/A-ratio

De I/A-ratio in Nederland is in 2014 71. Elke 100 actieve inkomens zorgen voor 71 inactieve inkomens. Voor een deel is de I/A-ratio demografisch bepaald, omdat ook de AOW-inkomens tot de inactieve inkomens behoren (45 per 100 actieve inkomens). Er komen meer AOW'ers als grotere bevolkingsgroepen de 67-jarige leeftijd passeren. Er zijn veertien uitkeringen wegens ziekte, vijf werkloosheidsuitkeringen en zes bijstandsuitkeringen per honderd actieve inkomens.

5.2.2 Soorten uitkeringen

In deze paragraaf behandelen we de soorten uitkeringen en de gevolgen van het sociale stelsel voor het economisch proces.

Uitkeringen

De belangrijkste functie van het socialezekerheidssysteem is om mensen die geen middelen voor levensonderhoud hebben van het noodzakelijke inkomen te voorzien. De hoogte van het inkomen uit het socialezekerheidssysteem is afhankelijk van politieke factoren. De regering stelt de hoogte van de uitkeringen vast in het politieke krachtenspel van de verschillende partijen en ambtelijke adviezen.

Veel regelingen zijn gekoppeld aan het minimumloon via de netto-nettokoppeling. Dit houdt in dat de netto-uitkering een vast percentage van het nettominimumloon bedraagt. Een stijging van het nettominimumloon heeft daarom grote consequenties voor de overheidsbegroting, omdat ook alle uitkeringen aangepast moeten worden.

Daarnaast is de hoogte van de uitkeringen afhankelijk van de soort uitkering. De inkomens uit sociale zekerheid zijn gemiddeld genomen lager dan de actieve inkomens, maar toch kunnen ze sterk verschillen, afhankelijk van de soort uitkering. De hoogte van de uitkering is afhankelijk van de omstandigheden waaronder iemand uitkeringsgerechtigd is geraakt. Dit zullen we nu toelichten.

Sommige regelingen kennen een inkomens- en vermogenstoets, andere niet. Een inkomenstoets houdt in dat de uitkering verminderd wordt met een inkomen dat al aanwezig is. Een vermogenstoets houdt in dat de omvang van het vermogen wordt betrokken bij een eventuele toewijzing van de uitkering. Bij een vermogenstoets ontstaat pas recht op een uitkering indien op het vermogen tot een minimum is ingeteerd.

De sociale uitkeringen komen uit de verschillende regelingen voort. Men maakt onderscheid tussen:

1 sociale verzekeringen: volksverzekeringen en werknemersverzekeringen
2 sociale voorzieningen

Ad 1 Sociale verzekeringen

Inkomenstrekkers betalen premies voor sociale verzekeringen. Hieruit worden de sociale verzekeringen gefinancierd.

De volksverzekeringen bestaan uit de Algemene ouderdomswet (AOW), de Algemene nabestaandenwet (ANW) en de Wet langdurige zorg (WLZ). Deze verzekeringen gelden voor de gehele bevolking. Ieder die een inkomen verwerft uit arbeid of uitkeringen, betaalt een premie voor de uitvoering van deze wetten. Het is niet noodzakelijk dat men premie of belastingen heeft betaald om uitkeringsgerechtigd te zijn. De AOW geldt voor iedereen die de 67-jarige leeftijd bereikt en voldoende lang in Nederland woont. De hoogte van de uitkering is onafhankelijk van het eventueel voorheen verdiende

Middelen voor levensonderhoud

Netto-nettokoppeling

Soort uitkering

Inkomens- en vermogenstoets

Sociale verzekeringen

Volks-verzekeringen

5

inkomen en ook onafhankelijk van het huidige inkomen en vermogen. Een ANW-uitkering is bedoeld voor mensen die hun partner hebben verloren en daardoor in financiële problemen komen. De hoogte van de uitkering is afhankelijk van het inkomen van de overblijvende partner. De WLZ regelt de opvang van mensen die de hele dag zorg dichtbij nodig hebben, bijvoorbeeld in verpleeghuizen.

Bij volksverzekeringen kan er wel een inkomenstoets zijn, maar geen vermogenstoets.

Werknemersverzekeringen bestaan uit de werkloosheidswet (WW), de ziektewet (ZW) en de Wet Inkomen naar Arbeidsvermogen (WIA, de vroegere WAO). Deze verzekeringen gelden alleen voor werknemers. De WW, de ZW en de WIA zijn bovenminimaal. De uitkering wordt met een bepaald percentage gekoppeld aan het inkomen. Men spreekt in dit geval van het equivalentiebeginsel in het sociale stelsel: de premies, inkomens en uitkeringen zijn aan elkaar gerelateerd. *Werknemers-verzekeringen* *Equivalentie-beginsel*

Voor werknemersverzekeringen bestaat geen inkomens- of vermogenstoets. De uitkering wordt dus verstrekt ongeacht eventuele andere inkomens en ongeacht de hoogte van het vermogen. Het is dus heel goed mogelijk dat een volledige uitkering aangevuld wordt met een inkomen uit vermogen of een inkomen van een ander lid uit de huishouding.

TUSSENVRAAG 5.5
Sommige economen pleiten voor een minimaal socialezekerheidsstelsel. Wat zou dat inhouden? Welke invloed zou dat hebben op het economisch proces?

Ad 2 Sociale voorzieningen
Onder de sociale voorzieningen vallen veel regelingen, zoals de Participatiewet – vroeger de Bijstandswet – en de Algemene kinderbijslagwet. De sociale voorzieningen worden niet bekostigd uit premies, maar uit de algemene middelen. De bijstandswet kent uitkeringen op het minimumniveau. De hoogte wordt zodanig vastgesteld dat uitkeringsgerechtigden hun minimumbehoeften kunnen bevredigen. Voor de bijstandswet geldt een inkomenstoets, ook van huisgenoten, en tevens een vermogenstoets. Mensen zonder inkomen komen pas voor bijstand in aanmerking als hun vermogen tot een minimum is ingeteerd. *Sociale voorzieningen* *Algemene middelen*

In het geval van de minimumuitkeringen spreekt men van het solidariteitsbeginsel. De samenleving is verantwoordelijk voor minimumbestaansmogelijkheden van degenen die daarvoor zelf niet kunnen zorgen. *Solidariteits-beginsel*

5.2.3   Gevolgen van de secundaire inkomensverdeling

De secundaire verdeling heeft onbedoelde effecten op de primaire inkomensverdeling. Als er geen secundaire verdeling was, zou de primaire er heel anders uitzien. Mensen zonder inkomen zouden zich dan tegen veel lagere lonen op de arbeidsmarkt aanbieden. Er zouden dus veel meer actieve inkomens zijn aan de onderkant van de arbeidsmarkt.

Door de wig functioneert de arbeidsmarkt anders dan zonder belastingen en premies. De wig leidt tot veel zwart werken, dat wil zeggen: werk waarvan de beloning niet gemeld wordt bij de Belastingdienst. Mensen die zwart werken, kunnen daardoor een hoger nettoloon ontvangen, terwijl opdrachtgevers toch lagere loonkosten hebben. *Wig*

Afwentelings-processen

Ook door afwentelingsprocessen is de primaire verdeling anders geworden. Veel werknemers zullen een verhoging van belastingen en premies proberen af te wentelen op de werkgevers. Als de arbeidsmarkt krap is, zal dat ook wel lukken. Werkgevers zien daardoor de loonkosten sterker stijgen dan zonder de afwenteling het geval geweest zou zijn. Omgekeerd zullen werkgevers bij hoge werkloosheid de premiestijgingen aan werknemers kunnen doorberekenen door de nettolonen te verlagen. Uiteindelijk zullen steeds de zwakste partijen in de economie de lasten te dragen krijgen.

Ten slotte daalt de prikkel tot het leveren van productieve prestaties, doordat het uitkeringsniveau vlak onder het minimumloon ligt. In sommige gevallen scheelt het niet meer dan enkele tientjes per maand. Mensen met een minimumuitkering gaan er nauwelijks op vooruit als zij een baan aanvaarden waarbij een minimumloon hoort, terwijl hun vrije tijd wel met ongeveer veertig uur per week vermindert. Deze mensen zullen dus ook nooit kunnen profiteren van de hogere loonschalen die op iets langere termijn te behalen

Armoedeval

zijn. Zij zullen in armoede blijven leven. Men spreekt dan ook van de armoedeval. Juist aan de onderkant van de arbeidsmarkt werkt het sociale stelsel

Demotiverend

demotiverend op het arbeidsaanbod. Daar is ook de werkloosheid het hoogst.

Behalve de inkomens beschikken huishoudens ook over vermogen. De verdeling van dit vermogen over de huishoudens is het onderwerp van casus 5.3.

CASUS 5.3

Parade van Pen: de vermogensverdeling in 2014

De parade van dwergen en enkele reuzen, in 1971 bedacht door de Nederlandse econoom Jan Pen, is een manier om de vermogens- (of inkomens-)verdeling in beeld te brengen. In een optocht komen de bijna 7,5 miljoen huishoudens in één uur tijd voorbij, in volgorde van de hoogte van hun vermogen.

Eén persoon vertegenwoordigt één huishouden en heeft een lengte die evenredig gemaakt is aan de hoogte van het vermogen. De persoon uit het huishouden met een vermogen dat gelijk is aan het gemiddeld vermogen krijgt de gemiddelde lengte van 1,74 meter. Mensen met een hoog vermogen kunnen daarbij reusachtige proporties aannemen: zo wordt iemand met precies 1 miljoen euro aan vermogen 11,64 meter lang.

Een lange stoet van dwergen

De parade speelt zich de eerste negen minuten onder de grond af. Deze huishoudens hebben een negatief vermogen en daardoor ook een negatieve lengte. Het gaat hier

vooral om werknemersgezinnen met een eigen woning waarvan de hypotheekschuld hoger is dan de waarde van de woning. Tevens omvat deze groep betrekkelijk veel zelfstandigen met een negatief vermogen (bijvoorbeeld omdat ze een grote lening hebben). Na deze groep komt een ander type huishouden voorbij, namelijk minuscule dwergen van nog geen 2 centimeter. Deze groep heeft een vermogen van hooguit 2 duizend euro en is voor zijn levensonderhoud vooral aangewezen op een uitkering. Ook hierna komen in de optocht nog steeds dwergen voorbij: hun vermogen is nog altijd zeer gering in vergelijking tot het gemiddelde. Onder hen bevinden zich steeds meer gepensioneerden die in hun leven een bescheiden spaarpotje hebben opgebouwd

Gemiddeld vermogen passeert in de 45ste minuut

Na een half uur, op de helft van de stoet, komt een huishouden voorbij met een vermogen van 19,1 duizend euro. Het gaat nog

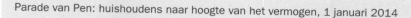

Parade van Pen: huishoudens naar hoogte van het vermogen, 1 januari 2014

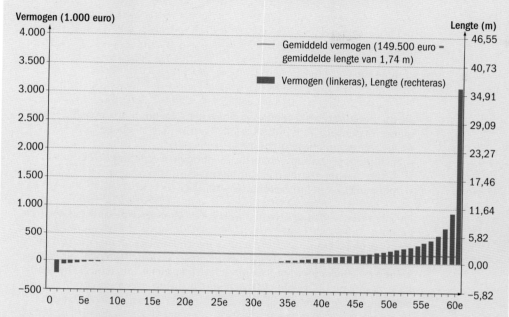

steeds om een dwerg van slechts 22 centimeter. Ook het huishouden met een ton aan vermogen, dat in de 41e minuut voorbijtrekt, heeft ten opzichte van het gemiddelde nog een bescheiden lengte van nog geen 1,20 meter. Pas in de 45e minuut, passeert het huishouden met een vermogen dat gelijk is aan het gemiddelde van 149,5 duizend euro.

Eigenwoningbezit overheerst in laatste deel van de optocht
Al tien minuten voordat het gemiddelde voorbijkwam, trokken hoofdzakelijk eigenwoningbezitters voorbij, en dat zal tot het eind van de optocht zo blijven. De eigen woning is het voornaamste vermogensbestanddeel van veel huishoudens. In de staart van de optocht gaat het vaak om oudere mensen die door te sparen de schuld op hun woning geheel of grotendeels hebben afgelost. Voor jonge woningbezitters rust hier nog vaak een grote hypotheekschuld op, zodat hun vermogen laag of zelfs negatief kan zijn. Zij waren al te vinden in de kop van de stoet. Als de huizenprijzen stijgen, kunnen zij wel zomaar flink in lengte toenemen en een betere positie in de optocht innemen. Voor een deel van de eigenwoningbezitters geldt overigens dat hun vermogen onderschat is, doordat informatie over het opgebouwde tegoed van een spaar- of beleggingshypotheek ontbreekt.

Bron: CBS, Webmagazine, 15 december 2015

Samenvatting

De inkomensverdeling geeft weer hoeveel inkomens er in bepaalde inkomensgroepen zijn. Er is onderscheid tussen:
- actieve en inactieve inkomens
- primaire, secundaire en tertiaire inkomensverdeling
- bruto-, besteedbare en gestandaardiseerde inkomens
- persoonlijke en huishoudensinkomens

De inkomensverdeling kan men weergeven als een frequentieverdeling. De
gestandaardiseerde inkomens zijn het geconcentreerdst en dus ook het ge-
lijkst verdeeld. De oorzaak is dat de hogere inkomens uit meer personen bestaan dan lage inkomens. Elk van de gezinsleden krijgt een deel van het in-
komen toegerekend, waardoor meer lage inkomens ontstaan. De besteedbare inkomens zijn gelijker verdeeld dan de bruto-inkomens, omdat door
belasting- en premieheffing een verdeling van rijk naar arm plaatsheeft.
De inkomensverdeling is een statische maatstaf en zegt niets over de ontwikkeling van het inkomen tijdens de levensloop. Voor grote groepen is het niet
van belang dat zij nu van lagere inkomensgroepen deel uitmaken, omdat zij
in de loop van hun leven vanzelf tot hogere inkomensgroepen gaan behoren.
De Lorenzcurve is een nadere maatstaf voor het meten van de inkomensge-
lijkheid. Hierin is weergegeven voor elk percentage van de huishoudens
welk deel van het inkomen zij ontvangen.
Het sociale systeem is ingericht op de verdeling van inkomens van actieve
naar inactieve inkomens. Landen binnen de EU-27 geven tussen de 10 en
20 procent van het bbp uit aan het sociale stelsel. Men maakt in Nederland
onderscheid tussen:
- volksverzekeringen, zoals de Algemene Arbeidsongeschiktheidswet
- werknemersverzekeringen, zoals de Werkloosheidswet en de Wet Inkomen naar Arbeidsvermogen
- sociale voorzieningen, zoals de Participatiewet

Werknemersverzekeringen zijn in het algemeen gekoppeld aan de hoogte
van het loon voordat de uitkering in werking treedt, terwijl de andere verzekeringen een minimuminkomen garanderen.

Kernbegrippenlijst

Actieven	Inkomens uit primaire bron.
Armoedeval	Langdurige armoede van uitkeringsgerechtigden die werk weigeren omdat het verschil tussen uitkeringen en minimumloon heel klein is.
Besteedbaar huishoudensinkomen (netto-inkomen)	Het inkomen waarover een huishouden vrij kan beschikken nadat alle verschuldigde belastingen en premies zijn betaald.
Equivalentiebeginsel	Uitgangspunt bij het socialezekerheidssysteem waarbij de hoogte van het inkomen, premies en uitkeringen met elkaar corresponderen.
Gestandaardiseerd huishoudensinkomen	Inkomen waarbij is gecorrigeerd voor het aantal personen in het huishouden.
I/A-verhouding	De verhouding tussen de inactieve inkomens (uitkeringen) en de actieve inkomens (primair inkomen).
Inactieve inkomens	Inkomens waar geen directe tegenprestatie van productiefactoren tegenover staat.
Inkomenstoets	Vermindering van de uitkering met het bestaande inkomen.
Inkomensverdeling	De verdeling van het inkomen naar hoogte over huishoudens of personen. We onderscheiden verder: • *primaire inkomensverdeling*: de inkomensverdeling van de bruto-inkomens • *secundaire inkomensverdeling*: de inkomensverdeling die ontstaat na herverdeling van de inkomens door de collectieve sector door middel van belastingen, premies en sociale uitkeringen • *tertiaire inkomensverdeling*: de invloed van de overheid op de inkomensverdeling via subsidies
Sociale premies	Overdrachten die werkgevers en werknemers moeten betalen aan socialezekerheidsinstellingen.
Sociale verzekeringen	Socialezekerheidsregelingen die uit premies worden gefinancierd.

5

Sociale voorzieningen	Socialezekerheidsregelingen die uit de algemene middelen van de overheid worden gefinancierd.
Solidariteitsbeginsel	Uitgangspunt waarbij de draagkrachtigen inkomen overhevelen naar minder draagkrachtigen.
Vermogenstoets	Het aanwezige vermogen speelt een rol als voorwaarde voor het recht op een uitkering.

5

6

Collectieve sector

De organisaties van de collectieve sector bestaan uit de overheid en de uit-voeringsorganisaties van de socialezekerheidsuitgaven. De uitgaven van de collectieve sector zijn bestemd voor de productie van veel goederen en dien-sten, zoals de gezondheidszorg en het onderwijs. Daarnaast speelt de collec-tieve sector een belangrijke rol bij de verdeling van het inkomen. Ten slotte heeft de overheid een belangrijke regelgevende rol.

De overheid kan geen uitgaven verrichten zonder inkomsten. Deze bestaan voor het grootste deel uit belastingen en premies. De belasting- en premie-heffing heeft invloed op het economisch proces. Er zijn twee visies op de rol van de overheid in de economie, die respectievelijk door klassieke en keyne-siaanse economen zijn geformuleerd.

De centrale vraag in dit hoofdstuk is:
- Welke functies heeft de overheid in het economisch proces?

Ondernemingen en de overheid

Ondernemingen hebben op alle mogelijke manieren met het overheidsbeleid te maken. Laten we eens enkele situaties noemen. Een onderneming levert ten behoeve van het leger nachtkijkers aan het Ministerie van Defensie. Deze onderneming voert steeds onderzoek uit naar nieuwe producten en toepassingen. Daardoor heeft ze ook op de particuliere markt in binnen- en buitenland een vooraanstaande positie.
Een volgende onderneming heeft een conflict met de Belastingdienst over het betalen van omzetbelasting. Het probleem betreft de afzet in binnen- en buitenland. De onderneming meent dat de afzet in het buitenland veel groter is geweest dan de Belastingdienst wil accepteren. De uitkomst van dit probleem is van belang voor de hoogte van de af te dragen btw.
Weer een andere onderneming heeft overleg met het Ministerie van Economische Zaken over een voorgenomen fusie. De vraag is of de onderneming na de fusie geen ongewenste machtspositie zal hebben. De overheid heeft tot taak de marktwerking zo goed mogelijk te garanderen.
Als laatste voorbeeld: een grote chemische industrie heeft een permanente vertegenwoordiging in Den Haag en Brussel om overleg te voeren over de milieuproblematiek die met de chemische industrie samengaat.
Deze voorbeelden zijn met gemak met tientallen andere uit te breiden.

6.1 Organen van de collectieve sector

Figuur 6.1 verstrekt een beeld van de plaats van de collectieve sector in de economie.

FIGUUR 6.1 De quartaire sector

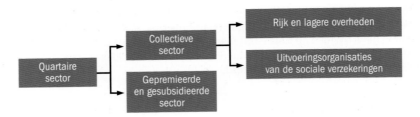

De quartaire sector bestaat uit de collectieve sector en de gepremieerde en gesubsidieerde sector. Hierin werken organisaties die hun producten zonder winstoogmerk op de markt brengen. Het Rijk is daarvan de bekendste, omdat het voortdurend in het politieke brandpunt staat en ook omdat de burgers de belastingen grotendeels aan het Rijk betalen en het Rijk de gelden vervolgens weer besteedt en verdeelt over de andere organisaties. De lagere overheden bestaan uit de gemeenten, de provincies en de waterschappen. De taakverdeling tussen het Rijk en de lagere overheden is niet altijd even duidelijk voor niet-ingewijden. Ze hebben grotendeels eenzelfde soort taken. Het Ministerie van Infrastructuur en Milieu heeft, evenals de waterschappen, een omvangrijke taak bij de bescherming tegen het water. De overheid bemoeit

Rijk

Lagere overheden

zich intensief met het onderwijs, maar ook de gemeenten hebben daarin een belangrijke taak. Iets dergelijks geldt voor de bijstandsuitkeringen: de rijksoverheid stelt de voorwaarden en de hoogte van de uitkeringen vast, de gemeenten verstrekken de uitkering.

De ministeries betalen de instanties die de feitelijke diensten leveren. Veel scholen, politiekorpsen en rechtbanken ontvangen hun geld direct uit Den Haag. Maar voor een deel sluizen de ministeries het geld door naar de lagere overheden, die het vervolgens uitkeren aan de betrokken instanties, zoals scholen en ziekenhuizen. Op die manier vindt een groot deel van de rijksuitgaven zijn bestemming in onderwijs, sociale zaken en werkgelegenheid, volkshuisvesting, volksgezondheid en dergelijke.

De lagere overheden financieren verder onder andere een deel van de infrastructuur en het openbaar bestuur.

De uitvoeringsorganen van de sociale verzekeringen ontvangen de premies en betalen de uitkeringen aan de uitkeringsgerechtigden. Ook hierop heeft de overheid een grote invloed. Zij stelt de hoogte van de uitkeringen vast. De beslissingen over het stelsel zelf, de sociale wetgeving, worden genomen door de democratisch gekozen organen.

Uitvoeringsorganen van de sociale verzekeringen

De gepremieerde en gesubsidieerde sector is sterk afhankelijk van de collectieve sector, daar hij grotendeels door middel van subsidies wordt betaald. Hij bestaat uit de organisaties die de feitelijke overheidsdiensten vervaardigen, bijvoorbeeld op het gebied van scholing en gezondheidszorg. Het gaat daarbij om scholen en om gezondheidszorginstellingen zoals thuiszorg, GGD's en Riaggs. Ook instellingen voor sport en cultuur, zoals zwembaden, sporthallen, musea en theaters, behoren tot deze sector. Deze organisaties ontvangen subsidies in ruil voor gespecificeerde dienstverlening, die gratis of tegen een vergoeding onder de kostprijs ter beschikking gesteld wordt aan de bevolking.

Gepremieerde en gesubsidieerde sector

De collectieve sector kan niet functioneren zonder inkomsten en uitgaven. De omvang van de inkomsten en uitgaven wordt vastgelegd in de Miljoenennota, die het kabinet op de derde dinsdag in september van het voorafgaande jaar aan de volksvertegenwoordiging aanbiedt. Het maken en uitvoeren van een overheidsbegroting is een enorme operatie, waarvan de Miljoenennota een element vormt. De begrotingscyclus duurt ongeveer drie jaar. In oktober 2014 is de begrotingscyclus voor 2016 gestart; deze wordt in juni 2017 afgesloten.

Miljoenennota

Begrotingscyclus

In de voorbereidingsfase gaan de ambtenaren na welke beslissingen uit voorafgaande jaren tot uitgaven leiden. Zo kunnen beslissingen om meer gevangenissen te bouwen of meer agenten te laten surveilleren gedurende een reeks van jaren tot uitgavenverhogingen leiden. Ze moeten ook schattingen maken van het aantal uitkeringsgerechtigden, van de veranderingen in de belastingontvangsten en van loon- en prijsstijgingen. Als er tegenvallers in de uitgaven of ontvangsten gesignaleerd worden, moet de regering een politieke discussie over de prioriteiten voeren.

Voorbereidingsfase

Na deze fase moet de volksvertegenwoordiging de begroting vaststellen. Dat gebeurt na stevige politieke debatten, waarin de kamers ook zelf met wijzigingsvoorstellen kunnen komen. De regeringspartijen hebben zich meestal globaal vastgelegd in een regeerakkoord. Hierin zijn de normen voor het financieringstekort en de beleidsvoornemens voor de hele kabinetsperiode overeengekomen.

Vaststellen begroting

Uitvoering

De volgende fase is die van de uitvoering. Tijdens deze fase kunnen zich nog allerlei problemen voordoen. De economie kan zich minder florissant ontwikkelen dan de ramingen lieten zien. Er kunnen zich ook andere tegenvallers voordoen, zoals natuurrampen, die een groot beslag leggen op het overheidsbudget. Hierdoor zijn tussentijdse beleidswijzigingen noodzakelijk.

Verantwoording

Na de uitvoering moeten rekening en verantwoording worden afgelegd. De volksvertegenwoordiging hoort na te gaan of de ministeries de gelden rechtmatig en doelmatig hebben uitgegeven. De politieke belangstelling voor de controlefunctie is nogal gering. Vandaar dat regelmatig overschrijdingen en ontsporingen zijn waar te nemen, die door de Algemene Rekenkamer onder de aandacht van het parlement worden gebracht.

6.2 Taken van de collectieve sector

Waarom bestaat in een land een collectieve sector? Welke taken heeft de overheid in de economie? In deze paragraaf zullen we een antwoord op deze vragen proberen te vinden. We zullen daarbij aandacht schenken aan de soorten taken die de overheid verricht (subparagraaf 6.2.1) en aan de omvang van de overheidsuitgaven (subparagraaf 6.2.2).

6.2.1 Onderverdeling overheidstaken

Elk land heeft een collectieve sector om taken te verrichten waaraan grote behoefte is en die het niet aan individuele burgers of bedrijven kan overlaten. Deze taken zijn onder te verdelen in de allocatieve, de herverdelende en de regulerende taken.

Allocatieve taak

In hoofdstuk 2 hebben we al gezien dat de overheid produceert: ze voegt waarde toe aan producten. Ze koopt daartoe goederen en diensten van bedrijven en neemt werknemers in dienst om er waarde aan toe te voegen. De overheid legt dus beslag op productiefactoren om er bepaalde goederen en diensten mee te produceren. Dat verstaan we onder de allocatieve taak (allocatie = toewijzing) van de overheid.

Allocatie

De vraag is nu waarom de overheid goederen en diensten op de markt brengt en waarom ze dit niet aan het bedrijfsleven overlaat. Het antwoord op deze vraag ligt in de aard van de collectieve goederen zelf.

Zuiver collectief goed

Er zijn verschillende soorten collectieve goederen; men onderscheidt *zuiver collectieve goederen* en quasicollectieve goederen.
Veiligheid is een zuiver collectief goed. Niemand kan uitgesloten worden van het genot van de veiligheid die de overheid tot stand brengt door politiediensten. Hetzelfde geldt voor de bescherming die dijken bieden tegen overstromingen. Als een dijk er eenmaal ligt, is het onmogelijk om mensen die er niet voor willen betalen, uit te sluiten van het genot ervan.

Quasi-collectieve voorzieningen

Naast deze zuiver collectieve voorzieningen bestaan ook zogenoemde *quasicollectieve voorzieningen*. Deze kunnen in principe door bedrijven geleverd worden, omdat degenen die er niet voor willen betalen, van het genot uitgesloten kunnen worden. Voorbeelden hiervan zijn musea, zwembaden, openbaar vervoer en schouwburgen. De overheid acht deze voorzieningen van zo groot belang dat zij ze beneden de kostprijs ter beschikking wil stellen.

Men spreekt in dit verband wel van positieve externe effecten die met deze voorzieningen samenhangen. Er is sprake van positieve externe effecten van een voorziening als het nut van de voorziening zich uitstrekt tot een grotere groep dan de directe gebruikers. Onderwijs bijvoorbeeld levert niet alleen nut voor de directe gebruiker, maar draagt ook bij aan de welvaart van de samenleving als geheel. Buiten het directe gebruik door de scholieren leveren de betreffende voorzieningen een extra verdienste voor de samenleving als geheel, het zijn zogenoemde *merit-goederen*. Daarom produceert de overheid ze zelf, of geeft ze subsidies aan bedrijven die de productie van quasi-collectieve goederen ter hand nemen.

Externe effecten

Merit-goederen

Overigens is er sprake van *demerit-goederen* als negatieve externe effecten aan het gebruik ervan kleven. Dat is bijvoorbeeld het geval bij roken of autorijden: de overheid probeert onder andere door extra belastingen het gebruik van dergelijke goederen af te remmen.

Demerit-goederen

TUSSENVRAAG 6.1
Welke invloed kan technische ontwikkeling (rekeningrijden) hebben op het karakter van de overheidsproducten?

Herverdelende taak
De herverdelende taak van de overheid is uitvoerig aan de orde geweest in hoofdstuk 5. Een groot deel van de overheidsuitgaven is gericht op een gelijkmatiger verdeling van de inkomens in Nederland.

Regulerende taak
De regulerende taak van de overheid valt in twee delen uiteen.
De overheid grijpt in het economisch proces in met het oog op de macro-economische doelstellingen. We kunnen de doelstellingen in de volgende kernwoorden samenvatten:

Macro-economische doelstellingen

- volledige werkgelegenheid (zie de hoofdstukken 3 en 7)
- stabiel prijspeil (zie de hoofdstukken 7 en 8)
- evenwicht op de betalingsbalans (zie hoofdstuk 7)
- redelijke economische groei (de hoofdstukken 9 en 10)
- zorg voor het milieu (hoofdstuk 3)
- redelijke inkomensverdeling (hoofdstuk 5)

Zoals uit de opsomming blijkt, komen deze doelstellingen uitgebreid aan de orde in andere hoofdstukken.

Daarnaast heeft de overheid een taak in de regulering van markten in de breedste zin van het woord. Ze zorgt er bijvoorbeeld voor dat er voldoende concurrentie blijft door kartelvorming en monopolieposities van ondernemingen tegen te gaan. Verder zorgt de overheid dat markten die van bijzonder belang zijn, onder speciale ordeningen vallen. Dat geldt voor de arbeidsmarkt, de markten voor agrarische producten, de financiële markten, de markt voor huurwoningen, de markt voor medicijnen en dergelijke.

Regulering van markten

Voldoende concurrentie

Speciale ordeningen

6.2.2   Omvang van de overheidstaken
De omvang van de overheidstaken wordt duidelijk bij een nadere beschouwing van de collectieve uitgaven. De collectieve sector heeft uitgaven ter grootte van ongeveer 50 procent van het bruto binnenlands product. Deze uitgaven worden voor ongeveer een derde deel verricht door de rijksoverheid, de lagere overheden en de socialeverzekeringsinstellingen. In tabel 6.1 zijn de uitgaven naar beleidsterrein weergegeven.

Collectieve uitgaven

TABEL 6.1 Collectieve uitgaven 2016 naar beleidsterrein

	% bbp	× €1 mld	€ per hoofd
Veiligheid	1,8	12,7	756
Defensie	1,0	7,0	417
Onderwijs	5,2	36,6	2.179
Infrastructuur	1,4	9,9	589
Openbaar bestuur/openbare orde	8,5	59,8	3.560
Zorg	9,4	66,2	3.940
Sociale zekerheid	12,1	85,2	5.071
Subsidies	1,4	9,9	589
Overdrachten buitenland	1,5	10,6	631
Rentelasten	1,2	8,4	500
Bruto collectieve uitgaven	43,6	306,3	18.232

Bron: CPB, *MEV 2016*

TUSSENVRAAG 6.2

Men onderscheidt consumptieve bestedingen van de overheid en investeringen. Welk bezwaar kan men hebben tegen de indeling van de onderwijsuitgaven bij de consumptieve bestedingen?

Veiligheid
Onderwijs

Openbaar bestuur

Infrastructuur

Gezondheidszorg

Rentelasten

Tabel 6.1 geeft een mooi beeld van de soorten uitgaven van de collectieve sector. De overheid is verantwoordelijk voor de veiligheid van een land. Ze realiseert deze door middel van politie, justitie en defensie. Het onderwijs is verder een van de belangrijkste overheidstaken. De overheid financiert de scholen, het onderwijspersoneel en veel van de leermiddelen. Het openbaar bestuur en de openbare orde nemen het leeuwendeel van de collectieve uitgaven in beslag. Het gaat daarbij om zeer uiteenlopende zaken als de ministeries, politie, justitie en het gevangeniswezen. Veel van deze uitgaven dienen voor de veiligheid van de samenleving. De infrastructuur betreft de aanleg van wegen, dijken, spoorwegen enzovoort. Met name defensie, onderwijs, openbare orde en de infrastructuur weerspiegelen de allocatieve taak van de overheid.

De overheid spendeert enorme bedragen aan de gezondheidszorg; 10,7 procent van het bbp is bestemd voor de kosten van ziekenhuizen, artsen, medicijnen en dergelijke. De sociale zekerheid (herverdelende taak) is een van de grootste aandachtsgebieden van de overheid, zoals we in hoofdstuk 5 hebben gezien.

De regulerende taak van de overheid komt vooral naar voren in de post openbaar bestuur.

De rentelasten vormen een fel discussiepunt in de overheidsuitgaven. Als de rente stijgt, zal de overheid een groter bedrag aan rente over de staatsschuld aan beleggers moeten betalen. Dat kan andere overheidsbestedingen verdringen. De overheid zou met het bedrag van de rentebetalingen de kwaliteit van de zorg en het onderwijs aanmerkelijk kunnen verbeteren. Dit is een reden om de overheidstekorten zo veel mogelijk terug te dringen. Soms rekent men uit hoeveel de rentelasten per hoofd van de bevolking bedragen om de ernst van de rentebetalingen te illustreren (zie tabel 6.1).

Veel economen en politici beschouwen de schuld van de overheid als een last voor het nageslacht. Huidige generaties lenen geld voor overheidsvoorzieningen. De aflossing vormt een last voor toekomstige generaties.

De collectieve uitgaven als percentage van het bbp noemt men de *collectieve uitgavenquote*. In figuur 6.2 is de collectieve uitgavenquote van 1970 tot 2016 weergegeven.

Collectieve uitgavenquote

FIGUUR 6.2 De bruto collectieve uitgavenquote, 1970–2016

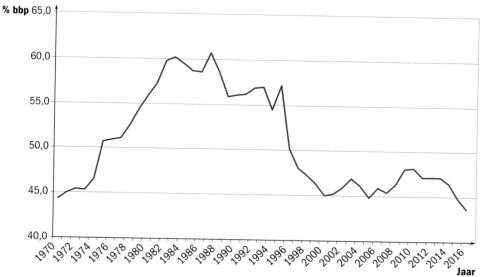

Bron: CPB, *MEV* 2016

In figuur 6.2 is te zien dat de collectieve uitgavenquote van 1984 tot 2000 sterk is gedaald, met zo'n 16 procent van het bbp. De invloed van de overheid in het economisch proces is in die periode dan ook behoorlijk teruggedrongen. Dat heeft onder andere te maken met principiële keuzes ten aanzien van de overheidstaken en ideeën over het functioneren van de economie, die we in paragraaf 6.4 zullen toelichten.

Na 2008 is door de financiële crisis, de kredietcrisis en de staatsschuldcrisis de uitgavenquote weer wat gestegen, om daarna verder te dalen. De vraag is hoever de quote kan dalen. De belastingopbrengsten dalen door de matige economische groei, terwijl de uitkeringen toenemen. Overigens zijn de crises niet de enige oorzaak: de vergrijzing van de bevolking en de toenemende zorgkosten leggen een steeds grotere druk op de overheidsuitgaven.

TUSSENVRAAG 6.3

De overheid heeft een belangrijke taak op het gebied van de veiligheid in de samenleving. Maar zij kan onveilige situaties niet geheel voorkomen. Welke taken heeft de overheid en welke taken heeft elke burger?

De invloed van de overheid op de werkgelegenheid lichten we toe aan de hand van casus 6.1.

CASUS 6.1

Collectieve uitgaven en werkgelegenheid

De overheidsuitgaven grijpen diep in de samenleving in. We hebben in hoofdstuk 5 al gezien dat alle inkomens afhankelijk zijn van de belastingen en/of uitkeringen.

De uitgaven hebben ook grote gevolgen voor de werkgelegenheid in zeer veel organisaties. Veel managers bestuderen de passages in de Miljoenennota die van belang zijn voor hun werkterrein om de gevolgen voor hun werk en de werkgelegenheid op het spoor te komen.

Dit geldt allereerst voor de organen van de collectieve sector zelf. De werkgelegenheid op de ministeries is de afgelopen decennia sterk afgenomen als gevolg van bezuinigingen en afslankings- en efficiencyoperaties. Voor gemeenten heeft het overheidsbeleid bijvoorbeeld grote gevolgen voor de werkgelegenheid in het basisonderwijs. Het technisch onderhoud van de gebouwen en eisen met betrekking tot schoonmaakwerkzaamheden en de klassengrootte zijn van invloed op het benodigde aantal personeelsleden.

Verder zijn maatregelen met betrekking tot het openbaar vervoer, met name busverbindingen, van belang voor veel mensen in deze bedrijfstak.

Voor waterschappen is bijvoorbeeld het beleid aangaande dijkverzwaring en landschapsbeheer van grote invloed op de toekomstige werkgelegenheid. Gesubsidieerde instellingen, zoals openbare bibliotheken, theaters, schouwburgen, zwembaden, thuiszorginstellingen en muziekscholen, zijn afhankelijk van het budget dat de overheid hun toekent. Voor deze instellingen is het overheidsbeleid van levensbelang. Veranderingen in beleid betekenen vaak even grote veranderingen in het leven van de medewerkers.

Bovendien leveren veel mensen op freelancebasis diensten aan deze instellingen. Artiesten bijvoorbeeld bieden hun diensten aan theaters en scholen aan, en mensen met allerlei soorten scholing bieden cursussen aan ten behoeve van de gezondheidszorg of van overheidsorganisaties. Het gaat daarbij om velerlei soorten werkzaamheden: van adviesbureaus tot softwarebedrijfjes, en van artsen tot specialisten in sociale vaardigheden.

Niet alleen in de quartaire sector, maar ook in het bedrijfsleven kunnen de gevolgen van de overheidsbegroting diep ingrijpen.

De overheid neemt bijvoorbeeld een grote hoeveelheid kantoorartikelen af. Het kan daarbij gaan om kopieerapparatuur, kantoorinrichting en papier. Uitbreiding of inkrimping van het overheidsapparaat kan een fors deel van de omzet van deze ondernemingen treffen.

Voor bouwondernemingen zijn de overheidsinvesteringen van belang. Het gaat daarbij om kantoorgebouwen van ministeries, gemeente- en provinciehuizen, maar ook om grote projecten als de uitbreiding van Schiphol, de Betuwelijn en de aanleg van een hogesnelheidsspoorweg en grote tunnels en bruggen. De beslissingen over de defensietaken van Nederland en de aanschaf van militair materieel beïnvloeden instrumentenmakers en vliegtuigbouwers.

TUSSENVRAAG 6.4

Als we de overheidsuitgaven in de loop van de tijd bezien, blijken de bestedingen in verhouding tot het bbp nauwelijks te zijn toegenomen, in tegenstelling tot de zorguitgaven, die sterk zijn toegenomen in verhouding tot het bbp. Welke invloed zou dat hebben op de economie?

6.3 Inkomsten van de collectieve sector

Tegenover de uitgaven van de overheid moeten uiteraard inkomsten staan. Aangezien de overheid haar diensten niet of nauwelijks verkoopt, moet zij op andere wijze in haar inkomsten voorzien. Dat doet zij door belasting- en premieheffing op inkomsten van burgers en bedrijven (subparagraaf 6.3.1). De belasting- en premieheffing heeft een enorme invloed op het economisch proces. Daarbij spelen verschijnselen als ontwijking en ontduiking van belastingen een grote rol. In subparagraaf 6.3.2 besteden we aandacht aan de gevolgen van belastingheffing.

6.3.1 Belastingheffing

Er zijn veel verschillende soorten belastingen, zoals de inkomsten-, de omzet- en de vennootschapsbelasting, en accijnzen. In tabel 6.2 zijn de bestanddelen van de inkomsten van de collectieve sector weergegeven.

TABEL 6.2 Inkomsten en financieringsoverschot van de collectieve sector, 2014

	% bbp	× €1 mld
Omzetbelasting	11,3	75,2
Loon- en inkomstenbelasting	9,6	63,7
Belasting op vermogen	1,1	7,3
Premies	14,8	98,4
Collectieve lastendruk	36,7	244,6
Niet-belastingmiddelen	6,8	44,8
Financieringsoverschot	-2,4	-15,6

Bron: CBS Statline

Directe belastingen

Er is een belangrijk onderscheid tussen directe en indirecte belastingen. *Directe belastingen* worden geheven van inkomen, winst en vermogen. Het is de bedoeling dat directe belastingen in economische zin ten laste komen van degenen die ze moeten betalen. Voorbeelden van directe belastingen zijn loonbelasting, vermogensbelasting en vennootschapsbelasting.

Directe belastingen

Bij het heffen van belasting kan de overheid verschillende principes hanteren, namelijk:
- profijtbeginsel
- solidariteitsbeginsel

Het profijtbeginsel houdt in dat degenen die van een bepaalde dienst gebruikmaken, er ook voor betalen. Dit gebeurt bijvoorbeeld bij het verstrekken van paspoorten en bouwvergunningen, en door middel van de motorrijtuigenbelasting. Hiervoor is een bedrag verschuldigd dat min of meer kostendekkend is. Degenen die van deze diensten geen gebruik wensen te maken, hoeven ook de kosten niet te dragen.

Profijtbeginsel

Het solidariteitsbeginsel houdt in dat de belastingdruk toeneemt naarmate het inkomen hoger is. Onder belastingsdruk verstaat men het percentage van het inkomen dat de overheid aan belasting int. Het belastingsysteem in

Solidariteitsbeginsel

Nederland gaat uit van het solidariteitsbeginsel, zoals we in hoofdstuk 5 hebben gezien. Het is een progressief systeem. Men noemt dit ook wel het **Draagkracht-beginsel** draagkrachtbeginsel, waarbij de sterkste schouders procentueel de zwaarste lasten betalen.

Naarmate het inkomen toeneemt, betaalt men relatief meer belasting. Dit **Schijvensysteem** wordt gerealiseerd met behulp van een schijvensysteem. De eerste schijf kent een lager tarief, de volgende schijven kennen steeds hogere tarieven, oplopend tot 52 procent (zie ook casus 6.2).

Vlaktax De 'vlaktax' is een belasting waarbij iedereen over het inkomen een vast percentage (bijvoorbeeld 35 procent) aan de overheid afdraagt, ongeacht de hoogte van het inkomen. In dit systeem wordt de solidariteit dus losgelaten. De inkomensverdeling blijft onaangetast. Na de belastingheffing zijn de inkomensverhoudingen onveranderd. In dit geval dient het belastingstelsel geen inkomenspolitieke doeleinden. Naar verhouding drukt de belasting op elk inkomen even zwaar. Hiervoor is veel te zeggen indien men van opvatting is dat het belastingstelsel alleen mag voorzien in de inkomsten van de overheid, en niet gebruikt mag worden voor de herverdeling van de inkomens. Het voorzien in overheidsinkomsten is uiteraard ook de belangrijkste taak van het stelsel, maar gaandeweg zijn er veel andere doeleinden bijgekomen.

CASUS 6.2

Belastingsysteem: boxen en schijventarief

De Belastingdienst maakt onderscheid tussen de bronnen van het inkomen:

- Box 1: inkomen uit werk en woning
- Box 2: inkomen uit aanmerkelijk belang (deelname aan het eigen vermogen van ondernemingen)
- Box 3: inkomen uit sparen en beleggen

Box 1

Het tarief voor het belastbaar inkomen uit werk en woning is een oplopend tarief met vier schijven. Mensen gaan naar verhouding meer belasting betalen als hun inkomen hoger wordt. In 2015 golden de volgende tarieven voor mensen die de AOW-leeftijd nog niet hadden bereikt:

t/m €19.882	36,50%
van €19.823 t/m €33.589	42%
van €33.590 t/m €57.585	42%
vanaf €57.586 en hoger	52%

Box 2

In Box 2 worden de inkomsten uit aanmerkelijk belang belast, bijvoorbeeld over ontvangen dividend. Hierover is een vast tarief van 25 procent verschuldigd.

Box 3

In Box 3 worden de inkomsten uit sparen en beleggen belast, zoals:

- spaargeld
- waarde van de aandelen
- tweede woning

De Belastingdienst gaat uit van een rendement van 4 procent en heft daarvan 30 procent belasting, wat resulteert in een tarief van 1,2 procent op het vermogen. Het heffingsvrije vermogen bedraagt €24.437 per persoon.

Bron: www.belastingdienst.nl, geraadpleegd 13 januari 2016

Indirecte belastingen

Indirecte belastingen Indirecte belastingen worden geheven bij de verkoop van producten. Deze belastingen worden geheven van anderen dan degenen die de belasting uiteindelijk betalen. Voorbeelden van indirecte belastingen zijn de belasting op de toegevoegde waarde (beter bekend als de btw) en de accijnzen. Het is de bedoeling dat de consumenten deze belastingen dragen, terwijl bedrijven ze daadwerkelijk aan de overheid afdragen. De bedrijven zullen ze uiteraard in de prijzen van de producten doorberekenen aan de consumenten.

Bedrijven betalen een bepaald percentage van hun omzet als btw, maar kunnen daarop de btw die ze zelf bij de aankoop van producten hebben betaald, in mindering brengen. Daardoor heft de overheid alleen btw over de waarde die in een bedrijf is toegevoegd.

Er bestaan verschillende btw-tarieven: het normale, het verlaagde en het nultarief. Op luxeproducten heft de overheid in het algemeen een hogere belasting dan op basisgoederen. Het normale tarief bedraagt 21 procent. Dit tarief geldt voor de meeste goederen en diensten. Het verlaagde tarief van 7 procent geldt voor de eerste levensbehoeften, zoals brood en melk. Het verlaagde tarief dient een inkomenspolitiek doel. Lagere inkomens besteden een groter deel van hun inkomen aan eerste levensbehoeften dan hogere inkomens. Ze worden minder zwaar belast door het verlaagde tarief en kunnen op deze wijze de basisgoederen beter bekostigen.

Het nultarief geldt bijvoorbeeld voor exportgoederen. De export is vrijgesteld van btw, terwijl importeurs over de import wel btw afdragen. Geïmporteerde goederen vallen daardoor onder hetzelfde btw-stelsel als in het binnenland geproduceerde goederen. Zo kan de overheid vermijden dat uit het btw-systeem ongewenste concurrentienadelen voortvloeien.

Een voorbeeld kan dit verduidelijken. Stel dat een importeur goederen invoert uit een land met een lager btw-tarief. Als de overheid deze goederen in het land van herkomst zou belasten en niet in het land van bestemming, zouden de buitenlandse producten goedkoper zijn dan de binnenlandse als gevolg van het belastingstelsel. Dit kan gemakkelijk voorkomen worden door de belasting in het land van bestemming te heffen.

Ten slotte zijn er diensten die niet onder het btw-regime vallen, zoals medische diensten. Artsen en ziekenhuizen hoeven geen btw af te dragen.

TUSSENVRAAG 6.5
Welke gevolgen zou een verhoging van de btw hebben bij een gelijktijdige verlaging van de inkomstenbelasting?

Accijnzen en niet-belastingmiddelen

Accijnzen heft de overheid onder andere op goederen en diensten waarvan ze het gebruik wil afremmen, zoals alcoholhoudende dranken en tabak (zie tabel 6.3). De overheid heft ook accijnzen op suiker en frisdranken, en op motorbrandstoffen als benzine en dieselolie.

Accijnzen

TABEL 6.3 Opbouw kleinhandelsprijs pakje sigaretten in Nederland, 1 januari 2015

	€	%
1 Kleinhandelsprijs inclusief belastingen	5,55	100
2 Accijns	3,45	62
3 Bedrijfsleven	2,10	38

Bron: Belastingdienst en Ministerie van Financiën, geraadpleegd 13 januari 2016

Substitutie-effect

De btw-heffing en de accijnzen drijven de prijzen van producten op. De verschillen in tarieven kunnen invloed uitoefenen op de concurrentieverhoudingen: er kan een substitutie-effect ontstaan. Consumenten kopen meer van de producten die laaggeprijsd zijn dan van producten met hoge prijzen. Daardoor beïnvloedt de overheid de concurrentieverhoudingen. Ondernemingen die een hoog tarief betalen, hebben een concurrentienadeel ten opzichte van ondernemingen met een laag tarief. Dit geldt natuurlijk alleen voor producten die elkaar kunnen vervangen. Dit geldt bijvoorbeeld voor de concurrentie op de markt voor dranken. Alcoholhoudende dranken zijn in het nadeel in vergelijking met frisdranken vanwege de hoge accijnzen.

Niet-belasting-middelen

Naast belastingmiddelen en premies heeft de collectieve sector de zogenoemde niet-belastingmiddelen. Daartoe behoren onder andere schoolgeld, leges van vergunningen en winsten uit deelnemingen in bedrijven. Zo draagt de Nederlandsche Bank, waarvan de aandelen eigendom van de overheid zijn, haar winst aan de overheid af.

Collectieve lastendruk

Collectieve lastendruk

De collectieve lasten bestaan uit belastingen en sociale premies. De collectieve lasten als percentage van het bbp vormen de collectieve lastendruk. Deze wordt internationaal als indicator gebruikt voor de mate waarin de overheid de economische beslissingen in een economie beïnvloedt. De collectieve lastendruk is in Nederland afgenomen van een top van 45 procent in 1987 tot 37 procent in 2014. Dit weerspiegelt het streven van de overheid om meer economische activiteiten over te laten aan de andere sectoren.

Financierings-tekort

Staatsschuld

Indien de inkomsten van de overheid lager zijn dan de uitgaven, ontstaat een tekort, het zogenoemde financieringstekort van de overheid. Financieringstekorten van de collectieve sector leiden tot de staatsschuld of de

FIGUUR 6.3 Financieringstekort en schuld van de collectieve sector 1980–2016

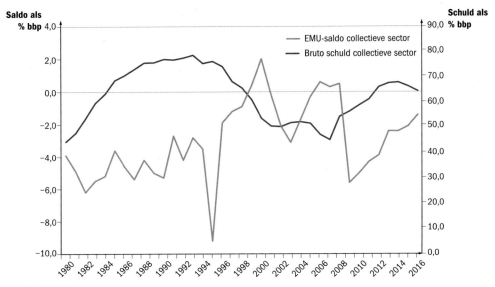

Bron: CPB, *CEP* 2016

schuld van de collectieve sector. Zolang de overheid een tekort heeft, zal de staatsschuld stijgen. Uit figuur 6.3 blijkt dat het overheidssaldo – behalve in enkele uitzonderlijke jaren – steeds negatief is geweest. Het tekort als percentage van het bbp is globaal genomen tussen 1983 en 2008 wel steeds afgenomen, om na 2009 weer te stijgen. Ten behoeve van de internationale vergelijkbaarheid wordt de staatsschuld uitgedrukt als percentage van het bbp. De staatsschuldquote kan afnemen ondanks een financieringstekort. Dat zal bijvoorbeeld gebeuren als het bbp sneller groeit dan het financieringstekort als percentage van het bbp. Uit figuur 6.3 blijkt de schuld van de collectieve sector vanaf 1995 behoorlijk te dalen, maar als gevolg van de kredietcrisis na 2007 weer toe te nemen, om de laatste jaren weer te dalen.

Staatsschuldquote

6.3.2 Gevolgen van belastingheffing

De belangrijkste doelstelling van de belastingheffing is uiteraard het financieren van de overheidsuitgaven. Daarnaast probeert de overheid echter nog een aantal andere doelstellingen te bereiken. We hebben in hoofdstuk 5 al gezien dat de belasting- en premieheffing een nivellerende invloed hebben op de inkomensverdeling. Dat is ook uitdrukkelijk de bedoeling van de overheid.

Doelstellingen

Hetzelfde geldt bijvoorbeeld voor milieuheffingen, zoals op afvalwater. Daarmee wil de overheid niet alleen de waterzuiveringsinstallaties financieren, maar ook het gebruik van milieubelastende activiteiten terugdringen. Naast deze gevolgen zijn er veel onbedoelde gevolgen van de belasting- en premieheffing. Het belangrijkste gevolg van de belasting- en premieheffing hebben we in hoofdstuk 3 aan de orde gesteld bij de bespreking van de wig. De belasting- en premieheffing maken ongeveer 40 procent van de totale loonkosten uit.

Onbedoelde gevolgen

Loonkosten

Dat beïnvloedt de concurrentiepositie van het bedrijfsleven, zeker ten opzichte van andere landen waar de loonkosten lager zijn. Verder aarzelen ondernemers om extra werknemers aan te nemen: zij zijn geneigd om arbeid af te stoten ten gunste van investeringen.

Een ander gevolg van de hoge collectieve lastendruk is het ontstaan van bedrijfstakken die hun bestaan danken aan de ingewikkelde belastingregels. De fiscale advisering van het bedrijfsleven en het publiek is niet alleen een aparte wetenschap geworden, maar ook een bedrijfstak waarin juristen, accountants en andere belastingspecialisten hun werk vinden.

Ontstaan van bedrijfstakken

Ten slotte zijn de administratieve taken die uit de belastingheffing voortvloeien voor ondernemingen zo groot dat ook daarmee enorm veel werkgelegenheid is gemoeid. In Nederland gaat het daarbij al snel om kosten van enkele miljarden euro's.

Administratieve lastendruk

Gevolgen van de collectieve lastendruk

Sinds de jaren negentig van de vorige eeuw is een van de aandachtspunten van de overheid de collectieve lastendruk te laten dalen, om de activiteiten van de marktsector niet al te veel te verstoren. Behalve de reeds genoemde gevolgen zet een hoge belastingheffing ook een aantal andere mechanismen in werking, namelijk:

1 afwenteling
2 ontwijking
3 ontduiking

Ad 1 Afwenteling

Het afwentelen van belastingen is een poging om de belasting die door de overheid is opgelegd door een ander te laten dragen. Zo kunnen ondernemers proberen om de uitholling van de winst door een verhoging van de winstbelasting op afnemers af te wentelen met behulp van een prijsverhoging. Op dezelfde wijze kunnen werknemers proberen een verhoging van de premies af te wentelen op de werkgevers door een loonsverhoging te eisen. Ook dit is een soort prijsverhoging. Uiteraard is het succes van de afwenteling afhankelijk van de marktmacht van de marktpartijen. Dat kan tot gevolg hebben dat de belasting uiteindelijk gedragen wordt door de zwakste marktpartij. Voor ondernemingen is het dus ook om deze reden van belang om een stevige positie op de markt te hebben.

Marktmacht
Zwakste marktpartij

Ad 2 Ontwijking

Verder is het mogelijk om belastingbesparende constructies toe te passen. De overheid staat bijvoorbeeld toe om een deel van het inkomen zonder belastingafdracht te bestemmen voor het latere pensioen.
Tijdens de pensioengerechtigde leeftijd vallen de uitkeringen onder de inkomstenbelasting. Indien het inkomen ten tijde van de premieafdracht onder een hoog belastingtarief valt en bij het bereiken van de pensioengerechtigde leeftijd onder een laag tarief, zal de overheid belasting mislopen.
Ontwijking van belasting is ook mogelijk door het arbeidsaanbod aan te passen. Door minder te werken hoeft men ook minder belasting af te dragen. Daardoor kan het voor ondernemingen moeilijker zijn werknemers te werven. Overigens zal het effect niet zo groot zijn omdat ook het omgekeerde kan voorkomen. Juist om een bepaald gewenst inkomen te bereiken, moet men soms meer werken dan zonder belastingheffing het geval geweest zou zijn. Dan hebben de belastingen juist een positief effect op het arbeidsaanbod.

Belasting- besparende constructies

Arbeidsaanbod

Ad 3 Ontduiking

Afwenteling en ontwijking zijn wettelijk toegestaan. Er zijn ook reacties op het belastingsysteem die niet zijn toegestaan. Deze liggen in de sfeer van ontduiking en fraude.
Een veelvoorkomende wijze van ontduiking door ondernemingen is het verzwijgen van omzet voor de fiscus. Vergelijkbaar daarmee is het verzwijgen van (bij-)verdiensten door gezinnen. Naar schatting blijft zo een bedrag van €20 à €40 miljard buiten het officiële circuit. Dit staat wel bekend als de verborgen economie of het zwartgeldcircuit.
Er zijn sectoren die vrijwel geheel tot de verborgen economie behoren, zoals de huishoudelijke hulp. Deze sector bestaat zelfs bij de gratie van zwart werk. Particulieren hebben het er niet voor over schoonmaakwerkzaamheden tegen witte tarieven te laten verrichten. Iets dergelijks, maar in veel minder sterke mate, geldt voor onderhouds- en verbouwingswerkzaamheden aan particuliere huizen. Het verborgen geldcircuit kan een geduchte concurrent vormen voor de officiële economische bedrijvigheid. Daarom is een uitgebreide controle op belastingontduiking noodzakelijk. Ook dat is weer een bron van werkgelegenheid, die tot overheidsproductie leidt.

Verzwijgen van omzet

Zwart werk

In casus 6.3 komt naar voren dat zwart werk vooral een kwestie is van moraal.

CASUS 6.3

253.000.000.000 zwart geld

Door Edwin Winkels

BARCELONA — Officieel is 26 procent van de Spaanse beroepsbevolking werkloos, van wie iets meer dan de helft een uitkering ontvangt. Maar zitten ze allemaal wel zonder werk, die 6 miljoen die bij het arbeidsbureau staan ingeschreven? Nee, zeggen de belastinginspecteurs.

Crisis en werkloosheid hebben de fraude met uitkeringen en belastingen alleen maar doen groeien. In een onthullend rapport dat een vereniging van functionarissen van de Belastingdienst (Gestha) gisteren in Madrid presenteerde, staat dat één op de vier euro's in Spanje zwart wordt betaald of geïnd. 24,6 procent van het Spaanse bruto nationaal product ontsnapt jaarlijks aan de fiscus. In cijfers: 253 miljard euro aan zwart geld circuleert door het hele land. Bijna al dat zwarte geld bestaat uit biljetten van 500 euro, die 70 procent van het contante geld in Spanje vormen.

Bouwsector

Zwart werken en betalen is in Spanje altijd al populair geweest, vooral in de jaren van de enorme groei in de bouwsector.

Ondernemers betaalden massaal cash in enveloppen aan zzp'ers die als werkloze geregistreerd stonden, en tegelijkertijd brachten allerlei toeleveranciers en bouwers elkaar geen btw in rekening.

Bron: AD/Rotterdams Dagblad, *30 januari 2014*

Voor een goede schatting van de omvang van illegale activiteiten die bijdragen aan het nationaal inkomen, moeten we de relevante illegale activiteiten identificeren. Voor elk land kan dit lijstje anders zijn. Wapensmokkel bijvoorbeeld is in sommige landen een grote illegale activiteit, maar in andere niet. Productie en verkoop van drugs en prostitutie zijn wereldwijd de meest voorkomende illegale activiteiten. Voor Nederland zijn zes typen illegale activiteiten geschat:
1 illegale productie en verkoop van drugs
2 prostitutie
3 heling van gestolen goederen
4 smokkel van sigaretten
5 illegaal kopiëren van software, spellen, films en muziek
6 illegaal gokken

Bron: CBS, De Nederlandse economie 2013, *p. 184*

Beleidsconcurrentie

Overheden komen soms zelf in de verleiding om met behulp van het belastingsysteem ondernemingen aan te trekken, om de werkgelegenheid te stimuleren. Dit kan bijvoorbeeld door de winstbelasting te verlagen of door een onderneming andere voordelen te gunnen. Als overheden elkaar als het ware overbieden bij het aantrekken van bedrijven, is sprake van beleidsconcurrentie.

Door verschillende belastingtarieven in verschillende landen komen sommige mensen in de verleiding te verhuizen naar een land waar het belastingklimaat milder is. Zo hebben veel vermogende Nederlanders zich in de jaren negentig van de vorige eeuw gevestigd in België, omdat daar geen vermogensbelasting verschuldigd is.

Nederland heeft een hoge wig in vergelijking met andere landen. Dat wijst op een slecht vestigingsklimaat.

Een hoge wig zegt echter niet alles over het vestigingsklimaat. Men dient ook de arbeidsproductiviteit in de overweging te betrekken. Als een hoge wig gepaard gaat met lage kosten per eenheid product, hoeft de concurrentiepositie niet te lijden onder het belastingstelsel.

Gezien de onwenselijkheid van beleidsconcurrentie en belastingvlucht hebben de leden van de Europese Unie afspraken gemaakt over de harmonisatie van het belastingstelsel. Daarbij zijn onder andere grenzen afgesproken voor de btw.

TUSSENVRAAG 6.6
Waarom zou beleidsconcurrentie vanuit het oogpunt van efficiënte productie bezwaarlijk zijn?

6.4 Rol van de overheid in de economie

Overheden hebben zich in verschillende perioden in de twintigste eeuw intensief met de economie beziggehouden. In tijden van economische neergang bleken veel van de macro-economische doelstellingen niet te worden behaald. Er ontstond werkloosheid, met armoede tot gevolg. De groei zakte in. Bij gelijktijdige groei van de bevolking daalde de welvaart per hoofd van de bevolking. Met de ontwikkeling van democratieën kwam er steeds meer druk op de overheid om zich actief met het economisch proces te bemoeien. De mate waarin de overheid zich met de economie ging bezighouden, hangt af van de opvattingen die men in de diverse landen over de overheid heeft. In subparagraaf 6.4.1 behandelen we twee visies op de rol van de overheid in de economie.
Tijdens de kredietcrisis hebben overheden grote tekorten gecreëerd om de economie te stimuleren. Dat heeft geleid tot de zogenoemde staatsschuldcrisis. Hieraan besteden we aandacht in subparagraaf 6.4.2.

6.4.1 Twee visies op de rol van de overheid
Er bestaan twee visies op de rol die de overheid kan en moet spelen in de economie:
- de keynesiaanse visie
- de klassieke visie

De keynesiaanse visie

Keynesiaanse visie

De keynesiaanse visie stelt dat de overheid verantwoordelijk is voor het bereiken van de doelstellingen van de economische politiek en zich zeer intensief moet bemoeien met de economie, vooral de conjunctuur. De overheid moet in deze visie zorgen voor volledige werkgelegenheid en groei.

Volledige werkgelegenheid

Voor het bereiken van volledige werkgelegenheid moet de *output gap* – het verschil tussen bestedingen en productiecapaciteit – zo klein mogelijk gehouden worden. Als de particuliere sectoren te weinig besteden, moet de overheid dit compenseren door haar uitgaven te verhogen of de belastingen te verlagen. De overheid stelt in een neergang meer diensten aan de bevolking ter beschikking; de particuliere bestedingen blijven zo op peil. In tijden van laagconjunctuur moet de overheid lenen om de bestedingen te stimuleren en tijdens een hoogconjunctuur moet ze de schuld weer aflossen, waar-

Anticyclisch beleid

door de bestedingen worden afgeremd. Dit zogenoemde anticyclisch beleid dempt de conjunctuurgolven.
Een redelijke inkomensverdeling en de invloed die de overheid op scholing en gezondheidszorg moet hebben, vereisen omvangrijke overheidsuitgaven. Een grote overheid heeft ook zonder een actief conjunctuurbeleid een dempende invloed op de conjunctuurgolven. Als werkloosheidsuitkeringen bestaan, zullen werklozen in een neergang hun bestedingen op peil houden,

zodat de productie weinig te lijden heeft. Overheidsuitgaven zijn wettelijk vastgelegd en bezuinigingen zijn op korte termijn vaak niet mogelijk. Ze houden de bestedingen in een neergang op peil. Men spreekt in deze gevallen wel van automatische stabilisatoren van de conjunctuur.

Automatische stabilisatoren

Sommige overheden voeren een zogenoemd structureel begrotingsbeleid, waardoor de stabiliserende werking van het overheidsbudget op de conjunctuur voor langere tijd is vastgelegd. De eenvoudigste vorm hiervan is de uitgaven te plannen op basis van de langetermijngroei (de structurele groei) van de economie. Als deze langetermijngroei bijvoorbeeld 2 procent is, mogen de uitgaven met 2 procent per jaar groeien. De inkomsten van de overheid zijn afhankelijk van de inkomensontwikkeling van de belastingplichtigen. Hun inkomens stijgen meer in een hoogconjunctuur (bijvoorbeeld met 4 procent) dan in een laagconjunctuur (bijvoorbeeld met 0 procent).
In een hoogconjunctuur is de groei van de ontvangsten hoger dan de groei van de uitgaven en zal een overschot ontstaan. In een laagconjunctuur ontstaat een tekort op het overheidsbudget.

Structureel begrotingsbeleid

De klassieke visie
In de klassieke visie dient de overheid een zo klein mogelijke rol te spelen. Ze moet zich beperken tot het garanderen van veiligheid voor de burgers, het beschermen van bezit en het zorgen dat burgers hun contracten naleven. Een grote overheid is inefficiënt vanwege de bureaucratie die zich in elke grote organisatie nestelt. De bureaucratie belemmert het particulier initiatief door een woud van regelgeving. Daarmee holt de overheid het groeivermogen van de economie uit. De afstemming van vraag en aanbod op de arbeidsmarkt en andere markten kan de overheid maar beter overlaten aan het marktmechanisme. Dan weerspiegelen prijzen zo goed mogelijk de schaarste van producten en productiefactoren. Individuen grijpen hun kansen en worden beloond naar hun productiviteit.

Klassieke visie
Veiligheid

De meeste Europese overheden, ook de Nederlandse, stammen uit de traditie van de keynesiaanse visie. Om de nadelen van een te grote overheid te verminderen is de afgelopen decennia een beleid gevoerd van privatisering van overheidsbedrijven en het zo veel mogelijk afstoten van overheidstaken. De Europese Commissie stimuleert de verzelfstandiging van staalbedrijven, luchtvaartondernemingen, elektriciteitsbedrijven, telecommunicatieondernemingen enzovoort.

Privatisering

6.4.2 De financiële crisis
Dalingen van de economische groei komen met regelmaat voor. In hoofdstuk 9 komt het patroon van de conjunctuurbeweging aan de orde. Daar zal blijken dat er een tienjarige cyclus is, met hoogtepunten en dieptepunten in de economische groei.
Midden in de cyclus van het dieptepunt in 2003 tot het dieptepunt in 2012-2013 is de wereld in 2007 verrast door een financiële crisis: banken raakten in moeilijkheden doordat ze te veel geld hadden uitgeleend aan partijen die te grote risico's hadden genomen. Zij moesten hals over kop de normen voor de kredietverlening aanscherpen. Dit staat bekend als de bankencrisis. De kredietverlening aan bedrijven en gezinnen kwam daardoor in het gedrang, met een sterke inzinking van de productie in 2008 en 2009 tot gevolg. Dit staat bekend als de kredietcrisis.

Bankencrisis

Kredietcrisis

Overheden probeerden de economie te stimuleren door hun uitgaven op peil te houden, terwijl hun inkomsten daalden omdat bedrijven en gezinnen minder belasting betaalden. Overheden leenden hogere bedragen op de financiële markten. Sommige landen, met name in de eurozone, raakten in de ogen van de financiële markten insolvabel. Het vertrouwen van partijen op de financiële markten in de aflossing van de uitgeleende bedragen daalde sterk. De risicopremies in de rente liepen steeds verder op en overheden kregen steeds meer moeite om aan hun betalingsverplichtingen te voldoen. Dit staat bekend als de staatsschuldcrisis.

Staatsschuldcrisis

Staatsschuldquote

De bezuinigingen die nodig zijn om de rente te betalen en de overheidsfinanciën weer op orde te krijgen, treffen scholen, gezondheidszorg, veiligheid, pensioenen, uitkeringen, enzovoort. Dit heeft in sommige landen geleid tot grote maatschappelijke onrust, waardoor het voortbestaan van de eurozone in gevaar is gebracht.

Om dit gevaar het hoofd te bieden heeft de Europese Commissie een aantal criteria opgesteld waaraan landen moeten voldoen. Deze zijn vastgelegd in de Macroeconomic Imbalance Procedure (MIP). De MIP kent een aantal criteria op het gebied van de concurrentiekracht van de deelnemende landen, zoals de betalingsbalans, de loonkosten, het exportaandeel, schulden en bezittingen, en de kapitaalstromen van en naar het buitenland.

Macroeconomic Imbalance Procedure

Op het gebied van de overheidsfinanciën is er ook een norm. Deze heeft te maken met de staatsschuldquote, dat wil zeggen de staatsschuld als percentage van het bbp. Deze mag maximaal 60 procent bedragen. Daarvan afgeleid is de norm dat er een begrotingsevenwicht in het vooruitzicht moet zijn, en dat het tekort van de overheid maximaal 3 procent van het bbp mag bedragen.

Staatsschuldquote

De normen voor staatsschuld en overheidstekort hangen met elkaar samen. Dat is als volgt eenvoudig in te zien [6.1].

$$\text{Staatsschuldquote} = \text{Staatsschuld} / \text{bbp} \qquad [6.1]$$

Hieruit volgt vergelijking [6.2]:

$$\% \Delta \text{ Staatsschuldquote} = \% \Delta \text{ Staatsschuld} - \% \Delta \text{ bbp} \qquad [6.2]$$

Bij de vaststelling van de criteria voor de staatsschuldquote en het overheidstekort in de jaren negentig van de vorige eeuw ging men uit van een nominale groei van het bbp van ongeveer 5 procent: 2 procent inflatie plus 3 procent reële groei. Als de groei van de staatsschuld ook 5 procent bedraagt, blijft de staatsschuldquote constant.

Als de staatsschuldquote 60 procent van het bbp bedraagt en met 5 procent toeneemt, zal de staatsschuld dus groeien met 3 procent van het bbp (5 procent van 60 procent = 3 procent). De groei van de staatsschuld is uiteraard gelijk aan het financieringstekort van de overheid. Dat komt overeen met een overheidstekort van 3 procent van het bbp. Bij een lager tekort zal de staatsschuldquote dus afnemen; bij een hoger tekort neemt de staatsschuldquote toe.

Bij een bbp van €600 miljard en een staatsschuldquote van 60 procent bedraagt de staatsschuld €360 miljard. Bij een groei van 5 procent is het bbp
het volgende jaar €630 miljard. Als het overheidstekort 3 procent van het
bbp bedraagt, groeit de staatsschuld dus met 3 procent van €600 miljard tot
€378 miljard. Dat is juist weer 60 procent van het bbp (€378 miljard / €630
miljard × 100).

Afhankelijk van de situatie en de beleidsdoelstellingen dient het tekort minder te zijn dan 3 procent van het bbp.

De reële groei van de Nederlandse economie bedroeg van 2003 tot 2016
slechts 0,4 procent. De inflatie bedroeg gemiddeld 1,1 procent. In dat geval
zal de nominale groei nauwelijks boven de 1,5 procent komen en zal de
staatsschuldquote dus toenemen bij een financieringstekort van 3 procent.
Het feitelijke tekort van de Nederlandse overheid is sinds 2009 gemiddeld
3,4 procent van het bbp. In dat geval loopt de staatsschuldquote fors op.
Bij een staatsschuldquote hoger dan 60 procent moet het tekort van de overheid onder de 3 procent liggen om de quote te laten dalen. Dat klemt zeker
bij een toenemende staatsschuldquote. De lasten van de aflossing komen
terecht bij de volgende generaties, die de schuld niet zijn aangegaan. Dat
kan leiden tot intergenerationele onrechtvaardigheid, als de toekomstige generaties minder profijt hebben van de overheid dan de huidige generaties.
De Nederlandse schuld bedraagt in 2016 64,5 procent bbp en daalt weer
sinds 2014.

Een staatsschuldquote boven de 90 procent van het bbp is onhoudbaar. De
financiële markten eisen in dat geval een hogere risicopremie in de rente. De
rente loopt dan op en zal een steeds groter beslag leggen op de overheidsuitgaven, waardoor de essentiële overheidstaken in het gedrang komen en het
steeds moeilijker wordt het tekort en de schuld terug te dringen. Uiteindelijk
is het dan onmogelijk het tekort te financieren, waardoor de overheid geen
uitgaven meer kan verrichten boven de directe inkomsten. De overheid zal
dan met de crediteuren afspraken moeten maken over een kwijtschelding
van een deel van de schuld, waardoor het decennialang vrijwel onmogelijk
is op de financiële markten te lenen. De staat is dan in feite failliet.

Afbouwen staatsschuld

Sommige overheden hebben als beleidsdoelstelling om de staatsschuldquote
terug te brengen naar 0 procent bbp. Daarvoor kunnen verschillende redenen zijn. De generatie die de schuld heeft gecreëerd en de vruchten ervan ge-
noten, moet in die redenering de schuld ook maar aflossen. Dit argument
geldt vooral als de tekorten gebruikt zijn voor consumptieve uitgaven, bijvoorbeeld ter ondersteuning van uitkeringen. In deze visie mag de overheid
alleen tekorten hebben ten behoeve van investeringen die in de toekomst
vruchten afwerpen. De netto-investeringen van de Nederlandse overheid
zijn al jaren minder dan 1 procent van het bbp, dus ver onder de 3 procent.
Daar staat tegenover dat de Nederlandse bevolking nog steeds hoger wordt
opgeleid en in de toekomst dus meer kan verdienen dan de voorafgaande
generaties. De vraag is dus of scholing tot de investeringen moet worden gerekend of niet.

Een andere reden om de schuld af te bouwen is dat de bevolking vergrijst. In
de toekomst heeft de overheid grote verplichtingen aan AOW-uitkeringen;
zonder schuld zal ze dan een betere uitgangspositie innemen op de internationale kapitaalmarkten.

Daling financie-ringstekort

De overheid kan een daling van de staatsschuld bereiken door haar financie-ringstekort te laten dalen. Dat kan door minder uit te geven of door meer belasting te innen. Beide maatregelen grijpen in in gevestigde belangen. Uitkeringen dalen, voorzieningen zijn minder riant en de koopkracht van de bevolking daalt. Als de overheid bezuinigt of hogere belastingen heft, zal de economische groei onder neerwaartse druk staan. In Nederland ontkomen de zorg, het sociale stelsel, de pensioenen en de huizenmarkt niet aan grondige ingrepen. Op deze beleidsterreinen vinden de hoogste uitgaven plaats, dus zijn hier ook de grootste potentiële bezuinigingen te vinden.

Stimuleren van de groei

Een andere manier om de staatsschuld voor volgende generaties te verlichten is het stimuleren van de groei. Zoals we in de hoofdstukken 10 en 11 zullen zien, is de groei voor een belangrijk deel afhankelijk van de groei van de arbeidsproductiviteit, die op haar beurt weer afhankelijk is van de kennis van de bevolking en van ondernemerschap. De overheid kan deze indicatoren voor de groei stimuleren. Arbeidsproductiviteit is ook afhankelijk van de hoeveelheid mensen die in het arbeidsproces is opgenomen en het aantal gewerkte uren per jaar. Ook de pensioenleeftijd, de deeltijdfactor (de P/A-verhouding) en de lengte van de werkweken zijn dus belangrijke instrumenten voor de economische groei.

Bevorderen inflatie

Ten slotte is er nog de mogelijkheid om de inflatie te bevorderen. Dat stimuleert de nominale groei van het bbp en leidt ertoe dat de geleende euro's steeds minder waard worden. De overheid kan de schuld aflossen met belastinginkomsten, die als gevolg van de inflatie vanzelf toenemen. In de Verenigde Staten en het Verenigd Koninkrijk is in de nasleep van de financiële crisis zoveel geld gecreëerd dat de inflatie eveneens is toegenomen. Deze manier om de schuld te verlichten heeft ook negatieve aspecten. Het gevaar dreigt dat de rente oploopt: schuldeisers willen een beloning voor de reële daling van de waarde van hun vermogen. Verder zullen door de inflatie bepaalde bevolkingsgroepen worden getroffen, met name mensen die afhankelijk zijn van een pensioen, een uitkering of hun opgebouwde vermogen.

Samenvatting

De collectieve sector is een onderdeel van de quartaire sector en bestaat uit het Rijk, de lagere overheden en de organen die de sociale verzekeringen verstrekken.

Een belangrijke taak van de collectieve sector is het produceren van bepaalde goederen en diensten die de markt niet zelf kan voortbrengen, omdat de kosten niet toerekenbaar zijn aan individuen en omdat niemand is uit te sluiten van het genot van deze diensten (de zogenoemde collectieve diensten). Daarnaast heeft de overheid tot taak het herverdelen van inkomen van actieve naar inactieve inkomens, het reguleren van markten, zodat concurrentie blijft bestaan en veiligheid en gezondheid blijven gewaarborgd, en het nastreven van de macro-economische doelstellingen.

Met de taken van de collectieve sector zijn uitgaven gemoeid. Daartegenover moeten inkomsten van de overheid staan. De overheid verwerft haar inkomsten uit:

- directe belastingen, die ze heft over inkomen en vermogen
- indirecte belastingen, die ze heft over verkopen van goederen en diensten
- premies ten behoeve van het sociale stelsel
- niet-belastingmiddelen, afkomstig uit overheidsbezit zoals grond, grondstoffen en deelname in bedrijven.

De gevolgen van de belastingheffing voor de economie zijn groot. Er is sprake van afwenteling, ontwijking en ontduiking van de belastingplicht. Bij afwenteling worden de lasten doorgegeven aan de zwakste partij in de economie. Bij ontwijking probeert men door belastingbesparende constructies minder belasting te betalen. In geval van ontduiking wordt de belastingdruk verlaagd door werk of omzet niet te rapporteren aan de Belastingdienst.

De overheid heeft bepaalde taken in de economie. De visie van klassieke economen is dat de overheid zich zo weinig mogelijk moet bemoeien met het economisch proces. De visie van de keynesiaanse economen is dat de overheid het tekort aan bestedingen van de particuliere sectoren zelf moet uitgeven en zo recessies moet voorkomen.

In de Europese Unie is een staatsschuldcrisis ontstaan. Door hoge tekorten en schulden van de overheden eisen de financiële markten hoge risicopremies in de rente, waardoor rente- en aflossingsverplichtingen onhoudbaar worden. Ook Nederland had in 2011 een overheidstekort en een staatsschuld die hoger waren dan de Europese normen. Dat maakte ingrijpen noodzakelijk.

6

Kernbegrippenlijst

Accijns	Belasting op bepaalde soorten goederen waarvan de overheid het gebruik wil afremmen, zoals tabak, alcohol en benzine.
Begrotingstekort	Verschil tussen uitgaven van de overheid (inclusief aflossingen) en inkomsten van de overheid.
Belastingen	Afdwingbare wettelijke heffingen die door de overheid worden opgelegd zonder een direct aanwijsbare tegenprestatie, onderverdeeld in: • directe belastingen, die volgens de bedoeling van de overheid ten laste komen van degene die ze moet betalen • indirecte belastingen, die worden geheven van een ander dan degene die de belasting uiteindelijk betaalt
Beleidsconcurrentie	Pogingen van de overheid om bedrijven aan te trekken met behulp van belastingmaatregelen of subsidies.
Budgetmechanisme	De overheid zorgt voor afstemming van vraag en aanbod.
Collectieve lastendruk	De belastingen en sociale premies als percentage van het bruto binnenlands product.
Collectieve sector	De organen die tezamen de collectieve voorzieningen in stand houden, te weten de overheid en de socialeverzekeringsinstellingen.
Collectieve uitgavenquote	De uitgaven van de collectieve sector als percentage van het bbp.
Collectieve voorzieningen	Goederen en diensten die door de collectieve sector ter beschikking worden gesteld aan de bevolking. We onderscheiden: • *zuivere collectieve voorzieningen*, waarvan niemand uitgesloten kan worden • *quasi collectieve voorzieningen*, die ook individueel genoten kunnen worden • *merit-goederen*, die niet alleen voor de directe gebruiker nut opleveren, maar daarboven nog extra nut hebben voor de samenleving als geheel (positieve externe effecten) • *demerit-goederen*, waarvan het gebruik gepaard gaat met schadelijke gevolgen voor de samenleving als geheel (negatieve externe effecten)

Externe effecten	De gevolgen van het gebruik van een goed die zich uitstrekken tot anderen dan de gebruiker zelf (zie collectieve voorzieningen).
Financieringstekort	Verschil tussen de uitgaven van de overheid (exclusief aflossingen) en de inkomsten van de overheid.
Gepremieerde en gesubsidieerde sector	Sector die afhankelijk is van overheidssubsidies.
Keynesianen	Economische school die in navolging van Keynes (1936) uitgaat van het belang van de effectieve vraag voor de hoogte van het nationaal inkomen.
Klassieken	Economische school die in navolging van Adam Smith (1776) uitgaat van het belang van de aanbodsector.
Kostprijsverhogende belastingen	Indirecte belastingen, voornamelijk bestaande uit btw en accijnzen.
Lagere overheden	Gemeenten, provincies en waterschappen.
Marktmechanisme	De markt zorgt voor de afstemming van vraag naar en aanbod van goederen en diensten.
Niet-belastingmiddelen	Inkomsten van de collectieve sector die voornamelijk voortvloeien uit overheidsbezit.
Ontduiking	Het vermijden van belastingbetaling met behulp van illegale methoden.
Ontwijking	Het afwentelen van belasting.
Overheidsconsumptie	Uitgaven van de overheid aan salarissen en goederen en diensten, ten behoeve van het in stand houden van de collectieve voorzieningen.
Overheidsuitgaven	Uitgaven van het Rijk, lagere overheden en overige publiekrechtelijke lichamen.
Prijsmechanisme	Afstemming van vraag en aanbod door middel van prijsvorming op markten.
Staatsschuld	Schuld van de overheid.
Staatsschuldquote	Staatsschuld als percentage van het bbp.
Quartaire sector	Organisaties die hun producten zonder winstoogmerk op de markt brengen.

6

7

Economische relaties

7.1	Economische kringloop
7.2	Productie en bestedingen
7.3	Macro-economische kerngegevens

De economische kringloop toont de transacties tussen de verschillende sectoren: gezinnen, bedrijven, overheid en buitenland. De economische kringloop maakt duidelijk dat productie, inkomens en bestedingen in de economie aan elkaar gelijk zijn.

De staat van middelen en bestedingen geeft aan de middelenkant het bruto binnenlands product weer, samen met de import. De bestedingen zijn de consumptie, de investeringen, de overheidsbestedingen en de export.

De tabel met kerngegevens bevat voorspellingen over de groei van diverse macro-economische variabelen. Het zijn de uitkomsten van berekeningen met macro-economische modellen.

In dit hoofdstuk staan de volgende vragen centraal:
- Welk verband is er tussen productie en bestedingen?
- Op welke manieren kan dit verband tussen productie en bestedingen worden vastgelegd?
- Wat zijn de belangrijkste kerngegevens van een economie?

Ondernemen met het oog op de toekomst

Een bouwonderneming is actief op heel verschillende markten. Het bedrijf bouwt woningen, kantoren, fabriekshallen, wegen, dijken en andere infrastructuur.

De onderneming wil een planning maken van omzet, afzet en kosten voor het komende jaar. De ondernemer is daarom benieuwd naar de groei op de verschillende markten. De ontwikkeling van de vraag op deze markten kan in de loop van de tijd behoorlijke verschillen vertonen. Soms leeft de woningbouw op, terwijl in een andere periode de kantoorbouw floreert. Dan weer kan de onderneming een belangrijk deel van de winst behalen uit grote infrastructurele projecten. Deze laatste markt groeit niet uitbundig, maar is zeer interessant in tijden van economische malaise: de overheidsuitgaven blijven min of meer stabiel, terwijl de particuliere uitgaven aan woningen en kantoren inzakken. Enig zicht op de ontwikkeling in de verschillende markten is dus geboden om tijdig de meest belovende te kunnen betreden.

Daarvoor raadpleegt de bouwonderneming de tabel met kerngegevens van de Nederlandse economie en de voorspellingen op het gebied van de bouw die daarvan zijn afgeleid. De vraag naar woningen hangt voornamelijk samen met de ontwikkeling van het nominaal beschikbaar gezinsinkomen en de rente. De schommelingen in de kantoor- en fabrieksbouw hangen samen met de groei van het bbp. Ondernemingen investeren in nieuwe gebouwen als ze optimistisch zijn over hun eigen afzet. De overheidsinvesteringen worden bepaald door de financiële positie van de overheid. Al deze variabelen behoren tot de kerngegevens van de economie.

7.1 Economische kringloop

In paragraaf 7.1 staan centraal:
- de economische kringloop (subparagraaf 7.1.1)
- de macro-economische identiteiten (subparagraaf 7.1.2)

7.1.1 Kringloop

Er zijn vier sectoren die elk hun eigen functie uitoefenen in het economisch proces: gezinnen, bedrijven, overheid en buitenland. In figuur 7.1 zijn de transacties tussen de sectoren weergegeven met behulp van een economische kringloop. Een economische kringloop bevat de geldstromen tussen de sectoren gedurende een bepaalde periode.

Uitgaande = ingaande geldstroom

De kringloop brengt tot uitdrukking dat de uitgaande geldstromen van een bepaalde sector de inkomende geldstromen vormen van de andere sectoren. Consumptieve uitgaven van de gezinnen komen bijvoorbeeld terecht bij de sector bedrijven. In de economische kringloop zijn de totale uitgaven van de sectoren dan ook gelijk aan de totale inkomsten.

Linkerzijde: aanbod

In figuur 7.1 zijn de belangrijkste variabelen weergegeven die te maken hebben met de productie en de bestedingen. De linkerzijde heeft betrekking op het aanbod in de economie: het binnenlands product en de import.

Rechterzijde: bestedingen

Aan de rechterzijde staan de bestedingen.

Er zijn vier sectoren: de gezinnen, de overheid, de bedrijven en het buitenland. Elke sector heeft zijn eigen taken in de productie of de besteding van het inkomen. Deze taken zijn gemakkelijk uit de economische kringloop af te lezen.

FIGUUR 7.1 De economische kringloop in Nederland, 2016, × €1 mld

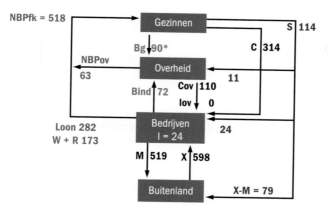

* Inclusief 16 mld niet-belastingmiddelen

Bron: economische kringloop 2016, *MEV 2016*

In figuur 7.1 geldt:

NBP_{fk}	=	netto toegevoegde waarde tegen factorkosten
B_g	=	belastingen van gezinnen
C	=	gezinsconsumptie
S	=	besparingen
NBP_{ov}	=	netto binnenlands product afkomstig van de overheid
B_{ind}	=	indirecte belastingen -/- kostprijsverlagende subsidies
C_{ov}	=	materiële overheidsconsumptie
I_{ov}	=	netto-overheidsinvesteringen
I	=	netto-investeringen van bedrijven
M	=	import
X	=	export

De afschrijvingen van bedrijven bedragen 91; de afschrijvingen van de overheid bedragen 23.

De gezinnen leveren productiefactoren aan de overheid en de bedrijven, waarvoor ze een inkomen ontvangen. Uit dit inkomen betalen ze belasting aan de overheid. Van het resterende deel – het besteedbare inkomen – besteden ze het grootste deel aan consumptiegoederen. Wat overblijft, sparen ze.
De overheid en de bedrijven vervaardigen goederen en diensten. Dat is te zien aan de inkomensstroom naar de gezinnen, die dit inkomen ontvangen vanwege het verrichten van productieve activiteiten.
De productie wordt aangevuld met importgoederen en -diensten uit het buitenland om aan de totale vraag te kunnen voldoen. Het buitenland koopt van Nederlandse ondernemingen de exportgoederen en -diensten.

De bedragen die in figuur 7.1 zijn weergegeven, komen overeen met de schattingen van het CPB voor de Nederlandse economie, in 2016 gepubliceerd in de *Macro-economische Verkenning 2016*.

Afstemming vraag en aanbod

Markten

De sectoren onderhouden een groot deel van hun contacten via markten. Het inkomen is bijvoorbeeld een geldstroom van de overheid en de bedrijven naar de gezinnen. Dit inkomen komt tot stand op de markt voor de productiefactoren. De consumptie is op dezelfde manier weergegeven als een geldstroom van de gezinnen naar de bedrijven, die verloopt via de markten voor consumptieproducten.

Ontelbare beslissingen

Via markten vinden de stromen goederen en diensten hun weg naar de afnemers. Elke sector bestaat uit een groot aantal vragers en aanbieders. Zij nemen elk hun beslissingen op grond van hun eigen overwegingen. De betrekkingen tussen vragers en aanbieders zijn dan ook uiterst complex. Markten spelen een grote rol in de contacten tussen de partijen.

Prijzen

Op markten komen prijzen tot stand die een signaal vormen voor de marktpartijen. Aan de hand van de prijzen kunnen ze hun vraag en aanbod op elkaar afstemmen.

TUSSENVRAAG 7.1
Wat zou er op de markten gebeuren als de ondernemers de vraag onderschatten?

Aanpassings-
processen

Dat gebeurt ook als de inkomende en uitgaande geldstromen van een sector niet aan elkaar gelijk zijn. Vraag en aanbod zijn dan niet in evenwicht en er zullen aanpassingsprocessen op gang komen. Als bijvoorbeeld de gezinnen plotseling door toenemende onzekerheid in de wereld geen 314 maar 310 miljard consumeren, zullen ze meer sparen. Ondernemingen zien hun voorraden toenemen en doen gedwongen voorraadinvesteringen, waarvoor ze lenen bij de gezinnen. De vraag naar goederen is kleiner dan het aanbod, de prijzen zullen dalen en na enige tijd zullen de bedrijven hun productie verminderen en personeel ontslaan. Het inkomen van de gezinnen daalt, zodat productie en bestedingen weer aan elkaar gelijk zijn.

We zullen nu de geldstromen in de kringloop verder toelichten.

Geldstromen in de kringloop

Gezinnen

Gezinnen ontvangen een beloning van de bedrijven en de overheid voor het beschikbaar stellen van productiefactoren (NBP_{fk} = 518). Zij besteden dit inkomen gedeeltelijk aan consumptiegoederen (C = 314) en betalen belasting aan de overheid (B_g = 90). Het overschot sparen ze (S = 114).

Overheid

De overheid ontvangt van de gezinnen directe belasting (B_g = 90) en van de bedrijven indirecte belastingen min kostprijsverlagende subsidies (72). De overheid besteedt de materiële overheidsconsumptie (C_{ov} = 110) en de overheidsinvesteringen (I_{ov} = 0) bij de bedrijven. Daarnaast betaalt de overheid de salarissen van het overheidspersoneel aan de gezinnen (NBP_{ov} = 63). Het tekort van de overheid bedraagt 11. Dit bedrag leent ze bij de gezinnen.

Bedrijven
Buitenland

De bedrijven ontvangen geld uit leveringen aan de gezinnen (C), de overheid ($C_{ov} + I_{ov}$) en het buitenland (X = 598).
Ze betalen inkomen – het netto binnenlands product van bedrijven (NBP_b) – aan de gezinnen, indirecte belastingen aan de overheid, en de import (M = 519) aan het buitenland. Het tekort van 24 lenen ze van de gezinnen.
Het buitenland ontvangt het bedrag van de import (M) en betaalt het bedrag van de export (X). Het buitenland kan een tekort lenen ofwel een overschot beleggen op de vermogensmarkten in Nederland. Bij een overschot op de lopende rekening, zoals in de kringloop van figuur 7.1, zal een kapi-

7

taalstroom van Nederland naar het buitenland gaan; bij een tekort op de lopende rekening is sprake van een omgekeerde kapitaalstroom. In figuur 7.1 leent het buitenland 79 om het overschot op de lopende rekening te kunnen betalen.

Het bbp bedraagt naar schatting 704.

7.1.2 Macro-economische vergelijkingen

Uit figuur 7.1 kan een aantal vergelijkingen worden afgeleid die bekendstaan als de macro-economische identiteiten (vergelijking [7.2] en [7.4]). In figuur 7.1 is te zien dat de gezinnen hun inkomen uitgeven aan consumptieve bestedingen, besparingen en belastingen:

Macro-economische identiteiten

$$NBP_{fk} = C + S + B_g \qquad [7.1]$$

$$518 = 314 + 114 + 90$$

Wanneer we aan beide zijden van vergelijking [7.1] de indirecte belastingen minus de kostprijsverlagende subsidies toevoegen, ontstaat vergelijking [7.2].

$$NBP_{mp} = C + S + B \qquad [7.2]$$

$$590 = 314 + 114 + 162$$

De kringloop is in evenwicht, aangezien de ingaande en uitgaande geldstromen van elke sector aan elkaar gelijk zijn. Dit houdt tevens in dat de productie, ofwel het inkomen, gelijk is aan de bestedingen. Dit is weergegeven in vergelijking [7.3] en [7.4]. Vergelijking [7.3] bevat in het linkerlid de productie inclusief de afschrijvingen. De afschrijvingen vormen het verschil tussen het bruto en het netto binnenlands product. In het rechterlid zijn de vervangingsinvesteringen opgenomen.

$$Bbp_{mp} = C + I_v + I + O + X - M \qquad [7.3]$$

$$704 = 314 + 114 + 24 + 173 + 598 - 519$$

Wanneer we de variabelen links en rechts van het gelijkteken verminderen met de afschrijvingen, ontstaat vergelijking [7.4].

$$NBP_{mp} = C + I + O + X - M \qquad [7.4]$$

$$590 = 314 + 24 + 173 + 79$$

Vergelijking [7.4] kan op een andere wijze worden opgesteld, zodat vergelijking [7.5] ontstaat.

$$NBP_{mp} - (C + I + O) = X - M \qquad [7.5]$$

$$590 - 511 = 79$$

Saldo van de lopende rekening

Vergelijking [7.5] laat zien dat we uit het saldo van de lopende rekening van de betalingsbalans (X – M) belangrijke conclusies kunnen trekken over een economie. Bij een overschot is de productie groter dan de bestedingen van de binnenlandse sectoren. De bestedingen C + I + O noemen we de nationale bestedingen. Consumenten, bedrijven en de overheid besteden te weinig om de gehele productie af te nemen.

Het land heeft dus het buitenland nodig om het aanbodoverschot te kopen. De export zorgt ervoor dat de totale productie ook wordt gekocht. Hoe financiert het buitenland de Nederlandse export? In de eerste plaats natuurlijk door de import, waartegenover een geldstroom naar het buitenland staat. Maar dat is bij een overschot op de lopende rekening van de betalingsbalans niet voldoende. Het buitenland moet in dat geval lenen van de binnenlandse sectoren. Dit is al jaren het geval in Nederland.

In figuur 7.2 is het verloop van de lopende rekening van de Nederlandse betalingsbalans gedurende een lange periode afgebeeld.

FIGUUR 7.2 Saldo van de lopende rekening van de betalingsbalans van Nederland 1971–2016

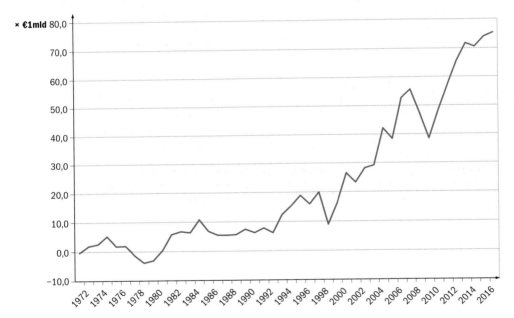

Bron: CPB, *MEV 2016*

Overschot
Voordeel

Op het eerste gezicht lijkt een overschot op de lopende rekening gunstig. Immers, een land met een overschot heeft een stevige concurrentiepositie op de wereldmarkten. Het bedrijfsleven kan de internationale concurrentie aan en hoeft niet bang te zijn om op de binnenlandse markten overspoeld te worden door buitenlandse producten.

Nadelen

Een overschot op de lopende rekening heeft echter ook nadelen. De bestedingen in een land met een overschot blijven achter bij het niveau van de productie. Dit overschot wordt afgezet in het buitenland, waartegenover per saldo een inkomende geldstroom staat. Banken en beleggers zullen dit overschot aan geld in het buitenland beleggen. Het land voert kapitaal uit, dat ook in het binnenland geïnvesteerd had kunnen worden.

Het overschot is ook voor andere landen nadelig. De tegenhanger van een overschot in het ene land is uiteraard een tekort op de lopende rekening in andere landen. Het land heeft een hoge productie door de bestedingen van andere landen. In deze landen zullen de nationale bestedingen de productie te boven gaan. Zij leven op te grote voet en moeten van andere landen lenen om de importen te kunnen betalen.

Deze landen zullen maatregelen nemen en bijvoorbeeld door een bestedingsbeperking het tekort op de lopende rekening willen bestrijden. Dat heeft uiteraard gevolgen voor het land met het overschot: de export zal dalen en de productie zal daardoor afnemen.

Zowel overschotten als tekorten op de lopende rekening hebben dus schaduwzijden.

Nederland heeft al decennialang een fors overschot op de lopende rekening. De bezittingen van Nederland in het buitenland zouden dus de schulden van Nederland aan het buitenland ver moeten overtreffen. Dat zou betekenen dat Nederland in de toekomst een beroep kan doen op buitenlandse productiecapaciteit om bijvoorbeeld in de behoeften van gepensioneerden te kunnen voorzien.

Fors overschot Nederland

Dat is niet het geval. Het nettobezit in het buitenland is zeer gering en vaak blijkt het een nettoschuld te zijn. Dat komt doordat in de decennia die achter ons liggen de waarde van de gulden en later de euro steeds is gestegen, waardoor de belegde gelden minder waard zijn geworden. Ook blijken de buitenlandse beleggingen minder rendabel dan de beleggingen van buitenlanders in Nederland. Nederland heeft dus jarenlang voor miljarden euro's aan het buitenland weggegeven.

Niet alleen het saldo op de lopende rekening, maar ook de overschotten en de tekorten van de andere sectoren zijn van belang voor de beoordeling van een economie. Vrijwel alle macro-economische analyses van banken, bedrijven en overheidsinstellingen gaan uit van deze vergelijking en schenken veel aandacht aan de besparingen en investeringen, de overheidsbegroting en het saldo op de lopende rekening. We lichten dit toe aan de hand van enkele vergelijkingen.

Uit vergelijking [7.2] en [7.4] kan men afleiden dat:

$$S + B = I + O + X - M$$

ofwel:

$$(S - I) + (B - O) = (X - M) \qquad [7.6]$$

$$114 - 24 + 162 - 173 = 598 - 519$$

$$90 - 11 = 79$$

Macro-economische situatie

Nationale spaarsaldo

Vergelijking [7.6] geeft de belangrijkste elementen weer uit de zogenoemde macro-economische situatie van een economie. In woorden staat in vergelijking [7.6] dat de som van het spaarsaldo van de particuliere sectoren, bedrijven en gezinnen, en van de overheid – tezamen het nationale spaarsaldo – gelijk is aan het saldo van de sector buitenland.

TUSSENVRAAG 7.2
Wat gebeurt in een land waarvan de besparingen niet toereikend zijn om de investeringen te financieren?

Particuliere spaarsaldo

Het saldo van de particuliere besparingen (S) en de particuliere netto-investeringen (I) staat bekend als het particuliere spaarsaldo (S – I). In het voorgaande is al gewezen op het grote belang van de besparingen voor het financieren van de netto-investeringen. Als het particuliere spaarsaldo positief is, vormen de besparingen geen knelpunt voor deze financiering. De netto-investeringen zijn belangrijk voor de groei van de kapitaalgoederenvoorraad, die op zijn beurt een randvoorwaarde vormt voor de groei van de productie. De economische groei op lange termijn is dan ook afhankelijk van de besparingen.

Saldo van de overheidsbegroting

De overheidsinkomsten, voor een belangrijk deel bestaande uit belastingen (B), verminderd met de overheidsbestedingen (O), geven het saldo van de overheidsbegroting weer (B – O). Dikwijls betreft dit een tekort. De beoordeling van dit saldo is van belang in het kader van de macro-economische politiek. Regeringen van landen met grote tekorten zullen vroeg of laat bezuinigingen moeten doorvoeren. Dat gaat ten koste van de overheidsvoorzieningen. Zo zijn velen van oordeel dat de kwaliteit van het onderwijs, de gezondheidszorg en de infrastructuur in Nederland ernstig tekortschiet. Dat uit zich in grote klassen, lange wachtlijsten voor medische zorg en files op de wegen.

7.2 Productie en bestedingen

Het CPB geeft de productie en de bestedingen weer in de Staat van Middelen en Bestedingen (SMB). In subparagraaf 7.2.1 geven we de SMB schematisch weer. In subparagraaf 7.2.2 staat de SMB centraal zoals het CPB deze publiceert.

7.2.1 Indeling van de Staat van Middelen en Bestedingen

De Staat van Middelen en Bestedingen (SMB) is een boekhoudkundige opstelling van de productie en de bestedingen. Zoals de naam zegt, bestaat ze uit een middelenkant (debet) en een bestedingenkant (credit).

Middelenkant

De middelenkant geeft alle goederen en diensten weer waarover men in Nederland kan beschikken. Deze middelen bestaan uit de goederen en diensten die in het binnenland zijn voortgebracht (het binnenlands product) en uit geïmporteerde goederen en diensten. Het binnenlands product is weergegeven tegen factorkosten en marktprijzen. Ook is het onderscheid tussen bruto en netto binnenlands product aangebracht.

Bestedingenkant

Nationale bestedingen

De bestedingenkant geeft de bestedingen weer van de verschillende sectoren. De nationale bestedingen bestaan uit bestedingen van bedrijven, gezinnen en overheid. Er is onderscheid gemaakt tussen consumptieve bestedingen en investeringen. De gezinnen (huishoudens) en de overheid verrichten consumptieve bestedingen.

De overheidsconsumptie is opgesplitst in uitkeringen in natura en de overige overheidsconsumptie. De uitkeringen in natura zijn de overheidsdiensten die individueel toerekenbaar zijn, zoals de medische zorg. Medische diensten worden geleverd aan individuen. Mensen die ziek zijn, maken gebruik van diensten van artsen, ziekenhuizen of van medicijnen. Dit individuele karakter is een groot verschil met andere overheidsdiensten. Deze bestaan uit collectieve diensten die niet individueel toerekenbaar zijn, zoals veiligheid, geleverd door dijken of politie en justitie.
De som van de nationale bestedingen en de export vormt de totale bestedingen.

Tabel 7.1 geeft een schematisch overzicht van de SMB met de gegevens uit figuur 7.1, waarbij de afschrijvingen van 114 (91 van bedrijven en 23 van de overheid) extra zijn toegevoegd.

TABEL 7.1 Staat van middelen en bestedingen, 2016

Middelen		Bestedingen	
Binnenlands product, fk		Particuliere consumptie	314
afkomstig van:		Overheidsconsumptie	173
bedrijven	455		
overheid	63	Bruto-investeringen door:	
		Bedrijven	115
Binnenlands product, fk	518	Overheid	23
KP verhogende belastingen – subsidies	72		
Netto binnenlands product, mp	590	Totaal nationale bestedingen	625
Afschrijvingen	114		
Bruto binnenlands product, mp	704		
Invoer	519	Uitvoer	598
Totaal middelen	1.223	Totaal bestedingen	1.223

TUSSENVRAAG 7.3
Wat verandert in de SMB indien de nationale bestedingen in het volgende jaar 10 hoger zijn, terwijl de invoer en de uitvoer gelijk blijven?

7.2.2 Publicatie van de Staat van Middelen en Bestedingen
In Nederland publiceert het CPB de Staat van Middelen en Bestedingen jaarlijks in de *Macro-Economische Verkenning* (*MEV*) en het *Centraal Economisch Plan* (*CEP*) voor het lopende en het komende jaar. Hierbij maakt het CPB onderscheid tussen hoeveelheids- en prijsontwikkelingen.
Het CPB heeft dus niet alleen als doel een beschrijving te geven van het economisch proces dat in het verleden heeft plaatsgehad, maar voorspelt ook de variabelen uit de SMB voor een periode die nog moet aanbreken.

Macro-Economische Verkenning

Als voorbeeld is in tabel 7.2 de SMB uit de MEV *2016* opgenomen. Aangezien de *MEV 2016* in september 2015 is verschenen, zijn alle bedragen schattingen.

Uit tabel 7.2 blijkt dat het CPB van elke variabele uit de SMB een hoeveelheids- en een prijsverandering onderscheidt. Zoals we in hoofdstuk 1 hebben gezien, kan een stijging van de werkgelegenheid (volumemutatie) en/of een stijging van het loon per werknemer (prijsmutatie) een stijging van de loonsom veroorzaken. De invoer van goederen kan stijgen doordat meer goederen worden ingevoerd, maar ook door prijsveranderingen in de import. Mutatis mutandis geldt voor de overige variabelen hetzelfde.

TABEL 7.2 SMB ontleend aan de *MEV 2016*

Middelen en bestedingen 2016 (mld euro, mutaties per jaar in %)					
	2015 in prijzen 2015	Volumemutatie	2016 in prijzen 2015	Prijsmutatie	2016 in prijzen 2016
Beloning werknemers	333,0	0,9	336,1	2,5	344,4
Bedrijvensector	271,3	1,2	274,6	2,5	281,5
Overheidssector	61,7	−0,3	61,1	2,1	62,9
Exploitatieoverschot (netto)	168,2				173,3
Afschrijvingen	110,8	1,5	112,4	1,5	114,1
Bedrijvensector	88,5	1,6	89,8	1,7	91,4
Overheidssector	22,4	1,0	22,6	0,6	22,7
Belastingen	78,0				81,5
Subsidies	9,1				9,5
Bruto binnenlands product marktprijzen	681,2	2,4	697,2	1,0	704,0
Invoer	483,4	5,7	510,8	1,7	519,3
Goederen	355,7	6,3	378,2	1,9	385,4
Diensten	127,7	3,8	132,6	1,0	133,9
Totale middelen	1.164,6	3,7	1.208,0	1,3	1.223,3
Betaalde primaire inkomens	199,6				199,6
Betaalde inkomensoverdrachten	24,9				24,9
Saldo lopende transacties met het buitenland	74,0				75,4
Totaal	298,5				298,0

TABEL 7.2 SMB ontleend aan de *MEV 2016* (vervolg)

	2015 in prijzen 2015	Volumemutatie	2016 in prijzen 2015	Prijsmutatie	2016 in prijzen 2016
Consumptieve bestedingen	474,8	1,5	481,8	1,3	488,3
Huishoudens	304,1	1,9	309,8	1,3	313,8
Overheid	170,7	0,8	172,1	1,4	174,4
Uitkeringen in natura	69,9	1,5	70,9	1,2	71,8
Lonen	61,7	0,0	61,7	1,9	62,9
Overig	39,1	0,7	39,4	0,8	39,7
Investeringen vaste activa	128,7	5,4	135,6	1,7	137,9
Bedrijvensector	106,2	6,6	113,2	1,9	115,3
Woningen	24,4	5,6	25,7	1,7	26,1
Overige vaste activa	81,8	6,9	87,4	1,9	89,1
Overheidssector	22,5	-0,2	22,4	0,7	22,6
Veranderingen voorraden	-1,6		-0,9		-0,8
Nationale bestedingen	601,8	2,4	616,5	1,4	625,4
Uitvoer	562,8	5,1	591,5	1,1	597,9
Goederen	437,3	5,6	461,6	1,1	466,6
Diensten	125,6	3,4	129,8	1,1	131,3
Totale bestedingen	1.164,6	3,7	1.208,8	1,3	1.223,3
Uitvoersaldo	79,4				78,6
Ontvangen primaire inkomens	208,0				208,0
Ontvangen inkomensoverdrachten	11,2				11,4
Totaal	298,5				298,5

Bron: CPB

7.3 Macro-economische kerngegevens

In deze paragraaf geven we eerst een model van de economie (subparagraaf 7.3.1) en vervolgens schenken we aandacht aan de tabel met kerngegevens (subparagraaf 7.3.2).

7.3.1 Model van de economie

Macro-economische planbureaus gebruiken modellen voor het schatten van de groei van allerlei macro-economische variabelen. Door middel van zulke modellen proberen ze inzicht te krijgen in de ontwikkeling van de bestedingen, de productie en dergelijke. Deze modellen, die bestaan uit een grote hoeveelheid wiskundige vergelijkingen, kunnen we weergeven met behulp van schema's. Figuur 7.3 bevat de reële variabelen en hun onderlinge relaties; figuur 7.4 brengt de prijsontwikkeling in beeld.

FIGUUR 7.3 Macro-economische samenhangen I: volumebestedingen, productie en werkgelegenheid

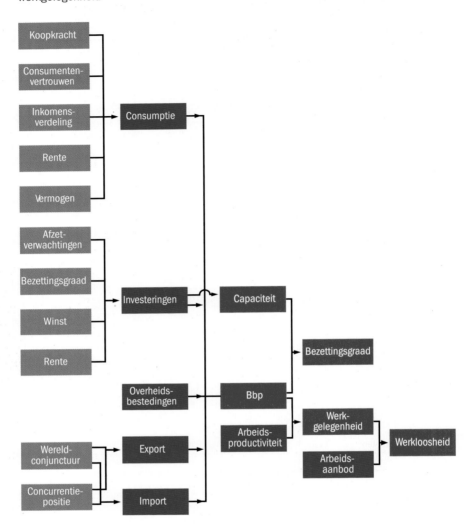

De linkerkolom geeft de oorzaken weer van de bestedingen die in de tweede kolom staan. Het inkomen (koopkracht) en het consumentenvertrouwen (zie ook de hoofdstukken 4 en 10) zijn de belangrijkste factoren die de consumptie bepalen. Daarnaast spelen de rente en de vermogensontwikkelingen een bescheidener rol. De investeringen zijn vooral afhankelijk van de afzetverwachtingen, de bezettingsgraad en de winstgevendheid. De rente heeft een negatieve invloed op de investeringen. De overheidsbestedingen worden bepaald door de overheid, onafhankelijk van andere variabelen in het model. De oorzaken van export en import zijn vooral te vinden in de ontwikkeling van de conjunctuur in andere landen, weergegeven door de wereldhandel en de concurrentiepositie van het bedrijfsleven.

In de derde kolom staan de productiecapaciteit, de productie en de arbeidsproductiviteit. De bestedingen bepalen de productie (bbp). Hierin komt tot uiting dat het model een keynesiaans uitgangspunt heeft: de bestedingen bepalen de productie. De investeringen hebben invloed op de productiecapaciteit. Het verschil tussen productie en capaciteit is de *output gap*. Bij een positieve output gap is de productie groter dan de capaciteit en is de bezettingsgraad van de beschikbare productiemiddelen hoog. Dit komt voor in perioden van economische opleving. In minder goede tijden is er een lage bezettingsgraad.

Output gap

De productie gedeeld door de arbeidsproductiviteit levert de werkgelegenheid. Bij een productie van 1000 en een arbeidsproductiviteit van 100, zijn er 10 werknemers.

Het verschil tussen de werkgelegenheid en het arbeidsaanbod is de werkloosheid.

Uit casus 7.1 blijkt dat vooral de industrie profiteert van de aantrekkende economie.

CASUS 7.1

'Nederlandse industrie groeit verder in 2016'

De Nederlandse industrie profiteert ook volgend jaar van de aantrekkende conjunctuur. Meer stabiliteit in de grondstoffenprijzen zorgt er bovendien voor dat de afzetprijzen niet meer zo hard zullen dalen als dit jaar. Dat schrijven economen van ABN AMRO in een woensdag gepubliceerd rapport.

De bank gaat voor 2016 uit van een productiegroei van 2,5 procent. De investeringen in de industrie blijven naar verwachting toenemen, net als de werkgelegenheid, terwijl het aantal faillissementen na de toch al sterke daling van dit jaar verder afneemt.

Er zijn wel onzekere factoren die de vooruitzichten kunnen vertroebelen. Zo kan een sterke afkoeling van de Chinese economie mondiaal grote gevolgen hebben voor het economisch klimaat. Mede door het open karakter van de Nederlandse economie loopt de industriële sector dan een verhoogd risico.

Bron: De Telegraaf, 23 december 2015

7

Behalve reële ontwikkelingen zijn ook prijsontwikkelingen belangrijk. Figuur 7.4 bevat de belangrijkste oorzaken voor prijsontwikkelingen in de economie.

Prijsveranderingen worden weergegeven door de variabele inflatie, die op haar beurt weer invloed uitoefent op de rente. Inflatie is de stijging van de prijzen van goederen en diensten of de waardevermindering van het geld. Als de inflatie stijgt, wensen beleggers een hogere rente te ontvangen voor het uitgeleende vermogen om de waardevermindering daarvan te compenseren.

Inflatie

De inflatie wordt in de eerste plaats bepaald door kostenfactoren uit de tweede kolom van figuur 7.4. Ondernemingen zullen stijgende loonkosten per eenheid product, stijgende invoerprijzen en belastingen en accijnzen proberen door te berekenen in de prijzen van producten. Bij een hoge bezettingsgraad van de productiemiddelen kunnen ondernemers hun prijzen verhogen zonder dat de afnemers kunnen uitwijken naar andere leveranciers. De hogere prijzen resulteren bij een gelijkblijvend kostenniveau in een hogere winstmarge.

FIGUUR 7.4 Macro-economische samenhangen II: prijsontwikkeling

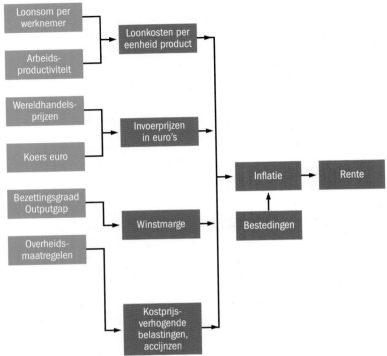

7.3.2 Tabel met kerngegevens uit de *Macro-Economische Verkenning*

Centraal in de *Macro-Economische Verkenning* (*MEV*) en het *Centraal Economisch Plan* (*CEP*) staat de tabel met kerngegevens. Deze tabel bevat de uitkomsten van het model dat we in subparagraaf 7.3.1 schematisch aan de orde hebben gesteld. Tabel 7.3 bevat van veel variabelen de veranderingen in procenten gedurende de afgelopen jaren en de voorspellingen voor het lopende en komende jaar.

Tabel 7.3 verstrekt van de meeste variabelen geen absolute bedragen, zoals bijvoorbeeld bij de kringloop en de SMB het geval was. De tabel bevat van de meeste variabelen mutaties in procenten ten opzichte van het voorafgaande jaar. Voor het volume van de consumptie in 2016 wordt bijvoorbeeld een mutatie van 2,2 procent voorspeld. Aan het eind van 2016 is dan een totale consumptie gerealiseerd die reëel 2,2 procent boven de consumptie eind 2015 ligt. Uiteraard geldt voor de andere variabelen mutatis mutandis hetzelfde.

TABEL 7.3 Kerngegevens voor Nederland, 2013–2016 (mutaties per jaar in %)

	2013	2014	2015	2016
Internationale economie				
Relevant wereldhandelsvolume goederen en diensten (%)	2,2	3,9	2,8	5,4
Concurrentenprijs (goederen en diensten, exclusief grond- en brandstoffen, %)	-3,2	-1,3	7,5	0,7
Olieprijs (dollars per vat)	108,7	99,0	57,2	60,1
Eurokoers (dollar per euro)	1,34	1,33	1,10	1,09
Lange rente Nederland (niveau in %)	2,0	1,5	0,7	0,9
Volume bbp en bestedingen				
Bruto binnenlands product (bbp, economische groei, %)	-0,5	1,0	2,0	2,4
Consumptie huishoudens (%)	-1,4	0,0	1,7	2,0
Consumptie overheid (%)	0,1	0,3	-0,5	1,1
Investeringen (inclusief voorraden, %)	-5,3	2,7	6,6	5,6
Uitvoer van goederen en diensten (%)	2,1	4,0	3,7	5,1
Invoer van goederen en diensten (%)	0,9	4,0	4,1	5,7
Prijzen, lonen en koopkracht				
Prijs bruto binnenlands product (%)	1,4	0,8	0,7	1,0
Uitvoerprijs goederen en diensten, exclusief energie (%)	0,5	-0,7	1,6	1,1
Prijs goedereninvoer (%)	-1,6	-3,1	-3,0	1,9
Inflatie, geharmoniseerde consumentenprijsindex (hicp, %)	2,6	0,3	0,5	1,1
Contractloon marktsector (%)	1,2	1,0	1,3	1,4
Koopkracht, statisch, mediaan alle huishoudens (%)	-1,3	1,3	0,8	1,1
Arbeidsmarkt				
Beroepsbevolking (%)	0,8	-0,4	0,5	0,8
Werkzame beroepsbevolking (%)	-0,8	-0,6	1,0	1,1
Werkloze beroepsbevolking (niveau, in duizenden personen)	647	660	620	600
Werkloze beroepsbevolking (niveau, in % beroepsbevolking)	7,3	7,4	6,9	6,7
Marktsector				
Productie (%)	-1,2	1,9	2,9	3,0
Arbeidsproductiviteit (per arbeidsjaar, %)	-0,2	1,8	1,9	1,7
Werkgelegenheid (in arbeidsjaren, %)	-1,0	0,1	1,0	1,3

7

TABEL 7.3 Kerngegevens voor Nederland, 2013–2016 (mutaties per jaar in %) (vervolg)

	2013	2014	2015	2016
Loonvoet (%)	1,7	1,9	0,8	2,2
Arbeidsinkomensquote (niveau in %)	79,8	79,4	77,3	77,4
Overig				
Individuele spaarquote (niveau in % beschikbaar inkomen)	–0,4	0,8	0,8	0,5
Saldo lopende rekening (niveau in % bbp)	11,0	10,6	10,9	10,8
Collectieve sector				
EMU-saldo (% bbp)	–2,4	–2,4	–2,1	–1,5
EMU-schuld (ultimo jaar, % bbp)	67,6	67,9	67,0	65,3
Collectieve lasten (% bbp)	36,6	37,5	37,1	37,1

Bron: CPB, *Kortetermijnraming*, december 2015

Voor beleidsmakers in bedrijven en de collectieve sector zijn relatieve veranderingen vaak veel belangrijker dan absolute bedragen. Als een detailhandelsbedrijf bijvoorbeeld weet dat de afzetgroei samenhangt met ontwikkelingen in de consumptieve bestedingen, heeft het voor de prognose van de eigen afzet niets aan de *absolute* consumptie in 2016. Het bedrijf kan echter wel een inschatting maken van de groei van de afzet als het beschikt over de *ontwikkeling* van de consumptie.

Eveneens opvallend is dat tabel 7.3 vrijwel geen gegevens bevat over de waardeontwikkeling van de gepresenteerde variabelen, maar daarentegen

Volume- en prijs-ontwikkeling

wel over de volume- en prijsontwikkeling. Om de waardeverandering van een variabele te bepalen, mogen prijs- en hoeveelheidsveranderingen bij elkaar opgeteld worden. De waardestijging van de consumptie is te danken aan een volumeverandering en een prijsverandering. Enerzijds zijn meer producten verkocht, anderzijds is de consumptie duurder geworden.

TUSSENVRAAG 7.4
Bereken uit de tabel met kerngegevens de waardestijging van de particuliere consumptie in 2016 ten opzichte van 2015. Welk deel van deze waardestijging zouden de consumenten het meest op prijs stellen?

Internationale conjunctuur

We gaan nu iets dieper in op de variabelen die in de kerngegevens worden gepresenteerd. De internationale conjunctuur kunnen we zien als de omgeving voor de Nederlandse economie. Deze omgeving bestaat uit de economische activiteiten van andere landen die een grote invloed uitoefenen op de Nederlandse economie, maar waarop Nederlandse ondernemers zelf weinig invloed hebben. Het relevant wereldhandelsvolume geeft de groei weer van de export van andere landen naar die buitenlandse markten waarop Nederlandse exporteurs actief zijn. Deze variabele is vooral afhankelijk van de conjunctuur in de exportgebieden.

Een opleving van de conjunctuur geeft Nederlandse ondernemingen ook mogelijkheden om meer te exporteren. Dat leidt tot een hogere productie. Men zegt wel dat de Nederlandse economie meedrijft op de golven van de wereldeconomie.

De concurrentenprijs geeft de prijsontwikkeling weer van de exporteurs van andere landen op Nederlandse exportmarkten. Het gaat daarbij bijvoorbeeld om Zwitserse en Franse kaas op de Duitse markt. De concurrentenprijs en de exportprijzen van Nederlandse ondernemers geven informatie over de prijsconcurrentiepositie (zie hoofdstuk 4).

De olieprijs en de eurokoers spreken voor zich. Van deze variabelen zijn geen groeiprognoses opgenomen, maar schattingen van het niveau voor het lopende en komende jaar.

Hetzelfde geldt voor de lange rente, die op de internationale financiële markten tot stand komt en daarom ook tot de internationale variabelen behoort.

De tweede groep van variabelen laat de groei zien van het bbp en de bestedingen. De eerste variabele is het bbp, de belangrijkste indicator voor de economische groei.

Bbp
Bestedingen

Verder zijn er gegevens over de bestedingen: de consumptie, de overheidsbestedingen, de investeringen, de uitvoer en de invoer.

De volgende groep variabelen bevat de prijzen, lonen en koopkracht. Het prijspeil van de goederenuitvoer zegt, samen met de concurrentenprijs, iets over de prijsconcurrentiepositie. Bij een positieve waarde van deze variabele stijgen de buitenlandse prijzen sterker dan de Nederlandse en verbetert de concurrentiepositie van de Nederlandse ondernemingen. De consumentenprijsindex is de belangrijkste variabele voor het meten van de inflatie.

Prijzen, lonen en koopkracht

Het prijspeil van de goedereninvoer geeft informatie over de prijsontwikkeling van alle ingevoerde goederen en diensten. Hierin zijn de prijsontwikkelingen verwerkt van belangrijke grondstoffen, zoals koffie, cacao, thee, metalen en olie. Zoals we hebben gezien zijn importprijzen een belangrijke oorzaak van de inflatie in Nederland.

Over de beloning van de productiefactor arbeid zijn enkele variabelen opgenomen. Het contractloon in de marktsector en de loonvoet in de marktsector geven informatie over de ontwikkeling van de lonen per werknemer. Het contractloon is het brutoloon zoals dat in de cao-afspraken is vastgelegd. In het contractloon zijn de veranderingen in de incidentele beloning en de werkgeverspremies niet meegenomen, in de loonvoet marktsector wel.

Arbeid

De arbeidsmarkt bevat gegevens over arbeidsaanbod en werkgelegenheid. In sommige jaren groeit het aanbod sneller dan de vraag, waardoor de werkloosheid toeneemt. In andere jaren groeit de vraag sneller dan het aanbod, waardoor de werkloosheid daalt.

Arbeidsmarkt

De marktsector bevat een aantal gegevens over de ontwikkelingen van de variabelen die speciaal betrekking hebben op het bedrijfsleven. De productie kan toenemen door een toename van de arbeidsproductiviteit of door een toename van de werkgelegenheid in arbeidsjaren. De som van de laatste variabelen is dan ook gelijk aan de productiestijging.

Marktsector

De loonsom per werknemer in de marktsector gecorrigeerd voor de prijsontwikkeling van de toegevoegde waarde resulteert in de reële arbeidskosten.

De verandering van de prijs van de toegevoegde waarde in de marktsector geeft een indruk van de verandering in lonen, rente en winst per eenheid product in de Nederlandse economie.

De arbeidsinkomensquote is het aandeel van de beloning van arbeid in de toegevoegde waarde. De AIQ geeft de verdeling van de toegevoegde waarde over de productiefactoren kapitaal en arbeid.

Collectieve sector

De collectieve sector biedt informatie over tekort, schuld en het beslag van de collectieve sector op het bbp. Het EMU-saldo van de collectieve sector mag volgens Europese richtlijnen geen tekorten boven de 3 procent te zien geven en moet over de conjunctuurgolven heen rond het evenwicht bewegen. De schuld van de collectieve sector is de afgelopen decennia gedaald van ongeveer 80 procent tot iets boven de 50 procent, en door de overheidstekorten tijdens de financiële crisis weer toegenomen. Het beslag van de overheid op het bbp is in diezelfde periode gedaald van ongeveer 60 tot zo'n 45 procent.

Vrijwel al deze variabelen zijn in andere hoofdstukken uitvoerig toegelicht.

Samenvatting

De bestedingen en productie kan men vastleggen met behulp van:
- de economische kringloop, waarin de transacties tussen de sectoren zijn weergegeven
- de macro-economische identiteiten, waarmee de productie en de bestedingen in de vorm van vergelijkingen zijn weergegeven
- de Staat van Middelen en Bestedingen
- de kerngegevens van de economie, die een overzicht geven van de groei van de belangrijkste macro-economische variabelen

De economische kringloop kent de sectoren gezinnen, overheid, bedrijven en buitenland. Overheid en bedrijven produceren het binnenlands product, dat ze uitkeren aan de gezinnen. Alle vier sectoren verrichten bestedingen. Hebben sectoren een overschot aan middelen, dan sparen ze; de tekortsectoren kunnen deze middelen opnemen.

De macro-economische identiteiten geven weer hoe groot de productie en de diverse bestedingen zijn. De macro-economische situatie stelt dat de particuliere besparingen en het overheidssaldo even hoog zijn als het saldo op de lopende rekening. Spaaroverschotten in het binnenland worden belegd in het buitenland en tekorten worden van het buitenland geleend.

De Staat van Middelen en Bestedingen (SMB) geeft aan de linkerzijde een overzicht van de definities van de productie waaraan de importen zijn toegevoegd. Aan de rechterzijde staan de bestedingen in de economie die een beslag op de productiecapaciteit leggen.

De kerngegevens van de economie zijn gebaseerd op een model dat de groei van het bbp – de conjunctuur – verklaart uit de groei van de bestedingen. Het bbp en de ontwikkeling van de productiecapaciteit resulteren in de bezettingsgraad. De groei van het bbp en de arbeidsproductiviteitsontwikkeling hebben gevolgen voor de werkgelegenheid en werkloosheid.

De tabel met kerngegevens bestaat uit:
- een internationaal blok, waarin de gegevens uit de omgeving van de economie worden weergegeven, zoals de wereldhandel en de olieprijzen
- het volume van de bestedingen en de productie, zoals het bbp, de consumptie, de investeringen, de export en de overheidsbestedingen
- lonen en prijzen van de volumevariabelen – een belangrijke variabele is de consumentenprijsindex ofwel de inflatie
- variabelen over de arbeidsmarkt, de marktsector en de collectieve financiën

Kernbegrippenlijst

Contractloon	Brutoloon zoals dat in de cao's is vastgelegd.
Economische kringloop	Weergave van de transacties tussen de sectoren in de economie. De sectoren bestaan meestal uit gezinnen, overheid, bedrijven en buitenland.
Spaarsaldo	Verschil tussen besparingen en netto-investeringen • *nationaal spaarsaldo*: de som van overheids- en particulier spaarsaldo, dit is gelijk aan het saldo van de lopende rekening van de betalingsbalans • *overheidsspaarsaldo*: het verschil tussen besparingen en netto-investeringen van de overheid • *particulier spaarsaldo*: het verschil tussen besparingen van bedrijven en gezinnen, en netto-investeringen van bedrijven
Staat van Middelen en Bestedingen	Boekhoudkundige opstelling van de productie en de bestedingen in een economie.

7

8
Inflatie

Inflatie, een stijging van het prijspeil, heeft allerlei gevolgen voor de economie, zoals het uithollen van de koopkracht van inkomens, looneisen en verandering van de inkomensverdeling. Ook voor de betrouwbaarheid van het
geldstelsel is een beperking van de inflatie essentieel.

> De centrale vraag in dit hoofdstuk is:
> * Welke betekenis heeft een algemene prijsstijging ofwel inflatie voor
>   het economisch proces?

8

Inflatie, kosten en winst

Een onderneming in de metaalindustrie zet het grootste deel van haar productie af in het buitenland. Vooral in Duitsland bevinden zich grote afnemers. Door de hevige internationale concurrentie zijn de prijzen van de eindproducten van de onderneming al jaren stabiel. De ondernemingsleiding voert elk jaar onderhandelingen met de vakbeweging over de arbeidsvoorwaarden. De vakbeweging is van oordeel dat de kostenstijging van het levensonderhoud van de werknemers in de lonen doorberekend dient te worden. An-ders gaat de koopkracht van de lonen omlaag en hebben werknemers steeds minder te besteden. De onderhandelaar van de onderneming is van oordeel dat daardoor de kosten te veel stijgen, terwijl de onderneming deze niet in de prijzen kan doorberekenen. Daardoor neemt de winstgevendheid af en komt de continuïteit van de onderneming in gevaar. De ondernemingsleiding stelt juist dat de winst moet toenemen om de voor de toekomst noodzakelijke investeringen te kunnen verrichten.

8.1 Inflatie in Nederland

Algemeen prijsniveau

Geldontwaarding

Inflatie is een stijging van de gemiddelde consumentenprijzen, ofwel een stijging van het algemeen prijsniveau. Dit is de keerzijde van de geldontwaarding. Door het stijgen van de prijzen van goederen en diensten kan men steeds minder kopen voor een geldeenheid. De geldeenheid daalt in waarde. In het nieuws is er veel belangstelling voor inflatie, zoals blijkt uit casus 8.1.

CASUS 8.1

Inflatie op een dieptepunt

De inflatie is in 2015 gemiddeld uitgekomen op 0,6 procent. Dit is de laagste prijsstijging voor consumenten sinds 1987.
Vooral lagere olieprijzen drukken de inflatie, aldus het Centraal Bureau voor de Statistiek donderdag. Voor het tweede jaar op rij is de inflatie opmerkelijk laag. In 2014 was de inflatie 1 procent. De gemiddelde prijsstijging is in de afgelopen vijftig jaar alleen in 1986 en 1987 lager geweest dan in 2015. Veel producten zijn in het afgelopen jaar niet of nauwelijks in prijs gestegen. De koopkracht van een euro is daarmee nauwelijks ge-daald. De inflatie werd vooral getemperd door de prijsdaling van gas, elektriciteit en autobrandstoffen. Net als in 1986 en 1987 is de prijsdaling van olie de belangrijkste oorzaak van de lage energieprijzen. De gemiddelde benzineprijs lag op het laagste niveau in vijf jaar tijd. De prijs van een vat Brentolie was gemiddeld €48,37, een liter benzine (Euro 95) kostte in 2015 gemiddeld €1,56.

Bron: Berg, Manno van den, De Telegraaf, 8 januari 2016

Inflatie is een verschijnsel dat zich al eeuwen voordoet. In figuur 8.1 is de inflatie in Nederland gedurende een reeks van jaren weergegeven.

FIGUUR 8.1 Consumentenprijsindexcijfers in Nederland (CPI) 1900 = 100

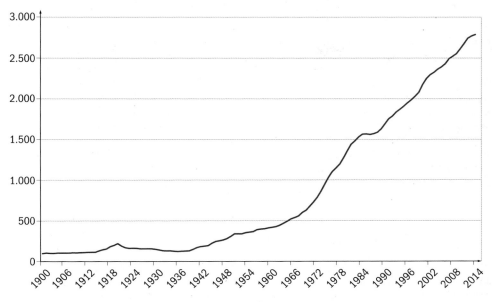

Bron: CBS

Uit figuur 8.1 blijkt de enorme waardevermindering van de gulden en de euro door inflatie. Voor het pakket goederen dat in 1900 €5 kostte was in 2011 maar liefst €162 nodig, dat is meer dan dertig keer zoveel.

In figuur 8.1 is ook te zien dat perioden met een hoge en een minder hoge inflatie elkaar afwisselen. Rond 1930 is zelfs sprake geweest van een afname van de prijzen. Dit noemt men deflatie. Voor ondernemingen is een algemene prijsdaling desastreus. Zij merken van jaar op jaar dat ze minder ontvangen voor hun producten. Dit wordt veroorzaakt door een algehele malaise in de bestedingen. Ondernemingen zullen snijden in de kosten als reactie op de opbrengstvermindering. Daardoor zullen de lonen dalen, met een verdere bestedingsdaling tot gevolg. De opbrengsten dalen verder en veel ondernemingen moeten in een dergelijke periode als gevolg van een faillissement de poorten sluiten. **Deflatie**

Perioden met een hoge inflatie bestaan eveneens. Vanaf de jaren zeventig treedt een versnelling van de inflatie op. Van 1970 tot 1980 zijn de prijzen meer dan verdubbeld, en daarna van 1980 tot 2010 nogmaals. In sommige jaren kwam het inflatiecijfer zelfs boven de 10 procent uit. Ook een hoge inflatie is een nadeel voor het reilen en zeilen in een economie (zie paragraaf 8.3).

TUSSENVRAAG 8.1
Waarom zou een periode zonder inflatie vrijwel onmogelijk zijn?

Gezien de enorme daling van de koopkracht van de gulden en de euro over zo'n lange periode lijkt het of de inflatie in Nederland uitzonderlijk hoog is, maar dat is niet het geval. De inflatie in Nederland is vergelijkbaar met het gemiddelde van de Europese Unie. Uit figuur 8.2 blijkt dat de inflatie in

Nederland in de periode van 1992 tot 2016 soms lager en soms hoger was dan in het eurogebied.

FIGUUR 8.2 Inflatie in Nederland en het eurogebied 1992–2016

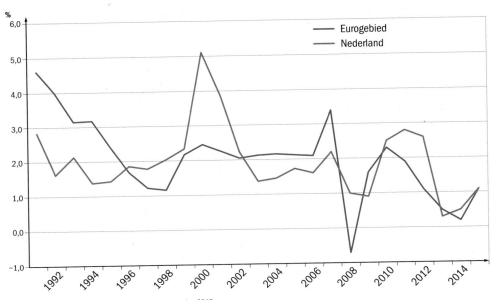

Bron: CPB, Europese Commissie, *Economic forecast*, december 2015

Prijsontwikkeling

In voorafgaande hoofdstukken hebben we al kennisgemaakt met de volume- en prijsontwikkeling van variabelen. Het CPB en het CBS meten voor veel belangrijke macro-economische variabelen de prijsontwikkeling. Verschillende organisaties en economische actoren wensen de prijsstijging van de goederen en diensten te kennen die voor hen van speciaal belang zijn. De vakbonden en ondernemingen zijn geïnteresseerd in de stijging van de lonen in de desbetreffende bedrijfstakken en ondernemingen. Ondernemers hebben groot belang bij de ontwikkelingen van de prijzen van grondstoffen die zij gebruiken en van de eindproducten die ze op de wereldmarkt afzetten.

Voor consumenten zijn de prijzen van consumptiegoederen van groot belang. Mensen die een huis willen kopen, zullen rekening houden met de prijsontwikkeling van woningen in het recente verleden en de verwachtingen voor de toekomst. In veel contracten zijn clausules opgenomen over prijsstijgingen. In veel huurcontracten is een huurverhoging overeengekomen die gebonden is aan een jaarlijks inflatiecijfer. Zo zijn allerlei partijen geïnteresseerd in de prijsontwikkeling van verschillende goederen en diensten.

Consumenten-prijsindex

Ondanks het feit dat er verschillende prijzen bestaan, neemt het CBS de stijging van de consumentenprijsindex als maatstaf voor de inflatie. Het inflatiecijfer of de inflatie is gelijk aan de stijging van de consumentenprijsindex.

De inflatie heeft dus betrekking op de kosten van levensonderhoud van consumenten.

Het CBS heeft de taak om de inflatie te meten. Daartoe heeft het CBS onderzocht welke producten huishoudens kopen van het netto besteedbare inkomen. Daarin zijn de dagelijkse uitgaven betrokken, maar ook de uitgaven aan minder frequente aankopen, zoals auto's en duurzame consumptiegoederen. Verder zijn de diensten van de overheid, zoals collegegelden en leges voor vergunningen, in het pakket opgenomen. Huishoudens besteden niet aan alle artikelen evenveel. Daarom kent het CBS de artikelen een gewicht toe dat overeenkomt met het aandeel in de totale bestedingen.

Elke vijf jaar onderzoekt het CBS opnieuw het consumptiepatroon ten behoeve van het inflatiecijfer. Het vaststellen van de prijsveranderingen is een grote klus. In het hele land verzamelen 250 enquêteurs elke maand 90.000 prijzen van 1000 artikelen. Aan de hand daarvan kan de inflatie elke maand worden vastgesteld.

Niet alle prijzen uit het consumptiepakket stijgen even snel. In tabel 8.1 is onderscheid gemaakt naar de diverse bestedingscategorieën. De wegingsfactoren geven aan welk aandeel de bestedingen hebben per €1000 aan uitgaven. De grote bestedingsgroepen zijn voeding, huisvesting, vervoer en recreatie en cultuur.

In totaal zijn de prijzen van het consumptiepakket van 2006 tot 2015 met 17 procent gestegen. De prijzen van communicatie, kleding en schoeisel, en enkele andere groepen zijn minder dan gemiddeld gestegen. De prijzen van hotels, cafés en restaurants zijn meer dan gemiddeld gestegen. De prijzen van communicatie zijn zelfs gedaald.

TABEL 8.1 Consumentenprijsindexcijfers alle huishoudens

	Wegingsfactor	2015 (2006 = 100)
Voedingsmiddelen en alcoholhoudende dranken	116	116
Alcoholhoudende dranken en tabak	30	147
Kleding en schoeisel	46	100
Huisvesting, water, elektriciteit, gas	255	122
Stoffering en huishoudelijke apparaten	51	109
Gezondheid (niet verzekerd)	13	105
Vervoer	106	119
Communicatie	31	86
Recreatie en cultuur	108	104
Onderwijs	2	110
Hotels, cafés en restaurants	57	128
Diverse goederen en diensten	102	126
Consumptiegebonden belastingen en overheidsdiensten	38	126
Consumptie in het buitenland	44	121
Totaal	1.000	117

Bron: CBS

8.2 **Oorzaken van inflatie**

De algemene stijging van de prijzen van goederen en diensten in de economie heeft een aantal mogelijke oorzaken, die het CPB jaarlijks beschrijft in
de *MEV* en het *CEP*. In tabel 8.2 zijn deze oorzaken weergegeven.

TABEL 8.2 Stijging consumptieprijs naar onderdelen

	2012	2013	2014	2015	2016
	bijdragen in procentpunten				
Finale invoer	0,5	0,2	–0,2	0,1	0,3
Invoer grondstoffen en diensten	0,0	0,2	0,1	0,4	0,3
Invoer energie	0,6	–0,2	–0,3	–0,5	0,2
Indirecte belastingen	0,2	1,5	0,3	0,2	0,1
Huur	0,3	0,7	0,8	0,8	0,5
Aardgas	0,2	0,0	–0,1	–0,0	0,0
Quartaire diensten	0,1	0,1	0,1	–0,1	0,0
Arbeidskosten	0,7	0,7	0,2	–0,5	0,1
Brutomargeverbetering	–1,0	–0,9	0,5	0,6	–0,3
	mutaties per jaar in %				
Consumptieprijs	1,5	2,3	1,3	1,0	1,3

Bron: CPB, *MEV 2016*, p. 92

Kort samengevat ziet het CPB als oorzaken van inflatie:
- toenemende bestedingen uitgaande boven de productiecapaciteit
- stijgende invoerprijzen
- overheidsmaatregelen met betrekking tot accijnzen, btw, huren en
  aardgasprijzen
- stijgende loonkosten
- stijgende winst- en kapitaalkosten (rente en afschrijving)

We zullen deze oorzaken toelichten.

Bestedingsinflatie
Als het bbp kleiner is dan de productiecapaciteit, kunnen de ondernemingen en de overheid zonder meer voldoen aan de vraag naar producten. Er
bestaan ook situaties waarin dit niet het geval is. Als de conjunctuur aantrekt
en de bestedingen steeds toenemen, kan het zijn dat de productiecapaciteit
volledig is bezet. De bestedingswensen van de verschillende sectoren overtreffen dan het maximaal mogelijke aanbod van goederen en diensten. Dit is
Overbesteding   overbesteding.
Individuele ondernemers zullen de schaarste aangrijpen om hun prijzen te
verhogen. De mogelijkheden voor bedrijven om de prijzen te verhogen worden groter bij overbesteding, want naarmate de productiecapaciteit beter
bezet is, wordt de mogelijkheid om het aanbod uit te breiden en aan te passen aan de gestegen vraag steeds kleiner. Voor het bereiken van evenwicht
op de goederenmarkten is dan een stijging van de prijzen noodzakelijk. De
winsten nemen daardoor toe. Inflatie die een gevolg is van overbesteding,

noemen we bestedingsinflatie. Bestedingsinflatie komt dus vaak tot uiting in stijgende winsten (de brutomargeverbetering in tabel 8.2).

Bestedings-inflatie

De schommeling in de prijzen als gevolg van hoge of lage bestedingen doet zich met name voor op conjunctuurgevoelige producentenmarkten (zie casus 8.2).

TUSSENVRAAG 8.2

Waarom zouden sterke prijsfluctuaties zich met name voordoen bij industrieën met een hoge kapitaalgoederenvoorraad per eenheid product?

Kosteninflatie

Ondernemers zullen trachten de gestegen kosten door te berekenen in de prijzen om te voorkomen dat zij verlies lijden. Als ondernemers erin slagen de prijzen te verhogen, is er sprake van inflatie die door gestegen kosten is veroorzaakt. In dit geval spreken we van kosteninflatie. Kostenstijgingen kunnen door diverse oorzaken ontstaan.

Een loonstijging uitgaande boven de stijging van de arbeidsproductiviteit, zal een stijging van de arbeidskosten p.e.p. tot gevolg hebben (de arbeidskosten in tabel 8.2). Ondernemers zullen deze stijging in de prijzen willen verwerken. Werknemers zullen vervolgens in hun lonen weer compensatie eisen voor de gestegen prijzen, omdat anders de koopkracht van hun loon zal dalen. Met een constant nominaal loon kunnen zij bij stijgende prijzen van producten namelijk steeds minder producten kopen. Prijscompensatie in de lonen leidt dan tot een voortdurende wisselwerking tussen prijzen en lonen. Dit noemt men de loon-prijsspiraal.

Arbeidskosten p.e.p.

Loon-prijsspiraal

TUSSENVRAAG 8.3

Wat gebeurt er met ondernemingen waarvan de afzetprijzen niet toenemen als ze gedwongen worden om prijscompensatie in de lonen te verlenen?

Als inflatie veroorzaakt wordt door een stijging van de prijzen van geïmporteerde grondstoffen of eindproducten, spreekt men van *geïmporteerde inflatie* (invoer in tabel 8.2).

Stijgende invoerprijzen

Geïmporteerde inflatie

De prijsfluctuaties in grondstoffen kunnen zeer aanzienlijk zijn, met dienovereenkomstige effecten op de kostenstructuur van ondernemingen. De meeste grondstoffenmarkten noteren hun prijzen in dollars. Boven op de onzekere prijs van de grondstof zelf komt voor Nederlandse ondernemingen dus nog de onzekere waarde van de dollar. Stijgende schaarste op de markt voor grondstoffen, gecombineerd met een stijgende dollarkoers, is zeer schadelijk voor producenten die veel grondstoffen uit het buitenland betrekken en in hun producten verwerken.

Overheidsmaatregelen kunnen een aanzienlijke invloed op de inflatie uitoefenen (indirecte belastingen, huur, aardgas en quartaire diensten in tabel 8.2). De overheid beïnvloedt allerlei prijzen. Huren en prijzen van energie (aardgas) zijn daar voorbeelden van. Bovendien oefent de overheid invloed uit op de hoogte van de sociale uitkeringen en de daarmee samenhangende premies. De premies worden geheven over de lonen en werken dus door in de loonkosten die ondernemers voor het aantrekken van arbeid moeten betalen. Bovendien stelt de overheid de tarieven vast van de indirecte belastingen, zoals accijnzen en btw.

Overheids-maatregelen

Deze kostprijsverhogende belastingen werken door in de prijzen. Een verhoging van de btw met 1 procent heeft bijna een algemene prijsstijging met 1 procent tot gevolg.

Stijging van de rente

Een stijging van de rente heeft tot gevolg dat het duurder wordt voor ondernemingen om te lenen op de vermogensmarkten (brutomargeverbetering in
tabel 8.2). Behalve de feitelijke inflatie meten instellingen ook de gevoelsinflatie – dat is de mate waarin consumenten denken dat de prijzen zijn gestegen (zie casus 8.2).

CASUS 8.2

Feitelijke inflatie en gevoelsinflatie

Door Gerrit Gorter

Volgens het Centraal Bureau voor de Statistiek (CBS) was de inflatie in januari 0 procent, om daarna licht toe te nemen tot 0,6
procent in april. Ook de gevoelsinflatie wordt
gemeten, en wel via een telefonische enquête. De afgelopen maanden lag de door de
consumenten ervaren inflatie steeds rond
de 2 procent.

Het is een gebruikelijk beeld: in de hoofden
van de mensen stijgen de prijzen altijd har-
der dan in werkelijkheid. Heel duidelijk zagen we dat bij de invoering van de euro in

2002. In de inflatiecijfers van het CBS was
die gebeurtenis nauwelijks terug te vinden,
maar omdat horecaondernemers de nieuwe
europrijzen naar boven afrondden, leek de
prijs van een biertje omhoog te schieten.
Daar is dan ook een mogelijke oorzaak van
het verschil tussen werkelijkheid en waarne-
ming te vinden. De prijzen van producten die
we regelmatig contant betalen, vallen ons
meer op. En als juist die prijzen stijgen, krijgen we mogelijk een vertekend beeld van de
algemene prijsstijging.

Bron: Dagblad van het Noorden, 6 juni 2015

8.3 Gevolgen van inflatie

Inflatie heeft te maken met de machtspositie op de diverse markten. Schaarste op de goederenmarkten stelt ondernemers in staat hun prijzen te verhogen; schaarste op de arbeidsmarkt is vaak de oorzaak van loonsverhogingen.
Bepaalde groepen in de economie kunnen op een gegeven moment belang
hebben bij inflatie. Werkgevers hebben in het algemeen profijt van prijsstijgingen, terwijl werknemers geïnteresseerd zijn in loonstijgingen. Veelal zal
de sterkste groep het meeste resultaat boeken; soms zijn dat de werknemers
en soms de werkgevers. Inflatie versterkt de nadruk die verschillende groepen op hun eigenbelang leggen, zonder dat ze het algemeen belang voldoende in het oog houden.

Hollende inflatie

Als het gedrag van verschillende groeperingen in de economie zich gaat
richten naar de inflatie, ontstaat een gevaarlijke situatie. Looneisen en prijsstijgingen zullen elkaar steeds kunnen gaan overtreffen, zodat een situatie
van 'hollende' inflatie ontstaat. Hoewel het mogelijk is dat loon- en prijsontwikkelingen ongeveer gelijke tred met elkaar houden, zullen bepaalde groepen inkomenstrekkers toch de dupe zijn van inflatie.

**Inflatie en inko-
mensverdeling**

Inflatie heeft namelijk gevolgen voor de inkomensverdeling. Sommige groepen met een vast inkomen zien hun koopkracht achteruitgaan door inflatie.
Vooral beleggers in obligaties en mensen met pensioenuitkeringen die niet
met de inflatiepercentages verhoogd worden, zijn daarvan de dupe.

Deze situatie wordt nog versterkt, doordat ook de overheid een zeker belang heeft bij inflatie. De Nederlandse overheid is de grootste schuldenaar in de economie. Ze moet op de schulden steeds vaste bedragen aflossen. Deze bedragen dienen met belastingontvangsten gefinancierd te worden. Als prijzen en lonen stijgen, stijgen ook de belastingen, die immers aan de hoogte van de inkomens gekoppeld zijn. De overheid kan de aflossingen, die wel constant blijven, dus steeds gemakkelijker opbrengen. De geldontwaarding maakt het aflossen steeds goedkoper. De overheid betaalt de leningen af met euro's die minder waard zijn dan de euro's die ze oorspronkelijk leende.

Belang van de overheid bij inflatie

TUSSENVRAAG 8.4
Zou de overheid de inflatie kunnen stimuleren? Hoe zou ze dat moeten doen?

Uiteraard geldt in meer of mindere mate voor alle debiteuren dat de aflossingsbedragen een geringere waarde hebben dan het geld dat werd geleend. Niet alleen de overheid, ook bedrijven profiteren van de ontwaarding van hun schulden. Dit heeft consequenties voor de productiestructuur. Bedrijven zien dat de loonkosten steeds stijgen, terwijl de waarde van de aflossingen op de geleende bedragen daalt. Dat heeft substitie van arbeid door kapitaal tot gevolg. Bedrijven zullen eerder geneigd zijn te investeren in machines dan extra personeel aan te nemen.

Bedrijven en schuld-ontwaarding

Substitutie van arbeid door kapitaal

Inflatie bevoordeelt schuldenaars verder doordat in het geval van inflatie de reële rente lager is dan de nominale rente. De reële rente wordt gedefinieerd als de nominale rente verminderd met het inflatiepercentage. Uiteraard zal de vermogensverschaffer een hogere rentevergoeding eisen om het nadeel van de geldontwaarding te compenseren. Dit neemt niet weg dat in perioden van hoge en variabele inflatiecijfers de reële rente soms zeer laag of zelfs negatief kan zijn.

Reële en nominale rente

In tabel 8.3 zijn de lange rente, de inflatie en de reële rente gedurende enkele decennia weergegeven.

TABEL 8.3 Inflatie en kosten van lang vreemd vermogen (in %)

	1970–1979	1980–1989	1990–1999	2000–2009	2010–2016
Lange rente	8,3	8,1	6,7	4,3	1,9
Inflatie	7,3	2,9	2,5	2,4	1,5
Reële rente	1,0	5,2	4,2	1,9	0,4

Bron: CPB, *MEV*, diverse jaargangen

Uit tabel 8.3 blijkt dat de gemiddelde lange rente in de jaren zeventig 8,3 procent bedroeg en de inflatie 7,3 procent. De rente, ontdaan van de geldontwaarding, bedroeg dus 1 procent. Een hoge nominale en een lage reële rente zijn zeer voordelig voor bedrijven die hun rentebetalingen ook nog eens als kosten kunnen aftrekken van de winstbelasting. Zij financieren dan veel met vreemd vermogen. Deze situatie resulteert in een steeds verder verslechterende solvabiliteit – de balansverhouding tussen eigen vermogen en vreemd vermogen (geleend geld). In een recessie zijn deze bedrijven extra kwetsbaar.

In de jaren tachtig werd het lenen van geld flink duurder. De reële lange rente bedroeg in de jaren tachtig 5,2 procent.

In de periode 1990-1999 was, ondanks de veel lagere nominale rente, de reële rente veel hoger dan in de periode 1970-1979.

Uit tabel 8.3 blijkt dat in het eerste en tweede decennium van deze eeuw de reële rente weer scherp daalde.

Risico-effect van investeringen

Inflatie verhoogt het risico-effect van investeringen. Stijgende lonen en prijzen beïnvloeden zowel de kosten als de opbrengsten, waarbij nooit zeker is welke factor de overhand heeft. Naarmate de inflatie hoger is, wordt het steeds moeilijker het verwachte interne rendement van een investering te bepalen. Door deze onzekerheid is de kans groot dat investeringsprojecten niet ter hand genomen worden.

Dit onzekerheidsaspect klemt temeer voor bedrijven die afhankelijk zijn van exportmarkten. Als de Nederlandse kosteninflatie hoger is dan de buitenlandse, zullen de kosten in het buitenland minder snel stijgen dan in Nederland. Ondernemingen zullen dan genoegen moeten nemen met lagere winstmarges of met verlies van marktaandeel. De kostenconcurrentiepositie van het bedrijfsleven verslechtert.

Inflatie en sparen

Bij de bespreking van de economische groei op lange termijn zal blijken dat de hoogte van de groei samenhangt met de hoogte van de besparingen. Inflatie tast de waarde van vermogen aan en is dus nadelig voor het sparen. Beleggingen in (vaste) goederen nemen in waarde toe naarmate de inflatie hoger is. Daardoor is minder vermogen beschikbaar voor leningen als financieringsmiddel voor investeringen.

8

Samenvatting

Inflatie is een algemene prijsstijging, ofwel geldontwaarding. Het CBS meet de inflatie door de prijsstijging van consumptiegoederen te bepalen. Dit noemt men de consumentenprijsindex, en in Europees verband de geharmoniseerde consumentenprijsindex (HICP). De inflatie in Nederland loopt in de pas met die van de eurozone.

De oorzaken van inflatie zijn in te delen in bestedingen en kosten. Als de bestedingen hoger zijn dan de productiecapaciteit, zien ondernemers kans de prijzen te verhogen en hun marge te verbeteren. Als de lonen, de inkoopprijzen of de belastingen toenemen, zullen ondernemers gedwongen zijn de prijzen te verhogen omdat ze anders verlies lijden.

De gevolgen van inflatie zijn de volgende:
- Door looneisen en prijsverhogingen kan inflatie een zelfversterkend effect hebben en tot een loon-prijsspiraal leiden.
- De inkomensverdeling kan veranderen doordat bepaalde groepen de inflatie niet kunnen doorberekenen en andere groepen wel.
- Schuldenaren hebben belang bij inflatie, omdat door inflatie de waarde van het geleende vermogen daalt en ze hun schulden kunnen aflossen met geld dat steeds minder waard wordt.
- Door inflatie neemt het risico van investeren toe vanwege de onzekerheid over de toekomstige prijzen.

8

Kernbegrippenlijst

Consumentenprijsindex	Het gewogen gemiddelde van de prijsstijging van consumentengoederen.
Deflatie	Situatie van dalende prijzen
Inflatie	Situatie van alsmaar stijgende prijzen. Er wordt wel onderscheid gemaakt tussen: • *hollende inflatie*: een situatie met zeer hoge inflatiepercentages • *bestedingsinflatie*: prijsstijgingen als gevolg van een vraag die uitgaat boven de productiecapaciteit • *kosteninflatie*: prijsstijgingen als gevolg van kostenstijgingen door geïmporteerde inflatie: prijsstijgingen als gevolg van prijsstijging in het buitenland of een dalende wisselkoers
Loon-prijsspiraal	Voortdurende stijging van lonen en prijzen, waarbij de stijging van de één zowel oorzaak als gevolg van een stijging van de ander is.
Reële rente	De nominale rente minus de inflatie.

8

9

Conjunctuur en overheidsbeleid

9.1	**Conjunctuurverloop**
9.2	**Conjunctuur in Nederland**
9.3	**Registratie en voorspelling van de conjunctuur**
9.4	**Conjunctuurbeleid**

De winst van ondernemingen hangt af van de bedrijfsomgeving en van eigen beleid. De conjunctuur is een belangrijke omgevingsfactor. Als de conjunctuur inzakt, daalt de winst van de meeste bedrijven. In perioden van laagconjunctuur spreken bedrijven in hun jaarverslag dan ook vaak over 'conjuncturele tegenwind' als oorzaak van de tegenvallende resultaten. Opvallend genoeg verklaren zij een hoge winst in een periode van hoogconjunctuur veel minder uit 'conjuncturele rugwind'. In dit hoofdstuk staan de conjunctuur en het conjunctuurbeleid van de overheid centraal.

In dit hoofdstuk staan de volgende vragen centraal:
- Wat zijn de oorzaken en gevolgen van de conjunctuur?
- Hoe kunnen bedrijven de conjunctuur volgen en voorspellen?
- Hoe kan de overheid de conjuncturele ontwikkeling beïnvloeden?

De conjunctuurgolf en DSM

DSM is een internationaal opererend chemisch concern. Het bedrijf heeft een transformatie ondergaan van een producent van bulkchemicaliën, zoals plastics, naar een producent van fijnchemicaliën, zoals tussenproducten voor voedings- en geneesmiddelen.

Bulkchemicaliën zijn heel conjunctuurgevoelig. De productie ervan is kapitaalintensief en bevindt zich aan het begin van de bedrijfskolom. Ook kan een bedrijf zich met bulkchemicaliën nauwelijks onderscheiden van zijn concurrenten. De resultaten van producenten van bulkchemicaliën deinen daarom sterk mee op de golven van de wereldeconomie.

Door over te gaan op chemische activiteiten in gezondheid, voeding en innovatieve materialen (zoals supersterke vezels) heeft DSM de omzet en de winst een stuk minder afhankelijk van de conjunctuur gemaakt. Daarbij komt dat de activiteiten van DSM in de opkomende economieën in Azië een stabiliserende werking op de winst hebben.

9.1 Conjunctuurverloop

De groei van de productiecapaciteit in een economie hangt af van de ontwikkeling in de hoeveelheid productiefactoren en de productiviteit ervan. Deze zogenoemde trendmatige groei is redelijk constant en bedraagt in Nederland op dit moment ongeveer 1,5 procent per jaar. De groei van de bestedingen en de productie vertoont een duidelijke golfbeweging.

Perioden met een hoge en een lage groei wisselen elkaar met een zekere regelmaat af. Deze golfbeweging in (de groei van) de bestedingen en de productie rondom (de groei van) de productiecapaciteit noemen we de conjunctuur.

Conjunctuur

In deze paragraaf gaan we in op de verschillende soorten conjunctuurgolven (subparagraaf 9.1.1), de fasen in de conjunctuurcyclus (subparagraaf 9.1.2) en de rol die investeringen spelen in het conjunctuurverloop (subparagraaf 9.1.3).

9.1.1 Kitchin, Juglar en Kondratieff

*Conjunctuur-
golven*

In de economie onderscheiden we diverse typen conjunctuurgolven, elk met een eigen oorzaak en duur van de cyclus. De verschillende soorten conjunctuurgolven zijn genoemd naar hun ontdekkers, te weten Kondratieff, Juglar en Kitchin (zie tabel 9.1).

TABEL 9.1 Conjunctuurgolven naar oorzaak en duur van de cyclus

Naam van de cyclus	Belangrijkste oorzaak van de golfbeweging	Duur van de cyclus
Kondratieff ('lange golf')	Grote product- en procesinnovaties	47–57 jaar
Juglar	Investeringen in vaste activa	7–11 jaar
Kitchin	Voorraadinvesteringen	3–5 jaar

De Kondratieff is de economische cyclus met de langste duur. Deze zoge- **Kondratieff**
noemde 'lange golf' ontstaat door *grote doorbraken in de technologie*, zoals
de industriële revolutie, de aanleg van spoorwegen en de uitvinding van de
elektriciteit (zie tabel 9.2). De toepassing van zo'n nieuwe technologie stimuleert de investeringen, de productiviteit en de economische groei zodanig
dat een opgaande fase in de lange golf wordt ingezet. Als de meeste mogelijkheden van de doorbraaktechnologie zijn benut, daalt de economische **Doorbraak-**
groei. Het wachten is dan op een nieuwe technologische doorbraak, die de **technologie**
start van een nieuwe lange golf markeert.

Op dit moment is de pijler onder de opgaande fase in de lange golf de revolutie in de informatie- en communicatietechnologie (ICT). Door de toepassing van ICT zijn allerlei nieuwe groeimarkten ontstaan, zoals mobiele tele- **ICT**
fonie en internet. Bovendien vergt de toepassing van ICT grote investeringen
in infrastructurele voorzieningen. Om een wereldwijd communicatienet-
werk tot stand te brengen, zijn bijvoorbeeld veel investeringen in hardware
en software nodig. Deze investeringen leiden niet alleen tot een hogere economische groei, maar ook tot een toename van de arbeidsproductiviteit.
Hierdoor kan de inflatie in de opgaande fase van de lange golf laag blijven.
Volgens sommige economen leidt de toepassing van ICT in de economie
niet tijdelijk, maar permanent tot een combinatie van hoge groei en lage inflatie. Deze aanhangers van de 'Nieuwe Economie' denken dat economische **Nieuwe**
wetmatigheden die gebaseerd zijn op golfbewegingen in de economie, niet **Economie**
langer gelden. De Grote Recessie van 2009 toont echter aan dat de conjunctuurgolf nog steeds bestaat.

TABEL 9.2 Lange golven in de economie

Periode	Drijvende kracht	Opkomend land/regio
1782–1845	Industriële revolutie	Engeland
1845–1892	Aanleg spoorwegen	Europees vasteland
1892–1948	Elektriciteit	Verenigde Staten
1948–1992	Petrochemie	Japan
vanaf 1992	IT/Telecom	China

Bron: prof.dr. J.J. van Duijn in *Safe*, juli 2000

De Kondratieff is door zijn lange duur niet zo belangrijk voor de dagelijkse
gang van zaken in het bedrijfsleven. Wanneer bedrijven of de pers schrijven
over de conjunctuur, bedoelen zij meestal de 'Kitchin' of de 'Juglar'. Deze
conjunctuurgolven hangen vooral af van het investeringsgedrag van ondernemers.

De kortste cyclus, de 'Kitchin', ontstaat door *voorraad*-investeringen. Deze **Kitchin**
investeringen kunnen bedrijven snel aanpassen aan de afzetverwachtingen.
Als bedrijven minder afzet verwachten, zullen ze hun voorraden verminderen. Bij een lagere afzet hoeft een bedrijf minder producten in voorraad te
houden om aan de vraag te kunnen voldoen. Bovendien kan een bedrijf het
vermogen dat vrijkomt uit een lager voorraadniveau gebruiken voor andere
doeleinden. De voorraadinvesteringen van bedrijven zullen dus dalen, met
als gevolg een lager niveau van de bestedingen en de productie. Verwachten
ondernemers daarentegen een gunstige afzetontwikkeling, dan zullen ze

daarop vooruitlopen door de voorraden aan te vullen. Dit gedrag resulteert in een hoger niveau van de economische activiteit.

Juglar

Een vergelijkbare redenering kan men opzetten voor de investeringen in *vaste activa* (machines en bedrijfsgebouwen), die van belang zijn voor de 'Juglar'. In subparagraaf 9.1.3 komen we uitgebreid terug op de rol die investeringen spelen in de conjunctuurcyclus.

TUSSENVRAAG 9.1

Het gebruik van ICT maakt een efficiënter voorraadbeheer mogelijk (bijvoorbeeld met behulp van just-in-timelevering). Welke gevolgen zou dit kunnen hebben voor de conjuncturele ontwikkeling in de toekomst?

9.1.2 Fasen van de conjunctuurcyclus

Normale bezetting

Een schematische weergave van de conjunctuur is afgebeeld in figuur 9.1. De trendlijn geeft de ontwikkeling weer van de normale bezetting van de productiecapaciteit in de tijd. Een volledige bezetting van de productiecapaciteit is in de praktijk niet haalbaar, vanwege onderhoud aan machines, omsteltijden van machines et cetera. In Nederland ligt de normale bezettingsgraad van de productiecapaciteit in de industrie op ongeveer 85 procent.

FIGUUR 9.1 Schematische weergave van de conjunctuurcyclus

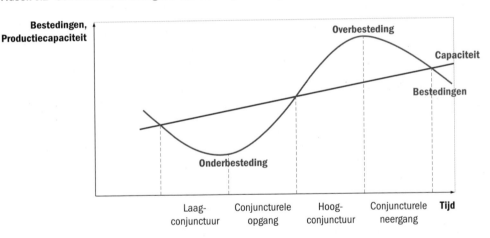

Over- en onderbesteding

Het feitelijke niveau van de bestedingen en de productie schommelt rondom de normale bezetting van de productiecapaciteit. Als de feitelijke productie hoger is dan de normale bezetting van de productiecapaciteit, spreken we van overbesteding, in het omgekeerde geval van onderbesteding.

We onderscheiden in de conjunctuurcyclus de volgende fasen:

1 conjuncturele opgang (herstel)
2 hoogconjunctuur (hausse)
3 conjuncturele neergang (afkoeling)
4 laagconjunctuur (baisse)

Ad 1 Conjuncturele opgang of herstel

De conjuncturele opgang of de fase van conjunctureel herstel kenmerkt zich door een toenemende groei van de bestedingen. De productiegroei neemt hierdoor ook toe. In eerste instantie zullen bedrijven de stijgende productie kunnen opvangen met het bestaande personeel. Het gevolg is dat de arbeidsproductiviteit in de herstelfase aanvankelijk sterk toeneemt. Bedrijven vangen eventuele tekorten aan personeel op door het inhuren van uitzendwerkers. Pas nadat de afzetgroei enige tijd aanhoudt, zullen ze meer werknemers in vaste dienst aantrekken. Een economisch herstel leidt in Nederland dan ook pas met een vertraging van ongeveer een jaar tot een duidelijke toename van de werkgelegenheid.

Conjunctureel herstel

Bedrijven kunnen de toename van de vraag in de opgaande fase aanvankelijk makkelijk opvangen door een stijging van de productie. Tijdens de fase van onderbesteding is het aanbod groter dan de vraag. Anders gezegd: bedrijven hebben nog voldoende capaciteit om een productie-uitbreiding te realiseren zonder de prijzen te verhogen. Vandaar dat we in deze fase spreken van een hoeveelheidsconjunctuur: de hoeveelheden veranderen, de prijzen nog niet.

Hoeveelheidsconjunctuur

Ad 2 Hoogconjunctuur of hausse

De opgaande fase mondt uit in een periode van hoogconjunctuur. De bezettingsgraad van de productiecapaciteit is dan zo sterk opgelopen dat knelpunten in het productieproces ontstaan. De vraag naar goederen en diensten overtreft de normale bezetting van productiecapaciteit, zodat ondernemers hun prijzen kunnen verhogen. De hoeveelheidsconjunctuur is nu overgegaan in een prijsconjunctuur. Niet alleen de prijzen van eindproducten gaan omhoog. De grote vraag naar grondstoffen en arbeid in de hoogconjunctuur leidt ook tot een stijging van de grondstoffenprijzen en de lonen.

Hoogconjunctuur

Prijsconjunctuur

De hoogconjunctuur kenmerkt zich door een sfeer van optimisme; zowel ondernemers als consumenten kijken met vertrouwen naar de toekomst. Dit draagt bij aan een hoog niveau van consumptie en investeringen. De vraag naar krediet is dan ook hoog, waardoor de rente stijgt.

Ad 3 Conjuncturele neergang of afkoeling

In de hoogconjunctuur wordt de basis gelegd voor de omslag. Door het grote vertrouwen in de toekomst overschatten bedrijven de marktgroei. Ze investeren te veel, waardoor de productiecapaciteit te sterk toeneemt. Het aanbod van goederen en diensten op de markt stijgt te snel, waardoor de prijzen minder hard stijgen of zelfs dalen. De rendementen op investeringen vallen tegen. Bedrijven zullen daarom minder nieuwe machines of bedrijfsgebouwen kopen. De afnemende investeringsbereidheid wordt nog versterkt door de stijging van de rente in de hoogconjunctuur. Ook de verslechtering van de lopende rekening van de betalingsbalans draagt bij aan de omslag. Het hoge niveau van de bedrijvigheid in de hoogconjunctuur maakt enerzijds meer importen noodzakelijk, terwijl anderzijds exporteurs steeds meer hinder ondervinden van de oplopende inflatie. Ten slotte kan de overheid de omslag versnellen door bijvoorbeeld de belastingen te verhogen.

Omslag

De omslag treft in eerste instantie bedrijven met een hoog break-evenpunt, dat wil zeggen: bedrijven die een hoge afzet nodig hebben om winst te maken. Door een kleine daling van de afzet(-groei) komen deze bedrijven in de rode cijfers. Door de omslag in het economische klimaat gaan enkele van deze bedrijven failliet. De optimistische kijk op de toekomst van ondernemers en consumenten maakt langzamerhand plaats voor voorzichtigheid en pessimisme. Hierdoor neemt de groei van bestedingen en productie af.

9

Ad 4 Laagconjunctuur of baisse

Laagconjunctuur

De conjuncturele neergang mondt uit in een periode van laagconjunctuur. In deze fase zien we de omgekeerde verschijnselen van de hoogconjunctuur. De groei van de bestedingen en de productie is laag, evenals de inflatie. De lage bezettingsgraad van de productiecapaciteit, de tegenvallende afzet en winst, en het lage producentenvertrouwen leiden ertoe dat ondernemers steeds minder investeren.

Een laagconjunctuur betekent dat de groei van de productie lager is dan de trendmatige groei en bovendien afneemt. Soms gaat een periode van laagconjunctuur gepaard met een afname van de productie. Als het bruto binnenlands product ten minste twee kwartalen achter elkaar afneemt, spreken we van een recessie.

Recessie

Tijdens de laagconjunctuur ontstaan vanzelf de voorwaarden voor een conjunctureel herstel. Ook al vallen de investeringen in een laagconjunctuur ver terug, bedrijven zullen op een gegeven moment toch hun verouderde en versleten machines en bedrijfsgebouwen moeten vervangen. De kapitaalgoederenindustrie en in mindere mate de bouw krijgen hierdoor een voorzichtige bestedingsimpuls. Bovendien daalt in de laagconjunctuur de rente, omdat de inflatie daalt en de vraag naar krediet is ingezakt. Ten slotte zal de concurrentiepositie van exporteurs verbeteren, omdat lonen en prijzen dalen in de laagconjunctuur.

TUSSENVRAAG 9.2

Welke van de grote beursfondsen op de Amsterdamse effectenbeurs zijn gevoelig voor het conjunctuurverloop, en welke niet?

9.1.3 Rol van investeringen in de conjunctuurcyclus

Investeringen spelen een grote rol in de conjunctuurcyclus. Het belang van de investeringen voor de conjunctuur kunnen we toelichten met de begrippen *multiplier* en *accelerator*.

Multiplier

De multiplier geeft aan hoeveel extra inkomen voortvloeit uit een toename van de bestedingen. Als de investeringen met bijvoorbeeld €10 miljard toenemen en de multiplier 2 bedraagt, neemt het nationaal inkomen met €20 miljard toe.

Wanneer het nationaal inkomen groeit, zal de afzet van het bedrijfsleven toenemen. Op den duur zal de toename van de vraag naar goederen en diensten onvermijdelijk moeten leiden tot een uitbreiding van de productiecapaciteit.

Accelerator

De accelerator geeft aan hoe sterk de investeringen reageren op veranderingen in het nationaal inkomen. De accelerator is geen constante, maar varieert in hoogte, afhankelijk van de fase in de conjunctuur. Als bijvoorbeeld na een ernstige recessie de bestedingen weer iets toenemen, is het niet onmiddellijk nodig om te investeren in nieuwe machines en bedrijfsgebouwen. De bezettingsgraad van de productiecapaciteit zal in zo'n situatie laag zijn. Bedrijven kunnen de afzetgroei zonder een uitbreiding van de productiecapaciteit opvangen. De toename van het nationaal inkomen heeft in dit geval nauwelijks effect op de hoogte van de investeringen: de acceleratorwerking is beperkt. Als de opgaande fase vordert en bedrijven de capaciteit flink moeten uitbreiden, neemt het acceleratie-effect toe.

De conjunctuurcyclus kan nu worden verklaard door een wisselwerking tussen de multiplier (investeringen omhoog, met als gevolg inkomen omhoog) en de accelerator (inkomen omhoog, met als gevolg investeringen omhoog). We hebben deze wisselwerking afgebeeld in figuur 9.2.

FIGUUR 9.2 Wisselwerking tussen multiplier en accelerator

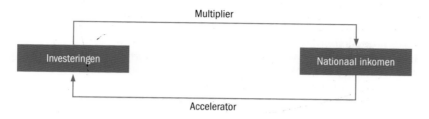

Hoe werkt nu dit multiplier-acceleratorproces in de praktijk? Laten we aannemen dat door een herstel van de wereldconjunctuur de afzetverwachtingen van Nederlandse ondernemers gunstig zijn. Ze zullen dan meer investeren en orders plaatsen bij de machine-industrie. Bij de producenten van machines neemt hierdoor de productie toe.

Vanwege de productietoename nemen machineproducenten meer werknemers aan, die een looninkomen krijgen. Uit dit inkomen kopen werknemers meer consumptiegoederen of -diensten. Als gevolg hiervan nemen ook in de overige sectoren van de economie de productie en het inkomen toe. De stijging van de investeringen verspreidt zich via het multipliereffect als een olievlek over de gehele economie.

Wanneer de economie verder aantrekt, kan de productiecapaciteit tekortschieten om aan de groeiende vraag te voldoen. In ons voorbeeld krijgt de machine-industrie als eerste te maken met extra orders. Als de bezettingsgraad van machineproducenten hierdoor te ver oploopt, zullen zij investeren in een uitbreiding van de productiecapaciteit, bijvoorbeeld door een nieuwe fabriekshal te bouwen. De machine-industrie gaat nu zelf orders plaatsen bij collega-bedrijven en de bouw. Dit is de werking van de accelerator. De uitbreidingsinvesteringen leiden vervolgens weer tot een multipliereffect, enzovoort. Op deze manier ontstaat er een zichzelf versterkende wisselwerking tussen multiplier en accelerator.

Op een gegeven moment komt de omslag, bijvoorbeeld omdat de export of de consumptie tegenvalt. De groei van het nationaal inkomen valt terug, waardoor het vertrouwen van ondernemers in de toekomst vermindert. Door de afvlakking van de conjunctuur zullen ondernemers hun investeringen wat inkrimpen. Door de werking van de multiplier zal de groei van het nationaal inkomen verder dalen, en dit geeft weer aanleiding tot een verdere inkrimping van de investeringen. De neergaande fase in de conjunctuurcyclus is ingezet.

9.2 Conjunctuur in Nederland

In paragraaf 9.1 hebben we het conjunctuurverloop in theorie beschreven. In deze paragraaf gaan we in op de conjuncturele ontwikkeling en het conjunctuurverloop in Nederland in de praktijk.

9.2.1 Conjunctuur in beeld

In deze subparagraaf geven we een beeld van de conjuncturele ontwikkelingen in Nederland, de gemiddelde duur van de conjunctuurgolf en de intensiteit ervan.

Conjuncturele ontwikkelingen

Graadmeter: bbp

De conjunctuur is de schommeling van de groei van de bestedingen en de productie rondom de groei van de productiecapaciteit. De belangrijkste graadmeter voor de conjunctuur is daarom de groei van het bruto binnenlands product (bbp).

In figuur 9.3 is de groei van het bbp en de industriële productie in Nederland sinds 1980 afgebeeld. We zien dat de economische groei in de afgelopen decennia schommelde rond een gemiddelde van ongeveer 2 procent per jaar. We zien ook dat de trendmatige groei van de Nederlandse economie steeds verder afneemt. Ze bedraagt anno 2015 nog maar 1 à 1,5 procent per jaar.

FIGUUR 9.3 Groei van het bbp (1980–2016) en de industriële productie (1980–2014)

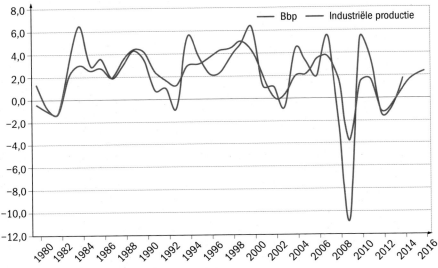

Bron: CPB, *Macro-Economische Verkenning 2016*; CBS, *Nationale Rekeningen*

In sommige jaren – zoals 1989, 1999 en 2007 – lag de economische groei duidelijk boven het gemiddelde; in andere jaren – zoals 1982, 1993, 2002 en 2009 – lag de groei duidelijk onder het gemiddelde. Alleen in 1981, 1982, 2009, 2012 en 2013 was de groei negatief. De periode van laagconjunctuur die in 2008 begon, was de ergste sinds de Tweede Wereldoorlog (zie casus 9.1).

CASUS 9.1

De kredietcrisis

In de loop van 2008 ontstond wereldwijd een diepe economische crisis. Aanleiding voor de crisis was de daling van de woningprijzen in de Verenigde Staten in 2007. Amerikaanse banken hadden in de jaren daarvoor veel hypothecaire leningen verstrekt, ook aan niet-eersteklasklanten ('*sub-*

prime klanten'). De sterke groei van de kredietverlening hing vooral samen met de zeer lage rente in de VS, maar ook met de bonuscultuur in het bankwezen, die risicovol gedrag stimuleerde, en de verwachting van banken en hun klanten dat de huizenprijzen wel zouden blijven stijgen.

Amerikaanse banken bundelden eersteklas- en subprimehypotheken in verhandelbare hypotheekobligaties. Deze verkochten ze aan partijen in binnen- en buitenland. De samenstelling van de hypotheekobligaties was vaak zo ingewikkeld dat kopers ervan niet precies wisten waarin ze nu eigenlijk belegden.

Ze vonden dat niet zo'n probleem omdat kredietbeoordelaars van naam en faam, zoals Moody's en Standard & Poor's, de hypotheekobligaties een hoge *credit rating* (vaak *triple A*) gaven. Kredietbeoordelaars hadden daar ook belang bij: hoe hoger de credit rating die ze gaven, hoe hoger hun beloning. Achteraf is gebleken dat kredietbeoordelaars de risico's van ingewikkelde kredietproducten te rooskleurig inschatten.

Naast het verhandelen van kredieten maakten banken ook op grote schaal gebruik van kredietderivaten (*credit default swaps*). Dit zijn een soort kredietverzekeringen die tot uitkering komen als een kredietnemer in gebreke blijft. Amerikaanse zakenbanken als Goldman Sachs, Morgan Stanley en Lehman Brothers boden deze verzekeringen aan en namen daardoor het risico op de kredietverlening over. Hoe meer van deze kredietderivaten de zakenbankiers ontwikkelden en verkochten, hoe hoger hun bonus was.

Toen de Amerikaanse woningmarkt in 2007 onder invloed van een stijgende rente inzakte, knapte de kredietzeepbel. De betalingsachterstanden op subprimehypotheken liepen al snel op, waardoor steeds meer huizen gedwongen in de verkoop gingen. De gedwongen verkopen tegen steeds lagere prijzen leidden niet alleen tot miljardenverliezen bij Amerikaanse banken en kredietverzekeraars, maar ook bij allerlei financiële instellingen buiten de VS die in de 'giftige'

hypotheekobligaties hadden belegd. Om een totale ineenstorting van het financiële systeem te voorkomen, gaven overheden in de Verenigde Staten en daarbuiten massaal steun aan in moeilijkheden geraakte financiële instellingen. Zo nationaliseerde de Nederlandse overheid ABN Amro en SNS Reaal en voorzag ze ING en Aegon van miljardensteun.

De val van de Amerikaanse zakenbank Lehman Brothers deed de kredietcrisis overgaan in een vertrouwenscrisis. Banken vertrouwden elkaar niet meer, waardoor de interbancaire kredietverlening nagenoeg stil kwam te liggen. Aangezien de interbancaire kredietverlening de basis is voor de kredietverlening van banken aan klanten, werd lenen voor consumenten en bedrijven moeilijker en duurder.

Hiermee ontwikkelde de kredietcrisis zich tot een economische crisis. Gebrek aan krediet, een laag consumenten- en producentenvertrouwen en een groot vermogensverlies onder invloed van dalende huizenprijzen en aandelenkoersen leidden tot een ongekende vraaguitval op veel markten in 2009. Het gevolg was een diepe wereldwijde recessie.

De gevolgen van de financiële crisis zijn ernstig en langdurig. Vertrouwen komt immers te voet en gaat te paard. Niet alleen vertrouwensherstel zal een langdurig proces zijn, ook de sanering van het bankwezen en de overheidsfinanciën zal jaren vergen. Banken zullen in de periode van herstel minder snel leningen verstrekken en de overheid zal de komende jaren de uitgaven moeten verlagen en/of de inkomsten moeten verhogen om de overheidsfinanciën weer op orde te krijgen.

In de praktijk gebruikt men soms ook de industriële productie als graadmeter voor de conjunctuur. De reden hiervoor is dat cijfers over de industriële productie sneller beschikbaar komen dan cijfers over het bbp. Door de industriële productie als maatstaf voor de conjunctuur te gebruiken, heeft men dus sneller zicht op conjuncturele omslagpunten.

Het lijkt vreemd om de industriële productie als graadmeter voor de conjuncturele ontwikkeling in de totale economie te nemen, omdat het aandeel van de industriële productie in het bbp maar 15 procent bedraagt. Dit hoeft

Graadmeter: industriële productie

echter geen probleem te zijn zolang de conjuncturele ontwikkeling in de industrie overeenkomt met die in de dienstensector. In dat geval zal de golf-beweging in het bbp overeenkomen met die in de industriële productie. In figuur 9.3 zien we dat de ontwikkeling in de industriële productie inderdaad redelijk gelijk opgaat met die van het bbp. Wel zijn de conjuncturele uitslagen in de industriële productiegroei duidelijk groter. Anders gezegd: de conjunctuurgevoeligheid van de industrie is groter dan die van de totale economie.

Conjunctuur-gevoeligheid van de industrie

Duur van de conjunctuurgolf
In tabel 9.3 staan de conjuncturele omslagpunten in de Kitchincyclus sinds 1970 weergegeven. Deze omslagpunten zijn gebaseerd op de groei van de industriële productie.

TABEL 9.3 Conjuncturele omslagpunten in de Kitchincyclus sinds 1970 (vetgedrukt de omslagpunten in de Juglarcyclus)

Datering		Duur in maanden (Kitchin)		Duur in maanden (Juglar)	
Top	Dal	Opgang	Neergang	Opgang	Neergang
augustus 1970	mei 1972	–	21		
maart 1974	**juni 1975**	22	15		
oktober 1976	december 1977	16	14		
oktober 1979	**april 1983**	22	42	52	42
februari 1985	juni 1987	22	28		
april 1990	**juli 1993**	34	39	84	39
april 1995	juli 1996	20	15		
februari 1998	januari 1999	19	11		
september 2000	**maart 2003**	20	30	86	30
juli 2007	augustus 2009	52	25	52	
juli 2011	**juli 2013**	23	24		72
september 2014		26			
gemiddeld in maanden		25	24	69	46

Bron: De Nederlandsche Bank NV

Juglar: 9 à 10 jaar

De vetgedrukte maanden in tabel 9.3 geven de toppen en dalen van de Juglarcyclus weer. Deze duurt in Nederland gemiddeld zo'n negen à tien jaar. Het conjunctuurpatroon is in Nederland de afgelopen tijd redelijk stabiel geweest. Aan het begin van elk decennium trad een conjuncturele neergang op, met dalen in 1975, 1983, 1993, 2003 en 2013. Tot het begin van de eenentwintigste eeuw kenmerkte het eind van een decennium zich steevast door een periode van hoogconjunctuur, met toppen in 1979, 1990 en 2000. De wereldwijde economische recessie van 2008 en 2009 doorbrak dit patroon in Nederland.
Verder valt op dat de conjuncturele opgang in Nederland gemiddeld genomen duidelijk langer duurt dan de neergang. De groei daalt in een neergang dus sneller dan dat hij in een opgang stijgt. Recessies zijn met andere woorden relatief kort, maar wel heftig. De langdurige neergang als gevolg van de kredietcrisis vormde ook hierop een uitzondering.

Zoals uit tabel 9.3 blijkt, duurt de kortste conjunctuurcyclus ongeveer vier jaar. Globaal gesproken kan men in de industrie dus uitgaan van twee 'vette' jaren, gevolgd door twee 'magere' jaren.

Kitchin: 4 jaar

TUSSENVRAAG 9.3
Leg uit waarom de Kitchincyclus veel belangrijker is voor de industrie dan voor de dienstverlening.

Intensiteit van de conjunctuurcyclus
Naast de duur van de conjunctuurcyclus is ook de intensiteit ervan van belang. Hoe groot zijn de uitslagen in de productiegroei?

Sinds 1980 heeft een periode van hoog- en laagconjunctuur tot gevolg gehad dat de groei van het bbp gemiddeld circa 2 procent afweek van de trendmatige groei van 2 procent. Een periode van hoogconjunctuur ging in Nederland tussen 1980 en 2016 *gemiddeld genomen* gepaard met een economische groei van ongeveer 4 procent, en een periode van laagconjunctuur met een economische groei van ongeveer 0 procent.

Conjunctuuruitslag gemiddeld 2%

De uitslagen in de Nederlandse economische groei zijn dus relatief klein. Dit heeft vooral te maken met de aanbodzijde van de Nederlandse economie en de verschuivingen die daarin in de loop van de tijd zijn opgetreden.
In de eerste plaats ontwikkelt Nederland zich steeds verder van industrieland naar dienstenland. In de industrie is de conjunctuur veel sterker zichtbaar dan in de dienstensector. Dit komt doordat investeringen in voorraden en vaste activa in de industrie een veel grotere rol spelen dan in de dienstverlening. De dienstensector houdt bijvoorbeeld nauwelijks voorraden aan. Hierdoor zorgen voorraadfluctuaties nauwelijks voor fluctuaties in de productiegroei.

Groei dienstverlening

Dienstenland

In de tweede plaats neemt de collectieve sector in Nederland een belangrijke plaats in binnen de dienstensector. De uitgaven van de collectieve sector zijn veel minder conjunctuurgevoelig dan die van de particuliere sector. Zo wordt de aankoop van een nieuwe machine door een bedrijf in een conjuncturele neergang eerder uitgesteld dan de bouw van een brug door de overheid. Door de hoge kredietwaardigheid van de overheid kan zij – ook in een conjuncturele neergang – relatief gemakkelijk aan het benodigde geld komen. Ook het stelsel van sociale zekerheid heeft in Nederland een belangrijke stabiliserende werking op de conjunctuur. Als mensen in een recessie werkloos worden, is de daling van hun koopkracht door de sociale zekerheid relatief klein. Hierdoor blijft de consumptie in een recessie in Nederland behoorlijk op peil. De sociale zekerheid legt als het ware een bodem in de consumptieve bestedingen. Daar staat tegenover dat werklozen die een baan vinden in een periode van conjunctureel herstel er relatief weinig in koopkracht op vooruitgaan. Hierdoor neemt de consumptie in een conjuncturele opgang in Nederland ook maar licht toe.

Collectieve sector

Sociale zekerheid

Ten slotte hangt de relatief stabiele economische groei in Nederland samen met de belangrijke positie die de agribusiness (de landbouw en de voedingsmiddelenindustrie) in de Nederlandse economie inneemt. De producten die de agribusiness voortbrengt, behoren tot de eerste levensbehoeften van mensen. De afzet van zulke goederen is veel minder gevoelig voor de conjunctuur dan de afzet van bijvoorbeeld vliegtuigen, auto's en machines.

Agribusiness

9.2.2   Conjunctuurverloop in Nederland

Een groot deel van het bruto binnenlands product van Nederland komt direct of indirect tot stand door handel met het buitenland. Hierdoor hebben schommelingen in de groei van de wereldhandel een sterke invloed op het Nederlandse conjunctuurverloop. Een fase van economisch herstel ontstaat in Nederland meestal door een opleving van de wereldhandel. Hierdoor **Export** neemt de export toe. Bedrijfstakken die produceren voor de export, zoals de chemie, de staalindustrie en de transportsector, zullen dan ook als eerste profiteren van het economische herstel. Deze sectoren noemt men daarom **Vroegcyclische** wel vroegcyclische sectoren.

sectoren In de eerste fase van het conjuncturele herstel hebben de vroegcyclische sectoren nog voldoende capaciteit om de stijging van de afzet te kunnen opvangen, maar als het herstel doorzet, zal geleidelijk aan de bezettingsgraad van de productiecapaciteit gaan stijgen. Op een gegeven moment moeten ondernemers de productiecapaciteit uitbreiden.

Investeringen In deze fase van de conjuncturele opgang nemen de investeringen toe. De kapitaalgoederensector en de bouw gaan nu ook profiteren van de conjuncturele opgang. Omdat de afzet van deze sectoren pas laat in de conjuncturele opgang toeneemt, noemt men ze laatcyclisch (zie casus 9.2).

Consumptie Nadat de export het conjuncturele herstel in gang heeft gezet en de investeringen het herstel hebben versterkt, neemt op een gegeven moment de consumptie de rol van aanjager van de economische groei over. In de eerste fase van het conjuncturele herstel vangen bedrijven de stijging van de afzet op met het bestaande personeel. Op een gegeven moment zal de productiestijging zo groot worden dat extra personeel nodig is. In Nederland zien we dat ongeveer een jaar na het begin van het economische herstel de werkgelegenheid begint toe te nemen.

Een stijging van de werkgelegenheid leidt ertoe dat de koopkracht van consumenten stijgt en dat ze met meer vertrouwen naar de toekomst kijken. Hierdoor zijn consumenten in staat en bereid om meer te besteden. De con**Laatcyclische** sumptie trekt dus als laatste bestedingscategorie aan. De bedrijfstakken die **sectoren** (duurzame) consumptiegoederen maken, behoren daarmee ook tot de categorie laatcyclische sectoren.

TUSSENVRAAG 9.4

Bepaal van de volgende beursgenoteerde bedrijven of ze vroeg of laat in de economische opgang profiteren van een economisch herstel: Ahold, Akzo/Nobel, DSM, Heineken en Unilever.

CASUS 9.2

De conjunctuur en de beurs

Op de beurs speelt de conjunctuur een belangrijke rol. In de eerste plaats is de fase in de conjunctuur van groot belang voor het algemene beursklimaat.
Een fase van hoogconjunctuur is in het algemeen gunstig voor de beurs, omdat de winsten van het bedrijfsleven toenemen. Aan de andere kant moeten beleggers rekening houden met een toenemend inflatiegevaar.

Als de inflatie oploopt, stijgt namelijk ook de rente. Een hogere rente is slecht voor de aandelenkoersen, omdat rentedragende alternatieven voor een aandelenbelegging aantrekkelijker worden.

De conjunctuurcyclus heeft niet alleen invloed op het algemene beursklimaat, maar ook op de aantrekkelijkheid van bepaalde sectoren als belegging. In het beursjargon spreekt men van het probleem van de sectorallocatie: op welk moment van de conjunctuurcyclus moet het belang van welke sector in de beleggingsportefeuille worden uitgebreid of verminderd? De figuur verschaft een antwoord op deze vraag. Hierbij moet je overigens bedenken dat de beurs altijd vooruitloopt op de feitelijke economische ontwikkeling. Met andere woorden: de koers van een beursfonds stijgt al voordat afzet, productie en winst toenemen.

Conjunctuurcyclus en beleggen in sectoren

Bron: Rabobank, *Ups and Downs*, augustus 1997

In de conjuncturele neergang zijn 'defensieve' fondsen, zoals banken, verzekeraars en uitgevers, aantrekkelijk. De winstgevendheid van dergelijke bedrijven is betrekkelijk ongevoelig voor de conjunctuur. Voor banken en verzekeraars geldt bovendien dat de dalende rente in de neergang gunstig is voor de kredietverlening (bijvoorbeeld voor woninghypotheken). Zo rond het omslagpunt is het een gunstige tijd om aandelen in de sectoren mijnbouw en materialen (bijvoorbeeld staal) te kopen. Bedrijven moeten namelijk voordat ze hun productie kunnen uitbreiden eerst grondstoffen en materialen inkopen.

Zoals we reeds eerder hebben gezien, wordt in Nederland de fase van economisch herstel meestal ingeluid door een groei van de export. Sectoren die een groot deel van hun productie exporteren, zoals de chemie en het transport, profiteren dan ook in een vroeg stadium van het economische herstel. De opleving van de export wordt gevolgd door een toename van de investeringen en de consumptie. De sectoren die zich richten op deze bestedingscategorieën, zullen pas in een later stadium van de economische opleving profiteren.

9.3 Registratie en voorspelling van de conjunctuur

In deze paragraaf gaan we in op de vraag waar we gegevens kunnen vinden over de Nederlandse conjunctuur (subparagraaf 9.3.1). Vervolgens behandelen we de manier waarop we de conjunctuur kunnen voorspellen (subparagraaf 9.3.2).

9.3.1 Conjunctuurklok

Het Centraal Bureau voor de Statistiek (CBS) verzamelt in Nederland gegevens over de conjunctuur en publiceert deze op zijn website (www.cbs.nl). Het Centraal Planbureau (CPB), de Nederlandsche Bank (DNB) en de particuliere banken gebruiken deze gegevens als basis voor hun conjunctuurprognoses.

Conjunctuurklok Het CBS stelt elke maand de conjunctuurklok van de Nederlandse economie samen (zie figuur 9.4). Op de klok – die linksom draait – is duidelijk de stand van de conjunctuur af te lezen. In het groene deel van de conjunctuurklok is sprake van hoogconjunctuur: de conjunctuurgegevens liggen boven de trend en ze nemen bovendien toe. In het oranje deel van de conjunctuurklok liggen de conjunctuurgegevens nog wel boven de trend, maar nemen ze af in de richting van de trend. Dit is de fase van de conjuncturele neergang. Het rode deel van de conjunctuurklok correspondeert met laagconjunctuur, en het gele deel met een fase van economisch herstel. Zoals blijkt uit figuur 9.4, bevond de Nederlandse economie zich in oktober 2015 in een periode van hoogconjunctuur.

FIGUUR 9.4 De conjunctuurklok van Nederland (oktober 2015)

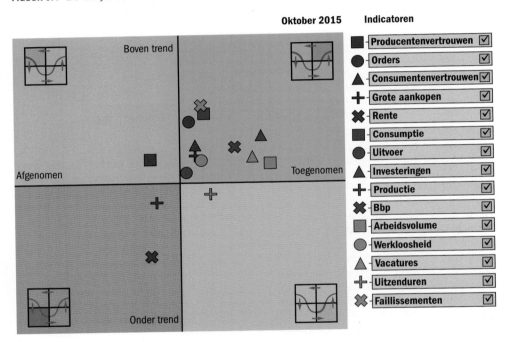

Bron: www.cbs.nl

De variabelen uit de conjunctuurklok kunnen we onderverdelen in drie categorieën: verwachtingsindicatoren, productiegegevens en arbeidsmarktgegevens.

Verwachtings-indicatoren De *verwachtingsindicatoren* lopen vooruit op de feitelijke bestedingen en de feitelijke productie. Zo houdt het CBS maandelijks een enquête onder producenten en consumenten. Als uit deze enquêtes blijkt dat zowel producenten als consumenten meer vertrouwen hebben in de economische toekomst, kunnen we daaruit afleiden dat na verloop van tijd de investeringen en de consumptie zullen toenemen.

Productie-gegevens De *productiegegevens* geven de feitelijke ontwikkeling van de conjunctuur weer. Uit het verloop van de kwartaalcijfers van de groei van de industriële productie en het bbp kunnen we afleiden hoe de conjunctuur zich ontwikkelt. De oorzaak voor de conjuncturele ontwikkeling blijkt uit de kwartaalcijfers van de consumptie, de investeringen en de uitvoer.

De *arbeidsmarktgegevens* geven ten slotte een beeld van de gevolgen die de conjuncturele ontwikkeling heeft voor de werkgelegenheid en de werkloosheid. Deze gegevens zijn belangrijk om in te schatten welke invloed de conjunctuur zal hebben op bijvoorbeeld de overheidsfinanciën, de lonen en de inflatie.

Tussen de verwachtingsindicatoren, de productiegegevens en de arbeidsmarktgegevens bestaat een verband in de tijd (zie figuur 9.5).

Arbeidsmarkt-
gegevens

Verband tussen
indicatoren en
productie- en
arbeidsmarkt-
gegevens

FIGUUR 9.5 Verband tussen gegevens in de conjunctuurklok

De verwachtingsindicatoren lopen vooruit op de feitelijke conjunctuur. Een stijging van het consumentenvertrouwen leidt bijvoorbeeld pas na enige tijd tot een toename van de consumptie en de productie. De feitelijke conjunctuur loopt op haar beurt weer vooruit op de arbeidsmarkt. Dit komt doordat ondernemers schommelingen in de productie in eerste instantie opvangen door een verhoging of een verlaging van de arbeidsproductiviteit. Zo zal een ondernemer in de fase van economisch herstel de productiviteit zo ver mogelijk opvoeren voordat hij meer mensen in dienst neemt. Omgekeerd zal hij aan het begin van een conjuncturele neergang niet onmiddellijk werknemers ontslaan. Hij mag dat meestal niet op grond van het ontslagrecht, maar hij zal het vaak ook niet willen. Ontslag van werknemers leidt ertoe dat de kennis en ervaring die werknemers hebben, verloren gaan voor de onderneming. Als de economie weer herstelt, is het maar de vraag of de onderneming personeel met dezelfde kennis en ervaring kan aantrekken.

9.3.2 Conjunctuurprognoses

Niet alleen regeren, maar ook ondernemen is vooruitzien. Zowel de overheid als bedrijven hebben voor hun beleidsbeslissingen conjunctuurprognoses nodig. Vooral een vroegcyclische onderneming zal alert moeten zijn op omslagpunten in de conjunctuur, om te voorkomen dat ze in een bepaald jaar te veel of te weinig produceert.

In Nederland is het Centraal Planbureau de belangrijkste instantie die zich bezighoudt met conjunctuuranalyse en -voorspelling. Elk jaar publiceert het CPB de *Macro-Economische Verkenning*, waarin het de conjuncturele ontwikkeling in het lopende jaar analyseert en de conjuncturele ontwikkeling in het komende jaar voorspelt. De conjunctuuranalyses en -prognoses van het CPB zijn gebaseerd op de uitkomsten van ingewikkelde macro-economische modellen (zie ook hoofdstuk 7).

Macro-Economi-
sche Verkenning

Een relatief eenvoudige manier om conjunctuurprognoses te maken is het gebruik van conjunctuurindicatoren. Conjunctuurindicatoren zijn samengesteld uit één of meer gegevensreeksen die vooruitlopen op de feitelijke conjunctuur. Ze worden dan ook vaak *leading indicators* genoemd. In Nederland maken onder andere het Centraal Planbureau, de Nederlandsche Bank en de Rabobank gebruik van conjunctuurindicatoren.

Conjunctuur-
indicatoren

Leading
indicators

Bij het samenstellen van conjunctuurindicatoren werkt men met *long leading indicators* en *short leading indicators*.

Long leading indicator

De geldhoeveelheid is een voorbeeld van een long leading indicator. De geldhoeveelheid neemt toe als de kredietverlening aan bedrijven en consumenten stijgt. Deze kredieten gebruiken consumenten en bedrijven om bestedingen mee te financieren. Een toename van de geldhoeveelheid gaat pas na ongeveer een jaar gepaard met een toename van de economische activiteit. Omdat het tijdsverloop tussen indicator en conjunctuur tamelijk lang is, spreekt men van een long leading indicator.

Short leading indicator

De verwachte bedrijvigheid is een voorbeeld van een short leading indicator. Als uit de conjunctuurenquêtes van het CBS blijkt dat ondernemingen een toename van de bedrijvigheid verwachten, zal de feitelijke productie na verloop van tijd ook toenemen. De verwachte bedrijvigheid loopt ongeveer een half jaar vooruit op de feitelijke conjunctuur. Ook de orderpositie van bedrijven is een short leading indicator.

TUSSENVRAAG 9.5

Welke short leading indicators zou jij gebruiken voor de investeringen?

Conjunctuur-barometer

Als men een aantal conjunctuurindicatoren heeft gevonden, kan daaruit een index worden samengesteld, die is te beschouwen als een conjunctuurbarometer. Zoals een normale barometer een beeld geeft van de te verwachten weersomstandigheden, geeft de conjunctuurbarometer een beeld van de te verwachten economische omstandigheden.

De ontwikkeling van de conjunctuurbarometer van de Nederlandsche Bank en de feitelijke ontwikkeling van de conjunctuur zijn weergegeven in figuur 9.6.

FIGUUR 9.6 DNB-conjunctuurindicator (1991–2015)

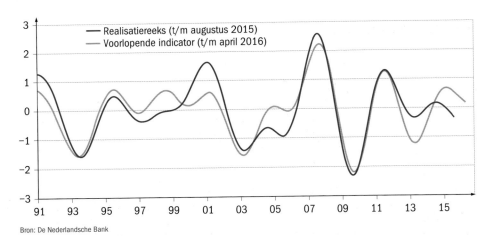

Bron: De Nederlandsche Bank

De meeste conjunctuurindicatoren, zoals die van DNB, gebruiken de industriële productie als graadmeter voor de totale economische activiteit in een land. Zoals we in paragraaf 9.2 hebben gezien, is dit geen probleem zolang de conjuncturele ontwikkeling in de industrie overeenkomt met die in de dienstensector. Volgens het CPB is dit sinds het midden van de jaren negentig steeds minder het geval. De dienstensector ontwikkelde zich in die jaren min of meer onafhankelijk van de industrie. Vandaar dat het CPB een conjunctuurindicator gebruikt die het bbp als maatstaf voor de economische activiteit heeft. De CPB-conjunctuurindicator en het feitelijke verloop van de conjunctuur zijn weergegeven in figuur 9.7.

FIGUUR 9.7 CPB-conjunctuurindicator (2004–2015)

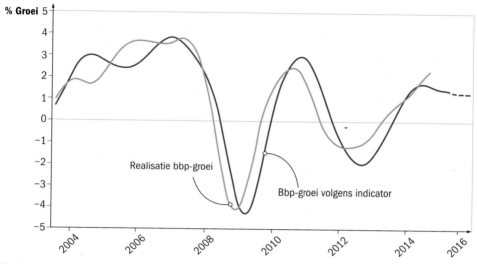

Bron: Centraal Planbureau, *Macro Economische Verkenning 2016*

9.4 Conjunctuurbeleid

De conjunctuur zorgt voor schommelingen in de economische groei. Een periode van laagconjunctuur gaat gepaard met een oplopende werkloosheid, en een periode van hoogconjunctuur met een oplopende inflatie. Beide verschijnselen zijn ongewenst. Vandaar dat de overheid en de centrale bank conjunctuurbeleid voeren. In deze paragraaf gaan we in op de doelstellingen van het conjunctuurbeleid (subparagraaf 9.4.1). Daarna behandelen we in subparagraaf 9.4.2 het begrotingsbeleid van de overheid en in subparagraaf 9.4.3 het monetaire beleid van de centrale bank.

9.4.1 Doelstellingen van het conjunctuurbeleid

Economische groei is de belangrijkste doelstelling van het economische beleid van de overheid. Economische groei leidt tot een toename van de welvaart en is belangrijk om de werkgelegenheid te vergroten en de werkloosheid te verkleinen.

Economische groei

Een hoge economische groei heeft niet alleen voordelen. Als de feitelijke groei van de productie lange tijd hoger is dan de groei van de capaciteit, ontstaat op een gegeven moment overbesteding. Het aanbod kan dan de vraag niet meer aan. Ondernemers verhogen hun prijzen, waardoor inflatie ontstaat.

Inflatie

Inflatie is schadelijk voor de economische groei op lange termijn (de trend-matige groei): het leidt tot onzekerheid over toekomstige kosten en opbreng-sten, het tast de koopkracht van burgers en de concurrentiepositie van ex-porteurs aan, en het gaat gepaard met een hogere rente. Daarbij komt dat inflatie de neiging heeft zichzelf te versterken.

De doelstelling van het conjunctuurbeleid is dan ook de uitslagen in de con-junctuur te dempen, zodat de feitelijke groei niet ver afligt van de groei van de productiecapaciteit. In figuur 9.8 is dit weergegeven.

FIGUUR 9.8 Doelstelling van het conjunctuurbeleid

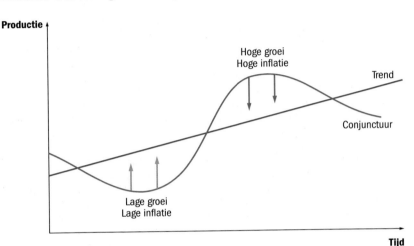

9.4.2 Begrotingsbeleid

De overheid kan de conjuncturele ontwikkeling in een land beïnvloeden via de begroting. We onderscheiden twee vormen van begrotingsbeleid die de conjunctuur beïnvloeden, te weten:

- conjunctureel of anticyclisch begrotingsbeleid
- structureel begrotingsbeleid

Anticyclisch begrotingsbeleid

Feitelijke conjunctuur-ontwikkeling

Anticyclisch begrotingsbeleid houdt in dat de overheid de belastingtarieven en de uitgaven afstemt op de feitelijke conjunctuur. Bij laagconjunctuur sti-muleert de overheid de bestedingen door een verlaging van de belastingta-rieven of een verhoging van de overheidsuitgaven. Bij hoogconjunctuur doet ze het omgekeerde. De overheid gaat als het ware tegen de conjunctuur in: als het economisch tegenzit, geeft ze gas; als het economisch meezit, remt ze af.

Begrotingstekort

In de periode van laagconjunctuur ontstaat door de verlaging van de belas-tingtarieven of de verhoging van de overheidsbestedingen een begrotingste-kort. Dat is niet erg, omdat in de fase van hoogconjunctuur de overheid haar bestedingen weer afremt en de belastingen binnenstromen. Hierdoor ont-staat een begrotingsoverschot. Over de gehele conjunctuurcyclus vallen te-korten en overschotten tegen elkaar weg.

TUSSENVRAAG 9.6
In de praktijk heeft de uitvoering van anticyclisch begrotingsbeleid vaak geleid tot grote en groeiende overheidstekorten. Hoe zou dat komen?

Anticyclisch begrotingsbeleid is in theorie eenvoudig uit te voeren, maar in de praktijk blijkt dit tegen te vallen. We kunnen de volgende problemen onderscheiden:

Problemen anticyclisch begrotingsbeleid

1 timing van de maatregelen
2 uitvoering van het beleid door politici
3 crowding-out
4 lage multiplier

Ad 1 Timing van de maatregelen

Een juiste timing van de maatregelen is bij anticyclisch begrotingsbeleid van groot belang. Het gevaar is groot dat de begrotingsmaatregelen te vroeg of te laat komen.

Begrotingsmaatregelen te vroeg of te laat

In de eerste plaats blijkt dat het – ondanks het gebruik van macro-economische modellen en conjunctuurindicatoren – vaak moeilijk is om te bepalen in welke fase van de conjunctuur een economie zich precies bevindt. Als de overheid denkt dat de economie zich nog in een recessie bevindt, terwijl feitelijk het economisch herstel al is aangebroken, komt een uitgavenverhoging of belastingverlaging op het verkeerde moment.

In de tweede plaats kost het zeer veel tijd om een begrotingswijziging voor te bereiden, vast te stellen en uit te voeren. Als de begrotingswijziging eenmaal is ingevoerd, is het moeilijk om te voorspellen op welke termijn deze een duidelijk effect op de economie zal hebben. Zo is het mogelijk dat een belastingverlaging in een recessie pas een effect op de bestedingen heeft als de fase van herstel al is ingetreden. Consumenten laten zich bij hun bestedingen namelijk niet alleen leiden door hun besteedbaar inkomen – dat stijgt door een belastingverlaging – maar ook door het vertrouwen dat ze hebben in de toekomst. Als dat vertrouwen laag is, houden ze de hand op de knip totdat de economische vooruitzichten duidelijk verbeterd zijn.

Ad 2 Uitvoering van het beleid door politici

Het tweede probleem hangt samen met het feit dat de uitvoering van anticyclisch beleid in handen van politici ligt. De meeste politici zullen graag de bestedingen stimuleren in een recessie. Dit leidt tot extra productie en werkgelegenheid en voor tevreden kiezers. De kiezers zullen veel minder tevreden zijn als politici de economie afremmen in een periode van hoogconjunctuur. Dit is ook moeilijk aan kiezers uit te leggen. In een hoogconjunctuur draait de economie op volle toeren en stroomt het belastinggeld binnen. Om op dat moment een belastingverhoging of een uitgavenverlaging voor te stellen, moet een politicus stevig in zijn schoenen staan.

Kiezers tevreden houden

9

Ad 3 Crowding-out

Zoals we hebben gezien, hebben politici de neiging om eerder maatregelen te nemen die het begrotingstekort vergroten dan maatregelen die het begrotingstekort verkleinen. De onvermijdelijke consequentie hiervan is dat na verloop van tijd de overheidsfinanciën uit de hand lopen.

Stijging van de rente

De overheid moet steeds meer geld lenen, waardoor de staatsschuld toeneemt. Bovendien leidt de grote vraag naar geld van de overheid tot een stijging van de rente. Particuliere bestedingen die afhankelijk zijn van de rente, zoals de consumptie en de investeringen, zullen hierdoor minder stijgen of zelfs dalen. We spreken in dit verband van het crowding-outeffect: de overheid verdringt door de financiering van haar begrotingstekort de rentegevoelige particuliere bestedingen.

Het crowding-outeffect is vooral ernstig als hogere consumptieve overheidsuitgaven via een hogere rente leiden tot lagere particuliere investeringen. Dit tast de groei van de productiecapaciteit in de economie aan. Het stimulerende begrotingsbeleid is dan op lange termijn zelfs contraproductief.

Ad 4 Lage multiplier

Een laatste bezwaar tegen een anticyclisch begrotingsbeleid dat specifiek voor de Nederlandse economie geldt, is de lage multiplier. Een verhoging van de overheidsbestedingen of een verlaging van de belastingen heeft in Nederland relatief weinig invloed op de productie en de werkgelegenheid. Zo leidt een verlaging van de inkomstenbelasting weliswaar tot een verhoging van de consumptie, maar een groot deel van de goederen die Nederlandse consumenten kopen, zijn afkomstig uit het buitenland. De bestedingsimpuls van de overheid lekt met andere woorden voor een groot deel weg naar het buitenland. Voor grotere economieën als de Verenigde Staten en Japan geldt dit bezwaar tegen een stimulerend begrotingsbeleid veel minder, omdat het importlek daar kleiner is. In deze landen kan een stimulerend begrotingsbeleid wel een belangrijk instrument zijn om de economie uit het slop te halen.

Structureel begrotingsbeleid

De problemen met het anticyclische begrotingsbeleid zijn in de praktijk zo groot dat de Nederlandse overheid is overgegaan op een structureel begrotingsbeleid. De essentie hiervan is dat de hoogte van de overheidsuitgaven niet afhangt van de conjuncturele, maar van de trendmatige of structurele ontwikkeling van de economie. We zullen het structurele begrotingsbeleid beschrijven aan de hand van de volgende vier stappen die de overheid moet nemen:

1 Bepaal het gewenste structurele begrotingssaldo
2 Bepaal de trendmatige groei van de economie
3 Bepaal de belastingontvangsten op basis van de trendmatige groei
4 Bepaal de toelaatbare uitgaven ('het uitgavenplafond').

Ad 1 Bepaal het gewenste structurele begrotingssaldo
De overheid moet eerst bepalen welk begrotingssaldo ze op lange termijn nastreeft. Sinds de toetreding van Nederland tot de eurozone is deze stap eenvoudig in te vullen. Het Pact voor Stabiliteit en Groei dat de landen uit de eurozone hebben afgesproken, bepaalt namelijk dat elk land op middellange termijn moet streven naar een begrotingssaldo in de buurt van evenwicht. We gaan er in het vervolg dan ook van uit dat de overheid streeft naar een structureel begrotingsevenwicht.

Structureel begrotingsevenwicht

Ad 2 Bepaal de trendmatige groei van de economie
Bij het begin van een kabinetsperiode maakt de overheid een inschatting van de trendmatige groei van de economie. We kunnen dit toelichten aan de hand van tabel 9.4. Bij het aantreden van het kabinet bedraagt het bbp €400 miljard. Als we veronderstellen dat de trendmatige groei 2,5 procent per jaar bedraagt, zal het trendmatige bbp aan het eind van de kabinetsperiode €442 miljard bedragen.

TABEL 9.4 Trendmatige groei en structureel begrotingsbeleid (× €1 mld)

Periode	Trendmatig bbp (bbp*)	Trendmatige overheidsfinanciën		
		Trendmatige belastingen (B*)[1]	Trendmatige overheidsbestedingen (O*)	Trendmatig begrotingssaldo (B* − O*)
0	400	160	160	0
1	410	164	164	0
2	420	168	168	0
3	431	172	172	0
4	442	177	177	0

[1] We veronderstellen dat het belastingtarief 40% bedraagt

Ad 3 Bepaal de belastingontvangsten op basis van de trendmatige groei
Uit de ontwikkeling van het trendmatige bbp kunnen we de ontwikkeling van de trendmatige belastinginkomsten afleiden. Als we ervan uitgaan dat het gemiddelde belastingtarief 40 procent van het bbp bedraagt, zien we in de derde kolom van tabel 9.4 het verloop van de belastingontvangsten als de economie zich op de trend bevindt.

Ad 4 Bepaal de toelaatbare uitgaven ('het uitgavenplafond')
De trendmatige belastingontvangsten en het gewenste structurele begrotingssaldo bepalen samen hoeveel de overheid in een bepaald jaar maximaal mag uitgeven. We noemen dit bedrag het uitgavenplafond.
Zo blijkt uit tabel 9.4 dat het trendmatige bbp in jaar 1 €410 miljard bedraagt. Bij een gemiddeld belastingtarief van 40 procent bedragen de trendmatige belastingontvangsten in dat jaar €164 miljard. Omdat de begroting structureel in evenwicht moet zijn, is het maximale bedrag dat voor overheidsuitgaven beschikbaar is ook €164 miljard.

Uitgaven los van feitelijke belastingontvangsten

Kenmerkend voor het structurele begrotingsbeleid is dat de overheid de uitgaven loskoppelt van de feitelijke belastingontvangsten. Conjuncturele mee- of tegenvallers in de belastingontvangsten mogen geen invloed hebben op de uitgaven. Dit leidt tot meer rust in de begrotingsvoorbereiding en -uitvoering dan bij anticyclisch begrotingsbeleid. Bovendien weten de ministers aan het begin van de kabinetsperiode aan welk uitgavenplafond zij zich gedurende de kabinetsperiode moeten houden. Dit zorgt voor een grotere begrotingsdiscipline onder de ministers.

Begrotingsdiscipline

Anticyclische werking

Structureel begrotingsbeleid heeft als bijkomend voordeel een anticyclische werking. De overheid koppelt de uitgaven los van de feitelijke belastingontvangsten: zij doet haar uitgaven *alsof de economie zich op de trend bevindt*. In een periode van laagconjunctuur bezuinigt de overheid daarom niet als de belastingontvangsten tegenvallen. Hierdoor ontstaat vanzelf een begrotingstekort en geeft de overheid de economie een steuntje in de rug. In een periode van hoogconjunctuur mag de overheid belastingmeevallers niet gebruiken voor hogere uitgaven. Hierdoor ontstaat vanzelf een begrotingsoverschot en remt de overheid de economie af.

In tabel 9.5 zijn de belangrijkste verschillen tussen anticyclisch en structureel begrotingsbeleid samengevat.

TABEL 9.5 Verschillen tussen anticyclisch en structureel begrotingsbeleid

	Anticyclisch begrotingsbeleid	Structureel begrotingsbeleid
Anticyclisch effect van de begroting	Doel	Neveneffect
Uitgangspunt van de begroting	Conjuncturele ontwikkeling	Trendmatige ontwikkeling
Planningshorizon van de begroting	Jaar (of korter)	Kabinetsperiode
Aantal begrotingswijzigingen	Groot	Klein

9.4.3 Monetair beleid

In deze subparagraaf behandelen we het monetaire beleid dat de centrale bank voert. We gaan in op het onderscheid tussen de goederensector en de monetaire sector in een economie, en op de doelstellingen en de werking van het monetaire beleid.

Goederensector en monetaire sector

In een economie kunnen we een goederensector en een monetaire sector onderscheiden.

In de goederensector komen vraag, aanbod en prijzen van goederen en diensten tot stand. Zo zal in een periode van hoogconjunctuur de vraag naar goederen en diensten sterker stijgen dan het aanbod ervan. Gevolg is een stijging van het algemene prijspeil (inflatie).

Goederensector

In de monetaire of geldsector bepalen vraag en aanbod van geld de prijs van geld: de rente. In een moderne economie betalen mensen de goederen en diensten die ze kopen met geld. Hoe meer goederen en diensten ze kopen, hoe hoger de vraag naar geld zal zijn. In een periode van hoogconjunctuur zal de rente daarom stijgen.

Monetaire of geldsector

Zoals uit het voorgaande blijkt, beïnvloeden de goederensector en de monetaire sector elkaar (zie figuur 9.9). Hoge bestedingen in de goederensector leiden tot een grote vraag naar geld en een hoge rente in de monetaire sector. Omgekeerd zullen een vergroting van het aanbod van geld en een lagere rente in de monetaire sector leiden tot een toename van de bestedingen en de productie in de goederensector.

FIGUUR 9.9 De goederensector (links) en de monetaire sector (rechts)

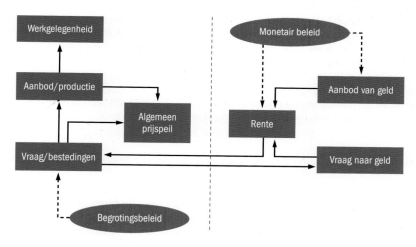

Doelstelling van het monetaire beleid

De centrale bank voert het monetaire beleid. Monetair beleid is erop gericht om te voorkomen dat variabelen uit de monetaire sector – zoals het aanbod van geld en de rente – een ongunstige invloed hebben op de inflatie en de economische groei op lange termijn. Enerzijds is een (te) hoge rente onwenselijk, omdat die leidt tot lage investeringen en een trage groei van de productiecapaciteit. Anderzijds is een (te) lage rente ook onwenselijk: een lage rente leidt op korte termijn wel tot hoge bestedingen en een hoge productie, maar gaat vaak gepaard met een hoge inflatie. En een hoge inflatie heeft schadelijke gevolgen voor de economische groei op lange termijn.

Monetaire beleid

In de eurozone is het monetaire beleid toevertrouwd aan de Europese Centrale Bank (ECB). De ECB streeft ernaar de inflatie in de eurozone te beper-

Inflatie op of net onder 2%

ken tot een percentage van op of net onder de 2. Hiermee wil ze een bijdrage leveren aan de economische groei op *lange termijn* in de eurozone. De ECB hecht, in tegenstelling tot de nationale overheden van de eurolidstaten, minder belang aan de productie- en werkgelegenheidsgroei op *korte termijn*.

Werking van het monetaire beleid

De ECB zal in actie komen als de inflatie te hoog is of te hoog dreigt te worden. Inflatie is een kenmerkend verschijnsel van periodes van hoogconjunctuur. De bestedingen groeien te snel, waardoor de productiecapaciteit de vraag niet meer aankan en de prijzen stijgen. In een fase van hoogconjunctuur zal de ECB daarom de bestedingen willen beperken.

Zoals blijkt uit figuur 9.9, heeft ze twee mogelijkheden. In de eerste plaats kan ze het geldaanbod in de economie beperken, waardoor de rente volgens het marktmechanisme stijgt. In de tweede plaats kan ze rechtstreeks ingrijpen in de rente door de rentetarieven te verhogen die banken in de eurozone aan de ECB moeten betalen – de zogenoemde officiële rentetarieven. Welk van beide instrumenten ze ook kiest: de rente die bedrijven en consumenten in de eurozone op kredieten moeten betalen, zal stijgen. Deze hogere rente zal vervolgens leiden tot lagere bestedingen, een lagere economische groei en een lagere inflatie.

Rente *(marginnote)*

In een periode van laagconjunctuur is de economische groei laag. Meestal zal – onder invloed van de trage groei van de bestedingen – de inflatie ook laag zijn. De ECB kan in deze omstandigheden de geldhoeveelheid vergroten en de rente verlagen om de bestedingen te stimuleren. Een moeilijke situatie ontstaat als de economische groei laag is, maar de inflatie hoog blijft (bijvoorbeeld door stijgende energieprijzen). De druk vanuit de politiek op de ECB om de rente te verlagen zal in zulke omstandigheden groot zijn. De ECB heeft echter de taak om de inflatie in de eurozone te bestrijden. De prioriteit van het monetaire beleid in de eurozone ligt bij inflatiebestrijding, en niet bij economische groei op korte termijn. De ECB zal daarom – ondanks de politieke druk – de rente niet verlagen totdat het inflatiegevaar is geweken.

Politieke druk op de ECB *(marginote)*

De eerste ECB-president, de Nederlander Duisenberg, zei eens over de druk die politici op de ECB uitoefenden om de rente te verlagen: 'We horen ze wel, maar we luisteren niet.'

Dat de ECB niet naar politici luistert, heeft ook te maken met het feit dat politici de effectiviteit van monetair beleid vaak overschatten. Een renteverlaging heeft meestal slechts een beperkte toename van de bestedingen tot gevolg. In monetaire kringen gebruikt men hiervoor het gezegde: 'De ECB kan het paard wel naar het water leiden, maar kan het niet dwingen om te drinken.' Anders gezegd: de ECB kan leningen goedkoop maken, maar ze kan niemand dwingen om krediet op te nemen voor bestedingen. Zo hangen de investeringen veel meer af van de bezettingsgraad en de afzet- en winstverwachtingen dan van de rente. Als in een recessie de bezettingsgraad laag is en de afzet- en winstverwachtingen slecht zijn, zal een lage rente bedrijven niet over de streep trekken om toch te investeren in nieuwe productiecapaciteit.

Effectiviteit van monetair beleid *(marginote)*

TUSSENVRAAG 9.7

Waarom is monetair beleid in een groot land (de VS, Japan of de eurozone) effectiever dan in een klein land?

Samenvatting

De conjunctuur is de schommeling van de bestedingen rond de productiecapaciteit. We kunnen drie typen conjunctuurgolven onderscheiden naar
oorzaak en duur van de cyclus: de Kondratieff, de Juglar en de Kitchin.
De conjunctuurcyclus bestaat uit vier fasen: opgang, hoogconjunctuur,
neergang en laagconjunctuur. In de hoogconjunctuur stijgen de bestedingen, de productie, de werkgelegenheid en de prijzen; in de laagconjunctuur
gebeurt het omgekeerde.
Investeringen spelen een belangrijke rol in de conjunctuurcyclus. Als de investeringen toenemen, stijgt – door de werking van de multiplier – het binnenlands product. Na verloop van tijd zal de productiegroei gepaard moeten
gaan met een uitbreiding van de productiecapaciteit. Een toename van het
binnenlands product heeft – via de werking van de accelerator – invloed op
de investeringen. De conjunctuur kan dus verklaard worden door een wisselwerking tussen multiplier en accelerator.
Om de conjunctuur te voorspellen zijn conjunctuurindicatoren nodig. Dit
zijn economische gegevens die vooruitlopen op de feitelijke conjunctuur.
De overheid kan via haar begrotingsbeleid de conjunctuurgolf dempen. Bij
anticyclisch begrotingsbeleid baseert de overheid zich op de feitelijke economische groei. Als die tegenvalt, stimuleert de overheid de groei via lagere
belastingen en/of hogere uitgaven. Bij structureel begrotingsbeleid baseert
de overheid zich op de trendmatige economische groei. De uitgaven zijn onafhankelijk van de feitelijke economische groei. Aangezien de belastingen
wel meedeinen met de economische ontwikkeling, heeft structureel begrotingsbeleid een anticyclische werking.
Monetair beleid heeft inflatiebestrijding als belangrijkste doelstelling. In een
periode van hoge economische groei en hoge inflatie zal de centrale bank de
rente verhogen, en in een periode van lage economische groei en lage inflatie zal ze de rente verlagen.

9

Kernbegrippenlijst

Accelerator	De mate waarin de investeringen reageren op een toename van het nationaal inkomen.
Conjunctuur	De min of meer regelmatige schommeling van de bestedingen en de productie rondom de capaciteit. Er worden drie typen conjunctuurgolven onderscheiden: 1 Kitchin (duur 3-5 jaar) 2 Juglar (duur 7-11 jaar) 3 Kondratieff (duur 47-57 jaar)
Conjunctuurbarometer	Een index – samengesteld uit verschillende conjunctuur-indicatoren – die een voorspelling geeft van de conjunctuur.
Conjunctuurindicator	Een (economische) grootheid die vooruitloopt op de feitelijke ontwikkeling van de conjunctuur.
Hoogconjunctuur	Een periode waarin de groei van de bestedingen groter is dan de groei van de productiecapaciteit.
Laagconjunctuur	Een periode waarin de groei van de bestedingen achterblijft bij de groei van de productiecapaciteit.
Leading indicator	Zie conjunctuurindicator.
Multiplier	De invloed van een toename van de bestedingen op het nationaal inkomen. Bij een multiplier van 2 zal een toename van de bestedingen van €10 miljard leiden tot een toename van het nationaal inkomen van €20 miljard.
Neergang	Fase in de conjunctuur waarin de groei van de productie afneemt.
Omslagpunt	Het moment waarop een periode van conjuncturele opgang overgaat in een periode van conjuncturele neergang, en omgekeerd.

Opgaande fase	Fase in de conjunctuur waarin de groei van de productie toeneemt.
Recessie	Een situatie waarbij het bbp gedurende twee opeenvolgende kwartalen afneemt. In de praktijk wordt het begrip ook wel gebruikt als de groei van het bbp afneemt.
Trendmatige groei	Ontwikkeling van de productiecapaciteit op lange termijn.

9

10

Economische groei op lange termijn

10.1   **Productiefactoren en economische groei**
10.2   **Ontwikkelingsniveau en groei**

De groei van de productiefactoren is de belangrijkste oorzaak voor de groei van het binnenlands product. Dit geldt zowel voor de kwantitatieve als voor de kwalitatieve groei. De bijdrage van de productiefactoren aan de economische groei hangt af van de verschillende ontwikkelingsniveaus van de economie.

> De centrale vraag in dit hoofdstuk is:
> • Welke factoren beïnvloeden de groei op lange termijn?

10

Op zoek naar structurele afzetgroei

Een grote fabrikant van voedingsmiddelen merkt dat de markten voor voedingsmiddelen in West-Europa steeds verder verzadigd raken. De marktgroei is minimaal, zodat de strijd om het marktaandeel tussen de fabrikanten steeds intenser wordt. De onderneming onderzoekt mogelijkheden om markten in andere werelddelen te betreden. Het liefst gaat ze naar gebieden waar de inkomens vrij laag zijn, maar waar de groei veel hoger is dan in Europa en Amerika. 'In ontwikkelingslanden', zo redeneert de ondernemingsleiding, 'hebben onze producten een hoge inkomenselasticiteit van de vraag. In dergelijke landen zijn veel mensen die voor het eerst met onze producten in aanraking komen. Het zijn voor hen luxeartikelen. Een hoge groei van het inkomen houdt een nog hogere groei van de vraag in. Groeimarkten zijn gunstig, omdat de concurrentie er niet zo hevig is als op verzadigde markten.' De onderneming wenst in zulke kansrijke regio's te investeren. Ze wil daardoor verzekerd zijn van een lange periode van hoge afzetgroei. Enkele regio's in Azië en Latijns-Amerika voldoen aan de gestelde eisen. Dit zijn gebieden met een tamelijk kleine kapitaalgoederenvoorraad en een hoge spaarquote.

10.1 Productiefactoren en economische groei

Onder economische groei op lange termijn verstaan we de gemiddelde jaarlijkse groei van het bruto binnenlands product of het bruto binnenlands product per hoofd van de bevolking op iets langere termijn.
Op korte termijn geeft de conjunctuur de economische groei weer. De gemiddelde groei gedurende de conjunctuurgolf is de trend. Deze groei is de groei op lange termijn.
In figuur 10.1 is de schommeling van de bestedingen rond de trend in beeld gebracht.

Trend

FIGUUR 10.1 Conjunctuur en trend

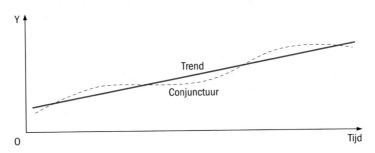

De trend geeft de gemiddelde langetermijngroei weer. De trendmatige groei van het nationaal inkomen staat in dit hoofdstuk centraal.

In figuur 10.2 is de groei van de Nederlandse economie over een lange periode weergegeven.

FIGUUR 10.2 Groei van het bbp in % in Nederland, 1950–2016

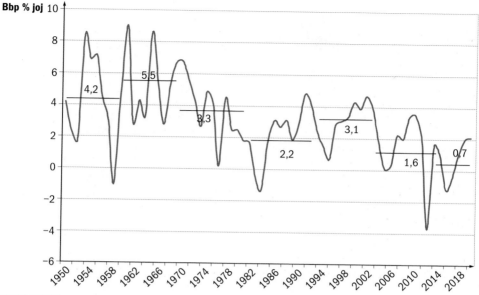

Bron: CPB, CEP 2016

Elke conjunctuurgolf duurde de afgelopen vijftig jaar ongeveer tien jaar. In de jaren vijftig, zestig, zeventig, tachtig en negentig van de vorige eeuw bedroeg de trendmatige groei respectievelijk 4,2, 5,5, 3,3, 2,0, 3,1 en 1,6 procent per jaar. Van 2011 tot 2016 groeide de economie gemiddeld met 0,7 procent per jaar. De gemiddelde groei lijkt in de loop van dit tijdsbestek dus af te nemen. In het navolgende zullen we zien welke oorzaken daaraan ten grondslag liggen.

Groei productiecapaciteit

De economische groei op lange termijn is vooral afhankelijk van de groei van de productiefactoren. In de afgelopen zestig jaar hebben de volgende drie factoren een bijdrage geleverd aan de groei van het bbp en van het bbp per hoofd van de bevolking:

- de groei van de beroepsbevolking
- de groei van de kapitaalgoederenvoorraad, die de groei van de beroeps-bevolking ver heeft overtroffen
- technische ontwikkeling

Deze drie factoren hebben geleid tot een uitbreiding van de productie-capaciteit.

Zoals blijkt uit tabel 10.1, is de beroepsbevolking van 1899 tot 2016 ongeveer vier keer zo groot geworden.

De omvang van de beroepsbevolking hangt samen met de omvang van de totale bevolking. Uit tabel 10.1 blijkt dat ook de totale bevolking de afgelopen eeuw ongeveer verdrievoudigd is.

Omvang van de beroepsbevolking

TABEL 10.1 Arbeidsaanbod in Nederland, 1899-2016
(× 1000 personen)

Jaar	Beroepsbevolking	Totale bevolking
1899	1.920	5.077
1909	2.259	5.842
1920	2.720	6.831
1930	3.179	7.832
1947	3.867	9.630
1960	4.169	11.428
1971	4.835	13.194
1981	5.561	14.208
1990	6.063	15.010
2000	7.319	15.931
2010	7.817	16.615
2016	7.960	17.000

Bron: CBS

Kapitaal-intensiteit

Als de beroepsbevolking groeit, moet de kapitaalgoederenvoorraad meegroeien om een groei van het bbp te realiseren. Dat is ook gebeurd; de groei van de kapitaalgoederenvoorraad heeft de groei van de beroepsbevolking zelfs sterk overtroffen. De hoeveelheid kapitaal per arbeider – de kapitaalintensiteit – is sterk toegenomen.

Technische ontwikkeling

Niet alleen de hoeveelheid kapitaal per werknemer is gegroeid, maar ook de kwaliteit van de productiefactoren. Nieuwe kapitaalgoederen bevatten de nieuwste technische ontwikkelingen, waardoor meer geproduceerd kan worden per eenheid kapitaal. Het gebruik van nieuwe kapitaalgoederen die leiden tot een verhoging van de arbeidsproductiviteit, noemt men technische ontwikkeling. Technische ontwikkeling is meestal de vrucht van onderzoeks- en ontwikkelingswerk (*research and development*, R&D). In het algemeen neemt men aan dat de groei van het bbp voor circa 50 procent voortkomt uit technische ontwikkeling, en voor de rest uit de kwantitatieve groei van de productiefactoren.

Scholing

De scholing van toekomstige werknemers heeft de afgelopen decennia een ander karakter gekregen. In het verleden werden mensen opgeleid voor een vak dat ze hun hele leven bleven uitoefenen. Tegenwoordig verandert de functie-inhoud voortdurend en zijn telkens nieuwe competenties nodig om een beroep te kunnen uitoefenen. Werknemers dienen aldoor verder opgeleid te worden – steeds vaker ook gedurende hun loopbaan – om op de hoogte te blijven van de modernste technieken.

De productie is in de afgelopen vijftig jaar sterker gestegen dan de beroepsbevolking. Het reële bbp is ongeveer zestien keer zo groot geworden, zodat per hoofd van de bevolking de welvaart met een factor 5 is vermenigvuldigd.

Arbeids-productiviteit

De toename van de welvaart per hoofd is een gevolg van de toename van de arbeidsproductiviteit. De oorzaak van de toename van de productie per werknemer ligt in een toename van de hoeveelheid kapitaal per werknemer en in een gestage kwaliteitsverbetering van de productiefactoren.

Verandering in structuur van de economie

De daling van de trendmatige groei van het bbp valt deels te verklaren uit veranderingen in de structuur van de economie. In de loop der jaren is het aandeel van de dienstensector in de totale productie sterk toegenomen, ten koste van de aandelen van de agrarische en industriële sectoren. De toename van de arbeidsproductiviteit verschilt per sector. Aangezien een productiviteitsstijging voor een groot deel afhankelijk is van de technische ontwikkeling, ligt het voor de hand te veronderstellen dat in sectoren waar de kapitaalintensiteit hoog is (de industrie), ook de arbeidsproductiviteitsstijging het grootst is. In figuur 10.3 is de arbeidsproductiviteitsontwikkeling in de marktsector en de industrie weergegeven.

Daling trend en economische structuur

FIGUUR 10.3 Groei van arbeidsproductiviteit in Nederland, 1988–2014

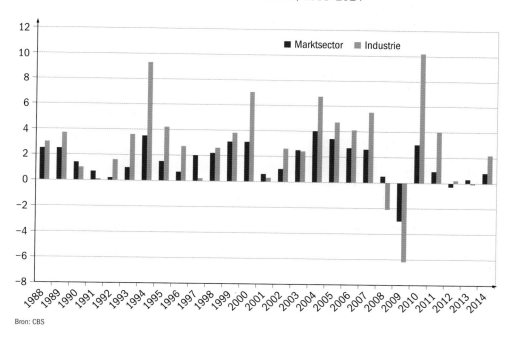

Bron: CBS

10

TUSSENVRAAG 10.1

Welke gevolgen heeft een steeds verder afnemend aandeel van de industrie voor de arbeidsproductiviteit? Welk gevolg zou dat hebben voor de economische groei?

In figuur 10.3 komt duidelijk naar voren dat de gemiddelde groei van de arbeidsproductiviteit in de industrie boven die van de totale economie ligt. Er zijn sterke uitschieters naar boven. Deze worden veroorzaakt door de hoge groei van de afzet in de desbetreffende jaren. Bij een hoge groei benutten ondernemers hun volledige productiecapaciteit na een aantal jaren van onderbezetting.
In de jaren 2008 en 2009 zijn er ook sterke uitschieters naar beneden. Ondernemingen behielden hun personeel, terwijl de afzet sterk afnam. Dat leidde tot een inzinking van de arbeidsproductiviteit.

Een dalend aandeel van de industrie leidt tot een verdere daling van de groei van de arbeidsproductiviteit. Als de arbeidsproductiviteit niet meer toeneemt, is de belangrijkste bron van welvaartstoename opgedroogd. Dan kan de welvaart alleen nog groeien door een toename van de arbeidsparticipatie. Uit casus 10.1 blijkt dat de groei van de arbeidsproductiviteit is afgenomen.

CASUS 10.1

Arbeidsproductiviteitsgroei in Nederland

De arbeidsproductiviteit nam voor de crisis sneller toe dan erna. In de periode 2002-2008 steeg deze met gemiddeld 1,3 procent, terwijl de arbeidsproductiviteitsgroei in de jaren 2010-2014 gemiddeld 1,0 procent per jaar bedroeg. In het crisisjaar 2009

daalde de productiviteit met 2,0 procent. Dit kwam doordat de toegevoegde waarde wegzakte door het wegvallen van de binnenlandse en buitenlandse vraag, terwijl het aantal gewerkte uren veel minder hard daalde.

Opbouw economische groei, totale economie

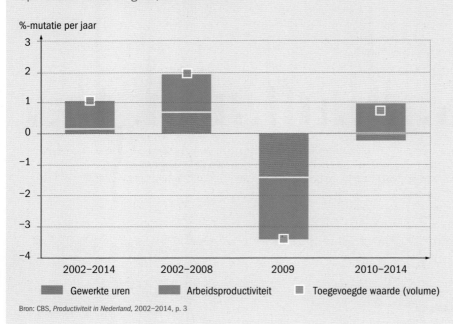

%-mutatie per jaar

Gewerkte uren   Arbeidsproductiviteit   Toegevoegde waarde (volume)

Bron: CBS, *Productiviteit in Nederland*, 2002-2014, p. 3

10.2 Ontwikkelingsniveau en groei

De oorzaken van economische groei op lange termijn zijn niet in alle landen gelijk. In subparagraaf 10.2.1 zullen we het belang van de kapitaalcoëfficiënt en de spaarquote voor de groei van het bbp analyseren. In subparagraaf 10.2.2 onderscheiden we verschillende ontwikkelingsniveaus en het daarmee samenhangende belang van de productiefactoren voor economische groei.

10.2.1 Kapitaalcoëfficiënt en spaarquote

De groei van de productiecapaciteit is, behalve van arbeid, afhankelijk van de groei van de kapitaalgoederenvoorraad, die op zijn beurt weer afhankelijk is van de netto-investeringen. De besparingen zijn essentieel voor de netto-investeringen. In deze subparagraaf leggen we een verband tussen de groei van de kapitaalgoederenvoorraad en de groei van de productie met behulp van de kapitaalcoëfficiënt en de spaarquote.

De kapitaalcoëfficiënt geeft weer hoeveel kapitaalgoederen nodig zijn voor het vervaardigen van een eenheid eindproduct. Een kapitaalcoëfficiënt van 3 betekent dat voor een productie van €1 miljard een kapitaalgoederenvoorraad van €3 miljard nodig is. Bij een hoge kapitaalcoëfficiënt zijn veel kapitaalgoederen nodig voor de productie; bij een lage kapitaalcoëfficiënt zijn weinig kapitaalgoederen nodig voor de productie.

Kapitaal-coëfficiënt

In ontwikkelingslanden zijn relatief lage investeringen al voldoende voor een behoorlijke economische groei. Microkredieten van enkele tientallen tot enkele honderden dollars voor eenvoudige productiemiddelen zijn vaak al voldoende voor gezinnen om een grote sprong in het inkomen te kunnen bereiken. De lage kapitaalcoëfficiënt verklaart ook deels de hoge groei in de opkomende Aziatische en Latijns-Amerikaanse economieën. De besparingen in China zijn zeer hoog en kunnen oplopen tot wel 40 procent van het bbp, terwijl kleine investeringen al voldoende zijn om veel extra werknemers aan een baan te helpen.

In de industrielanden zijn voor de economische groei veel grotere investeringen nodig dan in landen die niet zover geïndustrialiseerd zijn. Een investering in een chemische installatie in Nederland levert naar verhouding weinig arbeidsplaatsen op.

De netto-investeringen worden gefinancierd uit besparingen. De omvang van de besparingen in een economie is afhankelijk van de spaarquote en de hoogte van het nationaal inkomen. Bij een inkomen van €600 miljard en een spaarquote van 15 procent zijn de besparingen €90 miljard. Dit bedrag kan worden aangewend ten behoeve van investeringen.

Spaarquote

De groei van de kapitaalgoederenvoorraad hangt dus af van de spaarquote. De economische groei in landen met een hoge spaarquote kan hoger zijn dan in landen met een lage spaarquote.

De conclusie is dat de spaarquote een positieve en de kapitaalcoëfficiënt een omgekeerd evenredige invloed heeft op de economische groei. In figuur 10.4 zijn vier mogelijke situaties weergegeven, met de gevolgen voor de economische groei.

Er zijn landen met een zeer lage spaarquote en een zeer lage kapitaalcoëfficiënt (situatie 4 in figuur 10.4). In veel Afrikaanse landen is het inkomen zo laag dat besparingen nauwelijks mogelijk zijn. Ook de kapitaalgoederenvoorraad is zeer gering. De economie van deze landen vertoont dan ook nauwelijks enige groei; veelal is zelfs sprake van een dalend nationaal inkomen. Economische groei is voor landen in situatie 4 alleen mogelijk als ze veel sparen en deze besparingen gebruiken voor binnenlandse investeringen. Daardoor kunnen het bbp en ook de besparingen verder toenemen. Dan kan sprake zijn van een *take-off*, een periode van economische groei die situatie 2 bereikbaar maakt. Opkomende economieën hebben aanvankelijk een lage kapitaalgoederenvoorraad. Indien dit gepaard gaat met hoge besparingen, zal de groei eveneens hoog zijn. Dit geldt voor veel Aziatische landen.

Take-off

FIGUUR 10.4 De gevolgen van de hoogte van de kapitaalcoëfficiënt en de spaarquote voor de economische groei

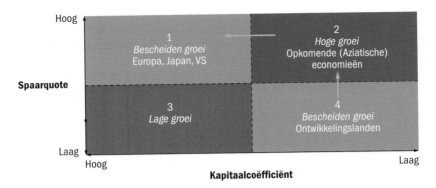

Tijdens de economische groei neemt de kapitaalquote toe. De hoeveelheid en de kwaliteit van de kapitaalgoederen per werknemer stijgen. Daardoor neemt de arbeidsproductiviteit toe, en zullen de lonen en de welvaart stijgen.

Landen met een hoge groei zullen er rekening mee moeten houden dat deze na verloop van tijd zal afnemen. De groei in de Europese landen en Japan is na de stormachtige ontwikkeling na de Tweede Wereldoorlog in rustiger vaarwater terechtgekomen. Veel Aziatische landen hebben de afgelopen decennia een hoge groei doorgemaakt, die in de nabije toekomst waarschijnlijk zal afnemen.

In situatie 1 uit figuur 10.4 blijkt dat landen met een hoge spaarquote niet automatisch een hoge groei hebben. Indien dit gepaard gaat met een hoge kapitaalcoëfficiënt, kennen ze een bescheiden groei.

Landen met een lage spaarquote hebben een laag groeitempo; zeker indien dit gepaard gaat met een hoge kapitaalcoëfficiënt, is de economische groei zeer gering (situatie 3). Wellicht hebben verschillende Oost-Europese landen deze kenmerken.

10.2.2 Productiefactoren en ontwikkelingsniveaus

In deze subparagraaf behandelen we:
- het verband tussen ontwikkelingsniveau en arbeidsproductiviteit
- het ontwikkelingsniveau van Nederland en Europa

Ontwikkelingsniveau en arbeidsproductiviteit

Economische groei is niet alleen afhankelijk van de spaarquote en de kapitaalcoëfficiënt. Het gaat erom dat landen hun kapitaal en arbeid zo efficiënt inzetten dat een toename van de arbeidsproductiviteit mogelijk is.

We zullen dit illustreren aan de hand van de situaties 4, 2 en 1 uit figuur 10.4. Dit onderscheid valt samen met het ontwikkelingsniveau van de economie. In overeenstemming met figuur 10.4 onderscheiden we drie niveaus:

Ontwikkelingsniveau

1. landen met een laag inkomen
2. landen met een middeninkomen
3. landen met een hoog inkomen

Laag inkomen
Knelpuntfactor

In ontwikkelingslanden – landen met een laag inkomen – is meestal heel weinig kapitaal. Het kapitaal is de knelpuntfactor voor de economische

10

groei. Arbeid en natuur zijn er meestal genoeg. Landen met lage inkomens groeien meestal factorgedreven. Dit houdt in dat de economische groei is gebaseerd op een grotere inzet van de basisproductiefactoren land, grondstoffen en ongeschoolde arbeid. De concurrentiekracht hangt in deze fase vooral af van de ruime beschikbaarheid en de lage prijs van de productiefactoren. De toegepaste technologie is eenvoudig en volledig gebaseerd op imitatie van technologieën die in andere landen zijn ontwikkeld. De bijdrage van de overheid aan het concurrentievermogen in een vroeg stadium van economische ontwikkeling is vooral de zorg voor een stabiel politiek en economisch klimaat, en een goede werking van markten voor productiefactoren en goederen. Voor dat laatste is ook een betrouwbaar rechtssysteem van belang.

Factorgedreven groei

Landen met factorgedreven groei zijn vaak afhankelijk van de export van grondstoffen en arbeidsintensieve producten. Uit de praktijk blijkt dat de exportomzet van deze landen zeer gevoelig is voor schommelingen in de conjunctuur, de grondstoffenprijzen en de wisselkoersen.

Naarmate de economie zich ontwikkelt, bereikt de bevolking een middeninkomen. Buitenlandse directe investeringen nemen de rol over van motor achter de economische groei. Het buitenland levert dus voor een belangrijk deel de kapitaalgoederen. Deze worden uit buitenlandse besparingen betaald. Dit is investeringsgedreven groei. Door buitenlandse investeringen raken landen steeds geïntegreerder in de wereldeconomie en zijn ze in staat moderne technologie uit het buitenland te importeren.

Middeninkomen

Investerings- gedreven groei

De combinatie van relatief lage prijzen voor productiefactoren met geïmporteerde technologie stelt landen in deze fase in staat om standaardgoederen en -diensten efficiënt te produceren. De prioriteit van de overheid ligt in deze fase bij het aantrekken van buitenlandse investeringen. Naast een stabiel politiek en economisch klimaat zijn hiervoor investeringen in de fysieke infrastructuur en een duidelijke wet- en regelgeving nodig. Hoewel in deze fase de technologie nog steeds uit het buitenland komt, ontwikkelen landen wel steeds meer het vermogen om bestaande technologieën te verbeteren. Sommige Aziatische landen zijn ware meesters in de navolging en de verbetering van geïmporteerde technologie. In landen met investeringsgedreven groei zijn de succesvolste sectoren de industrie en de door hoge-inkomenslanden uitbestede diensten.

Landen met investeringsgedreven groei zijn afhankelijk van de instroom van kapitaal vanuit het buitenland. Vandaar dat deze landen zeer gevoelig zijn voor financiële crises in de wereldeconomie. Bovendien zijn ze gevoelig voor sectorspecifieke schokken, omdat ze zich vaak specialiseren in een beperkt aantal industriële sectoren. Zo is Taiwan een van de grootste leveranciers ter wereld van halfgeleiders voor de computerindustrie. Als de wereldwijde afzet van computers op een gegeven moment daalt, om wat voor reden dan ook, wordt de Taiwanese economie sterk getroffen.

10

De overgang naar de laatste fase van economische ontwikkeling – die van een hoog inkomen – is de moeilijkste. In dit stadium van de ontwikkeling zijn zelfontwikkelde technologieën de motor achter de groei.
Een land dat (blijvend) innovatiegedreven wil groeien, zal in ten minste een aantal sectoren in technologisch opzicht moeten uitblinken. De overheid kan hiervoor randvoorwaarden scheppen in de vorm van goed onderwijs, stimulering van onderzoek en ontwikkeling, en het wegnemen van financiële en wettelijke belemmeringen voor technostarters. Innovatiegedreven groei-

Hoog inkomen

Innovatie- gedreven groei

ers ontlenen hun concurrentiekracht aan een hoge productiviteitsgroei. Ondernemingen moeten in deze fase voortdurend investeren in onderzoek en ontwikkeling, en in de scholing van hun personeel ('een leven lang leren'). Uit de praktijk blijkt dat innovatie het best gedijt in een klimaat waarin toeleveranciers, uitbesteders, dienstverlenende ondernemingen en universiteiten op technologisch gebied met elkaar samenwerken in zogenoemde clusters. Innovatieve clusters zijn zo sterk als de zwakste schakel. Als een van de deelnemers aan een cluster niet meer in staat is om te functioneren aan de grenzen van het technisch kunnen of naar het buitenland vertrekt, komt de concurrentiekracht van het gehele cluster op het spel te staan. Zo kan een tekort aan hoogopgeleid personeel in sommige landen een belemmering worden voor innovatiegedreven groei.

In tabel 10.2 zijn de kenmerken van de verschillende fasen van economische ontwikkeling samengevat.

TABEL 10.2 Verschillende fasen van de economische ontwikkeling

	Laag inkomen	**Middeninkomen**	**Hoog inkomen**
Aard van de groei	Factorgedreven	Investeringsgedreven	Innovatiegedreven
Motor achter de groei	Mobilisatie van basisproductiefactoren (land, grondstoffen, ongeschoolde arbeid)	Instroom buitenlandse directe investeringen, met daarin belichaamd moderne technologie	Zelf ontwikkelde nieuwe technologieën (product- en procesinnovaties)
Basis voor concurrentiekracht	Lage prijzen van basisproductiefactoren	Efficiënte productie van standaardproducten	Productiviteit
Overheidsprioriteiten	• Politieke en economische stabiliteit • Goed functionerende markten voor productiefactoren	• Fysieke infrastructuur (havens, wegen en telecommunicatie) • Wet- en regelgeving (douane, belastingen, ondernemingsrecht)	• Stimuleren van onderzoek, ontwikkeling en hoger onderwijs • Zo weinig mogelijk financiële en andere belemmeringen voor technostarters
Technologie	Gestandaardiseerd, verkregen door import, imitatie en buitenlandse directe investeringen	Geïmporteerd en indien nodig zelf verbeterd	In ten minste een aantal sectoren zelf ontwikkeld
Belangrijkste sectoren voor de groei	Landbouw, visserij, mijnbouw, arbeidsintensieve industriële productie	Industrie en de export van uitbestede diensten	Innovatieve clusters van bedrijfstakken in samenwerking met universiteiten
Gevoelig voor	Schommelingen in de conjunctuur, de grondstofprijzen en de wisselkoersen	Financiële crises en sectorspecifieke schokken	Uiteenvallen innovatieve clusters
Voorbeelden	Ghana, Bangladesh	Zuid-Korea, Polen	Verenigde Staten, Finland

10

TUSSENVRAAG 10.2

Soms ligt de groei van het bbp in Nederland een tijdlang boven het Europese gemiddelde, in andere periodes eronder. Wat zou daarvan de oorzaak zijn?

Ontwikkelingsniveau Nederland en Europa

Nederland behoort tot de derde categorie, tot de landen met een hoog inkomen. De kapitaalgoederenvoorraad is in dit stadium geen knelpunt voor de economische groei – er zijn kapitaalgoederen en investeringen genoeg. Het gaat erom deze zo in te zetten dat slimme arbeid wordt gestimuleerd. Uit tabel 10.2 blijkt dat daarvoor innovatie nodig is door middel van zelfontwikkelde nieuwe technologieën. De arbeidsproductiviteit kan toenemen door scholing en door stimulerend beleid voor innovatieve starters, die hun kansen grijpen in bestaande clusters van technologisch hoogstaande bedrijven en dienstverlenende sectoren. Er moeten dus bijvoorbeeld meer onderzoekers en ondernemers komen op het gebied van de levensmiddelen- of de elektrotechnologie. In beide sectoren heeft Nederland technologische clusters. Dat past beter bij het stadium van hoge inkomens dan werkgelegenheid in technologisch laagwaardige sectoren.

Slimme arbeid

In figuur 10.5 is het model van economische groei weergegeven dat de organen van de EU hanteren.

FIGUUR 10.5 Een conceptueel model van economische groei

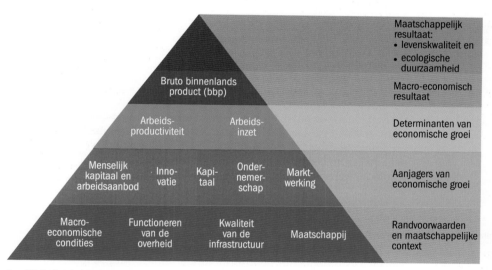

Bron: CBS, *Het Nederlandse ondernemingsklimaat in cijfers 2013*, p. 7

In figuur 10.3 hebben we gezien dat de arbeidsproductiviteitsgroei afneemt. De toename van de welvaart die een gevolg is van de inzet van meer en betere arbeid en kapitaalgoederen stagneert. De vraag is hoe een land kan voldoen aan de voorwaarden uit tabel 10.2.

De Europese Unie streeft ernaar om tot de productiefste economieën te behoren. Er zijn zes beleidsterreinen geselecteerd die de inzet van zo veel mogelijk mensen met een zo hoog mogelijke arbeidsproductiviteit moeten bevorderen. Het beleid van de overheid en het bedrijfsleven zou erop gericht moeten zijn deze zes aspecten te versterken. Hierdoor kan het arbeidspotentieel optimaal benut worden en wordt de basis gelegd voor een duurzame productiviteitsgroei. In figuur 10.6 is dit schematisch samengevat.

FIGUUR 10.6 Het groeivermogen op lange termijn

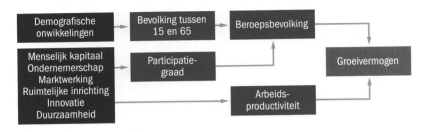

Zoals uit figuur 10.6 blijkt, kan het groeivermogen verbeteren door meer mensen in het arbeidsproces op te nemen of door een verhoging van de arbeidsproductiviteit. Op lange termijn – als alle beschikbare arbeid in het productieproces is ingezet – is productiviteitsgroei de enige factor die het groeivermogen bepaalt. Welke bijdrage kunnen de in figuur 10.6 onderscheiden aspecten leveren aan (productiviteits-)groei?

Productiviteitsgroei

We gaan kort in op de zes aspecten:
1 menselijk kapitaal
2 ruimtelijke inrichting
3 ondernemerschap
4 marktordening
5 innovatie
6 duurzaamheid

Ad 1 Menselijk kapitaal
Op het gebied van het menselijk kapitaal is het vooral van belang te voorkomen dat schaarste aan goed opgeleid personeel een knelpunt wordt voor de economische groei. Menselijk kapitaal heeft een kwantitatief en een kwalitatief aspect. Om een hoger groeivermogen te bereiken, moet het arbeidspotentieel zowel beter benut als beter opgeleid worden.

Ad 2 Ruimtelijke inrichting

Bewegingsruimte

Voor het groeivermogen van een economie is het van belang dat ondernemers die nieuwe activiteiten oppakken, letterlijk en figuurlijk voldoende bewegingsruimte hebben. In letterlijke zin moeten ondernemers kunnen beschikken over voldoende bedrijfsruimte en ruimte op auto-, spoor- en waterwegen. In de dichtbevolkte gebieden van Europa is de ruimte voor wonen, werken en recreëren beperkt. Vandaar dat een goede ruimtelijke inrichting een belangrijk aspect is van het groeipotentieel. In figuurlijke zin moet de bewegingsruimte van ondernemers niet onnodig worden ingeperkt door wet- en regelgeving.

Ad 3 Ondernemerschap

Durfkapitaal

Ondernemerschap kan ook belemmerd worden door een geringe beschikbaarheid van durfkapitaal of een te hoge belastingdruk op winst.

Ad 4 Marktordening

Concurrentie

Concurrentie op goed functionerende markten dwingt ondernemers tot een scherp prijsbeleid en tot innovatie. Als de overheid de marktwerking verbetert, bijvoorbeeld door toetredingsbelemmeringen tot een markt af te schaffen of door scherper toezicht op concurrentiebeperkende afspraken tussen

10

ondernemers, kan ze de concurrentiedruk op markten verhogen. Hierdoor hebben ondernemers meer prikkels om de productiviteit te verhogen.

Ad 5 Innovatie

De groei van de Europese economie zal in de toekomst minder factorgedreven en meer innovatiegedreven moeten worden. Innovatie is daarom wellicht de belangrijkste bepalende factor voor het Europese groeivermogen. Product- en procesinnovaties vereisen een grote inzet van ICT en kennis. Zowel de overheid (via een goede publieke kennisinfrastructuur) als het bedrijfsleven (via investeringen in menselijk kapitaal en in onderzoek en ontwikkeling) zullen hieraan hun bijdrage moeten leveren.

Innovatie

Ad 6 Duurzaamheid

Ten slotte is het voor de duurzaamheid van de economische groei van belang dat de groei gepaard gaat met zo weinig mogelijk maatschappelijke en ecologische schade. Economische groei is niet duurzaam als hij leidt tot grote maatschappelijke tegenstellingen of ten koste gaat van de groeipotentie van komende generaties. Voor een hoog en duurzaam groeipotentieel is dus een goede afweging tussen sociale, ecologische en economische belangen noodzakelijk.

Duurzaamheid

TUSSENVRAAG 10.3

Sommige economen werpen zich op als pleitbezorgers voor een 'economie van het genoeg'. Zij bepleiten een stabilisatie of zelfs teruggang van het nationaal inkomen op lange termijn. Welke argumenten zijn voor en tegen economische groei te noemen?

10

Samenvatting

De groei van de economie op lange termijn is afhankelijk van de kwalitatieve en kwantitatieve groei van de productiefactoren. De kwantitatieve groei van de productiefactor arbeid wordt bepaald door de groei van de bevolking in de leeftijd tussen 15 en 75 jaar, en van de hoeveelheid uren arbeid die de potentiële beroepsbevolking verricht. De kwalitatieve groei komt tot uiting in de toename van de arbeidsproductiviteit.

De arbeidsproductiviteit kan stijgen door een toename van de hoeveelheid kapitaal per werknemer. Door technische ontwikkeling kan ook de kwaliteit van de kapitaalgoederenvoorraad stijgen, waardoor een hogere productie mogelijk is.

De kapitaalgoederenvoorraad groeit door de netto-investeringen. Investeringen zijn afhankelijk van de besparingen in een economie. Hoe hoger de spaarquote, des te hoger de economische groei kan zijn. Het omgekeerde is het geval met de kapitaalcoëfficiënt: des te meer kapitaal per eenheid productie, des te meer een economie moet investeren voor een toename van de productie. Dat verklaart waarom westerse economieën met een hoge spaarquote toch een lage groei kennen.

De belangrijkste factoren die de groei van een economie bevorderen, zijn mede afhankelijk van het ontwikkelingsniveau. Er is een onderscheid tussen lage-inkomenslanden, middeninkomenslanden en hoge-inkomenslanden.

De lage-inkomenslanden groeien meestal door de export van grondstoffen en producten die ze met laaggeschoolde arbeid voortbrengen. Daartoe kopiëren ze eenvoudige technologie.

De middeninkomenslanden zijn meer investeringsgedreven. Zij zijn afhankelijk van de import van kapitaal en buitenlandse investeringen die de groei bevorderen. Belangrijk zijn de fysieke infrastructuur en wet- en regelgeving die is afgestemd op de buitenlandse belangen.

Hoge-inkomenslanden zijn innovatiegedreven. Zij moeten op een aantal gebieden zelf technologieën kunnen ontwikkelen.

In Europa concentreert het groeibeleid zich op de groei en ontwikkeling van de productiefactor arbeid. Daarnaast zijn ondernemerschap, marktwerking, ruimtelijke inrichting, innovatie en duurzaamheid van belang.

Kernbegrippenlijst

Factorgedreven groei	Economische groei veroorzaakt door een hogere inzet van laaggeschoolde arbeid en van natuur.
Groei	De relatieve (procentuele) toename van een grootheid.
Groeivoet	Groeipercentage.
Innovatiegedreven groei	Economische groei die voornamelijk door technologische ontwikkeling wordt veroorzaakt.
Investeringsgedreven groei	Economische groei veroorzaakt door buitenlandse investeringen.
Kapitaalintensiteit	Hoeveelheid kapitaalgoederen per werknemer.
Knelpuntfactor	De productiefactor die volledig is ingezet in het productieproces, waardoor verdere groei van de economie van de groei van deze productiefactor afhankelijk is.
Spaarquote	Besparingen als percentage van het bbp.
Take-off	Een situatie waarin een land overgaat van een lage groei naar een hoge groei.
Trend	De gemiddelde groei over een gehele conjunctuurgolf gemeten.

10

11

Structuur van de Nederlandse economie

11.1   **Sectoren en bedrijfstakken**
11.2   **Internationale oriëntatie van de Nederlandse economie**
11.3   **Kennis en concurrentiepositie**

De verschillende bedrijfstakken in de economie dragen bij aan diverse macro-economische variabelen, zoals de toegevoegde waarde en de export. Voor de Nederlandse economie is de concurrentiepositie van het Nederlandse bedrijfsleven op internationale markten van groot belang, omdat Nederland ongeveer de helft van de productiewaarde exporteert. De concurrentiepositie is afhankelijk van technische ontwikkeling en innovatie.

In dit hoofdstuk staan de volgende vragen centraal:
- Welke bedrijfstakken zijn belangrijk in de Nederlandse economie?
- Welke invloed heeft de internationale specialisatie op de economie?
- Waarom zijn kennis en onderzoek en ontwikkeling belangrijk voor de concurrentiepositie?

11

Vervoersstromen en vestigingsplaats

Een onderneming uit de VS zoekt in Europa een vestigingsplaats voor de distributie van haar producten. De onderneming wil haar kantoormachines, bestaande uit computers en printers, vanuit deze vestiging verspreiden over heel Europa. De dochteronderneming moet zich bevinden in de nabijheid van een wereldhaven en uitvalswegen naar het hele Europese achterland. Verder is personeel nodig dat bekend is met internationale handelsstromen en netwerken heeft met handelsbanken, de groothandel in elektronische apparatuur en de transportsector. De onderneming besluit zich in de nabijheid van Rotterdam te vestigen.

11.1 Sectoren en bedrijfstakken

In onze economie worden tienduizenden verschillende producten gemaakt die het leven veraangenamen en de welvaart verhogen. De meeste van deze producten worden gemaakt in ondernemingen. Er zijn in Nederland meer dan 1,3 miljoen ondernemingen, van klein tot groot, met zeer verschillende productieprocessen. Er zijn ongeveer 3.000 ondernemingen met meer dan 250 werknemers, en 70.000 met tussen 10 en 250 werknemers. De overige ondernemingen, ongeveer 1,25 miljoen, hebben minder dan tien werknemers. Hiertoe behoren zo'n 0,8 miljoen zzp'ers.

Om structuur aan te brengen in deze verscheidenheid delen de Kamers van Koophandel en het CBS de ondernemingen in bepaalde groepen in. Met behulp van een dergelijke indeling kan men de productieve activiteiten in een economie in kaart brengen. In subparagraaf 11.1.1 is een dergelijke indeling gemaakt. In subparagraaf 11.1.2 zullen we de verschillen in bedrijfsgrootte aan de orde stellen.

11.1.1   Classificatie

Men spreekt in het kader van de indeling van bedrijven over de classificatie van bedrijven. In figuur 11.1 is een indeling gemaakt van het nationaal product naar sectoren. De eerste onderverdeling is die in de marktsector en de collectieve sector.

Marktsector

In de marktsector opereren ondernemingen die uit winstoogmerk producten op de markt brengen. De marktsector is onderverdeeld in de primaire, secundaire en tertiaire sector. Oorspronkelijk gaf deze indeling de volgorde weer van de opeenvolgende fasen van het productieproces. Producten uit de landbouw bijvoorbeeld krijgen in fabrieken een bewerking, en de handel verspreidt ze over de gebruikers.

Primaire sector

Tot de *primaire sector* behoren de bedrijfstakken die grondstoffen voortbrengen die voor verdere verwerking in aanmerking komen. In Nederland zijn dat de landbouw en de visserij.

Secundaire sector

De *secundaire sector* verwerkt deze grondstoffen tot eindproducten die geschikt zijn voor consumptie. De secundaire sector duidt men ook wel aan met 'nijverheid'. Ook de delfstoffenwinning is ingedeeld bij de secundaire sector. De sector industrie is onderverdeeld in vier subsectoren: de voedings- en genotmiddelenindustrie, de olie- en chemische industrie, de metaalindustrie en de overige industrie. Deze subsectoren zijn weer verder onder te verdelen, zoals blijkt uit figuur 11.1.

FIGUUR 11.1 Indeling van ondernemingen naar sectoren en bedrijfstakken

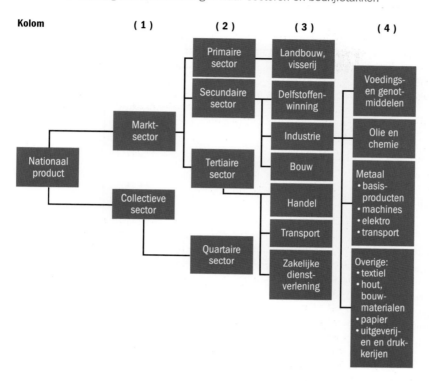

De *tertiaire sector* zorgt voor de distributie van en de handel in producten. Bovendien behoren hiertoe de zakelijke en overige dienstverlening, zoals accountants- en advocatenkantoren, verzekeringen en bankdiensten.

Tertiaire sector

De collectieve sector – de *quartaire sector* – is niet verder uitgewerkt. In tegenstelling tot de tertiaire sector produceert de quartaire sector over het algemeen niet uit winstoogmerk. De overheid biedt de diensten niet aan op markten. De baten zijn voor het grootste deel afhankelijk van belastingen en subsidies. Te denken valt aan niet-commerciële dienstverlening op het gebied van maatschappelijke zorg, maatschappelijk welzijn en cultuur.

Collectieve sector

TUSSENVRAAG 11.1
Tot welke sectoren behoren Philips, Shell, Akzo, Unilever, DSM, Tata (onder andere Koninklijke Hoogovens en British Steel), Douwe Egberts, Albert Heijn, ABN Amro en Nedlloyd?

Er zijn veel verschillen tussen de sectoren. Zij hebben bijvoorbeeld verschillende productieprocessen, producten en markten. Sommige sectoren kennen weinig ondernemingen met een grote gemiddelde bedrijfsomvang, andere sectoren worden gekenmerkt door zeer veel kleine ondernemingen. Voor deze paragraaf zijn de macro-economische verschillen van belang. Vanuit macro-economisch gezichtspunt springt de bijdrage van de verschillende sectoren en bedrijfstakken aan de toegevoegde waarde, de export en de werkgelegenheid in het oog.
In tabel 11.1 zijn voor 2014 enkele kerngegevens van sectoren samengebracht.

Verschillende bijdrage aan btw, export en werkgelegenheid

11

TABEL 11.1 Enkele kerngegevens van bedrijfstakken, 2014

	Productiewaarde (× €1 mln)	Bruto toegevoegde waarde (× €1 mln)	Buitenlandse afzet (× €1 mln)	Werkgelegenheid (× 1000 arbeidsjaren)
Macrototaal	1.257.943	596.655	549.246	6.977
Landbouw, bosbouw en visserij	29.618	10.943	11.336	160
Nijverheid (geen bouw) en energie	341.331	103.720	196.393	7.065
Delfstoffenwinning	20.963	16.877	13.209	9
Voedings- en genotmiddelenindustrie	63.941	13.850	32.247	110
Textiel-, kleding- en lederindustrie	3.390	1.110	1.841	15
Hout-, papier- en grafische industrie	12.420	3.930	3.221	49
Aardolie-industrie	33.310	1.083	22.552	6
Chemische industrie	45.907	8.974	27.785	41
Farmaceutische industrie	6.046	3.059	3.516	12
Kunststof- en bouwmaterialenindustrie	13.001	4.317	5.543	48
Basismetaal- en metaalproductenindustrie	25.939	8.900	8.960	99
Elektrotechnische industrie	27.671	3.328	17.740	25
Elektrische-apparatenindustrie	5.664	2.468	3.119	19
Machine-industrie	24.909	8.668	14.714	75
Transportmiddelenindustrie	13.745	3.562	8.827	35
Overige industrie en reparatie	18.322	9.050	2.647	167
Energiebedrijven	17.373	7.264	856	23
Waterleidingbedrijven en afvalbeheer	8.734	3.378	551	31
Bouwnijverheid	81.242	26.864	3.101	448
Algemene bouw- en projectontwikkeling	31.136	8.130		157
Grond-, water- en wegenbouw	15.087	4.719		56
Gespecialiseerde bouw	35.019	14.015		235
Handel, vervoer en horeca	231.947	120.603	44.269	1.586
Autohandel en -reparatie	15.762	7.505		118
Groothandel	86.854	49.770		433
Detailhandel (niet in auto's)	35.948	23.071		476
Vervoer over land	28.532	12.427		161
Vervoer over water	7.993	2.274		18
Vervoer door de lucht	10.180	2.453		22
Opslag, diensten voor vervoer, post e.d.	25.181	10.120		119
Horeca	21.497	10.496		239

11

TABEL 11.1 Enkele kerngegevens van bedrijfstakken, 2014 (vervolg)

	Productiewaarde (× €1 mln)	Bruto toegevoegde waarde (× €1 mln)	Buitenlandse afzet (× €1 mln)	Werkgelegenheid (× 1000 arbeidsjaren)
Informatie en communicatie	52.372	28.001	10.726	247
Uitgeverijen, film, radio en tv	9.874	4.730		49
Telecommunicatie	15.945	8.047		29
IT- en informatiedienstverlening	26.553	15.224		169
Financiële dienstverlening	75.884	46.694	8.442	220
Bankwezen	51.732	34.794		114
Verzekeringswezen en pensioenfondsen	17.947	7.930		55
Overige financiële dienstverlening	6.165	3.970		51
Exploitatie van en handel in onroerend goed	74.410	34.085	138	64
Zakelijke dienstverlening	146.959	81.321	19.978	1.271
Management- en technisch advies	74.015	37.965		422
Research	4.612	2.518		31
Reclame, design, overige diensten	14.548	6.346		122
Verhuur van roerende goederen	10.904	6.501		28
Uitzendbureaus en arbeidsbemiddeling	19.965	16.012		399
Reisbureaus, reisorganisaties en -info	8.027	2.341		18
Overige zakelijke dienstverlening	14.888	9.638		252
Overheid en zorg	195.334	132.662	1.291	1.901
Openbaar bestuur en overheidsdiensten	74.276	44.596		465
Onderwijs	39.037	30.051		422
Gezondheidszorg	45.463	30.635		447
Verzorging en welzijn	36.558	26.422		567
Cultuur, recreatie en overige diensten	27.237	15.884	339	314
Cultuur, sport en recreatie	14.605	8.053		133
Overige dienstverlening	12.109	7.308		165
Particuliere huishoudens met personeel	523	523		16
Goederen en diensten n.e.g.	1.645			
Wederuitvoer			222.235	
Consumptie door niet-ingezetenen			11.062	

Bron: CBS, *Nationale Rekeningen 2014*

11

Productiewaarde

Toegevoegde waarde

De productiewaarde geeft de omzet per sector weer. Deze bedraagt in totaal ongeveer €1.250 miljard. Het verschil tussen de productiewaarde en de inkopen is de toegevoegde waarde. In de industrie bedraagt de toegevoegde waarde ongeveer een derde, en in de dienstensector vaak meer dan de helft van de productiewaarde. De industrie draagt voor ongeveer 10 procent bij aan de totale toegevoegde waarde; de tertiaire en quartaire sector brengen ongeveer 90 procent van de toegevoegde waarde voort.

Laten we de belangrijkste sectoren eens bezien. De sector landbouw en visserij is belangrijk voor de voedings- en genotmiddelenindustrie. Gezamenlijk staan deze bekend als het agro-industriële complex. Samen produceren ze voor ongeveer €25 miljard en bieden werk voor 270.000 arbeidsjaren.

Agro-industriële complex

Olie en chemie

De olie en chemie worden in analyses ook vaak samengenomen, vanwege hun onderlinge afhankelijkheid. De olie-industrie levert tal van grondstoffen aan de chemische industrie, de farmaceutische industrie en de kunststof- en bouwmaterialenindustrie. Samen voegen zij voor meer dan €17 miljard aan waarde toe en bieden zij werk voor ongeveer 107.000 arbeidsjaren. Opvallend is dat per werknemer veel meer waarde toegevoegd wordt dan in het agro-industriële complex. De oorzaak daarvan is de veel hogere kapitaalgoederenvoorraad in de sectoren olie en chemie.

Metaalindustrie

De metaalindustrie is ook een behoorlijke industriële sector, met een toegevoegde waarde van ongeveer €23 miljard en een bijdrage aan de werkgelegenheid van meer dan 250.000 arbeidsjaren.

In dezelfde orde van grootte kunnen de sectoren bouw-, transport-, opslag- en communicatiebedrijven geplaatst worden. Verder zijn de groothandel en detailhandel, informatie en communicatie, het bank- en verzekeringswezen, en de commerciële en niet-commerciële dienstverlening grote sectoren in de economie.

Export

De derde kolom toont de export van de verschillende sectoren. De bijdrage van de sectoren aan de export geeft een heel ander beeld dan hun bijdrage aan de toegevoegde waarde. De landbouw en nijverheid realiseren samen ongeveer 65 procent van de totale binnenslands geproduceerde export; de overige sectoren nemen 35 procent voor hun rekening. Bij deze laatste groep is de bijdrage van de transportsector opvallend, met een export van €30 miljard. Een zeer grote post is ook de wederuitvoer die, zoals we hebben gezien, bestaat uit de producten van grote internationaal opererende ondernemingen die in Nederland hun distributieactiviteiten voor Europa hebben gevestigd. Zij zenden goederen naar Nederland, bewerken ze (ompakking, etikettering en dergelijke) en voeren ze weer uit. Hoewel het de uitvoer van goederen betreft, bestaat de toegevoegde waarde toch voor een groot deel uit handels- en distributieactiviteiten.

Statistieken van de Europese Unie (Eurostat) voegen de sectoren uit tabel 11.1 samen tot zes groepen. Daardoor is een vergelijking mogelijk tussen de structuur van de Nederlandse economie met andere economieën. In figuur 11.2 zijn de bijdragen van de Nederlandse sectoren aan het bbp vergeleken met die van de eurozone.

De structuur van de Nederlandse economie wijkt niet sterk af van die van de eurozone. De bijdrage van de landbouw is gelijk, met 1,7 procent van het bbp. De bijdrage van de mijnbouw, de industrie, gas en water ligt in Nederland eveneens op hetzelfde niveau als in de eurozone. Dat geldt ook voor handel en transport.

11

FIGUUR 11.2 Aandeel van enkele sectoren in het bbp, 2014

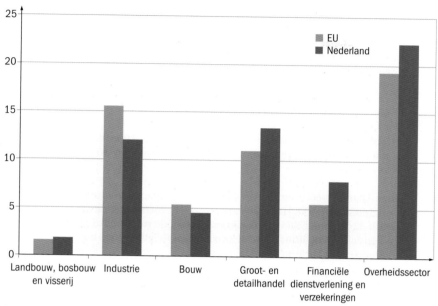

Bron: Eurostat, geraadpleegd 21 januari 2016

De bouw en de financiële en zakelijke dienstverlening wijken niet veel af. De bouw draagt in westerse landen ongeveer 6 procent bij aan het bbp. De Nederlandse overheid is iets groter dan die in de eurozone. Het verschil bedraagt ongeveer 2 procent bbp.

De conclusie kan zijn dat de structuur van de economie van Europese landen ongeveer dezelfde is, met verschillen die te maken hebben met de eigenheden van een land.

In de loop van de tijd is de relatieve bijdrage van de sectoren aan het nationaal product aan veranderingen onderhevig. De toegevoegde waarde van de landbouw en de industrie vertoont een relatieve daling; de dienstensector laat een relatieve groei zien. Sedert de jaren vijftig van de vorige eeuw is de gezamenlijke bijdrage van de landbouw en industrie van 40 procent gedaald tot minder dan 20 procent, in Nederland zelfs minder dan 15 procent. De toegevoegde waarde van de tertiaire en quartaire sector is gestegen van ongeveer 40 procent tot 80 procent. We spreken daarom wel van de verdienstelijking van de economie.

11.1.2   Schaalgrootte van bedrijven

Naast de indeling van bedrijven in sectoren en bedrijfstakken zijn de verschillen in *bedrijfsgrootte* een belangrijk structuurkenmerk van de economie.

Verschillen in bedrijfsgrootte

De bedrijfsgrootte is van belang voor de concurrentiepositie van individuele ondernemingen. Op het eerste gezicht wordt de concurrentiepositie sterker naarmate de grootte van bedrijven toeneemt, zeker als dat gepaard gaat met een groot marktaandeel. De ondernemingsomvang hangt samen met schaalvoordelen. We spreken van schaalvoordelen als bedrijven tegen lagere kosten kunnen produceren naarmate ze groter zijn.

Concurrentie-positie

Schaalvoordelen

11

De concurrentiepositie hangt samen met schaalvoordelen. Daarvoor bestaat een aantal oorzaken:

- Grote bedrijven kunnen duurdere machines en gebouwen plaatsen, zodat de kapitaalintensiteit van hun productie groter is dan die van kleinere bedrijven. De productie per werknemer is dan ook groter.
- De arbeidsproductiviteit is in grote bedrijven vaak hoger omdat er meer mogelijkheden tot specialisatie van werknemers zijn.
- Grote bedrijven hebben vaak research-and-developmentafdelingen.
- Grote bedrijven hebben een betere toegang tot de vermogensmarkten. Het aantrekken van eigen vermogen via aandelenemissies hoort alleen tot de mogelijkheden van grote bedrijven.
- Grote bedrijven hebben een betere toegang tot exportmarkten. De kosten die met export gemoeid zijn, kunnen grote bedrijven over een grotere afzet verdelen.

Het mkb exporteert minder dan het grootbedrijf en is vooral gericht op de binnenlandse markt. Het mkb exporteert 24 procent van de afzet, het grootbedrijf 32 procent (2014). Ook zijn exporterende mkb-bedrijven in Nederland gericht op de buurlanden Duitsland en België, terwijl het grootbedrijf meer uitvoert naar verder gelegen landen.

Indeling volgens aantal werknemers

EIM

In Nederland zijn meer dan 1,3 miljoen ondernemingen actief. Bij de indeling van bedrijven in klein-, midden- en grootbedrijf gebruikt het Economisch Instituut voor het Midden- en Kleinbedrijf (EIM) als maatstaf het aantal werknemers, gemeten in arbeidsjaren.

FIGUUR 11.3 Indeling van het bedrijfsleven naar bedrijfstak en grootte

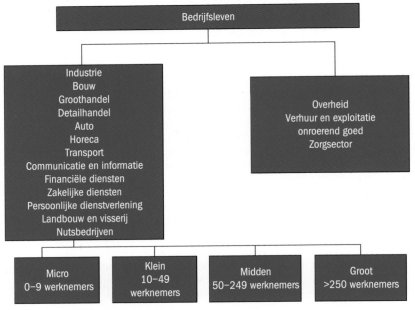

Bron: EIM, *Kleinschalig ondernemen 2013*, p. 11

Het microbedrijf heeft minder dan tien werkenden. Het kleinbedrijf telt meer dan tien, maar minder dan vijftig werknemers. Tot het micro- en kleinbedrijf behoren ongeveer 1,3 miljoen ondernemingen. Het middenbedrijf heeft tussen de 50 en de 250 werknemers; daarvan zijn er ongeveer 12.000. Het grootbedrijf heeft meer dan 250 werknemers in dienst; er zijn ongeveer drieduizend grootbedrijven in Nederland.

Het EIM beperkt zich in zijn analyses tot de particuliere ondernemingen die naar winst streven, de zogenoemde marktsector. Deze ondernemingen bieden ongeveer 3,7 miljoen arbeidsplaatsen aan, waar ongeveer 4,5 miljoen mensen werkgelegenheid vinden. Dat is zo'n 70 procent van de totale werkgelegenheid in het bedrijfsleven. In figuur 11.3 zijn het de sectoren in het linkerblok. Deze ondernemingen hebben met elkaar gemeen dat het winststreven plaatsvindt in een concurrentieproces op markten, waar de totstandkoming van de prijzen en hoeveelheden meer of minder aan marktkrachten wordt overgelaten.

Vaak worden het micro-, midden- en kleinbedrijf samengevoegd tot het zogenoemde mkb. Daartoe behoren alle particuliere ondernemingen die minder dan 250 werknemers tellen en naar winst streven. **Mkb**

Tabel 11.2 geeft aan de hand van de werkgelegenheid een indruk van de schaalgrootte van de productie in de verschillende sectoren. Een sector is kleinschalig als een groot deel van de werkgelegenheid plaatsvindt in ondernemingen uit het mkb. **Werkgelegenheid**

Kleinschalig

TABEL 11.2 Arbeidsvolume (× 1000) naar sector en grootteklasse in 2014

	Mkb	**Grootbedrijf**	**Totaal (× 1000)**
Industrie	438	263	701
Bouw	371	77	448
Groothandel	351	82	433
Detailhandel	298	178	476
Horeca	200	38	239
Auto	101	18	118
Transport	183	137	320
Communicatie	203	44	247
Financiële dienstverlening	94	126	220
Zakelijke dienstverlening	1.008	263	1.271
Persoonlijke dienstverlening	279	35	314
Overige marktsectoren	161	50	211
Totaal marktsector	3.685	1.314	4.999
Overige sectoren			1.975
Totaal bedrijfsleven			6.974

Bron: K.L. Bouma, *Tabellenboek prognoses mkb in 2015 en 2016*, kennissite mkb en ondernemerschap

Het mkb is naar verhouding sterk vertegenwoordigd in de bouw, de groot- en detailhandel, de horeca, de sector auto en de persoonlijke dienstverlening.

Arbeidsproductiviteit

De arbeidsproductiviteit is een belangrijke macro-economische variabele. Zoals we in hoofdstuk 2 hebben gezien, bepaalt de productie per werknemer grotendeels het inkomen per hoofd van de bevolking. In tabel 11.3 is de arbeidsproductiviteit per sector uitgesplitst naar klein-, midden- en grootbedrijf.

TABEL 11.3 Bruto toegevoegde waarde tegen factorkosten per arbeidsjaar naar grootteklasse per sector, 2014 (× €1000)

	Mkb	Grootbedrijf	Totaal
Metaalindustrie	90	125	103
Bouw	54	87	60
Groothandel	115	117	115
Detailhandel	40	62	48
Horeca	40	63	43
Auto	61	78	63
Vervoer	83	104	92
Communicatie	96	195	114
Financiële diensten	222	196	204
Zakelijke diensten	58	89	65
Persoonlijke diensten	42	94	49
Overige sectoren	81	83	105
Totaal particulier bedrijfsleven	72	111	82

Bron: EIM, ondernemerschap.nl

Uit tabel 11.3 is af te lezen dat er grote verschillen in arbeidsproductiviteit zijn tussen kleine en grote ondernemingen van wel 50 procent. Dit duidt op schaalvoordelen in het productieproces. Bij communicatie zijn de verschillen het grootst, in andere sectoren als de zakelijke diensten en de zorgsector zijn er vrijwel geen verschillen.

Casus 11.1 gaat over een nieuwe indeling van bedrijven door het Instituut voor het Midden- en Kleinbedrijf.

CASUS 11.1

Nieuwe indeling van het bedrijfsleven

Het Instituut voor het Midden- en Kleinbedrijf heeft een nieuwe indeling van mkb-bedrijven gemaakt. De oude indeling is gebaseerd op ondernemingsgrootte en aard van de producten. De nieuwe indeling komt meer tegemoet aan de wens de dynamiek van ondernemingen te bestuderen. Deze indeling is weergegeven in de figuur.

Indeling van het bedrijfsleven in vier hoofdtypen

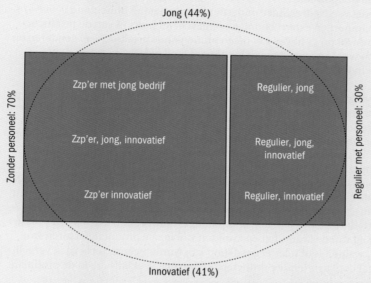

Bron: Gebaseerd op: EIM, W. Verhoeven, T. Span, Y. Prince, *Naar een nieuwe typologie van mkb-bedrijven.* Zoetermeer, 2015

Het eerste onderscheid is tussen ondernemingen zonder personeel (70 procent van de mkb-ondernemingen) en met personeel (30 procent van alle ondernemingen in het mkb). Bij dit onderscheid is geen overlap mogelijk: een onderneming heeft wel of geen personeel.

Zzp-bedrijven zijn meestal jong, dat wil zeggen nog geen vijf jaar oud. Meestal zijn ze bedoeld voor het verwerven van een inkomen. De ondernemers zijn vooral bezig met de continuïteit van de onderneming. De meeste zzp'ers bieden hun arbeid aan en verdienen een inkomen in de onderneming van de klant. Deze ondernemingen vormen al 55 procent van de mkb-ondernemingen. Daarnaast zijn er zzp-bedrijven die producten voortbrengen, vaak door middel van ICT-toepassingen, zoals internet. Deze ondernemingen proberen vaak te groeien en behoren tot de innovatieve ondernemingen. Zij kunnen korter dan vijf jaar bestaan en vallen dan onder de jonge ondernemingen met hoge groeiambities. Het is ook mogelijk dat ze langer dan vijf jaar bestaan. Innovatief betekent in dit verband dat ze willen groeien met nieuwe producten.

De reguliere mkb-bedrijven hebben wel personeel; ze zijn ook ingedeeld in jonge ondernemingen en ondernemingen die al langer bestaan en streven naar uitbreiding van hun activiteiten. Er is overlap mogelijk tussen beide: jonge ondernemingen met personeel die streven naar groei door innovatie. Vaak zijn reguliere ondernemingen familiebedrijven, die soms al tientallen jaren bestaan en overgaan op jongere generaties.

11

11.2 Internationale oriëntatie van de Nederlandse economie

In deze paragraaf komen aan de orde:
* het specialisatiepatroon van de export
* de wederuitvoer
* de directe investeringen

Specialisatiepatroon

De handel van Nederlandse ondernemingen met het buitenland is omvangrijk. De import en export bedragen ongeveer 45 procent van de productiewaarde en 90 procent van het bruto binnenlands product. Veel goederen en diensten worden niet alleen in het binnenland afgezet, maar op markten over de hele wereld verkocht.

Van de totale productie van goederen en diensten behoort echter maar een beperkt deel tot het exportpakket. Een groot deel van de producten van de dienstverlening, bijvoorbeeld de gezondheidszorg, het openbaar vervoer en de detailhandel, kan een land niet exporteren. In tabel 11.1 kun je aflezen dat de landbouw en visserij, de industrie en het vervoer sterk van de export afhankelijk zijn, terwijl de overige sectoren vrijwel niet exporteren.

Concurrentiekracht

Comparatieve voordelen

De export van de goederen en diensten uit de exporterende sectoren hangt af van de concurrentiekracht van het desbetreffende bedrijfsleven op de buitenlandse afzetmarkten. Sectoren ontlenen hun concurrentiekracht aan comparatieve voordelen. Een comparatief voordeel ontstaat als een product als gevolg van de kwantiteit en kwaliteit van lokale productiefactoren van goede kwaliteit is of relatief goedkoop kan worden geproduceerd in vergelijking met concurrerende producten. Er ontstaat specialisatie in de productie van deze goederen.

Specialisatie

De exporterende sectoren hebben een dalend aandeel in de toegevoegde waarde. De concurrentiekracht van de Nederlandse economie op de wereldmarkten, die tot uiting komt in de export van goederen, is in toenemende mate afhankelijk van een steeds kleiner wordend deel van de aanbodsector.

TUSSENVRAAG 11.2

De exportquote van het mkb vertoont een stijgende lijn. Welke redenen zouden hiervoor zijn?

Specialisatiepatroon van de uitvoer

Een vergelijking van de samenstelling van de export van goederen met die van enkele andere geïndustrialiseerde landen geeft inzicht in het specialisatiepatroon van de uitvoer (zie tabel 11.4). Men mag verwachten dat de kwaliteit en de kosten van producten die in relatief grote mate in het pakket voorkomen, gunstig afsteken bij de productie in andere landen. Met betrekking tot deze producten kun je dus comparatieve voordelen verwachten.

Nederland exporteert naar verhouding veel agrarische producten, waaronder voedings- en genotmiddelen zijn inbegrepen, energie (aardgas) en chemische producten. De bijdrage van machines en transportmateriaal is naar verhouding gering. Daaruit blijkt de Nederlandse specialisatie in energie-intensieve procesindustrieën en minder in de maakindustrie.

TABEL 11.4 Export van goederen naar productgroepen van verschillende landen in 2014 (in %)

	Nederland	Duitsland	VS	Japan	EU
Landbouwproducten en voedingsmiddelen	18,1	6,5	11,1	1,5	6,3
Energie	21,6	2,8	9,4	2,3	6,4
Mijnbouw/metalen	2,7	3,3	6,4	3,6	2,5
Fabricaten	56,0	82,4	63,6	87,6	80,6
waarvan:					
Chemische producten	17,5	14,9	13,2	10,7	16,3
Machines en transportmateriaal	23,5	46,8	33,8	57,9	41,6
Overige, waaronder textiel en kleding	14,9	20,7	16,6	19,0	22,7

Bron: Unctad, *Handbook of Statistics*, 2011, p. 110 e.v.; Eurostat

Wederuitvoer

Tot de export behoren producten die grotendeels in Nederland zijn geproduceerd. Dit noemt men 'in het binnenland geproduceerde uitvoer'. Er zijn ook producten die na een geringe bewerking worden geëxporteerd, de zogenoemde wederuitvoer. Het Centraal Planbureau maakt onderscheid tussen deze begrippen om de analyse van de concurrentiepositie van het Nederlandse bedrijfsleven te verdiepen, zoals we in hoofdstuk 4 hebben gezien. De wederuitvoer is de afgelopen drie decennia explosief gestegen. Groeicijfers van 15 procent per jaar zijn geen uitzondering. De wederuitvoer bedroeg in 2014 meer dan 45 procent van de totale goederenexport. Deze uitvoer bestaat uit producten die als eindproduct in Nederland worden ingevoerd, om na een kleine bewerking meteen weer te worden uitgevoerd. Het gaat vooral om machines, computers en elektronica, textiel en kleding. Deze goederen worden vooral door distributiecentra van grote buitenlandse ondernemingen ingevoerd uit de Verenigde Staten en het Verre Oosten, om weer te worden verspreid over het Europese continent.

Van elke euro export van wederuitvoer wordt ongeveer 10 cent aan waarde in Nederland toegevoegd. Het gaat daarbij vooral om logistieke en handelsactiviteiten in de bedrijfstakken vervoer, opslag en communicatie. Kennelijk zijn de concurrentievoordelen van deze sectoren zo groot dat multinationals de distributieactiviteiten van hun producten in Europa graag in Nederland vestigen. Daaraan liggen factorvoordelen ten grondslag. Daarbij valt vooral te denken aan een goede infrastructuur, talenkennis van het personeel en de belastingvoordelen die de overheid aan buitenlandse ondernemingen biedt. Ook gematigde loonkosten spelen een rol, maar een veel geringere dan bij de binnenlands geproduceerde export. Die goederen bestaan voor 60 procent uit waarde die in het binnenland is toegevoegd, en bevatten dus een veel groter aandeel van de loonkosten.

In tabel 11.5 is de uitvoer naar goederengroep verdeeld over de binnenlands geproduceerde uitvoer en de wederuitvoer.

In de binnenlands geproduceerde uitvoer domineren de landbouwproducten, grondstoffen, energie en (basis-)chemieproducten, terwijl 61 procent van de machines en transportmiddelen bestaat uit wederuitvoer.

In het binnenland geproduceerde uitvoer

Wederuitvoer

11

TABEL 11.5 Structuur van de uitvoer naar goederengroep, 2014

	Goederenexport in %	Binnenlands % van totaal	Wederuitvoer % van totaal	Wederuitvoer %
Landbouwproducten en voedingsmiddelen	14	74	26	7
Grondstoffen	5	69	31	3
Energie	17	66	34	13
Chemische producten	18	58	42	16
Machines en vervoermaterieel	27	39	61	36
Fabricaten	9	59	41	8
Overig	10	31	69	15
Totaal	100	55	45	100

Bron: CBS

Sommige bedrijfstakken exporteren meer dan 50 procent van de productie-waarde (zie tabel 11.1). Dit geldt voor bijna de gehele industrie. De bedrijfs-takken die het meest exporteren, kunnen gebruikmaken van een relatief goedkope en schone energiebron, het aardgas. Het energieverbruik in de visserij, de aardolie-industrie, de chemische industrie, de basismetaalindus-trie en ook het vervoer is naar verhouding hoog. Aardolie-industrie, basis-chemie en basismetaalindustrie zijn zogenoemde procesindustrieën. De productie bestaat uit het omvormen van grote hoeveelheden grondstoffen tot grote hoeveelheden eindproduct met een lage toegevoegde waarde.

De factorvoordelen die de productiefactor natuur biedt, zijn weliswaar be-langrijk voor de concurrentiepositie, maar verklaren de concurrentiekracht niet geheel. Ook de productiefactor kapitaal speelt een belangrijke rol. Dit is eenvoudig te illustreren aan de hand van tabel 11.1, waarin de exportgericht-heid van veel Nederlandse bedrijfstakken getoond wordt. Zo zijn juist de chemische industrie en de aardolie-industrie afhankelijk van enorme pro-ductie-installaties.

Proces-industrieën

Ondernemingen uit procesindustrieën hebben in het algemeen weinig mo-gelijkheden tot productdifferentiatie. Versterking van de concurrentiepositie door productvernieuwing is in dit soort industrieën minder goed mogelijk dan bijvoorbeeld bij de productie van machines en fabricaten of de fijnche-mie. Het ontwikkelen van concurrentievoordelen moet dan ook vooral voortkomen uit kostenvoordelen, die samenhangen met de schaalgrootte.

Schaalgrootte van de productie

Voor alle bedrijfstakken die meer dan 50 procent exporteren, is de schaal-grootte van de productie van belang om internationaal te kunnen blijven concurreren. Deze ondernemingen maken gebruik van schaalvoordelen die samenhangen met de productiefactor kapitaal. De procesindustrie en de zee- en luchtvaart vergen grootschalige productie-installaties. De kapitaalin-

Kapitaal intensiteit

tensiteit van de productie in deze bedrijfstakken is dan ook hoog: de vaste kosten maken een groot deel van de totale kosten uit.

De andere bedrijfstakken, vooral in de transportmiddelenindustrie, moeten concurreren met nieuwe producten en modellen waarvan de ontwikkelings-kosten alleen door de allergrootste bedrijven gedragen kunnen worden. De ontwikkelingskosten van een nieuw type auto bedragen al snel €3 miljard. Daarmee is tevens een van de zwakten van deze bedrijfstakken weergegeven. De schaalgrootte van bedrijven als DAF, Volvo Car, Fokker en enkele medicijnenfabrikanten was te klein om op lange termijn zelfstandig een goede concurrentiepositie te kunnen handhaven. Zij zijn alle verdwenen of in buitenlandse handen overgegaan.

Het aspect schaalgrootte is des te meer van belang daar de bedrijfstakken in deze groep bijna alle in hoge mate conjunctuurgevoelig zijn. Een daling van de vraag heeft een groot effect op de kosten per eenheid product en op de prijzen, en daardoor op de winstmarges. In hoofdstuk 12 bespreken we zowel de oorzaken van de conjunctuurgevoeligheid van bedrijfstakken als de mogelijkheden voor bedrijven om de gevolgen ervan te verminderen.

Conjunctuur-gevoeligheid

Daarnaast zijn er bedrijfstakken die minder dan 50 procent, maar toch nog een behoorlijk deel van hun productie exporteren, zoals de land- en tuinbouw, de metaalproductenindustrie, de delfstoffenwinning en het vervoer over land.

De andere bedrijfstakken exporteren bijna niets van hun productie. Daartoe behoort vrijwel de gehele dienstverlening.

Directe investeringen

Bij de behandeling en de analyse van de exportprestaties moeten we rekening houden met de uitgaande en de inkomende kapitaalstromen in de vorm van directe investeringen. Een directe investering is een investering waarbij zeggenschap over een productievestiging wordt verkregen. Directe investeringen leiden dus tot multinationale productie en beïnvloeden daardoor in sterke mate het exportpatroon. Het begrip export krijgt hierdoor een relatieve betekenis. Een groot deel van de goederen die de grenzen passeren, bestaat uit interne leveringen van multinationale ondernemingen. Op deze goederenstroom zijn de normale kenmerken van export niet van toepassing. Er hoeven bijvoorbeeld geen markten voor veroverd te worden door middel van harde concurrentie.

Productie over de grenzen

De grootste toename van multinationalisatie heeft zich voorgedaan in de sectoren bouwnijverheid, de handels-, bank- en verzekeringssector, en de relatief kapitaalintensieve procesindustrie. De eerstgenoemde sectoren staan juist bekend als sectoren die voor de binnenlandse markt produceren. De bank- en verzekeringssector wordt gekenmerkt door grootschalige productie en een hoge arbeidsproductiviteit. Het is aanlokkelijk deze verworvenheden ook op buitenlandse markten uit te baten.

Multinationalisatie

In de afgelopen decennia hebben ook andere bedrijfstakken, zoals uitgeverijen en de levensmiddelendetailhandel, hun activiteiten tot ver over de landsgrenzen uitgebreid. Ondernemingen als Wolters Kluwer, ABN Amro, Aegon, ING, Ahold en vele andere grote Nederlandse ondernemingen hebben door overnames in het buitenland hun activiteiten sterk geïnternationaliseerd. Andere ondernemingen, zoals KLM, zijn juist in buitenlandse handen overgegaan. Door middel van overnames zijn deze ondernemingen uitgegroeid van nationale bedrijven tot grote internationale concerns. Betrekken we de investeringen in het buitenland in het betoog, dan blijken ook deze sectoren zich op internationale markten te begeven, alleen op een andere manier dan door directe export van diensten.

11

TUSSENVRAAG 11.3

Waarom zou een bedrijf liever een buitenlands bedrijf overnemen dan exporteren?

⑪.③ Kennis en concurrentiepositie

De concurrentiepositie van landen met een hoge welvaart is afhankelijk van de kennis die in producten is belichaamd. Hoge welvaart gaat samen met hoge lonen van werknemers, en in het internationale speelveld moet daartegenover een hoge arbeidsproductiviteit staan om de kosten per eenheid product op een concurrerend niveau te houden.

Kennis is essentieel voor arbeidsproductiviteit. Bovendien zijn de kansen voor producten die zijn geproduceerd met hoogwaardige kennis op de wereldmarkten groter dan voor producten die met laagwaardige kennis zijn geproduceerd. Toelevering aan de auto-industrie, de vliegtuigindustrie, de voedingsmiddelenindustrie en de fijnchemicaliën vereist een hoge mate van specialisatie door middel van kennis.

In subparagraaf 11.3.1 stellen we aan de orde hoe ondernemingen door investeringen over de nieuwste kennis kunnen beschikken. In subparagraaf 11.3.2 zien we dat ondernemingen door het verrichten van R&D uitvindingen kunnen doen. In subparagraaf 11.3.3 zullen we een aantal innovatie-indicatoren aan de orde stellen waarmee het kennisniveau kan worden gemeten en vergeleken.

11.3.1 Technische ontwikkeling en investeringen

Traditionele visie Er is een 'traditionele visie' op het beïnvloeden van de concurrentiepositie met behulp van technische ontwikkeling. Technische ontwikkeling is in deze traditionele visie een exogene variabele. Ze is dus onafhankelijk van het economisch proces, maar kan de economie op haar beurt wel sterk beïnvloeden. Uitvindingen staan min of meer los van economische variabelen en berusten op toeval. Het proces van technische ontwikkeling is te zien als een *technology-pushproces*. Uitvindingen duwen als het ware de nieuwe produc-

Technology-pushproces ten van de producenten naar de afnemers.

Investeren is in deze visie het sleutelbegrip. De onderneming die het eerst de nodige investeringen verricht om een nieuwe uitvinding in het productieproces te implementeren, heeft een concurrentievoordeel. Deze visie benadrukt de belangrijke rol van de groei van de kapitaalgoederenvoorraad.

TUSSENVRAAG 11.4
Welke mogelijkheden hebben bedrijven voor het invoeren van nieuwe technieken, afgezien van eigen research and development (R&D)?

Bedrijven nemen door investeringen steeds de nieuwste technologie op in hun productieproces. Door te investeren in kapitaalgoederen waarin nieuwe vindingen zijn verwerkt, kunnen bedrijven met nieuwe producten nieuwe markten betreden, en door kwaliteitsverbeteringen aan oude producten kunnen ze hun positie op markten verbeteren.

Kostenbeheersing door arbeidsproductiviteitsverhoging Ook leidt het invoeren van nieuwe technieken tot kostenbeheersing door middel van arbeidsproductiviteitsverhoging. Investeringen waarbij de kapitaalintensiteit toeneemt (diepte-investeringen), gaan gepaard met een stijging van de arbeidsproductiviteit. Ondernemers streven naar een toename van de arbeidsproductiviteit om het hoofd te kunnen bieden aan een stijging van de loonkosten per werknemer of een daling van de prijzen. Ze proberen de winstgevendheid op peil te houden.

Winstgevendheid is een belangrijke impuls voor investeringen. Naarmate de winst toeneemt, daalt het aandeel van de lonen in de toegevoegde waarde (AIQ), en omgekeerd. Het verband tussen AIQ, winst, investeringen en arbeidsproductiviteit is als volgt [11.1]:

$$AIQ \downarrow \rightarrow W \uparrow \rightarrow I \uparrow \rightarrow ap \uparrow \rightarrow AIQ \downarrow$$ [11.1]

waarin:
AIQ = arbeidsinkomensquote
W = de winst
I = investeringen
ap = arbeidsproductiviteit

Als de AIQ daalt, zullen winst en investeringen stijgen. Daarmee neemt ook de arbeidsproductiviteit toe. Die laatste heeft weer een neerwaartse invloed op de AIQ. Het omgekeerde proces speelt zich af bij een stijgende AIQ. In de Nederlandse economie zullen de sociale partners op de arbeidsmarkt bij een stijgende AIQ altijd streven naar loonmatiging, om de winstgevendheid en de investeringen te bevorderen.

Hoe lager de AIQ, hoe meer ondernemers in staat zijn te concurreren met de prijzen. Ze kunnen dan een tegenvallende conjunctuur die tot prijsdalingen leidt, beter opvangen. Bij een hoge AIQ leiden prijsdalingen of kostenstijgingen vrij snel tot verlies. Daardoor verdwijnen ondernemingen en werkgelegenheid.

Een lage AIQ geeft een ondernemer ook meer speelruimte om door middel van een prijsverlaging het marktaandeel te vergroten. De ontwikkeling van de AIQ geeft dus informatie over de concurrentiepositie van bedrijfstakken en ondernemingen.

11.3.2 Kennis en innovatieve activiteiten

Tot nu toe is de technische ontwikkeling beschouwd als een gegeven voor individuele bedrijven en bedrijfstakken, ofwel als een exogene variabele.

Een heel ander beeld ontstaat als we techniek beschouwen als een variabele die bedrijven zelf kunnen beïnvloeden. Bedrijven kunnen activiteiten ontplooien die gericht zijn op het ontwikkelen van nieuwe producten of productieprocessen. In dat kader trekken ze onderzoekers aan, bouwen ze laboratoria en maken ze andersoortige kosten. Deze kosten noemen we investeringen in research and development, of kortweg R&D-uitgaven.

Niet alleen ondernemingen, maar ook de overheid en onderwijsinstellingen kunnen geld uitgeven aan R&D.

R&D-uitgaven
In tabel 11.6 zijn de R&D-uitgaven in Nederland weergegeven.

In het algemeen mag men verwachten dat in een land de R&D-uitgaven van bedrijven toenemen naarmate het nationaal inkomen stijgt.

R&D en nationaal inkomen

Als de welvaart in een land toeneemt, neemt het aandeel van luxegoederen in het consumptiepakket toe. Consumenten eisen dat de producten die ze kopen van steeds hogere kwaliteit zijn. Ze brengen ook steeds meer differentiatie in hun bestedingen aan, zodat bedrijven steeds meer variatie in hun productiepakket moeten aanbrengen. Het ontwikkelen van nieuwe producten

TABEL 11.6 R&D in Nederland, 2013

	x €1 mln	% van het totaal	% bbp
R&D-uitgaven	12.743	100	1,98
Bedrijven	7.095	56	1,10
waarvan: Industrie Diensten Overig	4.148 2.592 356	58 37 5	
Publieke researchinstellingen	1.559	12	0,24
Hogeronderwijsinstellingen en UMC's	4.090	32	0,64

Bron: CBS, *Kennis en economie 2015*, p. 213 en 219

geeft bedrijven steeds weer de mogelijkheid nieuwe markten aan te boren die minder gevoelig zijn voor conjunctuurschommelingen en voor concurrentie door andere bedrijven. Hierdoor hebben bedrijven die het meest in R&D investeren de sterkste concurrentiepositie. De R&D-uitgaven in een land geven dus informatie over de concurrentiepositie van het bedrijfsleven. In figuur 11.4 worden de uitgaven aan R&D in Nederland vergeleken met andere landen.

FIGUUR 11.4 Totaal R&D-uitgaven per land (% bbp)

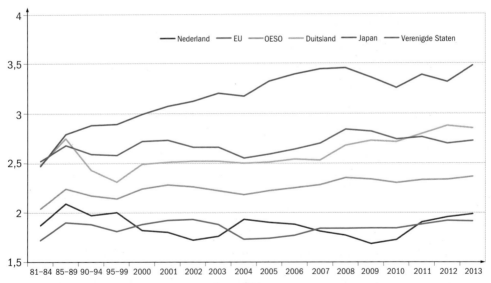

Bron: CBS, *Kennis en economie 2004*, p. 194; OECD, www.oecd.org, 22 januari 2016

Achterstand van Nederland

Uit figuur 11.4 blijkt dat Nederland in vergelijking met enkele belangrijke industrielanden een duidelijke achterstand heeft op het gebied van R&D-uitgaven. Ten opzichte van de VS en Japan besteedt Nederland naar verhouding slechts ongeveer de helft à twee derde aan R&D. Nederland loopt zelfs achter bij het OESO-gemiddelde van 2,4 procent. Ook ten opzichte van Duitsland is er een achterstand. De R&D-intensiteit van Nederland ligt onder het EU-gemiddelde van 1,91 procent. Dit beeld over de totale R&D wordt nog versterkt als we het overheidsaandeel buiten beschouwing laten en alleen de bedrijfs-R&D in ogenschouw nemen (zie figuur 11.5).

FIGUUR 11.5 R&D-intensiteit bedrijvensector internationaal, 2013

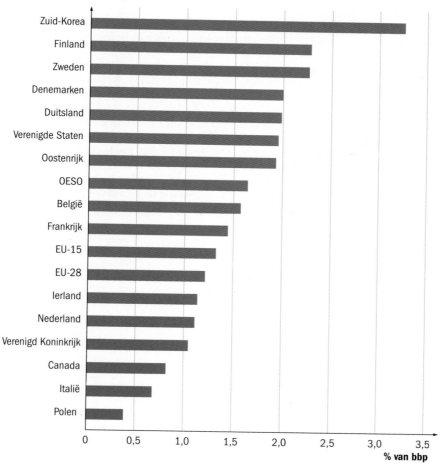

Bron: CBS, *Kennis en economie 2015*, p. 221

Uit figuur 11.5 blijkt dat bedrijven in Nederland minder uitgeven aan R&D dan de meeste andere landen in de tabel. Een gedeeltelijke verklaring voor de achterstand is gelegen in de specifieke structuur van het Nederlandse bedrijfsleven.

Nederland heeft in vergelijking met andere landen weinig industrieën waarin veel R&D plaatsvindt. De sectorstructuur is weinig kennisintensief. Dat verklaart voor ongeveer 60 procent de achterstand van de Nederlandse R&D-inspanningen. Tabel 11.7 toont Nederlandse ondernemingen die vooral werkzaam zijn in de sectoren die veel aan R&D doen: de metalektro en de chemie.

Sectorstructuur

Nederland heeft naar verhouding een grote voedings- en genotmiddelenindustrie. Dit lijkt een Nederlandse specialiteit te zijn, die de concurrentievoordelen van de Nederlandse economie weerspiegelt. Toch is de voedingsmiddelenindustrie laagwaardig in vergelijking met andere industriële bedrijfstakken. Door de nadruk in de productiestructuur op voedingsmiddelen geven ondernemingen gemiddeld minder uit aan R&D dan buitenlandse ondernemingen.

Het is hierbij de vraag wat oorzaak is en wat gevolg. Is de Nederlandse sectorstructuur oorzaak van de achterlopende R&D-inspanningen, of heeft Nederland een kennisextensieve sectorstructuur omdat er te weinig aan R&D wordt gedaan? In het tweede geval kan de overheid een stimulans bieden aan de kennisintensiteit door R&D te stimuleren met beleidsmaatregelen.

Voor de resterende 40 procent is echt sprake van een achterstand van Nederlandse ondernemingen die moet worden ingehaald als Nederland op lange termijn wil blijven behoren tot de landen met een kennisintensieve productie.

In tabel 11.7 zijn enkele cijfers over de R&D-uitgaven van grote ondernemingen samengebracht. De uitgaven aan R&D worden grotendeels verricht door de multinationale ondernemingen in de metalektro en de chemie.

TABEL 11.7 De grootste Nederlandse R&D-uitgaven in Nederland (2014)

	× €1 mln	Aantal octrooien wereldwijd
ASML	800	177
Philips	742	4.024
DSM	249	> 400
NXP	244	651
Thales Nederland b.v.	119	12
DAF trucks n.v.	108	–
VDL groep	83	6
Synthon	69	18
Rijk Zwaan	65	19
Bayer Cropscience	54	29
Fokker technologies	46	8

Bron: www.technischweekblad.nl, geraadpleegd 25 januari 2016

Uit tabel 11.7 blijkt dat van de grote Nederlandse multinationale ondernemingen – de *big five*: Philips, Akzo Nobel, Shell, DSM en Unilever – alleen Philips en DSM zijn vertegenwoordigd bij de ondernemingen met de hoogste R&D-uitgaven. De internationale concurrentiepositie van deze ondernemingen is deels afhankelijk van vernieuwing van producten en productieprocessen. Maar het onderzoek daartoe hoeft niet per se in Nederland te gebeuren, het kan worden verplaatst naar andere landen of worden uitbesteed. Dat geeft een druk op Nederland om zijn positie als vestigingsplaats voor innovatieve bedrijven te verdedigen.

Tot de top behoren ook ASML en NXP, die vroeger tot Philips behoorden. Dit bevestigt nog eens de opvatting dat Philips heel belangrijk is voor de Nederlandse kennisinfrastructuur.

In tabel 11.7 is ook een variabele opgenomen die de uitkomsten van de R&D-
uitgaven weergeeft, namelijk het aantal octrooien. Daarin blijkt Philips nog
veruit koploper te zijn.

Ondernemingen kunnen zelf R&D verrichten, maar kunnen deze ook rechtstreeks aankopen. Nederlandse industriële ondernemingen krijgen steeds
meer een regiefunctie. Ze kopen kennis in, besteden de productie uit, laten   **Regiefunctie**
de marketing over aan andere bedrijven en geven het transport in handen
van grote vervoerders. In feite versterken ze daarmee de positie van Nederland als handelsnatie.

De achterstand in R&D ten opzichte van een land als Duitsland komt tot ui-
ting in de lage kennisintensiteit van het Nederlandse productiepakket. Ver-   **Kennisintensiteit**
schillen in kennisintensiteit geven aanleiding tot het maken van onder-
scheid in hightech-, mediumtech- en lowtechproducten. Meestal neemt
men voor deze indeling als uitgangspunt de R&D-uitgaven per eenheid product of de R&D-uitgaven als percentage van de omzet; zie casus 11.2.

CASUS 11.2

Hightech en lowtech

Hightechproducten zijn moderne producten die in een technische race voortdurend wor-den verbeterd. Ontwikkeling vindt plaats in landen met veel menselijk kapitaal en ver-eist relatief weinig grondstoffen. Hetzelfde geldt voor het ontwerpen van een efficiënt productieproces voor die producten.
(...)

Traditionele producten zijn lowtech; ze verei-sen veel materiaal en laaggeschoolde ar-beid, en hoewel de kwaliteit ook hier steeds stijgt, behoeven ze meestal minder marktbe-werking. Mediumtechproducten nemen een tussenpositie in.

Bron: CPB, Centraal Economisch Plan 1994, p. 145

Op basis van deze overwegingen kan men de industriële sectoren indelen
als in tabel 11.8.

TABEL 11.8 Indeling van de industrie naar hightech-, mediumtech- en lowtechsectoren

Hightech	Mediumtech	Lowtech
Computers e.d.	Elektrische machines	Aardolie
Elektronica	Overige chemie	Basismetalen
Farmacie	Automobiel	Levensmiddelen
Vliegtuigbouw	Niet-elektrische machines	Metaalproducten
Instrumentenbouw	Rubber en plastic	Textiel e.d.
		Glas, steen, klei
		Overig transport
		Papier en drukkerijen
		Hout en meubels
		Overige industrie

Bron: Slabbers & Verspagen, *Een beoordeling van de Nederlandse technologische positie op basis van kwantitatieve factoren*, 1994,
p. 29; OECD, *Main science and technology indicators*, 2014

Uit de tabellen 11.1 en 11.8 is af te leiden dat het grootste deel van de Nederlandse industrie in de lowtech- en mediumtechsectoren is vertegenwoordigd. Nederland is sterk aanwezig in de chemie, de aardolie-industrie, de basismetaalindustrie, de levensmiddelenindustrie en de papierindustrie. Hieruit kan men concluderen dat de concurrentiepositie van het Nederlandse bedrijfsleven in hightechgoederen niet is opgewassen tegen landen met eenzelfde ontwikkelingsniveau. Deze conclusie logenstraft de verwachting dat het hoge kennisniveau van de Nederlandse bevolking zou leiden tot concurrentievoordelen in producten waarbij kennis een belangrijk onderdeel van de toegevoegde waarde vormt. Nederland is dus slecht in staat zijn concurrentiepositie met behulp van technische ontwikkeling te versterken.

TUSSENVRAAG 11.5
Het dagbladbedrijf heeft in zijn eeuwenlange bestaan relatief weinig uiterlijke veranderingen aan zijn product verricht; een krant ziet er ongeveer zo uit als twintig jaar geleden. Hoe is dan toch te verklaren dat de schaalgrootte een doorslaggevend aspect in het concurrentieproces is geworden?

Innovatieve uitgaven
Uitgaven aan R&D blijken echter niet als enige maatgevend te zijn voor het vermogen van bedrijfstakken om de concurrentiepositie te verbeteren. Vernieuwing in ondernemingen omvat meer dan alleen technische ontwikkeling die een gevolg is van R&D. Innovatie bestaat uit de volgende aspecten:
- productvernieuwing
- het verbeteren van productieprocessen
- het implementeren van nieuwe marketingconcepten
- het veranderen van de organisatie van de onderneming

De eerste twee zijn gericht op productdifferentiatie en kostenvermindering; deze aspecten vallen onder de meer traditionele gedachte van vernieuwing. Maar ook het implementeren van nieuwe marketingconcepten en het vernieuwen van de organisatie kunnen belangrijke concurrentie-effecten hebben.

Marketinginnovatie
Bij marketinginnovatie gaat het om de verbetering of vernieuwing van productconcepten, product-marktcombinaties, distributiekanalen en verkoopmethoden.

Organisatorische innovatie
Organisatorische innovatie betreft ingrijpende veranderingen in de bedrijfsstructuur of de managementmethoden, zodat deze meer zijn toegesneden op de veranderingen in de omgeving en daarom het concurrentievermogen van de organisatie versterken. Daarbij is niet noodzakelijk dat de betreffende onderneming deze innovatie zelf uitvindt. Het kan zijn dat andere ondernemingen binnen of buiten de bedrijfstak de werkwijze al hanteren. Vooral in de dienstensector verspreiden deze innovaties zich snel over de bedrijfstak: banken kunnen bijvoorbeeld elkaars distributiekanalen voor leningen en spaar- en verzekeringsvormen al binnen enkele weken imiteren.

Innovatieve activiteiten
Het is dan ook beter te spreken van innovatieve activiteiten dan van technische ontwikkeling. In het oude concept stonden de fysieke uitvinding en de productie centraal. In het nieuwe concept staat de vraag en de behoefte van de klant centraal. Men noemt dit dan ook *demand pull*: de vraag trekt als het ware de innovatieve activiteiten voort. Om met commercieel economen te spreken: niet alleen het product en de prijs, maar ook de andere P's van de marketingmix – promotie en plaats (distributie) – moeten in het innovatieve proces betrokken worden.

Demand pull

In casus 11.3 is een voorbeeld gegeven van de demand-pullgedachte van technische ontwikkeling.

11.3.3 Innovatie-indicatoren

De Europese Commissie heeft als ambitie voor de EU om de concurrerend-ste en meest dynamische kenniseconomie in de wereld te zijn, met een duurzame groei, meer en betere banen, en een grotere sociale samenhang dan nu het geval is. De Europese Commissie heeft een aantal doelstellingen geformuleerd voor het bereiken van deze ambitie.

CASUS 11.3

Demand pull bij Philips

Helping consumers to enjoy a healthy lifestyle

'The design of our products and services reflects the fact that consumer choices are increasingly driven by emotional and social factors rather than simply functionality.'
Andrea Ragnetti, CEO Philips Consumer Lifestyle

The pursuit of personal well-being is a universal trend – we all want to feel and look our best, and to enjoy a healthy life balance. This trend also represents a significant and fast-growing segment of total global consumer spend.

Our Consumer Lifestyle sector illustrates Philips' evolution from a technology business to one that improves the quality of people's lives by focusing on their health and well-being.
Starting from validated consumer insights, and guided by our brand promise of 'sense and simplicity', we offer consumers lifestyle experiences that are enjoyable and fulfilling.

'We focus on Consumer experiences.'

Bron: Philips Annual Report 2008, p. 22

In de eerste plaats is een hoog kennisniveau vereist, met bijbehorende uitgaven aan onderwijs. Een hogere beroeps- of universitaire opleiding is steeds belangrijker voor jonge mensen, die in organisaties grote systemen moeten kunnen overzien en beheersen.

Het tweede doel is dat voldoende jongeren instromen in technische studies. Ook moeten bedrijven kunnen putten uit voldoende personeel met een wetenschappelijke en/of technische opleiding. Zoals we hebben gezien, is de concurrentiepositie van ondernemingen vooral afhankelijk van de hoeveelheid technische kennis die in producten is verwerkt, en daarvoor zijn hoogopgeleide technici nodig.

In de derde plaats is R&D nodig voor het ontwikkelen van nieuwe producten en processen. De uitgaven aan R&D in verhouding tot het bbp zijn hiervoor een indicator.

Ten vierde zullen investeringen in R&D ergens toe leiden. Ondernemingen kunnen hun uitvindingen patenteren bij het European Patent Office – het EPO. Zij zijn dan beschermd tegen het ongeoorloofde gebruik van hun vinding door andere ondernemingen. Daardoor beloont de EU de uitvinder voor de gemaakte kosten.

Ten vijfde is het aandeel van hightechproducten in de export een maatstaf voor de concurrentiekracht van een land.

11

Toegang tot internet is nodig voor de groei van de arbeidsproductiviteit en voor innovatie. Het nieuwe werken vereist dat mensen overal hun werk kunnen doen en op elk tijdstip toegang hebben tot gegevens. Vandaar dat de *broadband penetration rate* een indicator vormt voor de vooruitgang in een samenleving.

In tabel 11.9 zijn deze zeven indicatoren weergegeven.

TABEL 11.9 Innovatie-indicatoren

	EU	Nederland	Duitsland	Frankrijk	Italië
Personen van 30 tot 34 jaar met een HBO of universitaire opleiding in % van de 30- tot 34-jarigen in 2014	38	45	31	44	24
Gediplomeerden in wiskunde en technologie per 1000 mensen van 20 tot 29 jaar in 2012	17	11	16	23	13
Uitgaven aan scholing in % bbp in 2011	5,25	5,93	4,98	5,68	4,29
R&D in % bbp in 2014	2,03	1,97	2,84	2,26	1,29
Patenten per miljoen inwoners in 2012	112,6	203,7	279,2	136,7	71,6
Hightechexport (% export) 2014	15,6	17,8	14,2	21,0	6,7
Toegang tot internet in 2013	72	93	81	78	54

Bron: Eurostat

In tabel 11.9 is te zien dat Nederland op de meeste indicatoren goed scoort, maar achterloopt op het gemiddelde van de EU wat betreft de technische opleidingen en, zoals we al zagen, de R&D-uitgaven. Dat geldt vooral voor de gediplomeerden in wiskunde en techniek.

Voor de demand-pullgedachte van technische ontwikkeling zijn andere relaties tussen ondernemingen nodig dan alleen de contacten via de markten. Deze staan bekend als netwerken en clusters.

Netwerken en clusters

Het innovatieproces van ondernemingen vindt meer en meer plaats in een relatie met afnemers en toeleveranciers. Steeds meer ondernemingen streven dan ook naar langdurige leverancier-afnemerrelaties, waarbij producten worden gemaakt in gezamenlijke projecten (*codesign, comakership*). Men noemt dergelijke relaties tussen bedrijven *netwerkrelaties*. Aangezien in de concurrentiestrijd het vermogen tot vernieuwing centraal staat, zijn netwerken van bedrijven des te sterker als de onderlinge relatie is gericht op technologische vernieuwing. Een effectieve en hoogwaardige toeleveringsstructuur is van groot belang voor de vernieuwingskracht van het bedrijfsleven.

Netwerkrelaties

Toeleveren en uitbesteden

Het proces van toeleveren en uitbesteden is te beschouwen als een piramide met de uitbesteder aan de top, in het midden een aantal hoofdtoeleveranciers (hoogwaardige producten), en aan de basis een groot aantal toeleveranciers die producten leveren op basis van specificaties van de uitbesteder (de *jobbers*). Het groeiend belang van technologie als concurrentiefactor

stelt extra eisen aan de toeleveringspiramide. Er ontstaat synergie als de samenwerking binnen zo'n piramide vernieuwing stimuleert. Een groot deel
van de industrie, voornamelijk beneden de grote rivieren, is georganiseerd
in grensoverschrijdende netwerken die zich uitstrekken over Zuid-Neder-
land, Duitsland, België en Noord-Italië.

TUSSENVRAAG 11.6
Welke nadelen kan de overname van Nederlandse zelfscheppende industrieën door buitenlandse ondernemingen met zich meebrengen?

Bedrijven beperken de organisatie van de externe omgeving niet tot andere
bedrijven binnen de bedrijfskolom; er bestaan ook samenwerkingsverban-
den tussen netwerken van bedrijven, zakelijke dienstverlening en publieke
onderzoekscentra.

In dat geval spreekt men van *clusters* van verbonden bedrijfstakken.

Clusters van bedrijfstakken

In Nederland zijn dergelijke clusters te vinden in de agrarische sector. De
agrarische producten zijn dan ook zeer concurrerend. Een goed voorbeeld
van clustervorming is te vinden in de teelt van bloemen en planten. De kapitaalgoederen die gebruikt worden binnen de Nederlandse sierteelt, worden
voor een groot deel in Nederland geproduceerd. Nauw hieraan verbonden
zijn de aluminium- en glasleveranciers. De ontwikkeling van veel apparatuur voor de kassen, zoals klimaatregelingsapparatuur, sorteermachines en
beregeningsapparatuur, wordt gestimuleerd door de vraag en de productiegroei. Al deze bedrijven zijn geconcentreerd in het Zuid-Hollandse glasdis-
trict. Ook is binnen de bloemen- en plantensector sprake van een hechte samenwerking tussen onderwijs en bedrijfsleven. Deze leidt tot een zeer open
kennisinfrastructuur, waardoor nieuwe technieken en processen snel gemeengoed worden. De veiling in Aalsmeer zorgt voor een effectieve prijsvorming. De distributie van bloemen via Schiphol naar de verre internationale
markten maakt een positie aan de top van de wereldhandel in snijbloemen
mogelijk.

Casus 11.4 beschrijft de concurrentiekracht van Nederland aan de hand van
het *Global Competitiveness Report* van het World Economic Forum.

CASUS 11.4
Global Competitiveness Report

Het World Economic Forum onderzoekt van
140 economieën in de wereld de sleutelfac-
toren die de economische groei bepalen, en
daarmee de toekomstige welvaart van een
land. Het stelt een rangorde op in het *Global
Competitiveness Report*. De Nederlandse
economie heeft in deze lijst altijd een heel
hoge plaats. In de tabel zijn de elf landen
met de hoogste scores opgenomen. Daaruit
blijkt dat Nederland op plaats 5 staat, en
dus slechts weinig landen boven zich heeft.

De Global Competitiveness Index 2015/2016	Economie	Score	Vorige score
1	Zwitserland	5,76	1
2	Singapore	5,68	2
3	VS	5,61	3

11

De Global Competitiveness Index 2015/2016	Economie	Score	Vorige score
4	Duitsland	5,53	5
5	Nederland	5,50	8
6	Japan	5,47	6
7	Hong Kong	5,46	7
8	Finland	5,45	4
9	Zweden	5,43	10
10	Groot-Brittannië	5,43	9
11	Noorwegen	5,41	11

Bron: Klaus Swab, World Economic Forum, *The Global Competitiveness Report 2015-2016*, p. XV

De verschillen tussen landen ontstaan vooral door de verschillen in arbeidsproductiviteit. Het WEF onderzoekt dan ook vooral de factoren die van belang zijn voor de arbeidsproductiviteit. Deze factoren zijn ingedeeld volgens de figuur.

Factoren die de Global Competitiveness Index bepalen

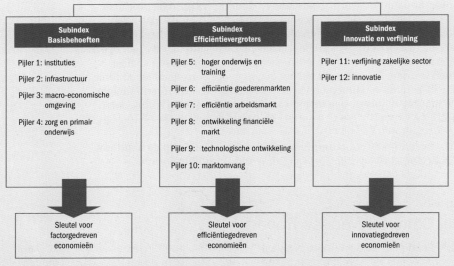

Bron: Klaus Swab, *World Economic Forum, The Global Competitiveness Report 2015-2016*, p. 6

Daarbij is een aandachtspunt dat de groei van de arbeidsproductiviteit niet mag leiden tot grote inkomensverschillen. De laatste decennia lopen de inkomensverschillen op, en dat is een bedreiging voor de welvaart van velen. Economische groei moet inclusief zijn: ook de lagere inkomens moeten ervan kunnen profiteren. Dat betekent een gelijke toegang tot kwalitatief goed onderwijs, toegang tot productieve arbeid, mogelijkheden tot ondernemerschap, bestrijding van corruptie, mogelijkheden tot financiering van ondernemingen, een goede infrastructuur en een goed sociaal stelsel.

11

Samenvatting

In de economie zijn sectoren en bedrijfstakken te onderkennen. Het grofste onderscheid is de indeling van economische activiteiten in de primaire, secundaire, tertiaire en quartaire sector. De primaire sector bestaat uit de bedrijfstakken in de landbouw en visserij. De secundaire sector bevat de delfstoffenwinning en de industrie. De tertiaire sector omvat de ondernemingen die diensten voor de markt produceren. De quartaire sector bestaat uit de overheidsdiensten. De bedrijfstakken en sectoren onderscheiden zich in de toegevoegde waarde, de export en hun bijdrage aan de werkgelegenheid. Een belangrijk onderscheid tussen ondernemingen is de omvang. Gemeten naar het aantal werknemers onderscheidt men het klein-, midden- en grootbedrijf. Het midden- en kleinbedrijf is soms verenigd in het mkb. Sectoren als de bouw, de groot- en detailhandel, de horeca en de persoonlijke dienstverlening bestaan voor het grootste deel uit mkb-bedrijven. De industrie en transport en communicatie bestaan voor een belangrijk deel uit grote ondernemingen van meer dan honderd werknemers. In sommige sectoren neemt de arbeidsproductiviteit sterk toe met de ondernemingsgrootte. Dat geldt voor de industrie, de horeca, de autohandel en de communicatie. Voor sectoren als de bouw, de zorg en de zakelijke diensten is dat niet het geval. De export van de Nederlandse economie kenmerkt zich door een overmatig aandeel van de landbouw, voedingsmiddelen, energie en chemische producten. Machines en transportmateriaal zijn ondervertegenwoordigd. Dat duidt op specialisatie in de energie-intensieve procesindustrie. Behalve de goederen die in het binnenland worden geproduceerd, is er de wederuitvoer van goederen die worden ingevoerd en na enkele bewerkingen weer worden geëxporteerd. Wederuitvoer omvat ongeveer 40 procent van alle export en komt voor bij alle goederen, maar vooral bij machines en vervoermateriaal. Het gaat daarbij bijvoorbeeld om kantoormachines en auto's.

Voor de internationale concurrentiepositie van het bedrijfsleven is de kennis die in producten is vervat de belangrijkste bepalende variabele. Ondernemingen kunnen kennis in producten incorporeren door middel van investeringen. Zij kunnen machines aanschaffen die de modernste technieken bevatten. Daarnaast zijn uitgaven aan R&D een manier om producten en processen te vernieuwen. De R&D-uitgaven van Nederlandse ondernemingen en overheden zijn zeer laag in internationaal perspectief. De oorzaak is dat de Nederlandse industrie meer dan gemiddeld is gericht op procesmatige productie. Een andere oorzaak is de geringe animo voor exacte studies. Het merendeel van de R&D-uitgaven is geconcentreerd bij de grote multinationale ondernemingen; Philips en de ondernemingen die van Philips zijn afgesplitst, nemen het leeuwendeel voor hun rekening.

11

Naar gelang de R&D-uitgaven in relatie tot de omzet spreekt men van hightech-, mediumtech- en lowtechproducten. De Nederlandse economie produceert veel lowtechproducten.

Innovatie omvat meer dan alleen R&D; ook de vernieuwing van marketingconcepten en de organisatie van de onderneming behoort ertoe.

De Europese Commissie pleit voor een concurrerende kenniseconomie met een duurzame groei, meer en betere banen, en een grotere sociale samenhang. Daartoe dienen de deelnemende landen goed te scoren op verschillende innovatie-indicatoren op het gebied van arbeid, opleiding, technisch potentieel en internet-toegang.

11

Kernbegrippenlijst

Bedrijfstak	Verzameling bedrijven die gelijksoortige producten maken.
Cluster	Een samenwerkingsverband tussen bedrijven, overheid, onderzoeksinstellingen en zakelijke dienstverlening bij innovatie.
Comparatief voordeel	Een factor die een lager kostenniveau mogelijk maakt dan concurrenten hebben.
Concurrentiepositie	Het geheel van factoren dat de kansen bepaalt van Nederlandse producten op buitenlandse markten.
Directe investeringen	Het verwerven van zeggenschap in buitenlandse ondernemingen.
Exportgeoriënteerde bedrijfstakken	Bedrijfstakken die naar verhouding een groot deel van de productie exporteren.
Factorvoordeel	Een zodanige kwaliteit of kwantiteit van een productiefactor dat een lager kostenniveau of een hogere productiekwaliteit mogelijk is.
Investeringsquote	Omvang van de investeringen in verhouding tot de productie.
Kennisdiffusie	Het verspreiden van kennis.
Netwerk	Een vergaand samenwerkingsverband tussen toeleverende en uitbestedende bedrijven.
R&D	Research and development: onderzoek en ontwikkeling ten behoeve van nieuwe producten en productieprocessen.
Sector	Deel van de bedrijven, ingedeeld naar de aard van de bedrijvigheid: • *marktsector*: bedrijven die hun producten afzetten op markten waar minstens gedeeltelijk van prijsvorming sprake is • *primaire sector*: landbouw en visserij • *secundaire sector*: industrie en delfstoffenwinning • *tertiaire sector*: zakelijke dienstverlening • *quartaire sector*: niet-commerciële dienstverlening
Technology push	De gedachte dat technische ontwikkeling een exogeen proces is.
Wederuitvoer	Producten die in Nederland worden ingevoerd om na geringe bewerkingen weer te worden uitgevoerd.

11

12
Conjunctuur en ondernemingsbeleid

De conjunctuur heeft grote invloed op het consumentengedrag. Dit heeft tot gevolg dat sommige bedrijfstakken conjunctuurgevoelig zijn en andere veel minder. In dit hoofdstuk gaan we in op de factoren die de conjunctuurgevoeligheid bepalen. Daarnaast behandelen we de maatregelen die een onderneming kan nemen om minder conjunctuurgevoelig te worden.

In dit hoofdstuk staan de volgende vragen centraal:
- Wat bepaalt de conjunctuurgevoeligheid van een onderneming?
- Hoe kan een onderneming de conjunctuurgevoeligheid verminderen?

12

Cyclische en defensieve fondsen op de beurs

Op de beurs maken beleggers onderscheid tussen rentegevoelige aandelen, groeiaandelen, defensieve aandelen en cyclische aandelen.

De koers van rentegevoelige fondsen, zoals banken, hangt vooral af van de ontwikkeling in de rente. Groeifondsen zijn aandelen van bedrijven uit de sectoren van de economie die een sterke groei doormaken, zoals de ICT en de farmacie.

Defensieve fondsen, zoals Unilever, Heineken en Ahold, zijn relatief ongevoelig voor de conjunctuur. Eten, drinken en persoonlijke verzorging zijn primaire levensbehoeften, die mensen ook in een periode van conjuncturele tegenspoed moeten bevredigen. De koersen van cyclische fondsen zijn wel conjunctuurgevoelig. Zo schommelen de resultaten van Air France/KLM, Tata Steel en Philips sterk onder invloed van de conjunctuurgolf. Vanwege het hogere risico op cyclische fondsen is de beurswaardering van cyclische fondsen lager dan die van defensieve fondsen. Daarom nemen bedrijven als Philips maatregelen om hun conjunctuurgevoeligheid te verminderen, bijvoorbeeld door te focussen op producten voor de gezondheidszorg.

12.1 Conjunctuur en consumentenmarkten

In deze paragraaf behandelen we de invloed van de conjunctuur op het consumentengedrag. We richten ons vooral op de gevolgen van een periode van laagconjunctuur (recessie). We gaan in op de invloed van een recessie op de koopkracht en de koopbereidheid. Dit mondt uit in een analyse van de conjunctuurgevoeligheid van enkele consumentenmarkten.

12.1.1 Consumentengedrag

In de micro- en de macro-economie hangen de consumptieve bestedingen vooral af van economische variabelen. Inkomens- en prijsontwikkelingen spelen daarbij een dominante rol.

Economische variabelen

Psychologische variabelen

Discretionair inkomen

Gedragseconomen, zoals Nobelprijswinnaars Akerlof en Kahneman, vinden dat de rol van psychologische variabelen in de traditionele economische theorie onderbelicht is. Deze variabelen hebben een grote invloed op de besteding van het niet-gebonden inkomen, ook wel discretionair inkomen genoemd. Onder het *discretionair inkomen* verstaan we het besteedbaar inkomen dat resteert nadat de eerste levensbehoeften en de contractuele verplichtingen (huur, rente en aflossing hypotheek, energiekosten, verzekeringen, schoolgelden) zijn nagekomen; zie tabel 12.1.

TABEL 12.1 Bepaling van het niet-gebonden of discretionair inkomen

Bruto-inkomen		€...
Belastingen en sociale premies		−...
		−
Besteedbaar inkomen		€...
Uitgaven voor:		
• eerste levensbehoeften	€...	
• contractuele verplichtingen	−...+	−
		...
Discretionair inkomen		€...

Consumenten kunnen het discretionaire inkomen besteden naar eigen inzicht. Het gaat dan met name om de uitgaven voor duurzame en/of luxegoederen en diensten. Juist bij deze uitgaven spelen psychologische factoren een belangrijke rol. Volgens gedragseconomen loopt de invloed van een recessie op het consumentengedrag langs twee sporen (zie figuur 12.1).

FIGUUR 12.1 Recessie en consumentengedrag

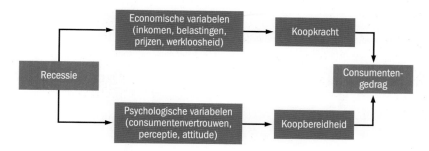

Enerzijds heeft een recessie invloed op de koopkracht van de consument, anderzijds beïnvloedt ze de koopbereidheid van de consument.

De *koopkracht* is een economische variabele. Deze geeft aan over welke financiële mogelijkheden de consument beschikt. De koopkracht hangt af van economische factoren als de werkgelegenheid, het (loon-)inkomen, de belasting- en premiedruk, en het prijsniveau. De invloed van de conjunctuur op de koopkracht behandelen we in subparagraaf 12.1.2. **Koopkracht**

De *koopbereidheid* is een psychologische variabele. De bereidheid van de consument om goederen te kopen hangt af van de visie die hij heeft op de huidige en toekomstige ontwikkeling van zowel de economie als zijn eigen financiële situatie. In subparagraaf 12.1.3 gaan we hierop verder in. **Koopbereidheid**

TUSSENVRAAG 12.1

Welke bedrijfstakken zouden het hardst getroffen worden door een plotselinge internationale politieke of economische crisis?

12.1.2 Recessie en economische variabelen: koopkracht

Een recessie leidt tot een daling van de koopkracht van de consument. Door een toename van de werkloosheid stijgt het aantal uitkeringsgerechtigden ten koste van het aantal werknemers in loondienst. Hierdoor daalt de gemiddelde koopkracht. Bovendien kunnen (vanwege de lage winst) en willen (vanwege de hoge werkloosheid) werkgevers in een recessie de lonen minder verhogen. Als de overheid de belasting- en premiedruk niet verlaagt, zal de groei van het besteedbare inkomen tijdens een recessie dus dalen. Daar staat tegenover dat de inflatie tijdens een conjuncturele neergang ook daalt. Dit beperkt de daling van de koopkracht. **Recessie: daling koopkracht**

De daling van de koopkracht zal van consument tot consument verschillen. Het CPB publiceert elk jaar de verwachte koopkrachtontwikkeling van de modale werknemer in de *Macro-Economische Verkenning*. De modale werknemer is een alleenverdiener met twee kinderen die in 2016 een bruto-inkomen van €36.000 verdient. De ontwikkeling van de koopkracht van de modale werknemer is weergegeven in figuur 12.2. Ter vergelijking is ook de koop- **Koopkracht van de modale werknemer**

12

krachtontwikkeling van een groeiende groep werknemers in Nederland – de tweeverdieners met kinderen – en de minimumuitkeringsgerechtigden weergegeven. We zien dat de conjunctuurgolf een duidelijke invloed heeft op de koopkracht. De grote recessie van 2009 leidde in de jaren erna tot een fors koopkrachtverlies voor alle inkomensgroepen in Nederland.

FIGUUR 12.2 Ontwikkeling van de koopkracht en het reëel beschikbaar gezinsinkomen (verandering in %, 2010–2016)

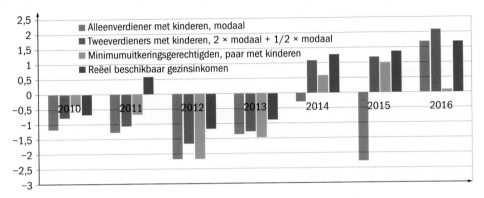

Bron: CPB, *Macro-economische Verkenning 2016*

'Koopkrachtplaatjes' spelen een grote rol in het politieke debat. Toch zeggen ze nog weinig over de feitelijke bestedingsmogelijkheden van consumenten. In de eerste plaats gaat het CPB bij de berekening van de koopkracht uit van een (modale) werknemer die een baan heeft en houdt. In een conjuncturele neergang raken veel werknemers hun baan kwijt. Zij gaan in plaats van loon een uitkering ontvangen. Voor hen is de daling van het reële inkomen dan ook veel groter dan de ontwikkeling van de koopkracht van de modale werknemer suggereert.

In de tweede plaats houdt de koopkracht alleen rekening met de contractloonstijging die werkgevers en werknemers met elkaar afspreken. Andere loonsverhogingen, zoals salarisverhoging als gevolg van promotie of een arbeidsmarkttoeslag in verband met schaarste op de arbeidsmarkt, zijn er niet in verwerkt. Zeker in een periode van hoogconjunctuur kunnen deze extra beloningscomponenten – ook wel incidenteel loon genoemd – aanzienlijk zijn.

In de derde plaats houdt de koopkracht geen rekening met andere inkomensbronnen dan loon of uitkering. In de praktijk ontvangen mensen ook rente en dividend over hun vermogen, waarmee ze bestedingen kunnen doen.

Een betere maatstaf voor de ontwikkeling van de koopkracht van Nederlandse gezinnen is de groei van het reëel beschikbare gezinsinkomen (zie figuur 12.2). Deze maatstaf houdt wel rekening met de werkgelegenheidsontwikkeling en andere beloningscomponenten dan het contractloon. Vooral in perioden waarin de werkgelegenheid sterk stijgt, zal het reëel beschikbare gezinsinkomen zich gunstiger ontwikkelen dan de koopkracht.

Effect werkloosheid

Incidenteel loon

Rente en dividend

Reëel beschikbare gezinsinkomen

TUSSENVRAAG 12.2

Leg uit wat tijdens een hoogconjunctuur gebeurt met de verschillende beloningscomponenten die een werknemer ontvangt.

12.1.3 Recessie en psychologische variabelen: koopbereidheid

In de conjunctuur spelen toekomstverwachtingen een grote rol. Zo investeren bedrijven alleen als de afzet- en winstverwachtingen gunstig zijn. Ook de consumptie is gevoelig voor het vertrouwen van consumenten in de toekomst. Dit geldt vooral voor 'grote aankopen' van de consument, zoals de aanschaf van een huis, een auto of meubilair. Als consumenten een verslechtering van hun eigen financiële situatie voorzien, zullen zij grote aankopen van luxe- en duurzame goederen uitstellen.

Rol toekomstverwachtingen

De vraag is hoe we consumentenverwachtingen kunnen meten. Een veelgebruikte indicator is de *index van het consumentenvertrouwen*. Het Centraal Bureau voor de Statistiek bepaalt de index van het consumentenvertrouwen met behulp van een telefonische enquête onder circa duizend personen. Voor de berekening van het consumentenvertrouwen gebruikt het CBS de antwoorden op de volgende vijf vragen:

Index van het consumentenvertrouwen

1 Wat vindt u van de ontwikkeling van de algemene economische situatie? Is het in Nederland volgens u in de afgelopen twaalf maanden beter of slechter geworden?
2 Wat zal er volgens u in de komende twaalf maanden met de algemene economische situatie in Nederland gebeuren?
3 Is de laatste twaalf maanden de financiële situatie van uw huishouden beter of slechter geworden?
4 Hoe denkt u dat het in de komende twaalf maanden zal gaan met de financiële situatie van uw huishouden?
5 Vindt u dat het nu voor de mensen een gunstige of ongunstige tijd is om duurzame artikelen te kopen?

De vragen 1 en 2 hebben betrekking op het oordeel van de consument over de huidige en toekomstige ontwikkeling van de conjunctuur. De onderdelen 3 en 4 vragen naar het oordeel van de consument over zijn eigen financiële situatie nu en in de toekomst. Als consumenten de vragen 1 en 2 negatief beantwoorden, zal dat vaak ook gelden voor de vragen 3 en 4, maar noodzakelijk is dit niet. De eigen financiële situatie kan in bepaalde gevallen tamelijk losstaan van de conjunctuur (bijvoorbeeld vaste baan, vaste salarisvooruitzichten). Het belang van de index van het consumentenvertrouwen voor de vraag naar duurzame consumptiegoederen wordt geïllustreerd door vraag 5. Op elke vraag zijn vier antwoorden mogelijk: beter, gelijk, slechter en weet niet. Van elke vraag wordt het saldo van positieve en negatieve antwoorden in procenten van het totaal aantal antwoorden bepaald. De index van het consumentenvertrouwen is het rekenkundig gemiddelde van deze vijf saldi. De minimale waarde is derhalve –100, de maximale + 100.

Het gemiddelde van de eerste twee vragen wordt ook wel de *index van het economisch klimaat* genoemd. Het gemiddelde van de laatste drie vragen is de *index van de koopbereidheid*.

Index economisch klimaat en index koopbereidheid

De ontwikkeling van de index van het consumentenvertrouwen is weergegeven in figuur 12.3. De index vertoont een duidelijke golfbeweging. De kredietcrisis van 2007 en 2008 leidde tot een scherpe daling van het consumentenvertrouwen. In de loop van 2009 trad onder invloed van steeds gunstiger economisch nieuws een vertrouwensherstel op, maar de escalatie van de schuldencrisis in de eurozone leidde in 2011 weer tot een omslag in het consumentenvertrouwen. Pas in het voorjaar van 2015 werd het consumentenvertrouwen weer positief.

12

TUSSENVRAAG 12.3

Welke invloed heeft de recente ontwikkeling van de index van het consumentenvertrouwen op de consumptie?

FIGUUR 12.3 Consumentenvertrouwen, oordeel economisch klimaat en koopbereidheid
(2007–2015)

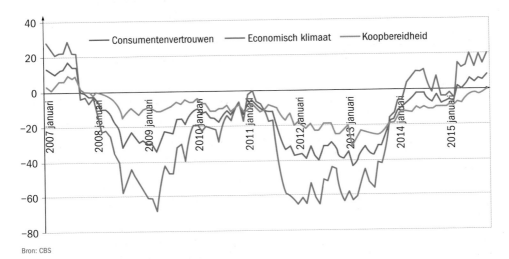

Bron: CBS

12.1.4 Recessie en feitelijk economisch gedrag

Koopkracht en koopbereidheid bepalen samen het gedrag van de consument. Deze kan op verschillende manieren reageren in een recessieperiode.
Hij kan:

• de inkomensachteruitgang compenseren uit andere bronnen
• zijn bestedingspatroon aanpassen

We zullen deze reacties hierna bespreken.

Inkomensachteruitgang compenseren

Mensen hebben in de loop van de tijd een bepaald bestedingspatroon ontwikkeld, waaraan ze gewend zijn. Dat patroon zullen ze in een recessie in
eerste instantie willen handhaven. Dat kan alleen als ze de inkomensachteruitgang compenseren uit andere bronnen. Deze bronnen kunnen zijn:
spaartegoeden, consumptief krediet of een verhoging van het gezinsinkomen.

Spaartegoeden
In een laagconjunctuur kan een consument zijn spaartegoeden aanspreken
als zijn inkomen tijdelijk tekortschiet. Tijdens de hoogconjunctuur vult hij
zijn spaargoed aan, zodat hij in de laagconjunctuur minder drastisch hoeft
te bezuinigen. Als consumenten dit spaargedrag vertonen, zorgen ze voor
een automatische stabilisering van de conjunctuur. In de hoogconjunctuur
besteden ze minder dan mogelijk is op grond van hun inkomen, en in de
laagconjunctuur besteden ze meer dan mogelijk is op grond van hun inkomen.

Consumptief krediet
De opname van consumptief krediet hangt sterk af van de hoogte van het
consumentenvertrouwen en de hoogte van de rente. Als de consument een

12

snel herstel van de economie verwacht en de rente laag is, zal hij wel een lening durven op te nemen om bijvoorbeeld een grote aankoop te financieren. Het omgekeerde geldt als in een recessie weinig uitzicht is op een snel herstel of als de rente hoog is.

Een laatste mogelijkheid om de bestedingsmogelijkheden op peil te houden in een recessie is een verhoging van het gezinsinkomen. De kostwinner kan gaan overwerken of de overige gezinsleden (partner, kinderen) kunnen een bijdrage leveren aan het gezinsinkomen. Deze optie is moeilijk te realiseren, omdat de banen tijdens een recessie niet voor het oprapen liggen. `Gezinsinkomen verhogen`

Bestedingspatroon aanpassen

Een consument kan niet onbeperkt zijn spaartegoeden aanspreken. Een daling van de koopkracht zal na verloop van tijd dan ook leiden tot een daling van de bestedingen. De mate waarin dat gebeurt, blijkt uit de inkomenselasticiteit van de vraag. Deze meet de procentuele verandering in de vraag naar een product(-groep) als gevolg van een procentuele verandering in het inkomen. `Inkomens-elasticiteit`

Noodzakelijke goederen, zoals voeding en dranken, elektriciteit, gas, water, telefoon en verzekeringen, hebben een inkomenselasticiteit kleiner dan 1. De vraag naar deze producten reageert minder dan evenredig op een verandering in het inkomen. Het zijn eerste levensbehoeften of contractuele verplichtingen (vaste lasten), waarop de consument op korte termijn niet kan of wil bezuinigen. `Noodzakelijke goederen`

Luxegoederen, zoals auto's, woninginrichting, sport, ontspanning en vakanties, hebben een inkomenselasticiteit die groter is dan 1. Deze producten koopt de consument uit zijn discretionair of niet-gebonden inkomen. Hij kan en wil op deze producten eerder bezuinigen dan op noodzakelijke goederen en diensten. `Luxegoederen`

De inkomenselasticiteit van de vraag naar een product(-groep) geeft een goed beeld van de conjunctuurgevoeligheid van de afzet en winst van een bedrijfstak. Bedrijfstakken die vooral noodzakelijke producten verkopen, zoals de voedings- en genotmiddelenindustrie, zijn veel minder conjunctuurgevoelig dan bedrijfstakken die vooral luxe- en duurzame goederen verkopen, zoals de luchtvaart en de auto-industrie. `Inkomens-elasticiteit en conjunctuur-gevoeligheid`

Een consument kan op verschillende manieren bezuinigen op zijn uitgaven: hij kan bezuinigen op de prijs, de hoeveelheid of de kwaliteit.

Als de consument op de prijs bezuinigt, koopt hij dezelfde hoeveelheid en, zo mogelijk, dezelfde kwaliteit voor een lagere prijs. Consumenten zijn veel gevoeliger voor prijsaanbiedingen en kortingsacties tijdens een recessie. In een periode van laagconjunctuur zien we in de supermarktbranche vaak een prijzenslag. Supermarkten met een relatief duur assortiment, zoals Albert Heijn, verlagen dan hun prijzen om te voorkomen dat ze marktaandeel verliezen ten opzichte van 'prijsstunters', zoals Aldi en Lidl. `Bezuiniging op prijs`

Soms is het niet mogelijk om dezelfde kwaliteit tegen een lagere prijs te kopen. Dan heeft de consument twee opties: minder van dezelfde kwaliteit kopen of dezelfde hoeveelheid van een lagere kwaliteit kopen. In het eerste geval bezuinigt de consument op de hoeveelheid. Hij gaat minder vaak uit, hij gaat minder met vakantie en hij stelt de aanschaf uit van duurzame goederen, zoals een nieuwe auto of nieuw meubilair. `Bezuiniging op hoeveelheid`

Een bezuiniging op kwaliteit is mogelijk op twee manieren. In de eerste plaats is het mogelijk dat de consument dezelfde hoeveelheid koopt, maar genoegen neemt met een lagere kwaliteit. Hij gaat bijvoorbeeld niet minder `Bezuiniging op kwaliteit`

12

vaak, maar wel minder ver en minder luxe op vakantie. In feite is dit een ge-
mengde prijs-kwaliteitsbezuiniging. Dit type bezuiniging is mogelijk voor
alle producten. Het is ook mogelijk dat een consument in een recessie juist
producten met een hogere kwaliteit koopt. Dit geldt vooral voor duurzame
consumptiegoederen. De consument bezuinigt dan indirect, omdat hij een
langere levensduur, lagere gebruiks- en onderhoudskosten, en een stabiele
of hogere restwaarde verwacht (zie casus 12.1).

CASUS 12.1

Conjunctuur en de fietsenmarkt

De Accell Group NV is een fietsenproducent die onder andere de merken Batavus, Sparta en Koga op de markt brengt. De fietsenmarkt is gevoelig voor conjuncturele ontwikkelingen, hoewel de conjunctuurgevoeligheid per marktsegment verschilt. In de periode na de Grote Recessie van 2009 stonden de fietsenverkopen onder druk. In een persbericht naar aanleiding van de publicatie van het jaarverslag over 2011 schreef René Takens, CEO van Accell Group, het volgende:

'Gezien de huidige economische omstandigheden, waarbij consumenten terughoudend zijn met grotere uitgaven, zijn wij tevreden met de behaalde resultaten. De elektrische fiets blijft in Nederland en het buitenland (met name in Duitsland) aan populariteit winnen en dankzij de gestegen omzet beslaat dit segment nu 31 procent van de totale omzet van fietsen binnen Accell Group. Daarnaast laten de omzet en het resultaat van de fietsonderdelen en accessoires een gezonde groei zien. Hier zien we dat met het uitstellen van de aankoop van een nieuwe fiets consumenten overgaan tot onderhoud van de bestaande fiets.
(…)
Fietsen zal naar onze verwachting in de komende jaren onverminderd populair blijven en de fiets wordt voor consumenten en met name onder jongeren steeds meer een lifestyleproduct. Wij spelen in op deze internationale trend. Met investeringen in onze sterke merken, innovaties, design en de spreiding over geografische gebieden kunnen we bovendien snel reageren op veranderingen in de markt.'

12.1.5 Conjunctuurgevoeligheid van enkele consumentenmarkten

Het Centraal Planbureau publiceert jaarlijks voorspellingen van de uitgaven
van consumenten aan vaste lasten, voedings- en genotmiddelen, duurzame
consumptiegoederen en overige goederen en diensten. We zullen deze vier
bestedingscategorieën beoordelen op hun conjunctuurgevoeligheid.

Vaste lasten
Onder de categorie vaste lasten vallen uitgaven die voortvloeien uit contractuele verplichtingen. Het gaat hierbij vooral om uitgaven die samenhangen
met de huur of het bezit van een woning (zoals huur, rente en aflossing hypotheek, en energiekosten). Bovendien worden de uitgaven voor de (gezondheids-)zorg tot de vaste lasten gerekend.

Vaste lasten zijn niet conjunctuurgevoelig. Het zijn contractuele uitgaven
voor eerste levensbehoeften, zoals woningdiensten, elektriciteit, aardgas en
zorg. Bovendien hangt de prijsontwikkeling van de vaste lasten sterk af van
overheidsbeleid. Zo bepaalt de overheid bijvoorbeeld de maximale huurstijging en de hoogte van aardgasprijzen. De ontwikkelingen in de vaste lasten

Eerste levensbehoeften

12

hangen dan ook sterker samen met het overheidsbeleid en het weer (elektriciteits- en gasverbruik) dan met de ontwikkeling in de koopkracht.
De afzet van een energieproducent op de consumentenmarkt is dus niet heel conjunctuurgevoelig. Wel zal een energieproducent in een periode van laagconjunctuur merken dat consumenten niet of later betalen. Hierdoor loopt het bedrijf rente mis en zal het kosten moeten maken om facturen te innen, en in het uiterste geval niet-betalers af te sluiten van energielevering.

Voedings- en genotmiddelen

Uit figuur 12.4 blijkt dat de uitgaven voor voedings- en genotmiddelen ook niet conjunctuurgevoelig zijn. Voedings- en genotmiddelen zijn eerste levensbehoeften en behoren daarmee tot de categorie noodzakelijke goederen. In de periode 1989-2016 had 1 procent verandering in de koopkracht van gezinnen tot gevolg dat de afzet van voedings- en genotmiddelen met slechts 0,3 procent veranderde. De afzet van een voedingsmiddelenproducent, zoals FrieslandCampina, is dan ook niet heel gevoelig voor de conjunctuur.

Lage inkomens-elasticiteit

Niet gevoelig voor conjunctuur

Duurzame consumptiegoederen

Uit figuur 12.4 blijkt dat de bestedingen aan duurzame consumptiegoederen wel conjunctuurgevoelig zijn. In de periode 1989-2016 bedroeg de inkomenselasticiteit van duurzame consumptiegoederen 1,5 (rekening houdend met een vertraging van een halfjaar). De hoge inkomenselasticiteit is te verklaren uit het feit dat de consument de aanschaf van duurzame consumptiegoederen kan uitstellen. Als het financieel niet goed uitkomt, kan de consument wachten met de aanschaf van een nieuwe auto, computer of tv.
Zo is de afzet van meubels zeer gevoelig voor de conjunctuur. In een periode van laagconjunctuur stellen consumenten de aanschaf van nieuw meubilair uit. De meubeldetailhandel blijft zitten met voorraden, die na een paar jaar moeilijk te verkopen zijn, omdat de meubelbranche ook nog eens heel modegevoelig is (kleuren, stijlen enzovoort). Om de afzet toch op peil te houden, zal de detailhandel met prijsaanbiedingen en acties komen. Dit drukt de winst.

Hoge inkomens-elasticiteit

FIGUUR 12.4 Conjunctuurgevoeligheid voedings- en genotmiddelen en duurzame consumptiegoederen (2000–2016)

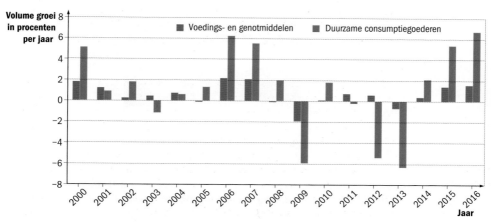

Bron: CPB, *Macro Economische Verkenning 2016*

12

Toerisme

Overige goederen en diensten

Binnen de categorie overige goederen en diensten zijn de toeristische bestedingen in het buitenland het conjunctuurgevoeligst. De afzet en de winst van ondernemingen die opereren in de toeristische bedrijfstak (TUI vakanties, Air France/KLM), zijn zeer conjunctuurgevoelig. Toerisme in het buitenland is een luxegoed. Consumenten besluiten daarom vrij snel om minder vaak, minder ver, korter of minder luxe in het buitenland op vakantie te gaan. Omgekeerd gaan consumenten tijdens een hoogconjunctuur vaker, verder, langer en luxer op vakantie.

12.2 Conjunctuur en industriële markten

De afzet van bedrijven op industriële of business-to-businessmarkten is een afgeleide van de afzet op consumentenmarkten. Als de consument minder koopt, zullen bedrijven die consumentengoederen produceren minder inkopen bij hun toeleveranciers. In de praktijk blijken de afzet- en winstontwikkeling op industriële markten conjunctuurgevoeliger te zijn dan die op consumentenmarkten. In deze paragraaf gaan we in op de vraag waarom dat zo is.

12.2.1 Voorraadbeleid van industriële afnemers tijdens een recessie

Tijdens een recessie merken producenten van eindproducten dat de afzetgroei en de bezettingsgraad afnemen. Laten we bijvoorbeeld aannemen dat een autoproducent merkt dat de autoverkopen met 2 procent dalen. In eerste instantie zal bij een ongewijzigd productieniveau de voorraad oplopen (eindproducten/onderdelen). Als het management verwacht dat de afzetdaling aanhoudt, zal men de productie inkrimpen en de voorraden terugbrengen. In de voorraden ligt geld (vermogen) vast en tijdens een recessie heeft een bedrijf vaak een gebrek aan geld. Bedrijven zullen daarom de inkopen met meer dan 2 procent inkrimpen, omdat ze interen op de aanwezige voorraad. Een toeleverancier van de auto-industrie ziet daardoor de afzet niet met 2 procent, maar met bijvoorbeeld 4 procent teruglopen. De toeleveran-

FIGUUR 12.5 Voorraadeffecten in de verbruikersketen als gevolg van een recessie[1]

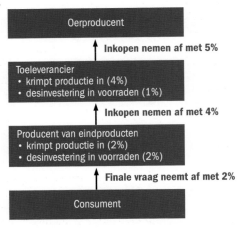

[1]De procentuele mutaties zijn fictief.

cier zal op dezelfde manier de afzetdaling versterkt doorgeven aan de oerproducent (zie figuur 12.5).

Door het voorraadeffect in de productieketen voelen oerproducenten een conjuncturele neergang het sterkst. Daar staat tegenover dat ze ook sterk profiteren van het conjuncturele herstel. Als de afzet toeneemt, vullen ondernemingen in de gehele productieketen hun voorraden aan. Oerproducenten beschikken dan over goedgevulde orderportefeuilles.

TUSSENVRAAG 12.4

Wat is de verklaring voor het dalen van de prijzen van basisgoederen, zoals grondstoffen, in een laagconjunctuur?

12.2.2 Kapitaalintensiteit basisindustrieën

Een tweede oorzaak voor de conjunctuurgevoeligheid van industriële markten is het feit dat bedrijven op deze markten vaak zeer kapitaalintensief produceren. Zo produceren bedrijfstakken als de basismetaalindustrie, de olieraffinage en de basischemie met veel vaste kapitaalgoederen. Door de hoge kapitaalintensiteit zijn de constante kosten (afschrijving en rente) hoog, en dit heeft belangrijke consequenties voor de prijsontwikkeling op de afzetmarkten in de bedrijfstak.

Kapitaalintensief

In een conjuncturele neergang zal de vraag naar grondstoffen dalen. Zoals we hebben gezien, zal de afzetdaling het sterkst zijn aan het begin van de bedrijfskolom of productieketen. De bezettingsgraad in basisindustrieën zal dus fors dalen. Maar de constante kosten dalen niet mee. Of men nu wel of niet produceert, de kosten verbonden aan de productiecapaciteit blijven even hoog.

Daardoor zal een individueel bedrijf als volgt redeneren. Als we onze prijs verlagen, kunnen we de bezettingsgraad verhogen en zodoende een deel van onze constante kosten terugverdienen. Zolang de opbrengsten van een extra product de kosten ervan overtreffen, is het rendabel om de productie uit te breiden. Maar aangezien de concurrenten op dezelfde manier zullen redeneren, ontstaat een sterke neerwaartse druk op de prijzen, wat funest is voor de winstgevendheid van de bedrijfstak. In de praktijk zien we in een conjuncturele neergang dan ook dat de prijzen van grondstoffen veel sterker dalen dan de prijzen van industrieproducten.

Prijsverlaging

12.2.3 Procyclisch investeringsgedrag

Basisindustrieën zijn ook zo conjunctuurgevoelig omdat ze vaak procyclisch investeren. Meer nog dan de consumentenmarkt is de industriële markt gevoelig voor vertrouwen in de toekomst. In perioden van hoogconjunctuur is het vertrouwen van ondernemers zeer groot. De winst- en afzetverwachtingen worden zeer positief ingeschat, zo niet overschat. De investeringen zullen in een hoogconjunctuur daarom sterk stijgen. Bedrijven investeren dus procyclisch, en leggen daarmee de basis voor een forse overcapaciteit in de conjuncturele neergang.

Overcapaciteit

12

TUSSENVRAAG 12.5

Wat zijn de gevaren van procyclisch investeren?

Het is moeilijk om niet procyclisch te investeren. Als een individuele ondernemer de capaciteit niet uitbreidt tijdens de hoogconjunctuur, moet hij aan klanten nee verkopen. Dit kost hem marktaandeel. Of hij het marktaandeelverlies kan goedmaken tijdens de neergang valt nog maar te bezien.

De conjunctuurgevoeligheid van industriële markten wordt geïllustreerd in casus 12.2 aan de hand van de basischemie.

CASUS 12.2

De conjunctuurgevoeligheid van de basischemie

De markt voor basischemische producten (zoals kunststoffen) is een voorbeeld van een zeer conjunctuurgevoelige industriële markt. De basischemie opereert aan het begin van de bedrijfskolom en de productie is zeer kapitaalintensief. Dit komt doordat de concurrentiepositie van een producent in de basischemie sterk afhangt van de omvang of schaalgrootte van het bedrijf.
De hoge kapitaalintensiteit leidt tot relatief hoge constante kosten, waardoor een scherpe prijsconcurrentie ontstaat in een periode van laagconjunctuur. Het gevolg is dat de omzet van een basischemieproducent in een laagconjunctuur onder druk staat, terwijl hij op de kosten nauwelijks kan bezuinigen. Bovendien investeren bedrijven in de basischemie vaak procyclisch. De sprongsgewijze uitbreiding van de capaciteit die hiermee samenhangt, leidt ertoe dat vraag en aanbod in de bedrijfstak niet altijd in evenwicht zijn, wat de conjunctuurgevoeligheid van de financiële resultaten verder vergroot.

12.3 Oorzaken van conjunctuurgevoeligheid

In de paragrafen 12.1 en 12.2 hebben we beschreven hoe de conjunctuur consumentenmarkten en industriële markten beïnvloedt. Hieruit kunnen we een aantal criteria afleiden om de conjunctuurgevoeligheid van een bedrijfstak te bepalen. Daarnaast zijn specifieke bedrijfskenmerken van invloed op de conjunctuurgevoeligheid.

12.3.1 Conjunctuurgevoeligheid van bedrijfstakken

Aard eindmarkt — In de paragrafen 12.1 en 12.2 hebben we gezien dat de conjunctuurgevoeligheid afhangt van de *aard van de eindmarkt* waaraan een bedrijf levert. De aspecten van de eindmarkt die aandacht verdienen, zijn:
- *de soort product of dienst die geleverd wordt.* Hierbij speelt met name het onderscheid tussen duurzame en niet-duurzame goederen een belangrijke rol.
- *de hoogte van de inkomenselasticiteit.* Producten met een hoge inkomenselasticiteit (luxegoederen) zijn conjunctuurgevoeliger dan producten met een lage inkomenselasticiteit (noodzakelijke goederen).
- *de fase in de productlevenscyclus.* Dit is met name van belang voor duurzame consumptiegoederen. In de verzadigingsfase is de afzet van duurzame consumptiegoederen het conjunctuurgevoeligst. In deze fase bestaat de afzet namelijk voor het overgrote deel uit vervangingsaankopen, die klanten kunnen uitstellen als de koopkracht of koopbereidheid van de consument daartoe aanleiding geeft.

Fase in de bedrijfskolom — In de tweede plaats hangt de conjunctuurgevoeligheid af van de *fase in de bedrijfskolom* waarin een bedrijfstak opereert. In paragraaf 12.2 zagen we dat oerproducenten als de basischemie, de basismetaal en de basispapierindustrie conjunctuurgevoeliger zijn dan de producenten van eindproducten,

12

omdat ze te maken hebben met het voorraadeffect in de bedrijfskolom. Door de intering op voorraden die tijdens een recessie plaatsvindt, zal hun afzet sterker dalen dan die van de producenten van eindproducten.

Een derde factor die de conjunctuurgevoeligheid bepaalt, is de *kapitaalintensiteit* van de bedrijfstak. Hoe hoger de kapitaalintensiteit, des te groter is het aandeel van de constante kosten in de totale kosten. Een groot aandeel van de constante kosten in de kostenstructuur leidt tot een sterke prijsconcurrentie in een recessie. De omzetdaling die hiervan het gevolg is, kunnen bedrijven niet of nauwelijks compenseren door een verlaging van de kosten.

Kapitaalintensiteit

Een laatste factor die de conjunctuurgevoeligheid van een bedrijfstak bepaalt, is het *investeringsbeleid* (anti- of procyclisch). Naarmate bedrijven procyclischer investeren, neemt de conjunctuurgevoeligheid van de bedrijfstak toe.

Investeringsbeleid

Op basis van de genoemde vier criteria kunnen bedrijfstakken worden ingedeeld naar de mate van conjunctuurgevoeligheid (zie tabel 12.2).

TABEL 12.2 Conjunctuurgevoeligheid van bedrijfstakken

Bedrijfstak	Score	Bedrijfstak	Score
Land- en tuinbouw	1	Scheepsbouw	3
Visserij	1	Vliegtuigbouw	3
Offshore Noordzee	2	Instrumenten/optische industrie	2
Voedings- en genotmiddelenindustrie	1	Elektriciteitsbedrijven	1
Textielindustrie	2	Bouwnijverheid	2/3
Kledingindustrie	2	Bouwinstallatiebedrijven	2
Leer/schoenenindustrie	1/2	Groothandel	
Hout/meubelindustrie	3	• agrarische producten	1
Papierindustrie	3	• hout/bouwmaterialen	2/3
Grafische industrie	2	• kapitaalgoederen	3
Aardolie-industrie	2/3	• consumptiegoederen	1/2
Chemische industrie	3	Detailhandel	
Rubber/ kunststofverwerkende industrie	2/3	• food	1
Bouwmaterialenindustrie	3	• non-food	2/3
Basismetaalindustrie	2/3	Autobranche	3
Metaalproductenindustrie	2/3	Horeca	3
Machine-industrie	2/3	Goederenwegvervoer	3
Elektrotechnische industrie	2	Zeevaart	3
Transportmiddelenindustrie	3	Binnenvaart	3
Personenauto's en trucks	3	Luchtvaart	3
		Zakelijke dienstverlening	1

Toelichting: 1 = licht conjunctuurgevoelig, 2 = gemiddeld conjunctuurgevoelig, 3 = sterk conjunctuurgevoelig

Bron: *Enkele actuele risico's en hun invloed op Nederlandse bedrijfstakken in 1991,* ABN/Amro

12.3.2 Specifieke bedrijfskenmerken voor conjunctuurgevoeligheid

Niet alleen tussen, maar ook binnen bedrijfstakken bestaan verschillen in de mate van conjunctuurgevoeligheid. De chemische industrie is bijvoorbeeld zeer conjunctuurgevoelig. Dit neemt niet weg dat er aanmerkelijke verschillen bestaan in conjunctuurgevoeligheid tussen individuele chemieproducenten als Akzo/Nobel, DSM en Shell Chemie. Om deze verschillen te verklaren moeten we – naast de eerdergenoemde criteria – ook een aantal specifieke bedrijfskenmerken bestuderen.

Product-diversificatie

In de eerste plaats is de mate van *productdiversificatie* van belang. Naarmate de afzet van een onderneming is gespreid over een groter aantal productgroepen met een lage (of verschillende) inkomenselasticiteit, zal de conjunctuurgevoeligheid afnemen. Zo heeft chemieproducent DSM in een recessie bijvoorbeeld veel profijt van de stabiele afzet van ingrediënten voor voedings- en geneesmiddelen.

Geografische diversificatie

Een tweede vorm van spreiding van conjuncturele risico's is *geografische diversificatie*. De conjunctuurgolven in de werelddelen Amerika, Azië en Europa verlopen namelijk niet gelijk. Een chemieproducent die de afzet spreidt over een groot aantal landen in elk van deze werelddelen, zal dan ook stabielere resultaten te zien geven dan een concurrent die voor de afzet afhankelijk is van enkele landen in één werelddeel.

Marktpositie

Ten slotte is de *marktpositie* van een onderneming van belang. In de praktijk heeft de marktleider in een bepaalde bedrijfstak vaak minder last van een conjuncturele neergang dan de kleinere aanbieders op de markt. Dit komt in de eerste plaats doordat een groot marktaandeel en een sterke merknaamreputatie een betere bescherming bieden tegen dalende afzet en krimpende marges. We zagen in subparagraaf 12.1.4 dat consumenten in een recessie bezuinigen op duurzame consumptiegoederen door een in hun ogen kwalitatief goed product te kopen. Door producten met een goede merknaamreputatie te kopen, verwachten consumenten een langere levensduur, lagere gebruiks- en onderhoudskosten, en een hogere restwaarde. Een tweede voordeel van een dominante marktpositie is de schaal waarop geproduceerd wordt. Door schaalvoordelen heeft de marktleider een lager kostenniveau dan kleinere aanbieders op de markt. De toenemende prijsconcurrentie, die kenmerkend is voor een recessie, heeft daardoor minder vat op de marktleider.

12.4 Consequenties van conjunctuurgevoeligheid

Waarom moet een onderneming zich eigenlijk zorgen maken over een sterke conjunctuurgevoeligheid? Tegenover een fors verlies in de laagconjunctuur staat immers een forse winst in de hoogconjunctuur. Over de gehele conjunctuurcyclus kan een conjunctuurgevoelige activiteit dus wel degelijk een goed rendement opleveren – een rendement dat vergelijkbaar kan zijn met dat van een onderneming uit een minder conjunctuurgevoelige sector. Waarom streven ondernemingen dan toch naar vermindering van de conjunctuurgevoeligheid? Om deze vraag te kunnen beantwoorden, behandelen we in deze paragraaf een aantal nadelen van een hoge conjunctuurgevoeligheid op het terrein van de beheersbaarheid van de financiële resultaten (subparagraaf 12.4.1), de vereiste flexibiliteit van de onderneming (subparagraaf 12.4.2) en de financiering (subparagraaf 12.4.3).

12.4.1 Geringe beheersbaarheid van de financiële resultaten

De hoogte van de winst van een onderneming hangt af van een samenspel van eigen inspanningen en onbeïnvloedbare factoren. Managers van een conjunctuurgevoelige onderneming kunnen de resultaten veel minder zelf beïnvloeden dan die van een conjunctuurongevoelige onderneming. Toch worden zij vaak wel verantwoordelijk gesteld voor een lage winst in een periode van laagconjunctuur. Managers van conjunctuurgevoelige bedrijven zullen in een periode van laagconjunctuur dan ook niet nalaten om tegenvallende resultaten te wijten aan 'conjuncturele tegenwind'. Merkwaardig genoeg wijzen zij veel minder vaak op 'conjuncturele rugwind' als verklaring voor de hoge winst in de periode van hoogconjunctuur.

Conjuncturele tegen- en rugwind

Voor een conjunctuurgevoelige onderneming is het moeilijk de omzet en de winst te voorspellen. Dit maakt de financiële planning van activiteiten problematisch. Als een conjuncturele neergang inzet, zal het management al snel bepaalde activiteiten moeten afblazen of uitstellen omdat er geen geld meer voor is. Zo kan de overname van een veelbelovende onderneming op losse schroeven komen te staan.

Een vermindering van de conjunctuurgevoeligheid verhoogt de beïnvloedbaarheid en de zekerheid van kosten, opbrengsten en winst. Hierdoor kan het management activiteiten veel beter plannen.

TUSSENVRAAG 12.6
Welke gevolgen heeft een hoge mate van conjunctuurgevoeligheid voor de rente die een onderneming over (bank-)krediet moet betalen?

12.4.2 Vereiste flexibiliteit van de organisatie

Voor een conjunctuurgevoelige onderneming lijken in perioden van hoogconjunctuur 'de bomen tot in de hemel te groeien'. De productie draait op volle toeren, de bezettingsgraad is hoog en de vraag naar goederen en diensten lijkt geen grenzen te kennen. In de recessie, die onvermijdelijk een keer volgt, ontstaan vraaguitval en overcapaciteit.

Tijdens de recessie is het beleid erop gericht de conjuncturele crisis redelijk door te komen. Dit 'crisismanagement' uit zich in personeelsstops, bezuinigingen en het beperken van investeringen. Deze maatregelen, die regelmatig terugkeren, vergen veel van de flexibiliteit van de organisatie.

Crisis-management

Bovendien leidt een sterke conjunctuurgevoeligheid vaak tot een slecht imago onder potentiële werknemers. In conjunctuurgevoelige bedrijfstakken als de bouw nemen werkgevers in goede tijden veel personeel aan om de productiegroei aan te kunnen. In een periode van laagconjunctuur ontslaan zij vaak volgens het principe *last in, first out* de werknemers met de minste dienstjaren als eersten. Een potentiële werknemer met een gezin en hoge vaste lasten zal daarom liever willen werken bij een conjunctuurongevoelige onderneming.

Imago onder werknemers

12.4.3 Financiering van activiteiten

Bedrijven kunnen hun activiteiten uit eigen middelen financieren (de bedrijfsbesparingen) of een beroep doen op de financiële markten. In een recessie zullen de eigen middelen van een conjunctuurgevoelige onderneming vaak tekortschieten. Hierdoor moet ze een beroep doen op externe vermogensverschaffers, hetzij door het aantrekken van vreemd vermogen (voornamelijk bankkrediet), hetzij door het aantrekken van eigen vermogen (een aandelenemissie). In een recessie nemen conjunctuurgevoelige ondernemingen op de markt voor bankkrediet een zwakke positie in. Banken zul-

Hoge kosten vreemd vermogen

12

len bij de kredietverlening aan deze ondernemingen zo veel mogelijk zekerheden eisen en een hoge risicopremie in de rente doorberekenen. Hierdoor worden conjunctuurgevoelige ondernemingen geconfronteerd met hoge kosten van vreemd vermogen.

Op de aandelenbeurs wordt een duidelijk onderscheid gemaakt tussen cyclische fondsen en defensieve fondsen. *Cyclische fondsen*, zoals de beursfondsen Air France/KLM en Akzo Nobel, kenmerken zich door een minder stabiele winst, wat zijn weerslag vindt in de hoogte en de stabiliteit van de beurskoers. De winst van *defensieve fondsen*, zoals de beursfondsen Unilever, Ahold en Heineken, is veel stabieler, wat voor risicomijdende beleggers een groot voordeel is.

De lage beurswaardering van cyclische fondsen maakt het aandeel minder geschikt voor het aantrekken van nieuw eigen vermogen. Bij een lage beurskoers zal een onderneming veel nieuwe aandelen moeten plaatsen om het gewenste bedrag uit de markt te halen. Dit is ongunstig voor bestaande aandeelhouders, omdat zij het toekomstige dividend met een groot aantal nieuwe aandeelhouders moeten delen. Men spreekt in dit verband wel van *dividendverwatering*.

We komen tot de conclusie dat de financiële speelruimte van een conjunctuurgevoelige onderneming in een recessie beperkt is. Het aantrekken van vreemd vermogen blijft uiteraard mogelijk, maar vergroot de rentegevoeligheid van een onderneming. Een beter alternatief is het opbouwen van een voorzorgskas in de hoogconjunctuur, om zo een conjuncturele neergang zonder al te grote financiële consequenties te kunnen overleven.

TUSSENVRAAG 12.7
Kun je door een vergelijking van de aandelenkoersen van verschillende perioden de conjunctuurgevoelige bedrijven van de overige onderscheiden?

12.5 Verminderen van conjunctuurgevoeligheid

In de vorige paragraaf zijn enkele nadelen van een hoge conjunctuurgevoeligheid beschreven. Veel bedrijven streven daarom naar een vermindering van de conjunctuurgevoeligheid. In deze paragraaf beschrijven we een aantal maatregelen om dit doel te bereiken.

12.5.1 Oriëntatie op stabiele eindmarkten/diversificatie

De conjunctuurgevoeligheid van een onderneming is in veel gevallen terug te voeren tot het cyclische karakter van de eindmarkt waaraan ze levert. De afzet van duurzame en luxe consumptiegoederen of diensten blijkt sterk conjunctuurgevoelig te zijn. Alle bedrijven die op de een of andere manier voor deze bestedingscategorieën produceren, zullen hier last van hebben. Een eerste mogelijkheid is dus de productie af te stemmen op minder conjunctuurgevoelige (eind-)markten of de afzet gelijkmatiger te spreiden over conjunctuurgevoelige en -ongevoelige producten.

VOORBEELD 12.1
Een chemieproducent als DSM levert producten aan zowel de bouw en de auto-industrie als de farmaceutische industrie. De auto-industrie en de bouw zijn cyclische bedrijfstakken, de farmaceutische industrie is dat niet.

Marginalia:
Cyclische fondsen

Defensieve fondsen

Dividendverwatering

Productie afstemmen op andere markten en/of producten

12

VOORBEELD 12.2

Een toeleverancier aan de auto-industrie (bijvoorbeeld Polynorm) zal merken dat de vraag naar carrosserieonderdelen conjunctuurgevoelig is, vanwege het grillige karakter van de autoverkopen. De markt voor reserveonderdelen is echter veel minder cyclisch, omdat het bezit (niet de aanschaf) van auto's relatief stabiel is. Door meer aan de reparatiesector te leveren, kan de conjunctuurgevoeligheid van de afzet worden verminderd.

VOORBEELD 12.3

Een gespreid assortiment voeren (zoals Unilever doet) is ook een mogelijke oplossing. Door in het assortiment luxe, dure productvarianten naast eenvoudige, goedkope productvarianten te voeren neemt de conjunctuurgevoeligheid af. De afzet van beide varianten vertoont een min of meer tegengesteld verloop gedurende de gehele conjunctuurcyclus. Tijdens de opgaande fase van de conjunctuur zullen luxe, dure producten (A-merken, middenklasse auto's, luxe cosmetica enzovoort) het relatief goed doen. In de neergang zal de consument moeten bezuinigen, waardoor eenvoudige, goedkope producten (B-merken, kleine auto's, goedkope cosmetica enzovoort) het beter doen.

12.5.2   Verderop in de bedrijfskolom produceren

Oerproducenten en toeleveranciers blijken conjunctuurgevoeliger te zijn dan producenten die in latere fasen van de bedrijfskolom produceren. Dit heeft te maken met het voorraadbeleid van bedrijven, de geringere marges aan het begin van de bedrijfskolom, en de kostenstructuur van oerproducenten en in mindere mate toeleveranciers. Door als producent meer toegevoegde waarde te creëren – dat wil zeggen: verderop in de bedrijfskolom te produceren – kan de conjunctuurgevoeligheid worden verminderd.

Meer toegevoegde waarde creëren

VOORBEELD 12.4

De staalindustrie (bijvoorbeeld Tata Steel in Nederland) is zeer conjunctuurgevoelig. Bedrijven verwerken staal en aluminium in allerlei producten (machines, duurzame consumptiegoederen) waarvan afnemers de aanschaf kunnen uitstellen wanneer de economische situatie daartoe aanleiding geeft. Niet alleen de afzet, maar ook de prijzen zullen dalen ten tijde van een conjuncturele neergang. Van alle prijzen van grondstoffen zijn de metaalprijzen het conjunctuurgevoeligst. De winst van een onderneming als Tata Steel wordt dan ook voor een zeer groot gedeelte bepaald door het economische klimaat. Om deze afhankelijkheid te verminderen tracht het concern producten af te zetten met een hogere toegevoegde waarde. Hierbij kan men denken aan het verder verwerken van staal tot verzinkte of geverfde platen, of het ontwikkelen van een nieuw drankblikje voor de consumentenmarkt. De prijzen en de marges van deze producten komen in het algemeen minder snel onder druk te staan als de economie inzakt.

12.5.3 Anticyclisch investeren/budgetteren

De keynesiaanse theorie leert ons dat de overheid mogelijkheden heeft om de conjunctuurgolf te dempen. Daartoe moet ze in een recessie de overheidsuitgaven verhogen of de belastingen verlagen. In een hoogconjunctuur geldt het omgekeerde.

Anticyclisch beleid

Het is de vraag of bedrijven ook een anticyclisch beleid zouden moeten voeren. Dit betekent dat bedrijven in de neergang de marketinguitgaven en de investeringen verhogen, terwijl ze het omgekeerde doen in de periode van hoogconjunctuur. Voor bedrijven heeft een anticyclisch beleid een aantal voordelen.

In de eerste plaats is investeren in de conjuncturele neergang goedkoper dan investeren in de opgang. In de fase van hoogconjunctuur zal de vraag naar bedrijfsmiddelen groot zijn, waardoor investeren relatief duur is. Wanneer de conjuncturele neergang inzet en het vertrouwen van ondernemers in de toekomst daalt, zal de prijsval op industriële markten relatief sterk zijn, zoals we hebben gezien. Daarvan kunnen bedrijven profiteren als zij anticyclisch investeren en budgetteren.

In de tweede plaats is een onderneming die anticyclisch investeert, tijdig voorbereid op de groei van de bestedingen in de hoogconjunctuur.

Praktijk: procyclisch investeren en budgetteren

Macro-economisch gezien heeft anticyclisch investeren door het bedrijfsleven bovendien het voordeel dat de pieken en dalen van de conjunctuurgolf minder hoog en diep worden. In de praktijk investeren en budgetteren bedrijven vaak juist procyclisch. Dat wil zeggen dat ze de investeringen en (promotie-)budgetten in de laagconjunctuur inkrimpen en in de hoogconjunctuur opvoeren. De redenen hiervoor zijn niet moeilijk in te zien.

In de eerste plaats moet investeren in de laagconjunctuur financieel gezien mogelijk zijn. Dit is niet altijd het geval. Het bedrijfsleven is in dit opzicht niet vergelijkbaar met de overheid. De overheid kan voor het financieren van een anticyclisch beleid een vrijwel onbeperkt beroep op de kapitaalmarkt doen, het bedrijfsleven kan dat zeer zeker niet.

Bovendien komt anticyclisch investeren het imago van het bedrijfsleven niet ten goede. Het kan immers betekenen dat op hetzelfde moment dat de productie wordt ingekrompen en mensen worden ontslagen, in nieuwe productiecapaciteit wordt geïnvesteerd.

Producentenvertrouwen

De belangrijkste reden waarom bedrijven geen anticyclisch beleid voeren, is dat het niet past bij het producentenvertrouwen in elke fase van de conjunctuurcyclus. In de hoogconjunctuur zijn managers van bedrijven optimistisch. Het gaat tegen hun natuur in om dan investeringen uit te stellen, juist op het moment dat er financieel veel mogelijk is. In de laagconjunctuur maken veel bedrijven verlies en is het management pessimistisch over de toekomst. Desondanks zou het volgens het anticyclische beleid moeten investeren in nieuwe productiecapaciteit.

Concurrentie

Ten slotte geldt voor een individuele onderneming nog het argument dat als de concurrentie wel procyclisch investeert, zij niet kan achterblijven. Als een onderneming in een periode van hoogconjunctuur de capaciteit niet uitbreidt en alle concurrenten dat wel doen, is de kans groot dat ze marktaandeel gaat verliezen. Het zal moeilijk zijn het verloren marktaandeel later weer terug te winnen.

VOORBEELD 12.5

Aalberts Industries is een leverancier van hoogwaardige producten aan industriële afnemers. De onderneming handhaaft in een periode van conjuncturele neergang bewust een hoog investeringsniveau. Door anticyclisch te investeren is het bedrijf ook in een conjuncturele neergang in staat het rendement op peil te houden en kan het anticiperen op – en direct profiteren van – een aantrekkende economie.

12.5.4   Vergroten van flexibiliteit (uitbesteden)

De gevolgen van een hoge kapitaalintensiteit en een hoog aandeel van de constante kosten in de kostenstructuur zijn beschreven in paragraaf 12.2. Kort samengevat komt het erop neer dat een onderneming met hoge constante kosten een hoog break-evenpunt heeft. Dit betekent dat een grote productieomvang nodig is om de (constante) kosten terug te verdienen. De bezettingsgraad van de productiecapaciteit moet hoog zijn om winst te maken. Een recessie leidt daarom al snel tot verlies. **Break-evenpunt**
Een mogelijkheid om het aandeel van de constante kosten te verlagen, is het uitbesteden van de kapitaalintensieve activiteiten van de onderneming. Om dezelfde reden zien we dat bedrijven werknemers in vaste dienst steeds vaker vervangen door uitzendkrachten of personeel met een tijdelijk contract.

VOORBEELD 12.6

Een onderneming moet voortdurend keuzes maken met betrekking tot de vraag welke bedrijfsactiviteiten worden uitbesteed en welke in eigen beheer worden uitgevoerd. Daarbij heeft men een voorkeur voor het afstoten van de kapitaalintensieve activiteiten. Zo heeft Reed Elsevier de drukkerijen afgestoten en richt zich nu louter op uitgeefprojecten. Ook Océ, een fabrikant van kopieermachines, heeft het inkoopbedrag fors verhoogd. Alleen de voor de kwaliteit van het eindproduct essentieelste onderdelen worden in eigen beheer gemaakt. Door meer uit te besteden worden Reed Elsevier en Océ flexibeler.

De gevolgen van een conjuncturele neergang worden minder sterk gevoeld en men kan sneller overschakelen naar de productie en marketing van nieuwe, minder conjunctuurgevoelige producten.

12.5.5   Verkrijgen van een dominante marktpositie

Zoals we in subparagraaf 12.3.2 hebben gezien, is de marktleider in een bedrijfstak vaak beter bestand tegen 'conjuncturele tegenwind' dan de concurrentie. Door het grote marktaandeel, de merknaamreputatie en de schaalgrootte beschikt de marktleider over ruimere marges en een stabielere afzet. Niet alleen de hoogte, maar ook de stabiliteit van de winst is dus gebaat bij een sterke marktpositie.

12

Een groot deel van de omzet van DSM bestond een aantal jaren geleden uit
de verkoop van petrochemische producten, zoals plastics. In de zeer conjunctuurgevoelige petrochemie was de onderneming te klein om een dominante positie in te nemen. Daarom heeft DSM besloten de petrochemische
activiteiten af te stoten en zich in de toekomst meer te richten op de fijnchemie (zoals biochemische grondstoffen voor genees- en voedingsmiddelen). Op een aantal markten in de fijnchemie is DSM inmiddels een belangrijke aanbieder. De sterke marktpositie en de schaalvoordelen die hiermee
gepaard gaan, leiden ertoe dat de afzet van DSM stabieler wordt en dat de
winstmarges beter beschermd zijn tegen een conjuncturele neergang.

12.5.6   Geografische spreiding van activiteiten

Een onderneming kan internationaal de risico's spreiden door te opereren
op verschillende buitenlandse markten. Wanneer de binnenlandse markt
traag groeit of krimpt, richt men zich op de export, en omgekeerd. De fase in
de conjunctuurcyclus is niet overal op de wereld gelijk. De mogelijkheid bestaat dat in het ene deel van de wereld de economische groei hoog is, terwijl
op hetzelfde moment in een ander deel een recessie optreedt. Wel zijn door
de sterke groei van de wereldhandel de groeiverschillen tussen regio's kleiner geworden. Toch zal de winst van een multinationale onderneming vaak
stabieler zijn in vergelijking met een nationale onderneming in dezelfde
branche.

Heineken zet producten af in meer dan 170 landen. Het zwaartepunt van de
activiteiten ligt weliswaar in Europa, maar ook op het westelijk halfrond
wordt een aanzienlijk deel van de omzet gerealiseerd. Door de grote geografische spreiding van activiteiten is de afzet minder afhankelijk van de conjuncturele situatie in één regio van de wereld.

Samenvatting

De conjunctuur heeft een grote invloed op het Nederlandse bedrijfsleven. Een conjuncturele neergang leidt tot een lagere koopkracht en koopbereidheid. Dit treft vooral producenten van luxe en duurzame consumptiegoederen. De afzet op industriële markten is een afgeleide van de vraag op consumentenmarkten. Aanbieders op deze markten zullen veelal eerder en sterker worden getroffen door een conjuncturele neergang. Zowel de afzet als de prijzen komen in deze bedrijfstakken snel onder druk te staan. Dit vloeit voort uit het voorraadbeleid van ondernemers, de kapitaalintensiteit van basisindustrieën en het procyclische investeringsgedrag dat men in basisindustrieën vaak tegenkomt.

Een hoge mate van conjunctuurgevoeligheid van een onderneming brengt onvermijdelijk onzekerheid met zich mee. Zowel voor het management en de werknemers als voor de vermogensverschaffers levert deze onzekerheid ernstige bezwaren op. Om deze bezwaren te ondervangen proberen veel zogenoemde cyclische bedrijven hun afhankelijkheid van de conjunctuur te verminderen.

Dit kan in de eerste plaats door de productdiversificatie te vergroten. Om minder gevoelig te worden voor het voorraadeffect in de bedrijfskolom kan een onderneming besluiten om verderop in de bedrijfskolom te gaan produceren. Anticyclisch investeren/budgetteren is een derde, moeilijk haalbare optie. Het flexibiliseren van de kosten door het terugbrengen van de kapitaalintensiteit en het uitbesteden van activiteiten is erop gericht de winstmarges beter op peil te houden in een conjuncturele neergang. Het verbeteren van de marktpositie maakt de onderneming eveneens minder conjunctuurgevoelig, omdat schaalvoordelen en een eventuele sterke merknaamreputatie ruimere marges opleveren. Ten slotte vermindert geografische diversificatie de conjunctuurgevoeligheid, omdat de fase in de conjunctuurcyclus per regio in de wereldeconomie verschilt.

Kernbegrippenlijst

Anticyclisch investeren	Tegen de conjunctuurgolf in investeren: meer investeren tijdens de laagconjunctuur en minder investeren tijdens de hoogconjunctuur.
Bedrijfskolom	De keten van bedrijven die een product doorloopt van oer-producent naar consument.
Conjunctuurindicator	Een (economische) grootheid die vooruitloopt op de feitelijke economische ontwikkeling.
Cyclisch fonds	Een aandelenfonds waarvan de financiële resultaten sterk worden beïnvloed door de conjunctuur.
Defensief fonds	Een aandelenfonds waarvan de financiële resultaten nauwelijks worden beïnvloed door de conjunctuur.
Discretionair inkomen	Het besteedbaar inkomen dat resteert nadat de eerste levens-behoeften en de contractuele verplichtingen zijn vervuld.
Index van het consumentenvertrouwen	Een index die het oordeel meet van de consument over zijn eigen financiële situatie en zijn economische omgeving.
Index van het economisch klimaat	Een index die het oordeel meet van de consument over de huidige en toekomstige algemeen economische situatie.
Index van de koopbereidheid	Een index die het oordeel meet van de consument over zijn huidige en toekomstige financiële situatie, alsmede over de vraag of het een gunstig moment is voor het verrichten van grote aankopen.
Inkomenselasticiteit	De mate waarin de afzet van een product reageert op een verandering in het inkomen van de consument.
Koopkracht	De hoeveelheid goederen die een consument kan kopen met zijn inkomen.
Procyclisch investeringsgedrag	Het gedrag van ondernemers die de investeringen verhogen bij opgaande conjunctuur en verlagen in een conjuncturele neer-gang.

13
Invloed van macro-economische variabelen op ondernemingsbeleid

13.1   Invloed van macro-economische ontwikkelingen op ondernemingen en bedrijfstakken

13.2   Gebruik van macro-economische voorspellingen door ondernemingen

De resultaten van bedrijven hangen af van het bedrijfsbeleid en de bedrijfsomgeving. De macro-economische omgeving is een belangrijk onderdeel van de bedrijfsomgeving. In dit hoofdstuk gaan we in op de vraag hoe en in welke mate de resultaten van ondernemingen afhangen van macro-economische ontwikkelingen. We richten ons hierbij op de belangrijkste macro-economische variabelen, te weten de conjunctuur, de wisselkoers, de olieprijs, de lonen en de rente. Daarna behandelen we de manier waarop ondernemingen macrocijfers kunnen gebruiken als hulpmiddel bij het formuleren van het bedrijfsbeleid.

In dit hoofdstuk staan de volgende vragen centraal:
- Welke invloed hebben macro-economische variabelen op het bedrijfsresultaat?
- Hoe kunnen bedrijven macro-economische prognoses toepassen in het bedrijfsbeleid?

Macro-economische ontwikkelingen en de luchtvaart

Een combinatie van factoren onderscheidt de luchtvaart van andere bedrijfstakken. De luchtvaart is conjunctuurgevoelig, arbeids- en kapitaalintensief, en energie-intensief. Verder opereren luchtvaartbedrijven meestal wereldwijd, hebben ze relatief veel vaste kosten en werken ze met kleine marges. Deze uitzonderlijke combinatie van factoren maakt de afzet in de luchtvaart zeer gevoelig voor politieke en conjuncturele ontwikke-lingen in de wereld. Wisselkoersen, brand-stofprijzen, lonen en rentetarieven bepalen voor een groot deel de winstmarges van een luchtvaartonderneming. De winst van Air France/KLM is hierdoor grotendeels een speelbal van de onbeheersbare macro-eco-nomische omgeving. Daarom streeft Air France/KLM ernaar de gevoeligheid voor macro-economische ontwikkelingen tot een minimum te beperken.

13.1 **Invloed van macro-economische ontwikkelingen op ondernemingen en bedrijfstakken**

In deze paragraaf behandelen we allereerst de invloed van macro-economische variabelen op de ondernemingswinst in het algemeen. Daarna gaan we in op de invloed van de conjunctuur, de wisselkoers, de olieprijs, de lonen en de rente op de bedrijfswinst.

13.1.1 Macro-economische variabelen en de bedrijfswinst

Directe en indirecte invloed

Macro-economische ontwikkelingen beïnvloeden de resultaten van onder-nemingen. Soms is deze invloed direct en duidelijk. Een stijging van de lo-nen of de rente heeft bijvoorbeeld direct invloed op de winst van alle onder-nemingen in Nederland. De invloed van macro-economische variabelen kan echter ook heel indirect zijn. Dit geldt bijvoorbeeld voor de invloed van de koersontwikkeling van de euro. Deze beïnvloedt de winst van bedrijven die internationaal handelen direct, en de winst van bedrijven die leveren aan internationaal opererende bedrijven indirect. Dit wordt geïllustreerd in voorbeeld 13.1.

VOORBEELD 13.1

Veronderstel dat een toeleverancier van Philips Nederland niets exporteert en alle kosten en opbrengsten in euro's heeft. Het lijkt of de koers van de euro voor deze onderneming niet van belang is. Niets is echter minder waar. Als de euro stijgt, zal de concurrentiepositie van Philips Nederland verslech-teren. Philips zal minder verkopen in het buitenland, waardoor ze minder in-koopt bij haar Nederlandse leveranciers. Sterker nog, het is mogelijk dat Philips door de stijging van de euro besluit om te gaan inkopen bij een toe-leverancier van buiten de eurozone, of om de productie te verplaatsen naar buiten de eurozone. Met andere woorden, als Philips en andere internatio-naal opererende bedrijven last hebben van een hogere eurokoers, zal dat heel veel bedrijven in Nederland indirect treffen.

In deze paragraaf staat de vraag centraal hoe en in welke mate macro-economische ontwikkelingen de ondernemingswinst beïnvloeden. Hierbij beperken we ons tot de variabelen die worden genoemd in figuur 13.1. De selectie van deze variabelen is gebaseerd op een analyse van jaarverslagen van Nederlandse ondernemingen. Uit deze analyse blijkt dat de conjunctuur, de wisselkoersen, de olieprijs, de lonen en de rente de belangrijkste macro-economische variabelen voor ondernemingen zijn.

FIGUUR 13.1 Macro-economische variabelen en bedrijfswinst

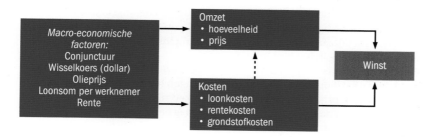

Macro-economische variabelen kunnen zowel de kosten als de opbrengsten beïnvloeden. Het is moeilijk aan te geven welke variabele de kosten en welke variabele de opbrengsten beïnvloedt. De loonkosten zijn bijvoorbeeld voor de meeste industriële bedrijven een belangrijke kostenpost, maar voor de detailhandel is de loonontwikkeling een belangrijke bepalende factor voor de opbrengsten. Wat voor het ene bedrijf een kostenpost is, is voor het andere bedrijf een bron van inkomsten.

Invloed op kosten en opbrengsten

Met deze kanttekening in het achterhoofd kunnen we stellen dat de conjunctuur met name bepalend is voor de opbrengstenkant van de gemiddelde Nederlandse onderneming. De rente, lonen en olieprijzen hebben directe invloed op de kosten van een bedrijf. Daarnaast hebben de rente, lonen en olieprijzen invloed op het koopgedrag. Zo hebben deze variabelen ook een indirecte invloed op de opbrengsten van een bedrijf. De wisselkoers, ten slotte, beïnvloedt zowel de kosten als de opbrengsten van een onderneming.

Uit figuur 13.1 blijkt dat macro-economische variabelen invloed uitoefenen op de afzetprijzen, de verkochte hoeveelheden en de kosten. De invloed op de winst is eveneens afhankelijk van de mogelijkheid tot het doorberekenen van gestegen kosten in de prijzen. Zo zal een stijging van de grondstofkosten leiden tot een daling van de winstmarge, tenzij de kostenstijging kan worden doorberekend in de prijzen (volgens de onderbroken pijl in figuur 13.1). De mogelijkheid tot doorberekening wordt door een aantal factoren bepaald. De belangrijkste zijn samengevat in tabel 13.1.

De *marktvorm* waarbinnen een onderneming functioneert, heeft grote invloed op de mogelijkheid tot doorberekening. Een monopolist (bijvoorbeeld een waterleidingbedrijf in een bepaalde regio) kan gestegen energiekosten zonder al te veel problemen doorberekenen in zijn prijzen. Een bedrijf dat opereert op een markt met felle concurrentie, zal veel moeilijker gestegen kosten in de prijzen kunnen doorberekenen.

Marktvorm

13

TABEL 13.1 Doorberekening van gestegen kosten in de prijzen

Branchekenmerken	Doorberekening	
	Makkelijk	Moeilijk
Marktvorm	Monopolie	Volledige mededinging
Mate van internationalisering	Laag	Hoog
Gemiddelde bezettingsgraad	Hoog	Laag
Prijselasticiteit van de vraag	Laag	Hoog

Internationalise-ringsgraad

Daarnaast speelt de *internationaliseringsgraad* een belangrijke rol. Bedrijfstakken met een hoge export- of importquote worden beperkt in hun mogelijkheden tot doorberekening. Ze moeten namelijk rekening houden met de prijsontwikkeling in het buitenland.

Overcapaciteit

Een derde factor is het bestaan van *overcapaciteit*; deze belemmert de mogelijkheid van doorberekening. Ondernemingen hebben in dat geval eerder de neiging hun prijzen te verlagen om de bezettingsgraad op te voeren.

Prijselasticiteit

Ten slotte speelt de *prijselasticiteit* van de vraag een belangrijke rol. Benzine voor particulier verbruik blijkt in de praktijk een relatief prijsinelastisch product te zijn. Hierdoor kunnen oliemaatschappijen stijgende grondstofkosten makkelijk doorberekenen in de benzineprijs.

Macro-economische variabelen kunnen zowel kansen als bedreigingen voor ondernemingen opleveren. We zullen in het vervolg steeds uitgaan van een ongunstige macro-economische ontwikkeling, dat wil zeggen: een ontwikkeling waardoor bedrijven hun kosten zien toenemen of hun opbrengsten zien afnemen (een recessie, stijgende olieprijzen, stijgende rente, enzovoort).

13.1.2 Conjunctuur

De conjunctuur is belangrijk voor de afzet en de winst van vrijwel alle ondernemingen. De invloed die de conjunctuur uitoefent op de afzet van Nederlandse bedrijven, is al uitgebreid behandeld in hoofdstuk 12.

In deze subparagraaf wordt de invloed van de conjunctuur op zowel de opbrengsten als de kosten besproken. Ter afsluiting vatten we een en ander kort samen in een schema (figuur 13.2).

Invloed op opbrengsten

Vraaguitval

Een conjuncturele inzinking leidt tot *vraaguitval* op markten, wat direct leidt tot een daling van de afzet. Bovendien zal een daling van de vraag oplopende voorraden en een lage bezettingsgraad bij bedrijven tot gevolg hebben. De invloed hiervan op de prijzen in de bedrijfstak varieert met de hoogte van de constante kosten per eenheid product. Een kapitaalintensieve sector (bijvoorbeeld chemie of staal) zal daarom vaak te maken krijgen met *prijsbederf*. Door een prijsverlaging hopen individuele producenten hun overtollige voorraden weg te werken en de bezettingsgraad te verhogen. Inkrimpende winstmarges voor de gehele bedrijfstak zijn hiervan het gevolg. Aan de opbrengstenkant snijdt het conjuncturele mes dus aan twee kanten: zowel de afzet als de prijzen staan onder druk (zie ook hoofdstuk 12).

Prijsbederf

Invloed op kosten

De kosten van een onderneming hangen af van de hoeveelheid verbruikte productiefactoren en de prijs ervan. Welke invloed heeft een conjuncturele neergang op de kosten?

Invloed conjuncturele neergang op kosten

Vraaguitval op de markten voor eindproducten zal doorwerken in de markten voor productiefactoren. De vraag naar arbeid, vermogen en grondstoffen neemt af. Dit zou betekenen dat de prijzen van arbeid (lonen), vermogen (rente) en grondstoffen (bijvoorbeeld de olieprijs) lager worden. Het is echter allerminst zeker of en zo ja, wanneer deze prijsdalingen optreden.

Een conjuncturele inzinking hoeft niet altijd te leiden tot dalende prijzen voor productiefactoren, omdat de markten voor productiefactoren zelden een vrije marktwerking kennen. De loononderhandelingen vinden plaats in een marktvorm die het best kan worden beschreven als een tweezijdig of bilateraal monopolie, waarin de werkgeversorganisaties tegenover de vakbeweging staan. De vakbeweging slaagt er – door te dreigen met stakingen – meestal in om loonsverlagingen te voorkomen. Zelfs tijdens een recessie zijn loonsverlagingen in Nederland zeer uitzonderlijk.

Loonvorming: bilateraal monopolie

Ook op de vermogensmarkten ontbreekt een vrije marktwerking. Zoals we in hoofdstuk 9 hebben gezien, stuurt de Europese Centrale Bank (ECB) de rente om de inflatie onder controle te houden. Het is daarom mogelijk dat de rente in een recessie hoog blijft, als de centrale bank vindt dat de inflatie nog te hoog is.

Rentevorming: invloed ECB

Ten slotte is ook op de belangrijkste grondstoffenmarkten geen sprake van een vrije prijsvorming. Dit geldt bij uitstek voor de markten voor landbouwproducten en olie. Op deze markten maken overheden vaak prijsafspraken. De kosten van een onderneming zijn afhankelijk van de prijzen en de inzet van productiefactoren. De prijzen van productiefactoren zullen in een recessie normaal gesproken dalen, maar zeker is dat niet. Als de prijzen van productiefactoren in een recessie niet of onvoldoende dalen, zal een ondernemer zijn kosten alleen kunnen verlagen door minder productiefactoren in te zetten. Hij zal personeel ontslaan, investeringsprojecten afblazen of uitstellen, en de inkoop van grond- en hulpstoffen verminderen. Deze bezuinigingen zijn overigens niet altijd makkelijk door te voeren (bijvoorbeeld ontslagen) en zullen daarom pas na een bepaalde termijn effect sorteren (bijvoorbeeld omdat men op korte termijn afvloeiingsregelingen moet betalen).

Grondstoffen: geen vrije marktwerking

Inzet productiefactoren verlagen

In figuur 13.2 is een en ander samengevat. Een conjuncturele neergang leidt direct tot een lagere omzet(-groei). De kostenontwikkeling is veel minder zeker. De prijzen op markten voor productiefactoren zijn op korte termijn veelal star naar beneden (lonen, landbouwprijzen); ze worden in sterke mate beïnvloed door de overheid (geld- en kapitaalmarkt) of door een concentratie van aanbieders aan de aanbodzijde van de markt (bijvoorbeeld op de oliemarkt). Bezuinigingen op de hoeveelheid ingeschakelde inputs zijn wel mogelijk, maar die hebben pas effect na een bepaalde termijn. Een winstdaling is voor de meeste bedrijven dan ook onvermijdelijk.

13

FIGUUR 13.2 Invloed van een conjuncturele neergang op kosten en opbrengsten

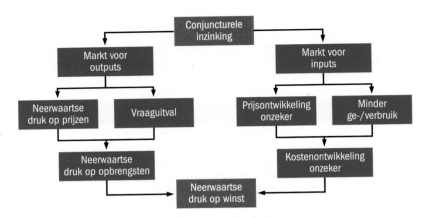

13.1.3 Wisselkoers (Amerikaanse dollar)

Valutarisico

Bedrijven die internationaal zakendoen, lopen valutarisico. Dit is het risico dat een verandering in de wisselkoers van vreemde valuta's de winst van een onderneming (negatief) beïnvloedt. In deze subparagraaf lichten we het valutarisico toe aan de hand van de gevolgen die de koersontwikkeling van de dollar ten opzichte van de euro heeft voor Nederlandse bedrijven (zie figuur 13.3).

FIGUUR 13.3 Dollarkoers uitgedrukt in euro's (1970–2016)[1]

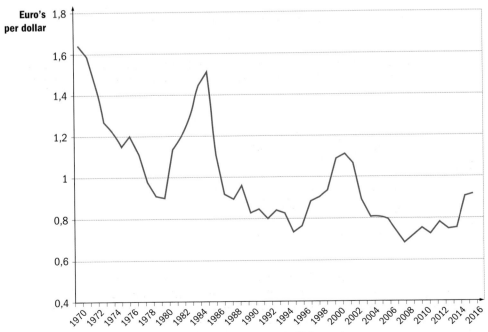

1 Jaargemiddelde (voor 1999: pro-formakoers)

Bron: Centraal Planbureau, *Centraal Economisch Plan 2012*

Als de koers van de Amerikaanse dollar (USD) daalt ten opzichte van de euro, verslechtert de concurrentiepositie van Nederlandse exporteurs ten opzichte van hun concurrenten in de VS. Hierdoor dalen de afzet en de winst van de Nederlandse exporteurs. Dit effect van een daling van de dollar is in de praktijk niet zo groot, omdat de directe handel tussen Nederland en de Verenigde Staten slechts ongeveer 4 procent van de totale Nederlandse handel bedraagt. De conclusie dat de dollar daarom nauwelijks van belang is voor het Nederlandse bedrijfsleven, is echter niet juist.

Concurrentie-positie

In de eerste plaats zijn de nationale valuta's van een aantal – vooral Latijns-Amerikaanse en Aziatische – landen gekoppeld aan de dollar. Deze landen vormen samen met de Verenigde Staten het dollargebied. Als de dollar daalt ten opzichte van de euro, zal de concurrentiepositie van Nederlandse bedrijven dus niet alleen verslechteren ten opzichte van bedrijven uit de Verenigde Staten, maar ook ten opzichte van bedrijven uit alle andere landen uit het dollargebied.

Dollargebied

In de tweede plaats is de dollar de enige factureringsmunt op een aantal belangrijke markten, zoals de markt voor olie en andere grondstoffen. De concurrentiepositie en de winst van Nederlandse bedrijven die op deze markten opereren, hangt daarom mede af van de koersontwikkeling van de dollar ten opzichte van de euro.

Facturerings-munt

We kunnen dus stellen dat de volgende bedrijven dollargevoelig zijn:
- ondernemingen die een groot deel van hun productie afzetten in de Verenigde Staten of een ander dollargebied, bijvoorbeeld een bierbrouwerij als Heineken
- ondernemingen die op buitenlandse markten te maken hebben met concurrenten uit de Verenigde Staten of een ander dollargebied, bijvoorbeeld een luchtvaartonderneming als Air France/KLM
- ondernemingen die opereren op een markt waar de dollar de factureringsmunt is, bijvoorbeeld een oliemaatschappij als Royal Dutch Shell

TUSSENVRAAG 13.1
Welke bedrijven zouden een voordeel hebben bij een daling van de dollarkoers?

We kunnen de dollargevoeligheid van een onderneming eenvoudig analyseren door de valutaopbouw van kosten en opbrengsten in kaart te brengen (zie tabel 13.2).

Valutaopbouw van kosten en opbrengsten

TABEL 13.2 Effect van een daling van de dollarkoers op de bedrijfswinst (omrekeningswinst of -verlies)

Opbrengsten	Kosten	
	In dollars	In euro's
In dollars	negatief	sterk negatief
In euro's	positief	geen effect

Een onderneming die een groot deel van zowel de kosten als de opbrengsten in dollars heeft, zoals Royal Dutch Shell, lijkt op het eerste gezicht geen last te hebben van een daling van de dollarkoers. Toch zal de winst uitgedrukt in euro's dalen. Als zowel een groot deel van de kosten als de opbrengsten in dollars zijn uitgedrukt, is de winst dat vanzelfsprekend ook. Bij omrekening

13

van de winst in dollars naar euro's ontstaat een (beperkt) negatief valutaresultaat.

Een daling van de dollarkoers treft ondernemingen met een groot deel van de opbrengsten in dollars en een groot deel van de kosten in euro's (bijvoorbeeld Air France/KLM en Philips) het sterkst. De omzet van deze bedrijven in euro's daalt namelijk sterk, terwijl de kosten in euro's minder sterk dalen of gelijk blijven. Ondernemingen die een groot deel van de kosten in dollars maken, en een groot deel van de opbrengsten in euro's, profiteren van een dollardaling. Dit zijn vooral bedrijven die grondstoffen inkopen op de wereldmarkt en deze verwerken tot halffabricaten voor de Europese markt, zoals bedrijven uit de basismetaalindustrie en de papierindustrie.

Ondernemingen die kosten noch opbrengsten in dollars realiseren, hebben uiteraard niets te maken met een omrekeningseffect van een daling van de dollarkoers. Indirect kan de dollarkoers wel degelijk invloed hebben op de afzet en de winst. Dit geldt bijvoorbeeld voor bedrijven met veel klanten of concurrenten uit het dollargebied. De invloed van de dollarkoers op de winst hangt daarom niet alleen af van de valutaopbouw van de eigen kosten en opbrengsten, maar ook van de vraag waar de klanten en de concurrenten vandaan komen.

TUSSENVRAAG 13.2
De winst van Philips is dollargevoelig. Dit komt doordat de onderneming meer opbrengsten in dollars heeft dan kosten. Beschrijf een aantal maatregelen die Philips zou kunnen nemen om de dollargevoeligheid van de winst te verminderen.

13.1.4 Olieprijs
Belangrijke bedrijfstakken in de Nederlandse economie, zoals de chemische industrie, de glastuinbouw en het transport, gebruiken veel energie in het productieproces. Ze zijn energie-intensief en daarom gevoelig voor de ontwikkeling van de olieprijs (zie figuur 13.4).

FIGUUR 13.4 De ontwikkeling van de olieprijs (1970–2016, euro's per vat)

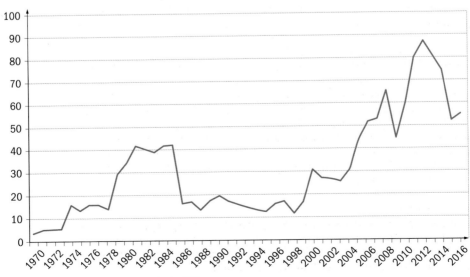

Bron: Centraal Planbureau, *Macro Economische Verkenning 2016*

De invloed die een stijging van de olieprijs heeft op de winst van een bedrijfstak of onderneming, hangt af van vier factoren:
1 de energie-intensiteit
2 de mogelijkheid tot energiebesparing
3 de mogelijkheid van doorberekening
4 de bestedingseffecten van een olieprijsstijging

De eerste twee factoren beïnvloeden de kosten van een bedrijfstak of onderneming, de laatste twee factoren beïnvloeden de opbrengsten.

Ad 1 Energie-intensiteit

De energie-intensiteit is de mate waarin een bedrijfstak of onderneming energie als hulpstof en olieproducten als grondstof in het productieproces gebruikt.

Energie als hulpstof

Energie is voor alle ondernemingen een belangrijke hulpstof in het productieproces. Gas is nodig om kassen te verwarmen, elektriciteit is nodig om machines aan te drijven, diesel is nodig om vrachtwagens voort te bewegen en kolen zijn nodig om staal te produceren. Als de olieprijs stijgt, merkt elke onderneming in Nederland dit in de vorm van een hogere energierekening. Hoe hoger de energie-intensiteit van de bedrijfstak of onderneming, hoe groter de gevolgen van een stijging van de olieprijs.

Specifiek voor olie geldt dat het voor een aantal bedrijfstakken ook nog eens een belangrijke grondstof is. Veel kunststoffen, zoals plastics en synthetisch rubber, bestaan voor een groot deel uit aardolieproducten. Voor de chemische industrie zal een hogere olieprijs daarom niet alleen leiden tot hogere energiekosten, maar ook tot hogere grondstofkosten.

Olie als grondstof

Ad 2 Energiebesparing

De energiekosten van een onderneming hangen af van de prijs van energie en het energieverbruik. Een hogere olieprijs leidt bij constant verbruik tot hogere kosten. Maar prijs en hoeveelheid staan niet los van elkaar. Een hogere olieprijs zal na verloop van tijd leiden tot minder energieverbruik. Het verband tussen prijs en hoeveelheid drukken we uit in de prijselasticiteit van de vraag naar olieproducten. Hoe hoger deze in een bepaalde bedrijfstak is (in absolute zin), hoe minder schadelijk een olieprijsstijging is voor de winst. De prijselasticiteit van de vraag naar olieproducten blijkt in de industrie op lange termijn ongeveer –0,5 te zijn. Dit betekent dat een stijging van de olieprijs van 1 procent op lange termijn een daling van het energieverbruik met 0,5 procent tot gevolg heeft. De energie-*kosten* veranderen dus minder sterk dan de energie-*prijs*.

Prijselasticiteit van de vraag

Op korte termijn is de prijselasticiteit van de vraag naar olieproducten kleiner. Bedrijven kunnen kapitaalgoederen die veel energie verbruiken niet van vandaag op morgen vervangen door kapitaalgoederen met een lager energieverbruik. Zo is het voor een transportonderneming als Air France/KLM moeilijk om op korte termijn op de brandstofkosten te bezuinigen. Pas als de luchtvloot aan vervanging toe is, kan het bedrijf overgaan tot de aanschaf van zuinigere vliegtuigen.

Ad 3 Doorberekening

Zoals we hebben gezien, kan een bedrijf een deel van de olieprijsstijging opvangen door een lager energieverbruik. Per saldo resteert, zeker op korte termijn, een kostenstijging. De winst zal afnemen, tenzij de onderneming de gestegen kosten in de prijzen kan doorberekenen.

13

Ad 4 Bestedingseffecten

Veel bedrijven komen op een indirecte manier in aanraking met macro-economische ontwikkelingen. Dit geldt ook voor een hogere olieprijs. Een stijging van de olieprijs heeft tot gevolg dat alle bedrijven en consumenten te maken krijgen met hogere energielasten. Zij kunnen een verdiende euro maar één keer uitgeven. Als ze meer moeten betalen voor gas, elektriciteit of brandstof, kunnen ze minder andere goederen en diensten kopen. Een forse olieprijsstijging kan dus ook niet-energie-intensieve bedrijven in de problemen brengen, omdat een sterke verschuiving in de bestedingen optreedt ten gunste van energie.

Het effect van een stijging van de olieprijs is samengevat in figuur 13.5. Op korte termijn zullen de energiekosten per eenheid product oplopen, aangezien de besparingsmogelijkheden op korte termijn beperkt zijn. Afhankelijk van de mogelijkheid van doorberekening van gestegen kosten in de prijzen, zullen de winstmarges onder druk komen te staan.
Daarbij komt nog dat afnemers een groter deel van hun besteedbaar inkomen nodig hebben voor energie. Ze zullen bezuinigen op overige uitgaven, wat ten koste zal gaan van de afzet.

FIGUUR 13.5 Olieprijs en bedrijfswinst[1]

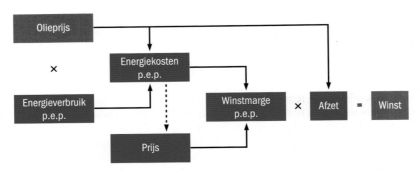

[1]p.e.p. = per eenheid product

TUSSENVRAAG 13.3
Hoe zou Air France/KLM de energie-intensiteit p.e.p. kunnen verminderen?

13.1.5 Lonen

De arbeidsinkomensquote bedraagt in Nederland ongeveer 80 procent. Dit betekent dat van elke verdiende euro in het Nederlandse bedrijfsleven 80 eurocent opgaat aan loon. De resterende 20 eurocent is beschikbaar voor rente, pacht en winst. Omdat de rente en de pacht die ondernemingen moeten betalen vaak voor lange tijd vastliggen, zal een toename van het loonaandeel in de toegevoegde waarde van bedrijven vaak ten koste gaan van de winst. In figuur 13.6 is de ontwikkeling in de arbeidsinkomensquote in de marktsector weergegeven.

FIGUUR 13.6 Arbeidsinkomensquote in de marktsector (1970–2016, in % van de toegevoegde waarde)

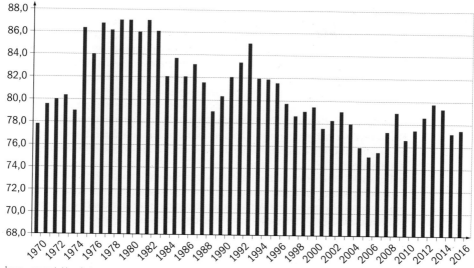

¹p.e.p. = per eenheid product

Bron: Centraal Planbureau, *Macro-Economische Verkenning 2016*

We behandelen achtereenvolgens de macro-economische loonruimte en de loongevoeligheid van een bedrijfstak of onderneming.

Macro-economische loonruimte

Op de derde dinsdag in september verschijnt de *Macro-Economische Verkenning*. Op basis van de economische prognoses die hierin staan, bepalen werkgevers- en werknemersorganisaties hun inzet bij de loononderhandelingen voor het komende jaar.

De vakbeweging baseert haar looneis op de macro-economische loonruimte. Deze bestaat uit twee componenten: de inflatie en de stijging van de arbeidsproductiviteit. De vakbeweging zal tijdens de loononderhandelingen de koopkracht van haar leden willen beschermen tegen inflatie. Daarom eist ze ten minste compensatie van de verwachte stijging van de prijzen in de lonen. Bovendien wijst de vakbeweging erop dat een werknemer jaarlijks meer goederen en diensten produceert voor zijn werkgever. Deze stijging van de arbeidsproductiviteit kan de werkgever gebruiken voor koopkrachtverbetering van de werknemer.

Loonruimte

Ondernemers zien de loonruimte zoals de vakbeweging die berekent als het absolute maximum. Ze stellen dat de stijging van de consumentenprijzen niet altijd volledig ten goede komt aan bedrijven, en dus ook niet altijd volledig beschikbaar is voor een verhoging van de lonen. Een verhoging van het btw-tarief leidt bijvoorbeeld wel tot een verhoging van de inflatie, maar niet tot extra inkomsten en extra loonruimte bij bedrijven. Vandaar dat het Centraal Planbureau ieder jaar ook een prognose geeft van een geschoonde of afgeleide consumentenprijsindex. Dit is de consumentenprijsindex exclusief het effect van de veranderingen in de tarieven van de kostprijsverhogende en consumptiegebonden belastingen.

Geschoonde of afgeleide consumentenprijsindex

13

Prijscompensatie

In Nederland zien werkgevers prijscompensatie op basis van de 'geschoonde inflatie' als een redelijke looneis. Alleen in uitzonderlijke omstandigheden – bijvoorbeeld als een onderneming in haar voortbestaan wordt bedreigd – zal een werkgever een eis tot prijscompensatie niet inwilligen. De strijd in de loononderhandelingen zal zich daarom meestal toespitsen op het deel van de loonruimte dat ontstaat door een stijging van de arbeidsproductiviteit. De claim die de vakbeweging op deze stijging legt, is in de ogen van de werkgevers onterecht. Productiviteitsverbeteringen ontstaan volgens hen door automatisering en mechanisering, en zijn daarom niet toe te schrijven aan extra inspanningen van de werknemer, maar aan die van de werkgever. In ieder geval mag volgens de werkgevers een stijging van de arbeidsproductiviteit niet automatisch ten goede komen aan de werknemer. De werkgever zal in de loononderhandelingen zijn loonbod daarom baseren op de geschoonde inflatie en – eventueel – een deel van de arbeidsproductiviteitsstijging.

Stijging van de arbeidsproductiviteit

In figuur 13.7 is de ontwikkeling van de geschoonde loonruimte en de loonsom per werknemer in de marktsector weergegeven. Wat opvalt in de grafiek, is dat de loonsom per werknemer in geen enkel jaar daalt, ook niet in het crisisjaar 2009, toen de loonruimte negatief was.

FIGUUR 13.7 Geschoonde loonruimte en loonsom per werknemer in de marktsector (1996–2016, jaarlijkse procentuele mutatie)

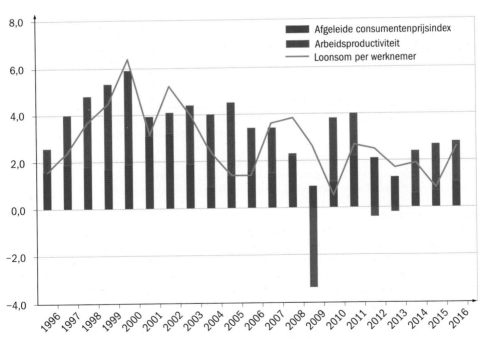

Bron: CPB, *Macro-economische Verkenning 2016*

TUSSENVRAAG 13.4
Welke andere mogelijkheden behalve technische ontwikkeling zijn er voor productiviteitsverhoging?

De conjunctuur heeft een belangrijke invloed op de loonruimte en de loononderhandelingen.

Conjunctuur en loonruimte

In een periode van hoogconjunctuur is de loonruimte groot. Door de grote vraag naar goederen en diensten stijgen zowel de prijzen als de arbeidsproductiviteit in het bedrijfsleven sterk. De grote loonruimte komt in een periode van hoogconjunctuur meestal (meer dan) volledig in de lonen tot uiting. Dit komt doordat de vakbeweging dan sterk staat in de loononderhandelingen. In de hoogconjunctuur is arbeid schaars, en bovendien kunnen bedrijven door de hoge winsten forse loonsverhogingen betalen.

Hoogconjunctuur

In de periode van laagconjunctuur zien we het omgekeerde. De loonruimte is relatief laag en wordt niet altijd volledig benut voor loonsverhogingen. De werkgevers zijn in een periode van laagconjunctuur beter in staat om loonmatiging af te dwingen, om winst- en werkgelegenheidsherstel in de economie te bevorderen.

Laagconjunctuur

In figuur 13.8 is het belang van de loonruimte voor de Nederlandse loonvorming samengevat.

FIGUUR 13.8 Loonruimte en loonsom per werknemer

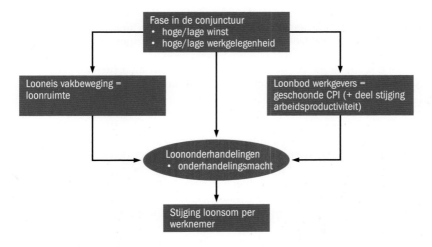

Loongevoeligheid

Uit de loononderhandelingen tussen werkgevers en werknemers resulteert een stijging van de loonsom per werknemer. De vraag is nu wanneer een loonstijging ten koste van de winst gaat.

We analyseren de *loongevoeligheid* van ondernemingen/bedrijfstakken door te kijken naar de invloed die van de lonen uitgaat op kosten en opbrengsten. Om de loongevoeligheid van een onderneming of bedrijfstak te bepalen, moeten we kijken naar de volgende vier factoren:

Loongevoeligheid

1 de arbeidsintensiteit van de productie
2 de mogelijkheden tot productiviteitsverbetering
3 de mogelijkheid tot doorberekening
4 het bestedingseffect van een loonstijging

13

Ad 1 Arbeidsintensiteit

Het belang van de loonsom per werknemer hangt af van de arbeidsintensiteit van de productie. Voor een arbeidsintensief bedrijf, bijvoorbeeld een adviesbureau, is het aandeel van de loonkosten in de totale kosten groot.
Een loonstijging heeft dan grote invloed op de totale kosten. Voor een kapitaalintensief bedrijf, bijvoorbeeld een olieraffinaderij, is de loonsom als percentage van de totale kosten relatief laag. De constante kosten (rente en afschrijving) en de grondstofkosten zijn voor zo'n onderneming belangrijker dan de loonkosten.

Arbeidsintensiteit en AIQ per bedrijfstak

De arbeidsinkomensquote (AIQ) is tot op zekere hoogte een indicator voor de arbeidsintensiteit van een bedrijfstak. De AIQ meet immers het aandeel van de totale loonsom in de toegevoegde waarde van een bedrijfstak. Hierbij moeten we wel bedenken dat een hoge arbeidsinkomensquote niet altijd wijst op een hoge arbeidsintensiteit. Dit valt eenvoudig in te zien als je bedenkt dat de AIQ afhangt van de loonsom *en* de omvang van de toegevoegde waarde. De toegevoegde waarde is conjunctuurgevoeliger dan de loonsom. Vandaar dat de AIQ toeneemt tijdens een laagconjunctuur en afneemt tijdens een hoogconjunctuur. Bovendien kan een aantal incidentele factoren de hoogte van de AIQ in een bedrijfstak beïnvloeden. De toegevoegde waarde van de bedrijfstak zee- en luchtvaart is bijvoorbeeld afhankelijk van de veranderingen in de dollarkoers. De dollar is namelijk een belangrijke factureringsmunt in deze sector. Daalt de dollarkoers, dan zal voor ondernemingen in deze bedrijfstak de toegevoegde waarde in euro's teruglopen. Hierdoor zal de AIQ oplopen, bij een gelijkblijvende loonsom. De AIQ is dan ook alleen een goede indicator van de arbeidsintensiteit als je de waarde ervan over een lange termijn in beschouwing neemt.

Ad 2 Productiviteitsverbetering

Loonkosten per eenheid product

Voor een onderneming is de ontwikkeling van de loonkosten per eenheid product belangrijker dan de ontwikkeling van de lonen. De loonkosten per eenheid product bepalen namelijk de concurrentiepositie van een onderneming.
De loonkosten per eenheid product hangen niet alleen af van de lonen, maar ook van de arbeidsproductiviteit. Een ondernemer kan een loonstijging dus geheel of gedeeltelijk compenseren door maatregelen die de productiviteit verhogen.
De mogelijkheden tot productiviteitsverhoging verschillen tussen en binnen bedrijfstakken. Voor industriële ondernemingen (zoals Shell en Philips) is productiviteitsverhoging makkelijker te realiseren dan voor dienstverlenende ondernemingen (bijvoorbeeld een kapper of een adviesbureau). In de dienstverlening zal een loonstijging dan ook sneller leiden tot een kostenstijging per eenheid product.
Ook binnen bedrijfstakken kunnen productiviteitsverschillen bestaan. In een bedrijfstak opereren grote, kleine, verouderde en moderne ondernemingen naast elkaar. De loonontwikkeling in zo'n bedrijfstak is vaak veel minder divers. Dit komt onder andere doordat een collectieve arbeidsovereenkomst (cao) algemeen verbindend kan worden verklaard: de afgesloten cao wordt van toepassing verklaard op alle bedrijven in de bedrijfstak. Dit werkt ongunstig uit voor ondernemingen met een minder dan gemiddelde productiviteitsverbetering.

Ad 3 Doorberekening

Een loonstijging die de stijging van de arbeidsproductiviteit overtreft, leidt tot stijgende loonkosten per eenheid product. Dit leidt tot lagere winstmarges, tenzij de kostenstijging in de prijzen kan worden doorberekend.

Ad 4 Bestedingseffect van een loonstijging

Lonen hebben, behalve een kosteneffect, ook een bestedingseffect. Het bestedingseffect van een loonstijging hangt in de eerste plaats af van de geografische markt die de onderneming bedient. Bedrijven die zich richten op de binnenlandse markt, krijgen te maken met zowel het kosten- als het bestedingseffect van een loonstijging. Voor bedrijven die zich richten op buitenlandse markten, heeft een loonstijging vooral een kosteneffect. Een exporteur heeft dan ook om verschillende redenen belang bij lage lonen in Nederland en hoge lonen in het buitenland.

Een tweede factor die de omvang van het bestedingseffect van een loonstijging bepaalt, is de inkomenselasticiteit van de vraag (zie hoofdstuk 12). Vooral voor bedrijven die luxe en/of duurzame consumptiegoederen op de Nederlandse markt afzetten, kan het bestedingseffect van een loonstijging in Nederland groot zijn.

De loongevoeligheid is schematisch weergegeven in figuur 13.9. Voor elke individuele onderneming zal de concrete invulling er weer anders uitzien.

FIGUUR 13.9 Loonsom en bedrijfswinst[1]

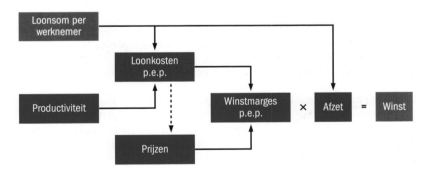

[1]p.e.p. = per eenheid product

13.1.6 Rente

Toen aan Willem Duisenberg, de eerste president van de Europese Centrale Bank, werd gevraagd wat er in het komende jaar met de rente zou gebeuren, antwoordde hij dat er drie mogelijkheden waren: de rente gaat omhoog, de rente blijft gelijk of de rente gaat omlaag. Duisenberg wilde zich niet uitspreken over de renteontwikkeling omdat hij daardoor de financiële markten in beweging zou zetten, maar hij wilde ook aangeven dat het renteverloop zeer moeilijk te voorspellen is. De rente hangt namelijk af van allerlei internationale economische en politieke ontwikkelingen, die niet of nauwelijks te voorspellen zijn. In figuur 13.10 is de ontwikkeling van de rente op kort- en langlopende leningen in Nederland weergegeven.

13

FIGUUR 13.10 De ontwikkeling van de korte en lange rente in Nederland (in %, 2001–2016)

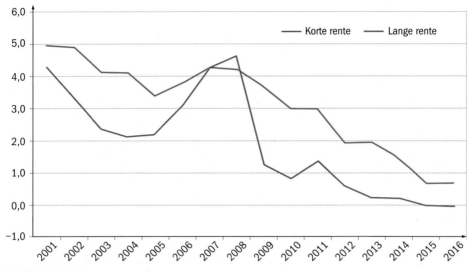

Bron: OECD (www.oecd.org)

Rente moeilijk voorspelbaar — De rente is moeilijk te voorspellen, maar kan grote invloed hebben op de kosten en de opbrengsten van bedrijven. Met name aan het begin van de conjuncturele neergang, als de rente (nog) hoog is en de voorraden van bedrijven beginnen op te lopen, kunnen de rentelasten flink stijgen.

Consequenties rentevoetstijging — Een stijging van de rente heeft de volgende consequenties:
1 stijging van de financiële lasten
2 financiering van investeringen wordt moeilijker
3 vermindering van de afzet
4 stijging van de wisselkoers

We bespreken de vier genoemde gevolgen van een rentestijging. Daarbij laten we de financiële ondernemingen (bijvoorbeeld banken) buiten beschouwing.

Rente en financiële lasten

Ondernemingen beschikken zowel over rentedragende schulden als over rentedragende bezittingen. Per saldo resteert meestal een nettoschuld, waarover een onderneming rente moet betalen. Deze rentelasten worden geboekt op de resultatenrekening onder de post Financiële baten en lasten.

Rentegevoeligheid — De rentegevoeligheid van een onderneming hangt vooral af van haar financiële positie. In de bedrijfseconomie is het gebruikelijk de financiële positie van een onderneming samen te vatten in een aantal kengetallen. Voor de rentegevoeligheid zijn de belangrijkste kengetallen de solvabiliteit en de liquiditeit.

Solvabiliteit — De solvabiliteit is het eigen vermogen van de onderneming gedeeld door het totale vermogen. Een onderneming met een hoge solvabiliteit heeft relatief weinig vreemd vermogen op de balans staan waarover zij rente moet betalen. Met andere woorden: hoe hoger de solvabiliteit van een onderneming, hoe lager de rentegevoeligheid.

13

TUSSENVRAAG 13.5

Er zijn enkele redenen waarom een lage solvabiliteit ten opzichte van het branchegemiddelde een positieve invloed op het resultaat kan hebben. Welke zouden dat zijn?

De liquiditeit van een onderneming geeft aan in welke mate ze in staat is te voldoen aan haar kortetermijnverplichtingen. In een periode van laagconjunctuur staat de liquiditeit onder druk, omdat de inkomsten tegenvallen en de uitgaven van de meeste bedrijven tamelijk constant blijven. Dit geldt bij uitstek voor conjunctuurgevoelige ondernemingen met hoge vaste lasten. Zij hebben in de periode van laagconjunctuur een grotere behoefte aan krediet, waardoor de rentelasten oplopen en de continuïteit van de onderneming zelfs in gevaar kan komen. Het is voor een conjunctuurgevoelige onderneming daarom van groot belang om in de hoogconjunctuur de solvabiliteit en de liquiditeit te versterken. Hierdoor blijven de financiële problemen tijdens de recessie beheersbaar.

Liquiditeit

Rente en financiering

Een onderneming kan haar activiteiten financieren met vreemd vermogen of met eigen vermogen. Een stijging van de rente heeft een negatieve invloed op de aantrekkelijkheid van beide financieringsvormen. Voor het aantrekken van vreemd vermogen is dit duidelijk. Lenen wordt duurder en daarom minder aantrekkelijk.

Vreemd vermogen

De ontwikkeling van de rente heeft ook invloed op de mogelijkheden om activiteiten te financieren met eigen vermogen. Een bedrijf kan op twee manieren zijn eigen vermogen vergroten.

Eigen vermogen

In de eerste plaats is het mogelijk het eigen vermogen te versterken door winstinhouding. De mogelijkheid hiertoe neemt af naarmate de rente stijgt. Een rentestijging heeft tot gevolg dat de winst afneemt, waardoor minder middelen beschikbaar komen om nieuwe activiteiten te financieren.

Winstinhouding

Een tweede manier om het eigen vermogen te vergroten, is de uitgifte van nieuwe aandelen. De rente heeft echter ook een belangrijke invloed op de aandelenmarkt. Als de rente stijgt, zullen de koersen van aandelen dalen. Dit komt doordat rentedragende alternatieven voor een aandelenbelegging aantrekkelijker worden. Bovendien tast een hogere rente de winst van ondernemingen aan. Beleggers zullen bij een stijgende rente dus minder aandelen kopen, waardoor de koersen van aandelen zakken.

Aandelenuitgifte

Door een daling van de aandelenkoersen wordt het voor een onderneming moeilijker om nieuwe aandelen uit te geven. Hoe lager de beurskoers, hoe meer aandelen een onderneming moet plaatsen om het gewenste bedrag binnen te halen. Bestaande aandeelhouders zullen zich hiertegen verzetten, omdat ze vrezen dat het grote aantal nieuwe aandeelhouders ten koste zal gaan van het toekomstige dividend per aandeel. De angst voor dividendverwatering onder bestaande aandeelhouders zou ertoe kunnen leiden dat zij de onderneming de rug toekeren.

Dividend-verwatering

Rente en afzet

De rente is de prijs die een consument of een bedrijf moet betalen voor het lenen van geld. Als geld lenen duurder wordt, zullen de bestedingen dalen. Bedrijven zullen dat merken in hun afzet.

De consument zal vooral leningen sluiten voor de aanschaf van duurzame consumptiegoederen, zoals een huis, een auto of woninginrichting. De rente

Rente en consumptie

13

heeft vooral grote invloed op de vraag naar leningen voor de aanschaf van een huis. De rente bepaalt – naast het inkomen – voor een belangrijk deel welk bedrag een huizenkoper mag lenen. Bij een hoge rente mag hij minder lenen dan bij een lage rente; dit heeft uiteraard gevolgen voor de vraag naar en de prijzen van koopwoningen.

Nominale rente

Potentiële huizenkopers in de vrije sector blijken zeer gevoelig te zijn voor ontwikkelingen in de *nominale* rente: ze houden niet of nauwelijks rekening met de inflatie. Anders gezegd: een rente van 10 procent bij een inflatie van 8 procent leidt tot dezelfde beslissing als een rente van 10 procent bij een inflatie van 5 procent.

Verklaring voor geldillusie

In het eerste geval bedraagt de reële rente 2 procent, in het tweede geval 5 procent. Een mogelijke verklaring voor deze *geldillusie* bij de huizenkoper is het feit dat de nominale rente voor een langere tijd kan worden vastgezet, terwijl de hoogte van de inflatie van jaar tot jaar onzeker is.

TUSSENVRAAG 13.6
Waarom zouden bedrijven minder dan consumenten naar de nominale rente kijken bij het nemen van investeringsbeslissingen?

Rente als inkomstenbron

Niet voor elke consument is rente (per saldo) een uitgavenpost. Voor sommige consumenten is rente een belangrijke inkomstenbron uit vermogen. Het positieve effect van rente-inkomsten op de bestedingen valt echter tegen, omdat consumenten uit rente- en dividendinkomen veel minder consumeren dan uit looninkomen.

Rente en investeringen

De rente heeft ook invloed op de investeringen, zij het dat die invloed kleiner is dan veel mensen veronderstellen. De bezettingsgraad van de productiecapaciteit in combinatie met de afzet- en winstverwachtingen zijn veel belangrijker dan de rente. Dit neemt niet weg dat een hoge rente de investeringen negatief beïnvloedt. Bij een hogere rente stellen ondernemingen hogere rendementseisen aan investeringsprojecten. Bovendien zal het rendement van het investeringsproject afnemen vanwege de hogere rentekosten. Sommige investeringsprojecten zullen daarom bij een hogere rente worden afgeblazen.

Rentegevoeligheid bedrijfstakken

Uit het voorgaande blijkt dat vooral de bouw en de hem toeleverende sectoren last hebben van een afzetdaling als gevolg van een hogere rente. Zowel bedrijven als consumenten zullen bouwprojecten uitstellen. In mindere mate zullen producenten van kapitaalgoederen en duurzame consumptiegoederen last hebben van een afname van de afzet als gevolg van een stijgende rente.

Rente en valutakoersen

De laatste invloed van de rente op de resultaten van ondernemingen verloopt via de wisselkoers. Als de Europese Centrale Bank de rente verhoogt, zullen meer internationale beleggers in euro's beleggen. Hierdoor neemt de vraag naar euro's op de valutamarkt toe en stijgt de koers van de euro ten opzichte van bijvoorbeeld de dollar of de yen. Dit leidt tot een verslechtering van de concurrentiepositie van het Nederlandse bedrijfsleven ten opzichte van Amerikaanse en Japanse concurrenten. De exportgroei van Nederlandse bedrijven zal hierdoor afnemen.

Concurrentiepositie

13

Invloed rente op bedrijfswinst

In figuur 13.11 is de invloed van de rente op de bedrijfswinst samengevat. De mate waarin een rentestijging het kostenniveau beïnvloedt, wordt bepaald door de solvabiliteit en de liquiditeit van een onderneming. Vervolgens moet de vraag worden beantwoord of de stijging van de rentekosten kan worden doorberekend in de prijzen. Als dit niet het geval is, zal men lagere winstmarges moeten accepteren. Ten slotte heeft een rentestijging invloed op de afzet van ondernemingen. Zowel de consumptie en de investeringen als de export kunnen onder druk komen te staan.

FIGUUR 13.11 Rente en bedrijfswinst[1]

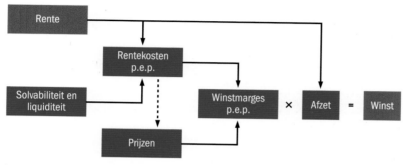

[1]p.e.p. = per eenheid product

13.2 Gebruik van macro-economische voorspellingen door ondernemingen

De macro-economische omgeving van bedrijven levert zowel kansen als bedreigingen op. Bedrijven proberen uiteraard zo goed mogelijk de bedreigingen te neutraliseren en de kansen te benutten. De maatregelen daartoe leggen ze vast in de strategie. In deze paragraaf behandelen we eerst de invloed van de macro-economische omgeving op de strategie. Vervolgens bespreken we hoe ondernemingen macro-economische prognoses kunnen gebruiken als managementinstrument.

13.2.1 Strategie en macro-economische ontwikkeling

Voor het strategisch beleid van een onderneming is macro-economische informatie nodig. In deze subparagraaf gaan we in op de vraag welke macro-economische variabelen belangrijk zijn voor welk onderdeel van het strategisch beleid (zie tabel 13.3). We gebruiken hierbij de onderneming Philips als voorbeeld.

Strategisch beleid

TABEL 13.3 Toepassingsgebieden van macro-economische voorspellingen

Beleidsterrein	Macro-economische variabelen
Afzetplanning	(Sector-)conjunctuur
	Koopkracht
	Consumentenvertrouwen
	Wisselkoersen
Inkoopplanning	Grondstofprijzen

13

TABEL 13.3 Toepassingsgebieden van macro-economische voorspellingen (vervolg)

Beleidsterrein	Macro-economische variabelen
	Wisselkoersen
	Loonsom en arbeidsproductiviteit
Vestigingsplaatskeuze	(Regionale) economische groei
	Loonkosten per eenheid product
	Belasting- en premiedruk
	Wisselkoersen
	Betalingsbalans
Arbeidsvoorwaarden	Loonruimte
	Conjunctuur (ontwikkeling winst en werkloosheid)
	Belasting- en premiedruk
	Arbeidsduur
Financieel beleid	Rente
	Beursontwikkeling
	Wisselkoersen

Afzetplanning

Conjunctuur-
gevoeligheid

Bij de afzetplanning is het belangrijk de conjunctuurgevoeligheid van de afzet goed in te schatten. Vooral de afzet van luxegoederen en duurzame goederen in de verzadigingsfase van de productlevenscyclus is sterk conjunctuurgevoelig.

Philips onderscheidde in 2015 drie productsectoren: *health care* (gezondheidszorgproducten voor de professionele en de consumentenmarkt), *consumer lifestyle* (elektrische producten voor persoonlijke en huishoudelijke verzorging) en *lighting* (lichtproducten voor de professionele en consumentenmarkt). Het bedrijf zal op korte termijn de lichtactiviteiten van het concern verzelfstandigen en eventueel verkopen.

Vooral de afzet van consumer-lifestyleproducten is sterk conjunctuurgevoelig. De overige twee productsectoren – medische apparatuur en licht – zijn minder conjunctuurgevoelig.

Koopkracht en
consumenten-
vertrouwen

Voor de afzetplanning van conjunctuurgevoelige producten heeft Philips inzicht nodig in de conjunctuur en – daarmee samenhangend – de koopkrachtontwikkeling. Bij de afzet van consumentenproducten is bovendien het consumentenvertrouwen heel belangrijk. Elektrische producten voor de persoonlijke en huishoudelijke verzorging zijn duurzame consumptiegoederen met een relatief hoge inkomenselasticiteit die op grotendeels verzadigde markten worden afgezet. Een groot deel van de afzet bestaat daarom uit vervangingsaankopen, die consumenten kunnen uitstellen als ze negatief oordelen over hun huidige en toekomstige koopkracht.

Wisselkoersen

Voor de prijsontwikkeling van de afzet, uitgedrukt in euro's, is de ontwikkeling van de wisselkoersen van vreemde valuta's ten opzichte van de euro van belang. Door een daling van de dollarkoers zal de winst in euro's op verkopen in de Verenigde Staten tegenvallen. Als een onderneming goede valutaprognoses heeft, kan ze tijdig maatregelen nemen om de negatieve gevolgen van een verwachte dollardaling te beperken. Ze kan bijvoorbeeld profiteren van een dollardaling door meer dollars in te kopen.

13

Inkoopplanning

Een industriële onderneming zoals Philips koopt overal in de wereld grondstoffen, halffabricaten en onderdelen in. Grondstofprijzen, in het bijzonder
die van metalen, zijn zeer conjunctuurgevoelig (zie figuur 13.12). **Grondstofprijzen**

FIGUUR 13.12 De wereldconjunctuur (groei van de wereldproductie in %, schaal links) en
de ontwikkeling van de metaalprijzen (in %, schaal rechts), 1996–2016

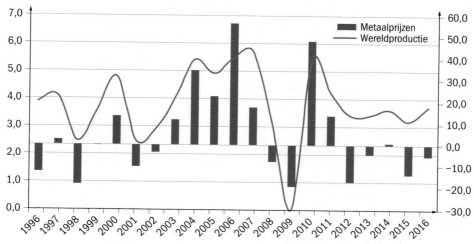

Bron: Centraal Planbureau, *Macro-economische Verkenning 2016*

Grondstoffenmarkten zijn vroegcyclisch, omdat de verwerkende industrie al **Vroegcyclisch**
vroeg in de fase van conjunctureel herstel de voorraden grondstoffen aan-
vult om knelpunten in de productie te voorkomen. Een juiste timing van de
inkoop van grondstoffen is daarom van groot belang.
De prijzen van vrijwel alle grondstoffen op de wereldmarkt zijn uitgedrukt in
dollars. De ontwikkeling van de grondstofkosten in euro's hangt daarom ook
af van de wisselkoers van de dollar ten opzichte van de euro. **Wisselkoers**
De belangrijkste productiefactor die Philips en andere bedrijven 'inkopen', is
de factor arbeid. Hierop komen we terug bij het beleidsterrein arbeidsvoorwaarden.

Vestigingsplaatskeuze

Voor een multinational als Philips is de keuze van de juiste vestigingsplaats
heel belangrijk. Een juiste vestigingsplaats van de verschillende bedrijfsonderdelen versterkt de concurrentiepositie van het gehele concern. De vesti- **Concurrentie-**
gingsplaatskeuze hangt af van een aantal macro-economische factoren, **positie**
naast bijvoorbeeld de kwaliteit van de infrastructuur, de wet- en regelgeving,
en de kwaliteit van de beroepsbevolking.
Vaak is het voor een internationaal opererende onderneming wenselijk om
te produceren in de nabijheid van de belangrijkste markten. Hierdoor kan
het bedrijf beter inspelen op de wensen en behoeften van afnemers, wordt
het minder gevoelig voor wisselkoersschommelingen, omzeilt het importbe-
lemmeringen en nemen de transportkosten af. We zien in de wereldeconomie een duidelijke verschuiving in het zwaartepunt van de hoogontwikkelde
economieën naar de opkomende economieën in Azië, Latijns-Amerika en

13

Economische groei

Oost-Europa. De economische groei is in de opkomende economieën veel hoger dan in de westerse industrielanden. Vooral Azië, met de economische reus China, maakt een spectaculaire groeiperiode door (zie figuur 13.13). Dit is een belangrijke reden voor Philips om een groot aantal bedrijfsprocessen te verplaatsen naar de opkomende economieën in het algemeen en naar Azië in het bijzonder.

FIGUUR 13.13 Economische groei in hoogontwikkelde economieën en in opkomende economieën in Azië (in %, 1990–2016)

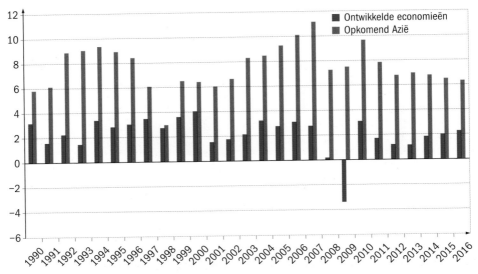

Bron: IMF, *World Economic Outlook*-database, oktober 2015

Vooral voor de vestigingsplaatskeuze van arbeidsintensieve bedrijfsonderdelen is de hoogte van de loonkosten per eenheid product heel belangrijk.

Loonkosten per eenheid product

De loonkosten per eenheid product hangen af van de hoeveelheid loon die een werknemer in een land verdient (de loonsom per werknemer) en de hoeveelheid producten die hij voor dat loon per tijdseenheid maakt (de arbeidsproductiviteit). Omdat de internationale verschillen in de arbeidsproductiviteit voor bepaalde bedrijfsonderdelen (zoals de productie van mixers) beperkt zijn, heeft Philips in de afgelopen decennia een groot aantal bedrijfsprocessen verplaatst van West-Europa naar lagelonenlanden in Oost-Europa en Azië.

Belasting- en premiedruk

De loonsom per werknemer bevat de belastingen en premies die de werkgevers en werknemers moeten betalen. Naast de belasting- en premiedruk op arbeid is ook de belasting op kapitaal (de winstbelasting) belangrijk voor de vestigingsplaatskeuze.

Wisselkoersen

De vestigingsplaatskeuze is erop gericht om de concurrentiepositie van het gehele concern te versterken. Wisselkoersen spelen hierbij een belangrijke rol. Om de wisselkoersgevoeligheid van het bedrijf te verminderen, ligt het voor de hand omzet en kosten in een bepaalde valuta zo veel mogelijk op elkaar af te stemmen. We kunnen dit toelichten met een voorbeeld. Stel dat Philips in Nederland scheerapparaten produceert voor de Amerikaanse

13

markt. De omzet van dit bedrijfsonderdeel is dus voornamelijk in dollars, en de kosten zijn in euro's. Als de dollar langdurig daalt ten opzichte van de euro, komt er een moment waarop de productie in Nederland niet meer winstgevend is. Het bedrijf zal dan moeten besluiten om de productie te verplaatsen naar een dollargebied.

Ten slotte geeft de betalingsbalans inzicht in de concurrentiepositie en de financiële stabiliteit van een land. Een tekort op de lopende rekening duidt op een zwakke concurrentiepositie en gaat op den duur gepaard met een daling van de wisselkoers. Export leidt namelijk tot vraag naar de eigen valuta door buitenlanders, en import tot aanbod van de eigen valuta door de eigen inwoners. Een tekort op de lopende rekening heeft dus tot gevolg dat de vraag naar de eigen valuta kleiner is dan het aanbod ervan. Hierdoor daalt de wisselkoers. Een langdurig tekort op de lopende rekening kan leiden tot een ophoping van buitenlandse schuld. Als internationale beleggers het vertrouwen verliezen dat het land zijn schulden kan afbetalen, ontstaat een vertrouwenscrisis die tot kapitaalvlucht kan leiden. Verschillende (opkomende) industrielanden zijn in het verleden door zo'n vertrouwenscrisis getroffen.

Betalingsbalans

Vertrouwens-crisis

Arbeidsvoorwaardenbeleid

Zoals we zagen in subparagraaf 13.1.5, bepaalt de vakbeweging haar looneis op de loonruimte. Voor Philips Nederland is het dus belangrijk om te weten welke ontwikkeling optreedt in de inflatie en de arbeidsproductiviteit.

Loonruimte

Of Philips de looneisen van de vakbeweging kan of wil honoreren, hangt af van de conjunctuur. Deze bepaalt namelijk de winst- en werkloosheidsontwikkeling in Nederland. Als de winsten van bedrijven in Nederland afnemen en de werkloosheid toeneemt, staan Philips Nederland en andere werkgevers sterker in de loononderhandelingen met de vakbeweging. Bedrijven kunnen (vanwege de lagere winst) en willen (vanwege het groeiende aanbodoverschot van arbeid) minder loon betalen in een laagconjunctuur.

Conjunctuur

De overheid heeft ook een belangrijke invloed op het arbeidsvoorwaardenbeleid van een onderneming. Dit komt niet alleen tot uiting in de arbeidswetgeving, maar ook in de hoogte van de belastingen en premies die op het loon drukken. Als de overheid de belastingen en premies voor werknemers verhoogt, zullen deze hun koopkracht zien dalen.

Belastingen en premies

Tijdens de loononderhandelingen met de werkgevers zullen werknemers dit koopkrachtverlies willen 'repareren' door een hoger loon te eisen. De hogere belastingen en premies wentelen ze af op de werkgever, waardoor de winst daalt.

De arbeidsvoorwaarden bestaan niet alleen uit loon. Ook het pensioen, de arbeidsduur en de flexibiliteit van de werktijden zijn belangrijk. De arbeidsvoorwaarden van Nederlandse werknemers op deze gebieden staan onder druk. Met het oog op de vergrijzing en het behoud van de concurrentiepositie oefenen zowel de overheid als de werkgevers druk uit op de werknemers om meer uren te maken tijdens hun werkzame leven.

Arbeidsduur

Financieel beleid

Philips heeft geld nodig om nieuwe activiteiten te kunnen financieren. Voor een deel komt dit geld beschikbaar uit de winst die de onderneming realiseert op de bestaande activiteiten. Als de winst in een bepaald jaar onvoldoende is om nieuwe activiteiten te financieren, zal het bedrijf nieuw vreemd vermogen (bijvoorbeeld een banklening) of eigen vermogen (de uitgifte van nieuwe aandelen) op de financiële markten moeten aantrekken.

13

Voor elke onderneming zijn ontwikkelingen op de financiële markten van groot belang. De aantrekkelijkheid van nieuw vreemd vermogen hangt af van de hoogte van de rente; de aantrekkelijkheid van de uitgifte van nieuwe aandelen hangt af van de ontwikkeling van de aandelenbeurs.

Rente
Aandelenbeurs

Bij hoge aandelenkoersen is een aandelenemissie veel aantrekkelijker dan bij lage aandelenkoersen, omdat de onderneming bij een hoge aandelenkoers veel minder aandelen hoeft uit te geven om een bepaald bedrag binnen te halen. Het risico van dividendverwatering voor de bestaande aandeelhouders is dan veel kleiner.

Wisselkoers

Internationaal opererende ondernemingen moeten bovendien beslissen in welke valuta zij lenen. Hierbij speelt de wisselkoers van de euro ten opzichte van andere valuta's een belangrijke rol. Als de euro bijvoorbeeld voortdurend stijgt ten opzichte van de dollar, kan het aantrekkelijk zijn om een nieuwe lening aan te gaan in dollars. Het bedrag aan rente en aflossing dat de onderneming gedurende de looptijd van de lening omgerekend in euro's moet betalen, wordt bij een stijgende eurokoers steeds lager.

Valutarisico

Een onderneming als Philips heeft ook bij in- en verkooptransacties voortdurend te maken met het valutarisico. In het financiële beleid legt de onderneming vast of en zo ja, in welke mate ze de winstmarges op transacties beschermt tegen 'valutaire tegenwind'. De financiële markten bieden ondernemingen verschillende financiële producten aan om het valutarisico te beheersen. De belangrijkste hiervan zijn de valutatermijntransactie en de valutaoptie. Beide producten maken het mogelijk om de waarde van een bedrag in vreemde valuta, dat men in de toekomst ontvangt of betaalt, vast te leggen in euro's.

13.2.2 Macro-economische voorspellingen als managementinstrument

Ondernemingen gebruiken macro-economische voorspellingen bij de strategieformulering en de uitvoering van het operationele beleid.

Besturing multinational vanuit een hoofdkantoor

De operationele besturing van een multinationaal concern vanuit een hoofdkantoor brengt problemen met zich mee. De topleiding beschikt over beperkte informatie over de markten waarop dochterbedrijven actief zijn. Toch moet ze de financiële en andere middelen van het concern op een redelijke manier over de verschillende vestigingen verdelen. Daartoe is het nodig dat de financiële plannen die de verschillende vestigingen indienen, worden beoordeeld op hun haalbaarheid. De leiding moet bepalen of de verwachtingen van de bedrijfseenheden realistisch zijn.

Het management van een bedrijfseenheid kan er soms belang bij hebben de gang van zaken rooskleuriger voor te stellen dan deze in werkelijkheid is. De kans dat de concerntop ingediende plannen aanvaardt, hangt af van de gepresenteerde winst- en afzetverwachtingen. Het is ook mogelijk dat de leiding van een bedrijfseenheid juist te voorzichtig is met de verwachtingen voor het komende jaar, in de hoop dat de taakstelling die het hoofdkantoor zal formuleren voor het komende jaar minder ambitieus zal zijn.

Hoe kan de concerntop, gegeven de informatieachterstand die zij heeft ten opzichte van de leiding van de bedrijfseenheden, zich toch een beeld vormen van het realiteitsgehalte van de gepresenteerde verwachtingen? Voor een concern dat opereert op markten die sterk beïnvloed worden door de algemeen economische situatie, kunnen macro-economische prognoses bij de beantwoording van deze vraag een belangrijke rol spelen.

Dit wordt geïllustreerd in voorbeeld 13.2 aan de hand van de gang van zaken bij Wavin, een concern dat macro-economische prognoses hanteert als managementinstrument.

VOORBEELD 13.2

Wavin is een internationaal opererende onderneming die zich richt op een aantal industriële markten. De hoofdactiviteit van het concern is de productie en afzet van kunststofleidingen en -buizen. De productiebedrijven van Wavin zijn gevestigd in verschillende Europese landen op grond van twee overwegingen:

1 Buizen- en leidingentransport is zeer kostbaar vanwege de geringe effectieve vracht die kan worden vervoerd.
2 De Europese landen kennen voor gas- en waterleidingen eigen normen en maten.

Het concern voorspelt elk jaar de te verwachten afzet per productgroep – enerzijds om het concernbeleid te ondersteunen, anderzijds om de verwachtingen van de divisiedirecties kritisch te toetsen. Met name dit laatste aspect dwingt de divisiedirecties tot het maken van realistische verwachtingen. Wanneer de voorspellingen van het hoofdkantoor sterk afwijken van de ideeën van het management van de divisies, volgt een gesprek. Dit bevordert de totstandkoming van een beter concernbeleid.

Voor het voorspellen van de vraag naar Wavinproducten in diverse landen gebruikt het hoofdkantoor een econometrisch model, waarin per land een aantal (tien tot vijftien) algemeen economische variabelen zijn opgenomen. De data, die het bestand actueel houden, komen uit macro-economische publicaties uit diverse landen (onder andere OECD-rapporten). Het model selecteert enkele macro-economische variabelen die in het verleden de afzet het best voorspelden en gebruikt ze vervolgens voor de prognoses. Per productgroep, bijvoorbeeld gasleidingen, wordt de totale marktvraag in een land voorspeld, die ten slotte wordt vermenigvuldigd met het marktaandeel van Wavin in de desbetreffende markt.

Om macro-economische variabelen te gebruiken op de hier geschetste manier, moet aan een aantal voorwaarden zijn voldaan. In de eerste plaats moet de afzet goed kunnen worden verklaard met behulp van macrocijfers. Met andere woorden: de vraag naar de goederen of diensten moet gevoelig zijn voor de conjunctuur. Een bedrijf als Wavin, waarvoor de bouw een van de belangrijkste afnemers is, voldoet aan deze eis. In de tweede plaats moeten de kosten van de macro-economische analyse (het verzamelen van data, het opstellen van het econometrisch model, actualisering enzovoort) de opbrengsten ervan niet overschrijden.

Econometrisch model

Deze voorwaarden sluiten kleine bedrijven al uit. In deze bedrijven ontbreken de tijd, het geld en de specifieke deskundigheid om op de geschetste manier afzetverwachtingen te produceren. Dat is in deze bedrijven veelal ook niet nodig, omdat de afstand tussen de leiding en de markt niet zo groot is. Voor grote, over de gehele wereld actieve ondernemingen kunnen voorspellingen op basis van macro-economische cijfers wel degelijk nut hebben (zie casus 13.1).

13

CASUS 13.1

Het bedrijfsresultaat van Philips en de economische groei

In de figuur is het bedrijfsresultaat van Philips (in procenten van de omzet) gerelateerd aan de economische groei in de wereld. Elk punt in de grafiek geeft een jaar weer in de periode 1998-2014. We zien in de grafiek een positief verband tussen de wereldwijde economische groei en het bedrijfsresultaat van Philips.

De lijn die is getrokken door de puntenwolk, geeft een statistische schatting van het verband tussen economische groei en bedrijfsresultaat. We zien dat in twaalf van de ze-

ventien jaren de punten redelijk dicht bij de lijn liggen. De uitzonderingen zijn de jaren 2000, 2001, 2009, 2011 en 2013. In 2000, 2009 en 2013 ligt het bedrijfsresultaat duidelijk boven wat het management op basis van de wereldconjunctuur zou mogen verwachten. In 2001 en 2011 valt het bedrijfsresultaat juist zwaar tegen, gegeven de wereldwijde economische groei in die jaren. Dit vraagt om nader onderzoek van de concernleiding en kritische vragen aan de leiding van de bedrijfseenheden.

Het bedrijfsresultaat van Philips (als percentage van de omzet) en de economische groei in de wereld, 1998–2014

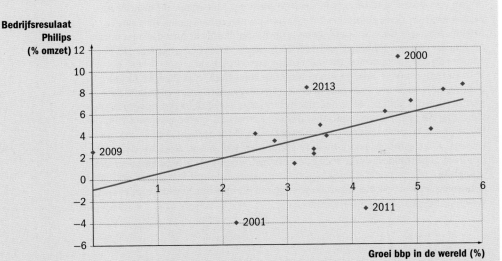

Bron: Philips (www.philips.com); IMF *World Economic Outlook*-database (www.imf.org)

13

Samenvatting

Macro-economische variabelen hebben grote invloed op de kosten en de opbrengsten van Nederlandse ondernemingen. Voor zover de invloed betrekking heeft op de kosten, is de mogelijkheid van doorberekening in de prijzen van belang. Deze hangt af van de marktvorm, de internationaliseringsgraad, de prijselasticiteit van de vraag en de bezettingsgraad.

Een periode van laagconjunctuur heeft een negatieve invloed op de winst, omdat de opbrengsten zullen dalen, terwijl de kosten minder dan evenredig meedalen. De wisselkoersgevoeligheid van een onderneming hangt af van de valutaopbouw van kosten en opbrengsten van de onderneming en haar concurrenten. Een daling van de wisselkoers van de dollar is ongunstig voor veel, maar niet voor alle Nederlandse ondernemingen.

Door een stijgende olieprijs stijgen de energiekosten. Hierdoor dalen de winstmarges van bedrijven. Bovendien heeft een stijging van de olieprijzen een negatief effect op de bestedingen. Het effect van een stijging van het loon hangt – naast de mogelijkheid tot doorberekening – af van de arbeidsintensiteit van de productie, de ontwikkeling van de arbeidsproductiviteit en het bestedingseffect van een loonstijging.

Een stijging van de rente leidt tot hogere rentelasten voor bedrijven. Bovendien zullen de rentegevoelige bestedingen afnemen en leidt een rentestijging tot een stijging van de eurokoers, waardoor de concurrentiepositie verslechtert.

Macro-economische ontwikkelingen spelen een belangrijke rol bij de strategieformulering. Ze vormen namelijk een belangrijke onderdeel van de externe analyse die ten grondslag ligt aan de strategie, Bedrijven kunnen macro-economische voorspellingen ook gebruiken om afzetprognoses te maken. Deze prognoses spelen een belangrijke rol in de operationele bedrijfsvoering.

Kernbegrippenlijst

Arbeidsintensiteit	Het aandeel van de arbeidskosten in de totale kosten (of ook wel: de productiewaarde).
Bilateraal monopolie	Een marktvorm die gekenmerkt wordt door één aanbieder en één vrager.
Econometrisch model	Een op basis van historische gegevens geschat wiskundig model dat de belangrijkste economische relaties in een economie beschrijft.
Energie-intensiteit	Het aandeel van de energiekosten in de totale kosten (of ook wel: de productiewaarde).
Geldillusie	Het verschijnsel dat economische subjecten zich laten leiden door nominale in plaats van door reële grootheden.
Internationaliseringsgraad	De mate waarin een bedrijfstak wordt beïnvloed door buitenlandse concurrentie (indicatoren: export- en importquote).
Liquiditeit	De mate waarin een onderneming aan haar verplichtingen op korte termijn kan voldoen.
Loondifferentiatie	De mate waarin de loonontwikkeling van bedrijfstak tot bedrijfstak verschilt.
Loonruimte	De som van de stijging van de arbeidsproductiviteit en de inflatie.
Overcapaciteit	Een situatie waarbij het aanbod de vraag overtreft in een bedrijfstak.
Prijselasticiteit van de vraag	De mate waarin de afzet van een product reageert op een verandering in de prijs.
Productlevenscyclus	Het verloop van de afzet van een product in de tijd. Onderscheiden worden de introductiefase, de groeifase, de verzadigingsfase en de stagnatie- of teruggangsfase.

13

Solvabiliteit	Het weerstandsvermogen van een onderneming, of de mate waarin een onderneming verliezen kan opvangen. De solvabiliteit wordt gemeten door het eigen vermogen als percentage van het totaal vermogen te nemen.
Valutarisico	Het risico dat fluctuerende wisselkoersen de (toekomstige) winstgevendheid van een onderneming negatief beïnvloeden.
Valutatermijntransactie	Een transactie waarbij een valuta op termijn wordt gekocht of verkocht tegen een vooraf vastgestelde koers.
Vermogensmarkt	De markt waarop vermogen voor de korte termijn (de geldmarkt) alsmede vermogen voor de lange termijn (de kapitaalmarkt) wordt verhandeld.

13

Antwoorden op de tussenvragen

- -

Hoofdstuk 1

1.1 Er doet zich een aantal mogelijkheden voor. De onderneming kan:
- streven naar een stijging van de arbeidsproductiviteit, zodat de loonkosten per eenheid product minder stijgen dan het loon per werknemer (zie hoofdstuk 3)
- productie die hij niet concurrerend kan verrichten, uitbesteden
- de productie verplaatsen naar gebieden met kostenvoordelen

1.2 Tot de directe omgeving behoren de klanten, de toeleveranciers en de distributiekanalen.
Tot de indirecte omgeving behoren de loononderhandelingen en de product- en verpakkingsvoorschriften.
Tot de macro-omgeving behoren de inkomensontwikkelingen, de dollarkoers en de conjunctuur.

1.3 Bij de vraag over de omloopsnelheid moet men in het oog houden dat bedrijven die te maken hebben met grote omloopsnelheden van producten dikwijls snelle veranderingen in de organisatie kennen. Zij introduceren vaak nieuwe technieken en productieprocessen, die steeds andere organisatievormen vereisen.

1.4 De inflatie is gelijk aan de consumentenprijsindex. Het is dus de prijscomponent van de consumptie. Bij een stijging van de prijzen met 3 procent en een totale waardestijging van 4 procent, blijft een volumestijging van 1 procent over. De hoeveelheid producten is dus met 1 procent gestegen.

Hoofdstuk 2

2.1 Het Nederlandse bbp verdubbelt ongeveer in 63 jaar. China heeft slechts zo'n zeven jaar nodig voor een verdubbeling van het bbp.

2.2 Het inkomen per hoofd van de bevolking is een gemiddelde. Er zijn mensen die minder inkomen ontvangen en mensen die meer ontvangen. In veel Afrikaanse landen is regelrechte hongersnood. Velen kunnen niet in de eerste levensbehoeften voorzien. Daarnaast worden in veel landen niet alle productieve activiteiten in het officiële bbp meegeteld. In veel landen is er productie die niet beloond wordt en daarom ook niet in de statistieken terechtkomt. Het telen van voedselgewassen voor eigen gebruik en het zelf bouwen van een huis worden in veel landen niet als productie geteld, terwijl het in feite wel productieve activiteiten betreft. Ook zijn er nogal wat verschillen in basisbehoeften. In landen met een warm klimaat kunnen minder eisen worden gesteld aan woningen, verwarming en kleding dan in landen met een koud klimaat.

2.3   De stabiliteit in een samenleving is onder andere afhankelijk van de mate waarin mensen inkomensverschillen accepteren. Als grote groepen mensen geen toegang hebben tot basisgoederen en voorzieningen, zullen uiteindelijk spanningen ontstaan, die kunnen uitlopen op oproer en molest.

2.4   Het antwoord op deze vraag is zeer persoonlijk, maar toch valt er wel iets over te zeggen voor de Nederlandse bevolking. Nederlanders kiezen in sterke mate voor deeltijdbanen, zodat meer tijd overblijft voor persoonlijke ontplooiing. Het inkomen is minder hoog dan bij voltijdbanen. Het Nederlandse bbp per hoofd ligt duidelijk onder dat van de buurlanden. Dit en ook de HDI wijzen op een voorkeur voor welzijn boven welvaart.

2.5   Zolang de loonsom en de verschuldigde rente hoger zijn dan het verlies, draagt de onderneming bij aan het bbp.

Hoofdstuk 3

3.1   Er zijn veel voordelen. Er zijn aanwijzingen dat de arbeidsproductiviteit van deeltijdwerkers over het algemeen groter is dan die van voltijders. Deze laatsten hebben in toenemende mate te maken met een zeer hoge werkdruk.

Van de mogelijkheid om in deeltijd te werken wordt veel gebruikgemaakt. Kennelijk voorziet het in een behoefte. Het welzijn is er dan ook mee gediend.

Veel mensen maken gebruik van de mogelijkheid in deeltijd te werken om tijd te kunnen besteden aan huishoudelijke taken. Ook dat is productie. In Nederland worden minder huishoudelijke taken uitbesteed; mensen verrichten ze zelf.

Als nadeel wordt vaak aangemerkt dat de Nederlandse beroepsbevolking te weinig is ingezet in het productieproces. Het bbp zou veel hoger zijn als er meer voltijdbanen zouden zijn. Dan zou het sociale systeem beter te dragen zijn.

3.2   In de eerste plaats kan op het terrein van scholing iets gebeuren. Door laagopgeleiden betere scholing te geven, snijdt het mes aan twee kanten: in lagere segmenten van de arbeidsmarkt zal het aanbod schaarser worden, in hogere segmenten komt meer aanbod.

Het stimuleren van de lager geschoolde werkgelegenheid is een tweede mogelijkheid. Dat kan bijvoorbeeld door de belasting op de toegevoegde waarde in sectoren met laaggeschoolde werknemers te verlagen.

Overigens komen door mondialisering van de economie de grenzen van het stimuleren van laaggeschoolde werkgelegenheid snel in zicht.

3.3   De vraag en het aanbod van arbeid hebben grotendeels andere oorzaken. Een uitzondering vormt de conjunctuur. Tijdens een hoogconjunctuur zal de vraag naar werknemers toenemen. Als het makkelijk is om werk te vinden, zullen meer mensen zich aanmelden op de arbeidsmarkt. Tijdens een laagconjunctuur trekt een aantal mensen zich weer terug van de arbeidsmarkt, omdat ze toch weinig kans hebben op een baan.

3.4   Als de bevolking gemiddeld ouder wordt, zal daarvan een opwaartse druk op de lonen uitgaan. Overigens zijn de conjuncturele invloeden en de invloed van de concurrentiepositie ten opzichte van het buitenland op de

loonvorming groter. In een hoogconjunctuur met schaarste op de arbeidsmarkt stijgen de lonen fors; in een laagconjunctuur kan de koopkracht behoorlijk dalen. De invloed van de concurrentiepositie ten opzichte van het
buitenland is ook een factor die zwaar meeweegt in de loonvorming. Nederlandse producten worden te duur, waardoor veel werkgelegenheid weg-
trekt naar lagelonenlanden. Dat leidt tot werkloosheid en een navenante
druk op de lonen.

3.5   In 2012 verminderde de vraag naar producten, terwijl ondernemingen hun
personeelsbestand niet in hetzelfde tempo konden verminderen. De productie per werknemer daalde daardoor.

3.6   Dat is afhankelijk van de concurrentiepositie van de bedrijfstak ten opzichte
van de afnemers. Als de kosten makkelijk kunnen worden doorberekend,
kan de winstmarge gelijk blijven. Is dat niet het geval, dan daalt de marge.
Dat laatste is in de meeste bedrijfstakken het geval. Daarom leiden grond-
stofprijsverhogingen (olie) ook vaak tot daling van de winsten, daling van de
vraag en daling van de productie. Olieprijsstijgingen staan vaak aan de voor-
avond van een economische inzinking.

3.7   Er is sprake van kwantitatieve en kwalitatieve groei van het milieu. Het milieu groeit kwantitatief als nieuwe voorraden van bekende grondstoffen
worden ontdekt. Het milieu groeit kwalitatief als nieuwe grondstoffen tot
ontwikkeling worden gebracht.

Hoofdstuk 4

4.1   Ook buitenlandse markten zijn onderverdeeld in consumenten-, zakelijke
en overheidsmarkten. Verschillen zijn:
- De concurrentie op buitenlandse markten is vaak heviger dan op binnenlandse markten, omdat ondernemingen buitenlandse producenten
  ontmoeten die vaak veel groter zijn dan zijzelf.
- Op buitenlandse markten is vaak sprake van een andere regulering dan
  op binnenlandse markten.

4.2   Een huishouding bestaat uit één of meer personen die gezamenlijk beslissingen nemen over consumptieve bestedingen. In vrijwel elke woning bevindt zich een huishouden. Het CBS onderscheidt eenpersoons- en meerpersoonshuishoudens, met of zonder kinderen.

4.3   Een technologische doorbraak, zoals de uitvinding van de Senseo, de mag-
netronoven, de cd en de dvd, heeft een grote toename van de vraag tot gevolg. Hetzelfde geldt voor de toepassing van bestaande technieken in bijvoorbeeld wasdrogers en wasmachines. Ondernemingen kunnen deze goed
gebruiken indien hun overige productenpakket te kampen heeft met verzadiging.

4.4   Hoge inkomens hebben een lagere marginale consumptie dan lagere inkomens. Een omgekeerde maatregel zou de economie dan ook meer hebben
gestimuleerd.

4.5   Ondernemingen zullen in de volgende periode minder produceren. Het inkomen daalt dan eveneens. Als dit ook een vermindering van de bestedin-

gen tot gevolg heeft, zal dit weer aanleiding geven tot gedwongen voor-raadinvesteringen. De economie raakt in een cyclisch neerwaarts proces.

4.6 In een opgaande conjunctuur zijn de afzetverwachtingen, de winstverwach-tingen en de winsten gunstig. Een rentestijging heeft dan een gering effect op de investeringen. Anders wordt het als de conjunctuur over haar hoogte-punt heen is. De investeringen zullen dan weinig steun ondervinden van de andere variabelen, zodat een hoge rente een fikse verlaging van de investe-ringen tot gevolg heeft.

4.7 De agrarische sector is sterk afhankelijk van het landbouwbeleid van de Eu-ropese Unie. Als de grenzen opengaan voor producten van landen van bui-ten de Unie of van nieuw aangesloten lagelonenlanden, wordt de concur-rentiedruk zeer groot.

Hoofdstuk 5

5.1 De Belastingdienst beschikt over de gegevens van de totale bruto-inkomens van de bevolking. Het CBS heeft de Belastingdienst dan ook als belangrijk-ste bron voor de inkomensverdeling.

5.2 Werklozen moeten er minstens 15 procent netto op vooruitgaan om vol-doende prikkel te hebben om te gaan werken. Werken gaat gepaard met ex-tra kosten voor reizen, kleding en andere uitgaven. Bovendien scheelt het werklozen zo'n veertig uur vrije tijd per week.
Het minimumloon is niet altijd 15 procent hoger geweest dan de minimum-uitkering. Er zijn gevallen bekend waarbij het loon juist lager is dan de uitke-ring. Zeker als daarbij nog allerlei subsidies voor uitkeringsgerechtigden in het geding zijn, kan het loon zelfs aanmerkelijk lager liggen.

5.3 De I/A-verhouding stijgt en de participatiegraad daalt. Een oplossing kan zijn dat de beloning van oudere werknemers in overeenstemming wordt ge-bracht met hun arbeidsproductiviteit. Dat kan door de beloning te verlagen of door oudere werknemers veelvuldig van scholingsmogelijkheden ge-bruik te laten maken.

5.4 Groepen gediscrimineerde werknemers worden ontmoedigd om zich vol-ledig in te zetten om een baan te vinden. Ze raken aangewezen op een uit-kering. Het bruto binnenlands product is lager dan zonder discriminatie.

5.5 Een minimaal socialezekerheidsstelsel houdt in dat de uitkeringen alle op het minimumniveau liggen. Er zijn dan geen bovenminimale uitkeringen meer. Ook kan in zo'n stelsel een inkomens- en vermogenstoets gelden. In zo'n stelsel zouden veel uitkeringen sterk omlaag kunnen. Dat geldt niet alleen voor de bovenminimale uitkeringen, maar bijvoorbeeld ook voor de AOW. Veel mensen met pensioenuitkeringen komen in zo'n stelsel niet meer in aanmerking voor een AOW-uitkering. De wig kan daardoor dalen. Anderzijds kunnen mensen die het risico van inkomensderving te hoog vinden zich individueel bijverzekeren. Voor verzekeringsmaatschappijen ontstaat dan een enorme markt. In feite is de overheid met een aantal maat-regelen al op weg naar een minimaal stelsel, door de aanspraken op de WIA- en ANW-regelingen sterk te verminderen. Dat heeft een grote particu-liere markt geschapen.

Hoofdstuk 6

6.1   De infrastructuur is lang gezien als een zuiver collectief goed, omdat het gebruik moeilijk individueel toe te rekenen valt. Door technische mogelijkheden om het gebruik individueel toe te rekenen kan de infrastructuur in de toekomst door de marktsector geproduceerd worden.

6.2   Onderwijs heeft als voornaamste doel het opleiden voor een maatschappelijke functie of een beroep. Onderwijs is een investering in kennis die op lange termijn vruchten afwerpt en inkomen genereert. Dat komt overeen met investeringen.

6.3   De overheid heeft heel veel taken op het gebied van de veiligheid. Niet alleen het bewaken van de rechtsorde, zoals beveiliging tegen diefstal en de bescherming tegen het water, maar ook de regulering van producten en de verkeersveiligheid behoren tot de overheidstaken. Er zijn tienduizenden productvoorschriften die de veiligheid van de gebruikers op het oog hebben. Een hele wetgeving is gewijd aan de veiligheidsvoorschriften op het werk.
Burgers hebben de taak om volgens de overheidsvoorschriften te leven. De meeste ongelukken komen voort uit persoonlijke onachtzaamheid van individuen, het menselijk falen. Verder kunnen burgers zich bijvoorbeeld beveiligen tegen inbraken door middel van allerlei hulpmiddelen. Door onderhoud aan auto's en ander materiaal kunnen ze het gebruik ervan veiliger maken.

6.4   De bestedingen hebben een allocatieve functie: er wordt iets geproduceerd. In een industriële samenleving is grote behoefte aan goed onderwijs, een behoorlijke infrastructuur, een hoog niveau van de gezondheidszorg, enzovoort. Het is de vraag of de overheid deze doelstellingen niet te zeer heeft verwaarloosd door het verlangen de overheidstekorten en de overdrachtsuitgaven op peil te houden. Uiteraard behoort tot de belangenafweging ook de doelstelling van een redelijke inkomensverdeling.

6.5   Het besteedbare inkomen stijgt, evenals de prijzen van goederen en diensten. Het reëel besteedbare inkomen blijft dus constant. De verschuiving in belastingen kan echter wel invloed uitoefenen op de inkomensverdeling. De tarieven op de hogere inkomens dalen natuurlijk ook. Van deze inkomens wordt relatief veel gespaard en weinig besteed. Van hoge inkomens wordt dan minder belasting geheven, tenzij de overheid iets doet aan de belastingstructuur.

6.6   Beleidsconcurrentie levert ondernemingen kostenvoordelen op die niets te maken hebben met de kosten van de productiefactoren. De productie is het efficiëntst als ze daar plaatsvindt waar ze het goedkoopst is. Beleidsconcurrentie geeft verkeerde signalen over de kostenverhoudingen.

Hoofdstuk 7

7.1   Als ondernemers de vraag onderschatten, produceren ze te weinig om aan de vraag te voldoen. Ze zullen zo snel mogelijk de productie uitbreiden. Daarvoor zetten ze productiefactoren in, die ze ook belonen. Het inkomen neemt toe. Daardoor nemen de bestedingen extra toe, en de productie zal verder uitbreiden.

7.2 Als S − I < 0 zal ceteris paribus het saldo op de lopende rekening negatief zijn. Er is meer import dan export. Er is meer gelduitstroom dan -instroom. Het land moet van het buitenland lenen om de investeringen te kunnen financieren.

7.3 Als de nationale bestedingen met 10 stijgen, zullen aan de activakant de productie en het inkomen ook moeten toenemen.

7.4 De waardestijging bedraagt 0,9 procent (prijsstijging) + 2,2 procent (volumestijging). Samen dus 3,1 procent. Uiteraard stellen consumenten alleen prijs op een volumestijging. Die verhoogt de welvaart.

Hoofdstuk 8

8.1 Inflatie is een gevolg van overbesteding of kostenstijgingen. In een economie is altijd wel een aantal markten te vinden waarop zich prijsstijgingen voordoen. Als er geen sprake mag zijn van een algemene prijsstijging, moeten zich op andere markten prijsdalingen voordoen. Dat zou op deze markten aanleiding geven tot stagnatie, wat onwenselijk is.

8.2 Industrieën met een hoge kapitaalcoëfficiënt hebben hoge vaste kosten. Tijdens een economische neergang proberen ze koste wat kost een deel van de vaste kosten terug te verdienen. Zolang de prijs de variabele kosten overtreft, zullen ze producten aanbieden. Het liefst bieden ze zo veel mogelijk producten aan, om het productieapparaat zo veel mogelijk bezet te houden. Daardoor kan makkelijk een aanbodoverschot ontstaan, met sterk dalende prijzen als gevolg.

8.3 Deze ondernemingen kunnen proberen met een arbeidsproductiviteitsstijging de gestegen loonkosten te verminderen, anders zal hun winstgevendheid dalen.

8.4 De overheid kan de inflatie aanwakkeren door veel geld uit te geven en daarvoor te lenen. Er komt dan extra geld in omloop, waarvan de bestedingen de inflatie opdrijven.

Hoofdstuk 9

9.1 Door een efficiënt voorraadbeheer zijn minder grote (schommelingen in de) voorraden mogelijk. Schommelingen in de voorraden – de voorraadcyclus – zijn een belangrijke verklaring voor de kortstondige schommelingen in de bestedingen (de investeringen). Door een efficiënter voorraadbeheer kan de conjunctuur dus minder grote uitslagen vertonen.

9.2 Voorbeelden van conjunctuurgevoelige fondsen zijn Akzo/Nobel, Air France/KLM en Philips. Voorbeelden van niet-conjunctuurgevoelige fondsen zijn Ahold, Unilever en Wolters Kluwer.

9.3 De Kitchincyclus hangt samen met voorraadfluctuaties. De dienstverlening houdt nauwelijks voorraden aan, in tegenstelling tot de industrie. Hierdoor zijn voorraadfluctuaties ook veel minder belangrijk voor de productie.

Vroegcyclisch	Laatcyclisch
DSM	Ahold
Akzo/Nobel	Heineken
	Unilever

9.4

9.5 Voorbeelden van gegevensreeksen die op relatief korte termijn vooruitlopen op de investeringen: de orderpositie, de verwachte bedrijvigheid en de bezettingsgraad.

9.6 Politici nemen liever maatregelen die het begrotingstekort vergroten dan maatregelen die het begrotingstekort verkleinen. Maatregelen die het begrotingstekort vergroten, zoals een verlaging van de belastingtarieven, stemmen de kiezers namelijk tevreden; maatregelen die het begrotingstekort verkleinen, doen dat niet.

9.7 In een groot land is de multiplier groter, omdat het importlek kleiner is. Als in een groot land door monetair beleid de consumptie en de investeringen stijgen, zal van de bestedingstoename een relatief klein deel weglekken naar het buitenland in de vorm van import.

Hoofdstuk 10
10.1 Uit figuur 10.3 blijkt dat alleen in de industrie aanmerkelijke arbeidsproductiviteitsverbeteringen voorkomen. Het verdwijnen van de industrie uit Nederland heeft dus tot gevolg dat het bbp alleen kan groeien door hogere inzet van arbeid. De economische groei is dan alleen factorgedreven.

10.2 Factoren die tot een hogere groei kunnen leiden, zijn:
- versoepeling van de arbeidsmarkt (veel flexwerk)
- lage loonkosten in Nederland (poldermodel), zodat de export toeneemt
- stijging van de huizenprijzen en de aandelen, die een verhoogde consumptie tot gevolg hebben

De lagere groei kan als oorzaak hebben:
- daling van woningprijzen, zodat eigenaren gaan sparen om af te lossen
- de stagnatie in de technische ontwikkeling, die al decennialang het concurrentievermogen van de economie uitholt
- een minder sterke stijging van de arbeidsproductiviteit dan in het buitenland.

10.3 Argumenten voor economische groei zijn onder andere: groei van de werkgelegenheid en de welvaart, en een sterke positie in het internationale concurrentieproces.
Tegen economische groei pleiten het grote beslag op het milieu, waardoor de kwaliteit van het bestaan bedreigd wordt. Ook wordt gezegd dat economische groei in het ene deel van de wereld ten koste gaat van de welvaart in andere delen van de wereld.

Hoofdstuk 11

11.1

Philips	elektronica-industrie
Shell	olie-industrie
Akzo Nobel	chemische industrie
Unilever	voedingsmiddelenindustrie
Douwe Egberts	voedingsmiddelenindustrie
DSM	chemische industrie
Albert Heijn	detailhandel
ABN Amro	bankwezen
Nedlloyd	transportsector
Tata	basismetaalindustrie

11.2 Het mkb is bezig met een inhaalactie. Het uniformeren van allerlei landelijke voorschriften tot een geheel van voorschriften die gelden in de hele EU, maakt het voor de Nederlandse bedrijven enerzijds aantrekkelijk te exporteren, anderzijds neemt de concurrentie op de binnenlandse markten toe.

11.3 Voor een groot deel van de dienstverlening geldt dat overnames de enige mogelijkheid bieden tot internationalisering, omdat de diensten zelf niet te exporteren zijn. Veel andere bedrijven doen liever een overname dan directe export, omdat daarmee meteen een distributieapparaat en een plaats in de zakelijke dienstverlening binnen een netwerk van toeleveranciers en afnemers worden verworven.

11.4 Investeren, het kopen van octrooien, samenwerken met overheidsorganen zoals universiteiten, samenwerking met andere bedrijven en het plegen van overnames behoren alle tot de mogelijkheden voor ondernemingen om nieuwe technieken in huis te halen.

11.5 De technologische ontwikkeling in het productieproces van dagbladen is enorm groot geweest. Het gaat daarbij vooral om de drukpersen en de automatisering van de gegevensverwerking, die een toename van de schaal met dalende kosten combineren.

11.6 Buitenlandse moederondernemingen beslissen over het lot van Nederlandse ondernemingen. Van zelfscheppende ondernemingen hangt veel af; vaak nemen ze de hoogste plaats in binnen een netwerk van verbonden ondernemingen. Ze voeren de R&D uit die andere bedrijven kunnen toepassen; een deel van de scholing en de opleiding van arbeiders is van deze bedrijven afhankelijk. Zij produceren hightechproducten. De samenstelling van het totale goederenpakket van de Nederlandse economie verschuift nog meer in de richting van verzadiging als deze industrieën verdwijnen.

Hoofdstuk 12

12.1 Consumenten zullen met minder vertrouwen naar de toekomst kijken. Het bestedingspatroon zal 'voorzichtiger' worden, wat met name de uitgaven aan duurzame consumptiegoederen en toerisme negatief zal beïnvloeden. Deze bedrijfstakken, die luxegoederen produceren, krijgen dus als eerste de klappen te verwerken.

12.2 In een hoogconjunctuur stijgt de werkgelegenheid. Hierdoor neemt de contractloonstijging toe. Als schaarste op de arbeidsmarkt ontstaat, zullen werkgevers personeel willen behouden door extra beloningen te geven (arbeidsmarkttoeslagen, promotie). De incidentele loonstijging zal hoog zijn. Het rente-inkomen neemt toe, omdat de rente stijgt als gevolg van de grote vraag naar geld. Ten slotte neemt het dividendinkomen toe, omdat bedrijven als gevolg van de stijgende afzet en prijzen in de hoogconjunctuur meer winst maken.

12.3 De recente ontwikkeling van de index van het consumentenvertrouwen blijkt uit het maandelijkse conjunctuurbericht van het Centraal Bureau voor de Statistiek. Een stijging of daling van de index heeft een positieve, respectievelijk negatieve invloed op de consumptie van duurzame goederen.

12.4 Door voorraadeffecten in de verbruikersketen zullen grondstoffenmarkten sterk getroffen worden door een conjuncturele neergang. Hierdoor zullen de prijzen van grondstoffen sterk onder druk komen te staan.

12.5 Gevaren van procyclisch investeringsgedrag zijn:
- In de hoogconjunctuur kunnen de toevoegingen aan de productiecapaciteit bijdragen aan de (scherpe) marktomslag in de bedrijfstak.
- In de laagconjunctuur kunnen de desinvesteringen ertoe leiden dat de onderneming niet tijdig voorbereid is op de fase van conjunctureel herstel (zie ook subparagraaf 12.5.3).

12.6 Een hoge mate van conjunctuurgevoeligheid gaat voor de vermogensverschaffer gepaard met een hoger risico. Dit hogere risico wil hij gecompenseerd zien in een hogere rente.

12.7 Dagbladen publiceren vaak de hoogste en de laagste koers van het afgelopen jaar. Door inzicht te hebben in het conjunctuurverloop gedurende een jaar, kun je de conjunctuurgevoelige bedrijven meestal wel opsporen. De beursfondsen waarvan de koers een grote verandering te zien geeft, zijn waarschijnlijk conjunctuurgevoelig.

Hoofdstuk 13

13.1 Bedrijven die veel kosten in dollars maken, terwijl de opbrengsten in een andere valuta's worden gefactureerd.

13.2 Philips kan de dollargevoeligheid verminderen door meer kosten in dollars te maken (inkopen, produceren of lenen in dollargebieden) of door meer opbrengsten in euro's te realiseren (meer factureren in euro's). De laatste optie zal in de praktijk – in ieder geval op korte termijn – moeilijk te realiseren zijn.

13.3   De energie-intensiteit per vervoerde eenheid kan worden verminderd door bijvoorbeeld:
- een hogere bezettingsgraad van de vliegtuigen
- vliegtuigen met zuinigere motoren aan te schaffen

13.4   Productiviteitsverhoging is ook mogelijk door organisatorische maatregelen (bijvoorbeeld een betere afstemming van de bewerkingen in het productieproces) of motiverende maatregelen (bijvoorbeeld de invoering van een vorm van prestatiebeloning).

13.5   Een lage solvabiliteit kan het gevolg zijn van een hoge investeringsactiviteit, gefinancierd met vreemd vermogen. De concurrentiekracht van de onderneming kan hierdoor toegenomen zijn.
Bovendien kan sprake zijn van een positieve hefboomwerking, bekend uit de bedrijfseconomie. De hefboomwerking is positief als de rentabiliteit op het totale vermogen groter is dan het rentepercentage van het vreemd vermogen. Een lagere solvabiliteit leidt in dit geval tot een hoger rendement op het eigen vermogen.

13.6   De rente is bij een investeringsbeslissing slechts een randvoorwaarde, die ondergeschikt is aan de afzet en de winstverwachtingen. Voor gezinnen is de nominale rente bepalend voor het bedrag dat maandelijks aan rentelasten moet worden betaald.
In tegenstelling tot de situatie bij bedrijven staan hier geen inkomsten uit de verkopen van producten tegenover.

Lijst van gebruikte afkortingen en symbolen

A	hoeveelheid arbeid
A_a	aanbod van arbeid (beroepsbevolking)
A_v	vraag naar arbeid(-skrachten); werkgelegenheid; ingeschakeld deel van de beroepsbevolking
AIQ	arbeidsinkomensquote
ap	arbeidsproductiviteit = productie per eenheid arbeid (uitgedrukt in geld) per tijdseenheid
ap_r	reële arbeidsproductiviteit = productie per eenheid arbeid (uitgedrukt in aantal eenheden product) per tijdseenheid
A_{pep}	arbeidskosten per eenheid product
B	netto-overheidsinkomsten (= inkomsten van de collectieve sector – overdrachtsuitgaven)
bbp	bruto binnenlands product
(B – O)	saldo overheidsbegroting
bni	bruto nationaal inkomen
bnp	bruto nationaal product
bnp_m	bruto nationaal product tegen marktprijzen
btw	belasting op de toegevoegde waarde (omzetbelasting)
C	(particuliere) consumptie; consumptiegoederen
C_{ov}	materiële overheidsconsumptie
cao	collectieve arbeidsovereenkomst
CBS	Centraal Bureau voor de Statistiek
CEP	Centraal Economisch Plan
CPB	Centraal Planbureau
ECB	Europese Centrale Bank
EEG	Europese Economische Gemeenschap
EFTA	European Free Trade Association (Europese Vrijhandels Associatie EVA)
EMS	Europees Monetair Stelsel
EMU	Europese Monetaire Unie
ESB	*Economisch Statistische Berichten* (weekblad)
EU	Europese Unie
EVD	Exportbevorderings- en Voorlichtingsdienst van het Ministerie van Economische Zaken
FEM	*Financieel Economisch Magazine* (tijdschrift)
g	groeivoet (relatieve verandering in een variabele)
g_{Aa}	groeivoet aanbod van arbeid (groei beroepsbevolking)
g_{Av}	groeivoet vraag naar arbeid (groei werkgelegenheid)

g_{ap}	groeivoet arbeidsproductiviteit
g_{AIQ}	groeivoet arbeidsinkomensquote
g_k	groeivoet kapitaalgoederenvoorraad
g_L	groeivoet totale loonsom
g_{Lwn}	groeivoet loonsom per werknemer
g_p	stijging van (verandering in) het prijsniveau
g_y	groei van het nationaal inkomen
GATT	General Agreement on Tariffs and Trade
HDI	human development index
I	netto-investering
I_{ov}	netto-investeringen van de overheid
I/A-ratio	aantal inactieve inkomens per honderd actieve inkomens
IMF	Internationaal Monetair Fonds
IQ	investeringsquote
k	kapitaalcoëfficiënt (hoeveelheid kapitaalgoederen nodig p.e.p.)
K	kapitaalgoederenvoorraad
KIQ	kapitaalinkomensquote
kkp	koopkrachtpariteit
L	totale loonsom
L_{wn}	loonsom per werknemer
M	import (van goederen en diensten)
MEV	*Macro-Economische Verkenning*
MKB	midden- en kleinbedrijf
nbp	netto binnenlands product
nbp_{fk}	netto binnenlands product tegen factorkosten
nbp_{mp}	netto binnenlands product tegen marktprijzen
NI	nationaal inkomen
NNI	netto nationaal inkomen
NTW_{fk}	netto toegevoegde waarde tegen factorkosten
NTW_m	netto toegevoegde waarde tegen marktprijzen
O	overheidsbestedingen
OECD	Organization for Economic Cooperation and Development
OESO	Organisatie voor Economische Samenwerking en Ontwikkeling
OPEC	Organization of Petroleum Exporting Countries
P/A-verhouding	aantal werkzame personen per honderd arbeidsjaren
p.e.p.	per eenheid product
p	prijspeil (algemeen prijsniveau)
R	rentevoet
R&D	research and development
S	(particuliere) besparingen
(S – I)	particulier spaarsaldo
(S – I) + (B – O)	nationaal spaarsaldo
SMB	Staat van Middelen en Bestedingen

TW_{fk}	toegevoegde waarde tegen factorprijzen
TW_m	toegevoegde waarde tegen marktprijzen
US	United States (of America)
VK	Verenigd Koninkrijk (Groot-Brittannië)
VS	Verenigde Staten (van Amerika)
WIR	Wet investeringsrekening
WRR	Wetenschappelijke Raad voor het Regeringsbeleid
X	export (van goederen en diensten)
$(X - M)$	saldo lopende rekening van de betalingsbalans
Y	(netto) nationaal inkomen; totale inkomen (ook gebruikt voor: netto nationaal product en voor netto toegevoegde waarde)
Y_b	inkomen verdiend in de bedrijven
Y_{ov}	inkomen verdiend bij de overheid (overheidspersoneel)
Y_r	reële productie (aantal geproduceerde eenheden S)
Y_a^*	potentiële productie op basis van arbeid
Y_k^*	potentiële productie op basis van de kapitaalgoederenvoorraad

Register